KB177882

미국의
엔진,

전쟁과
시장

미국의 엔진, 전쟁과 시장

김동춘 지음

창비

피 말리는 대결 끝에 2004년 미 대선에서 부시가 결국 재선에 성공했다. 미국인들이 느끼는 안보불안과 기독교 보수파의 결집이 부시의 재선 배경이었다고들 한다. 공화당이 행정부와 의회 모두를 장악하여 미국은 더욱 보수화될 가능성이 높아졌다. 9·11테러를 당하자 곧 아프가니스탄을 공격한 다음, 대량살상무기 소재 확인도 제대로 하지 않은 채 이라크를 공격하여 무고한 민간인을 살상하고, 포로를 비인도적으로 학대하고, 테러범으로 의심되는 사람들을 마구잡이로 구금하여 전 세계의 지탄을 받는 전쟁대통령 부시를 미국인들은 다시 뽑아주었다. 한국에 그런 일이 일어났다면, 우리도 과연 안보불안을 빌미로 대통령이 이웃 나라를 공격하는 것을 지지하고 국군이 죄없는 다른 나라 사람 죽이는 일을 찬성했을까?

지난 2003년 3월 이라크전쟁이 시작된 직후, 연구년을 맞아 미국에 체류하던 나는 텔레비전 토론프로그램을 보다가 귀를 의심했다. 한 백인 시청자가 전화를 해서 전쟁을 지지하지 않는 자국내 흑인들은 '반역자'(traitor)라고 공격하는 소리를 들었기 때문이다. '자유와 관용의 땅'에서 듣는 '반역'이라는 구시대의 언사. 그 느낌은 색다르고 충격적이었는데, 그것은 2001년 초 한국 땅에서 들었던 부시의 '악의 축'(exis of evil) 발언에 대한 느낌과는 또 달랐다. 거리에 넘치는 성조기의 물결, 모든 시민들을 잠재적 적으로 의심하면서 사찰할 수 있는 이른바 애국법(US Patriot Act), 매일 미디어에서 진행되는 후세인 악마화작업, 사실상 정치선전매체로 전락한 주요 텔레비전 채널들, 이 모든 것들은 내가 옛날 어디서 많이 보고 겪은 것들이었다. 그런데 현장이 한국이 아니라 미국이었다. 미국은 전쟁중이었다.

이 책은 '전쟁중의 미국'에 대한 참여관찰의 결과이고, 그동안 내가 갖고 있던 미국에 대한 여러가지 그림들을 이라크전쟁이라는 단면을 중심으로 조합한 것이다. 미군정, 한국전쟁, 주한미군, 자본주의 세계체제, 미국 노동운동, 종속이론과 제3세계, 할리우드, 대중사회, 군산복합체, 베트남전쟁, 보수기독교 등 미국에 대한 여러 조각들이 하나로 맞추어지면서 그동안 풀리지 않던 몇가지 의문이 어느정도 해결되었다. 특히 내가 지난 몇년 동안 공부했던 한국전쟁은 오늘의 미국을 이해하는 데 가장 중요한 기초자료였고 준거였다. 이라크전쟁과 한국전쟁이라는 두 사례를 통해 나는 전쟁, 자본주의, 기독교 근본주의를 하나의 체계 속에서 이해할 수 있었다. 이라크전쟁은 부시행정부의 무모한 돌출행동이기는 하지만 그 뿌리는 미국 역사와 사회의 작동원리 속에서 찾을 수 있으며, 우리가 알고 있는 자본주의 종주국 미국과 전쟁국가 미국의 모습은 별개의 것이 아니라는 것이 내가 도달한 결론이었다.

나는 시장과 전쟁이야말로 미국을 존립하게 해주는 두 엔진이라고 본다. 그것은 미국인들이 그렇게 자주 자랑스럽게 이야기하는 '미국적 생활방식'과 연관된 것이다. 시장만능주의는 전쟁을 불러일으킬 수밖에 없으며, 풍요를 향한 열망과 소외는 범죄를 낳고, 미국 내부의 범죄와 폭력은 외부의 폭력(전쟁)과 언제나 동시에 존재했다는 사실을 확인할 수 있다.

누가 뭐라고 해도 미국은 분명히 지난 20세기 세계문명을 주도할 만한 자격을 갖고 있는 나라이며, 그 문명의 혜택을 한국을 비롯한 세계 모든 사람들이 누려왔다는 것도 부인할 수 없다. 미국인들은 친절하고 경건하며, 관용적이고 창의적이다. 다재다능·모험심·실용주의·창의성의 상징인 벤저민 프랭클린(Benjamin Franklin)의 정신은 오늘 미국사회의 도처에 숨쉬고 있다. 미국이 세계 최고의 국가가 된 것은 단순히 천혜의 자연자원과 지리적 장점 덕분만은 아니다.

그런데 오늘의 미국인들처럼 그렇게 많은 칭찬을 받았던 과거의 독일인들이 히틀러의 등장을 지지하였으며, 나찌가 수백만명의 유태인을 학살하는 것을 방조하거나 모른 체했다는 사실을 잊어서는 안된다. 파시즘의 가장 손쉬운 먹잇감은 물질적 탐욕, 무관심과 개인주의, 불안감이다. 간디는 힌두교의 경전 『바가바드 기타』(*Bhagavad Gita*)를 해설하면서 "누구든지 남을 두려워하고, 재산을 쌓아두거나 육체의 쾌락에 빠진 사람은 틀림없이 폭력을 휘두르며 싸울 것이다"라고 설파하였는데, 오늘의 미국을 두고 하는 말 같다. 비록 정당하게 얻은 물질적 부라고 하더라도 이웃에 헐벗은 사람이 널려 있는데 혼자만이 그것을 독점하고 있다면 이웃이 자신을 해롭게 할까봐 끊임없이 의심하게 되고, 급기야는 그 이웃을 없애려 하기 쉽다.

미국은 구대륙에서 탄압과 고통으로 신음해온 사람들의 안식처요 희망이었다. 이민자들은 자신을 못살게 군 지긋지긋한 고향을 향해서 복수하듯이 열심히 일했고, 그 대부분은 미국에 와서 더 잘살게 되었다. 그러나 이 이민자들의 나라는 언제부터인가 자신의 번영과 풍요를 지속시키기 위해 이웃의 시장과 자원을 엿보기 시작했다. 그래서 미국 정치가들은 자국 기업가들의 해외시장 개척을 지원해주기 위해 군대의 주둔, 은밀한 공작, '더러운 전쟁'을 감행했으며, 그것을 문명, 반공, 자유, 민주주의의 이름으로 그럴듯하게 포장하기 시작했다. 바로 이런 이유 때문에 전쟁과 전쟁준비, 군수산업이야말로 미국을 이해하는 데서 가장 중요한 코드다. 전쟁이야말로 미국 물질문명과 궤도를 같이한다.

미국의 민주주의를 칭송하는 사람들은 대체로 19세기 혹은 20세기 초반까지의 미국을 말하고 있다. 그것은 또끄빌(Tocqueville)이 보았던 미국, 제국으로 등장하기 이전의 미국이다. 그런데 오늘 미국 내의 양심세력과 유럽과 미국 외의 대다수의 지식인들이 보는 미국은 그런 미국이 아니다. 미국은 가장 대표적인 법치국가로 알려져 있지만 반드시 그렇지는 않다. 전쟁의 문앞에서 언제나 법치는 멈추었고, 내부의 적에 대해서도 인권의 원칙은 존중되지 않았다. 바로 이 부분, 불법이 행사되는 영역에 미국사회를 읽을 수 있는 핵심적인 코드가 있다. 막강한 힘을 가진 거대자본과 로펌들의 정치권 로비, 역사상 최악의 상태라고 해도 과언이 아닐 정도의 불평등과 범죄가 미국 민주주의를 좀먹고 있다.

대다수의 한국사람들은 미국이 자유와 풍요를 상징하는 나라라는 이미지를 갖고 있지만 정작 풍요와 자유의 진면목을 잘 알지 못하며, 그러한 풍요를 지탱해준 미국의 대외정책, 작은 전쟁의 역사에 대해서는 들은 바가 없다. 그리고 '역사의 종말'을 외치면서 미국식 자유와 시장경제만이 대안이라고 주장하는 미국의 오만함이 밑바닥 미국인들과 다수의 세계인들을 얼마나 고통스럽게 하고, 정신적으로 황폐화시켰는지 모르고 있다.

1990년대 이후 미국은 이제 하나의 나라가 아니라 제국이 되었다. 그리고 전세계는 미국화되기 시작했다. 그래서 미국은 이제 하나의 국가가 아니라 세계다. 사실 미국은 1945년 이후 냉전시대부터 '제국'으로 등장하기 시작했고, 한국이야말로 그 직접적인 영향권에 있는 나라다. 미국인들은 한국에 대해 관심조차 없지만 한국의 주류 엘리뜨는 "미국이 떠나면 우리는 죽는다"고 생각하고 있다. 대다수의 미국인들은 아직도 한국에 미군이 주둔하고 있는지도 모르지만, 한국 내의 미군은 한반도의 운명을 좌우하고 있다. 한반도는 아직 냉전체제에서 벗어나지 않았는데, 한국은 지구화의 물결에 휩쓸려 들어갔다. 그래서 나는 한국은 전세계 국가 중에서 제1차 미국화(냉전)와 제2차 미국화(지구화)가 공존하는 유일한 나라라고 말하곤 한다. 그래서 미국과 한국의 관계는 국가 대 국가의 관계 그 이상이기도 하고 그 이하이기도 하다. 한창 일할 나이의 삼사십대가 미국 이민열병에 사로잡혀 있는 나라, 전세계에서 중국 다음으로 많은 10만명 이상의 미국 유학생이 있는 나라, 매년 7천여명의 여성이 미국시민을 낳기 위해 원정출산을 가는 나라가 바로 한국이다. 더구나 대학생의 45%가 만약 이중국적자로서 하나를 택하라면 미국 국적을 택하겠다는 '나라' 아닌 나라가 한국이요, 약육강식의 미국 자본주의를 이론화한 현실주의 국제정치학에 철저하게 세뇌되어 "미국이 요청하면 조건 달지 말고 들어주자"는 주미대사나 국방부 대변인이 있는 나라가 한국이다. 한국인에게 미국은 혈맹, 형님 혹은 아버지의 존재 그 이상이다.

따라서 오늘의 한국의 정치경제, 사회와 문화를 이해하기 위해서는 바로 그 '원조'인 미국을 잘 알아야 하고, 그것은 곧 미국만을 아는 것이 아니라 오늘의 자본주의 세계를 아는 것이다. 그렇기 때문에 나는 이 책에서 주로 미국을 말하고 있지만 거의 모든 장에서 현대 한국을 말하고 있으며, 미국의 모습대로 만들어진 오늘의 세계 자본주의에 대해 이야기하고 있다. 과거 로마제국보다도 더 막강한 제국으로 떠오른 미국에 대한 이해를 통해서, 어쩌면 미국보다 더 심한 미국병에 걸려 있는지도 모르는 한국사회를 되돌아보고, 전세계에 확산되는 미국식 자본주의의 위기와 그 대안을 함께 고민하자는 것이다.

이 책의 초고는 연구년을 마치고 돌아온 2004년 2월 이전에 집필하였다. 한국에 돌아와서 곧 출간하려 했으나 여러가지 일로 몹시 바빠져 제대로 마무리하지 못하다가 결국 대선을 경과하게 되었다. 출간이 늦어진 아쉬움은 있지만 이번 대선에서 미국의 선택을 다시 한번 확인할 수 있었다는 의의를 얻게 되었다.

한국에 돌아와서 이미 미국에서 읽었던 미국에 대해 비판적인 시각을 가진 책들이 상당수 번역된 것을 보고 다행스럽기도 했고 놀라기도 했다. 한편 내가 널리 알려진 내용을 반복하는 것이 아닌가 하는 걱정이 들었다. 사실 미국에 관한 한, 전문가가 아닌 내가 이러한 작업을 시도하는 것이 무모하다는 생각을 하기도 했다. 그러나 막상 그동안의 국내 연구나 출판물을 돌아보면 미국에서 학위를 하지 않고 국내 정치사회현실에 부대끼며 살아온 나 같은 연구자가 한국의 문제의식을 바탕으로 미국을 바라본 저술이 거의 없었다는 점을 새삼 느끼면서 다시 용기를 냈다.

이 책은 주로 미국의 좋은 점만 알고 있는 대다수의 한국인들에게 미국의 다른 면을 보여주기 위해 쓴 것이지만, 미국에 대해 막연한 거부감과 반감을 갖고 있다가 미국에 직접 가서 보고 겪고 나서는 그 엄청난 힘에 완전히 압도당하고 기가 질려버리는 사람들에게 미국의 실체와 문제점을 함께 생각해보자는 뜻도 갖고 있다. 그래서 이 책은 '다른 미국'을 보여주기 위해 다소 의도적으로 한쪽 측면을 강조하기도 했다. 그리고 현실해석이나 이론적인 논란거리가 있는 쟁점이 숱하게 많지만 가급적 학술적 용어와 추상적 개념은 피하고 당면의 시사적인 쟁점을 중심으로 쉽게 접근할 수 있도록 서술하였다.

미국에서 연구년을 잘 보내도록 배려해준 미시간대학의 헨리 림 (Henry H. Em) 교수, 미국에 관한 많은 정보와 자료를 알려준 김민웅 목사님, 나의 질문에 친절하게 답해준 로빈슨(Robinson) 교수, 카치아피카스(Katsiaficas) 교수, 초고를 읽어준 최현 박사, 그밖에 국내의 여러 미국전문가들, 또한 독자의 입장에서 논평을 해준 많은 학생들에게 감사를 드린다. 그리고 필자의 사소한 실수까지 잘 짚어주며 책의 완성도를 높이는 데 힘써준 창비 인문사회팀과 여러 분에게 감사드린다. 미국에 대해 잘 알고 있는 독자분들의 엄한 질책을 기다린다.

2004년 11월 5일
김동춘

차례

이라크전쟁으로 본 미국

1. 이라크전쟁의 시작과 교착

> 싱거운 승리 〈　　　2003년 3월 18일. 미국 동부시각으로 밤 10시 15
분(한국시각 오후 12시 15분), 부시는 상당히 피
곤한 모습으로 나타나 후세인을 향해 48시간 안
에 무장해제하지 않으면 공격을 감행할 것이라고 밝혔다. 그것은 전쟁
선포였다. 그는 불투명한 미래에 대한 불안감을 단호함과 결전의 의지
로 포장하였다. 그의 전쟁선포는 자신이 미국의 최고권력자이자 사실
상 '작은 카이사르'(Little Caesar), 즉 제국의 황제라는 것을 온세계에
천명한 것이었다. 그는 선제공격(preemptive strike)이라는 초유의 결
정을 '악'의 화신인 후세인 제거와 이라크 체제전환이라는 사명감 아
래 숨겼다. 미국이 단독으로 이라크를 공격하겠다고 천명했던 2002년
가을부터, 거슬러올라가면 9·11 직후부터 계속되어온 부시행정부의
호전적인 언사가 마침내 행동으로 표현되는 순간이었으며, 일부 미국
인들과 전세계 사람들이 설마 하면서도 결국 그 길로 갈 수밖에 없을

것이라고 우울하게 예상했던 일이 마침내 터진 순간이었다.

부시행정부는 자신의 공격 혹은 침략행동을 용서 못할 '악'에 대한 정의의 심판으로, 지구상 가장 악독한 독재정권으로부터의 '해방'으로 호도하면서 '사람을 죽이고 문명을 파괴하는 일'인 전쟁이 '평화'를 향한 불가피한 대안이며, 이라크의 무수한 민간인과 참전 미군들이 향후 수년, 수십년 동안 감당해야 할지도 모르는 엄청난 고통과 상처는 '자유'를 얻기 위한 불가피한 댓가라고 그럴듯하게 설명하였다. 이때부터 미국의 모든 주류언론은 약속이나 한 듯이 '공격'(attack)이라는 용어 사용을 그쳤다. 대신 "기다려라, 이라크 국민들이여, 해방이 가까이 왔다. 우리가 후세인을 제거해주겠다"라고 한목소리로 노래하기 시작했다. 그러나 미국과 영국의 그 어떤 정치집단이나 미디어도 그 '해방'이라는 수사가 1917년 영국이 현재의 이라크에 해당하는 중동지역을 침략하면서 내세웠던 것과 동일하다는 것을 기억하지 못했다. 이라크가 다시 앵글로아메리칸(Anglo-American)의 식민지가 된다는 것 또한 인정하지 않았다.

9·11테러 이후의 '위기'를 '기회'로 포착한 부시행정부는 유엔을 비롯한 국제사회의 차가운 반응에도 아랑곳없이 미국의 영원한 형제국가인 영국 블레어(Blaire) 수상의 전폭적인 지원을 받아 아프가니스탄에 이어 또다시 이슬람국가 정벌에 나선 셈이다. 이미 2002년 말부터 입만 열면 "우리는 이슬람과 싸우는 것이 아니라 악과 싸우는 것이다"라고 말해온 부시는 아버지 부시의 대를 이어 이제 후세인이라는 '도저히 하늘 아래 함께 존재할 수 없는' 악마 중의 악마와 두번째 전쟁을 시작한 것이다. 미국은 세계의 모든 테러세력과 전쟁을 벌이겠다면서 국내외의 모든 반전운동과 반전여론을 모른 체하고, 유엔의 반대와 프랑스의 강력한 견제를 물리치면서 '공화국'의 깃발을 슬쩍 '제국'의 깃

발로 바꾸었다. 그리고 '자유와 민주주의와 평화'의 이름으로 국제법상 '전쟁범죄'로 분류된 선제공격, 더 정확하게 말하면 "상대가 나를 공격할 것이라는 예상"을 전제로 자신의 안보를 지킨다는 명분하에 먼저 상대방을 공격하는 이른바 예방공격(preventive attack)을 시작한 것이다. 누구도 부시가 움직이는 미국을 견제할 수 없었고, 아무도 '황제' 부시의 전쟁도발을 말릴 수 없었다.

그런데 미국의 이라크공격이 2003년 3월 20일에 시작되었다는 말은 사실 틀린 것이다. 1991년에 이미 1차 이라크전쟁인 '걸프전'이 발생했고, 이라크는 미국의 경제봉쇄하에서 지난 12년 동안 사실상의 전쟁상태에 있었다. 2차 이라크전쟁인 이번 공격은 2002년 가을에 이미 결정되어 작전에 들어갔다. 미국은 부시의 전쟁선포 수개월 전에 지상군을 페르시아만에 파견해 훈련을 진행하고 있었고 해군도 이미 출동했다. 디데이(D-day)의 폭격목표 설정을 포함한 모든 전쟁 씨나리오는 이미 준비되어 있었다. 이라크가 대량살상무기를 갖고 있는지 아닌지를 확인하기 위한 유엔무기사찰단의 조사결과를 지켜보자는 미국의 애초 입장은 요식적인 절차에 지나지 않았다. 즉 유엔의 무기사찰은 처음부터 이라크를 공격하기 위한 명분 쌓기에 불과한 것이었고, 유엔의 재가를 얻어서 공격결정을 하자는 것도 행정부 내 온건파인 파월(C. Powell)의 주장을 마지못해 받아들인 것에 불과했다. 그런데 소신 있는 '시험감독'인 무기사찰단장 한스 블릭스(Hans Blix)가 "학생의 태도가 진지하고 열심히 시험을 보고 있다. 결과를 기다려보자"라고 말하자, 그의 주장을 아예 무시해버리고 교장이 직접 나서서 학생들을 매질한 꼴이 되었다. 즉 한쪽에서는 이라크공격 정당성 여부를 판가름할 무기사찰을 하고 있는데, 다른 편에서는 이미 날짜까지 잡아놓고 공격을 시작한 것이다.

아버지 부시가 감행한 걸프전에 대해서도 이런저런 논란이 있지만, 그때는 그래도 유엔의 지지를 얻었고, 나토(NATO) 국가를 포함한 29개국이 군사력을 지원하였다. 그런데 이번에는 주요 강대국 가운데 오직 영국과 오스트레일리아만이 미국 편을 들었다. 유엔은 물론 국내외의 모든 반대 목소리에 귀를 막고 부시행정부가 이렇게 단독행동을 감행한 명분은 9·11에 대한 '정당한 보복'을 하겠다는 것이지만 넓고 깊게 보면 이미 이전에 쿄오또 기후협약을 탈퇴했던 그 기조, 즉 국제사회의 눈치를 보지 않고 뭐든 하고 싶은 대로 하겠다는 미국의 외교정책 기조가 관철된 것이다. 그 바탕에는 미국은 자기 혼자의 힘으로 전쟁을 치를 수 있고, 혼자의 힘으로 세계평화를 이룰 수 있다는 자신감이 깔려 있다. 물론 그 뒤에는 지난 두 세기 동안 세계를 요리해온 이 '위대한' 두 '영어사용국가'의 든든한 연대가 있었다. 냉전 후 테러세력의 위협에 대처하며 새로운 세계를 만들기 위해서는 대서양 연안 서구국가의 연대가 기본이 되어야 한다는 블레어의 친미노선이 미국의 단독행동이 될 뻔한 이라크공격을 '연합군'의 공격으로 포장할 기회를 준 것이다.

그러나 후세인의 이라크는 지구역사상 가장 막강한 군사력과 경제적 부를 자랑하는 미국의 맞수가 되지 않는 빈사상태의 피폐한 국가라는 것이 곧 확인되었다. 사실 걸프전을 치르고서 이라크는 완전히 폐허가 되었다. 이때 미국은 88,500톤의 폭탄을 이라크에 퍼부었는데, 이 전쟁으로 이라크군인 약 10만명이 사망하였고, 민간인 3천명이 처음 몇주 동안의 폭격으로 숨졌다. 걸프전 당시 약 20만명의 이라크인이 사망하였다. 미군 1명당 평균 1천명의 이라크인이 목숨을 잃은 셈이다. 인권운동가 람시 클라크(Ramsey Clark)에 따르면 당시 개전 초기 병원에 입원해 있던 환자 2만5천명이 의약품과 물이 없어서 목숨을 잃었으며, 그후 몇주 동안 무려 20여만명의 민간인들이 같은 이유로 목숨을 잃었다고 한다.[1] 그가 본 이라크는 지옥이었다. 그후 지금까지 미국의 경제봉쇄로 50만 이상의 어린이와 100만 이상의 민간인이 목숨을 잃었다는 것이 국제사회의 평가이다.

이런 이라크였으니 미국의 승리는 시간문제였다. 왜 세계 헤비급 복싱챔피언이 한명의 아마추어 선수와 싸우기 위해 주먹을 휘둘러야 했을까? 고전을 들추어보자. 고대 그리스의 철학자 헤라클레이토스 (Herakleitos)가 말했듯이 전쟁은 모든 것의 아버지요 왕이다. 전쟁은 최고의 정치이며 교육이며 선전이며 문화이고, 가장 중요한 비즈니스 활동이다. 결국 전쟁의 목적은 전투에서 승리하는 것 이상이다. 그래서 전투 그 자체보다 더 중요한 것은 전쟁으로 보여주려는 그 무엇일 것이다. 세계 유일 초강대국인 미국의 이라크공격은 이라크뿐만 아니라 나머지 '불량국가' 한테도 본때를 보여주면서 전세계에 중요한 메시지를 전달해 뭔가를 얻기 위한 행동이 아니었을까?

〉 충격과 경외 〈　　　'충격과 경외'(Shock and Awe)는 우리식으로 초전박살이라고 부를 만한 럼스펠드(D. Rumsfeld)의 신작전개념이다. 그것은 압도적으로 우세한 무기와 최소의 지상군으로 목표를 정밀 타격하여 민간인 희생을 줄이고 전쟁을 조기에 종식한다는 내용이다.

3월 20일 화요일, 아라비아해에 정박해 있던 미 해군함정에서 40개의 토마호크 미사일이 불을 뿜었다. 미군병사들은 컴퓨터 스크린 앞에 앉아서 수천마일 떨어진 목표물을 향해 전자폭격을 감행했다. 곧이어 수백대의 전투기가 제공권을 장악하고 이라크 상공을 자유롭게 날아

바그다드의 전략거점을 폭격하였다. 미국의 1차 전략목표는 후세인이 숨어 있는 곳을 집중 포격하여 후세인을 곧바로 제거하고 전쟁을 조기에 종료하는 것이었다. 그러나 전투복을 입은 후세인은 CNN 텔레비전 화면에 계속 얼굴을 비추었고, 결국 미국의 1차 작전은 성공하지 못한 것으로 드러났다. 그러나 바그다드는 미 항공기의 융단폭격으로 불바다가 되었다. 미 장갑차부대는 사막을 노도처럼 가로질러 바그다드를 향해 진격하였다. 미 국방부는 미군이 전투역사상 유례를 찾을 수 없을 만큼 빠른 속도로 바그다드로 진격하고 있다고 선전하였다. 개전 일주일 동안 모든 것은 너무나 순조롭게 진행되는 듯했다. 몇명의 미군이 이라크군에게 체포되었다는 보도 말고는 미국인 사망자나 피해자는 거의 없는 것으로 보도되어 럼스펠드의 신작전은 성공한 것처럼 보였다. "승리는 확실하다"며 부시는 모든 미국국민들 앞에, 그리고 세계를 향해 자신감을 내보였다.

월스트리트의 다우지수는 연일 기록을 갱신했고, 주요 군수산업체의 주식은 개전 후 연 8일간 상종가를 쳤다. 경제분석가들은 "이제 시장이 투명해졌기 때문"이라고 그 이유를 설명하였다. 사막에 내동댕이쳐진 미 병사들과 후세인의 공화국수비대, 그리고 이라크국민에게는 이 전쟁이 '죽느냐 사느냐'의 문제였지만, 컴퓨터 모니터로 전황을 보고받는 펜타곤의 지휘관이나 워싱턴의 정치인, 월스트리트 기업인들에게는 판돈을 건 도박 같은 하나의 게임이었다. 그중에서 월스트리트에서는 오랫동안 기다렸던 투자자들이 곧바로 행동에 들어갔다. 한쪽에서는 사람이 죽어가는데, 다른 쪽에서는 돈 계산을 하고 있는 것은 끔찍하고 잔인한 일이지만, 어떤 전쟁이든 죽는 사람과 돈 계산하는 사람은 따로 있는 법이다. 전쟁이 벌어진 지 일주일도 지나지 않아 벌써 미국 미디어에서는 후세인 제거 후 이라크 국가건설 계획문제가 서서히 거론되었다. 특히 『타임』지는 후세인정부 요원 중에서 누구를 처형하고 누구를 살려주고 포섭할 것인가, 전쟁비용은 어떻게 충당하고 전후복구에는 누가 참여할 것인가 따위의 문제들을 기사로 다루었으며, 이번의 이라크작전과 2차대전 후 미국의 마샬플랜(Marshall Plan), 일본·독일 국가건설의 차이가 무엇인가를 논의하였다. 일시적인 전황 교착과 미군의 방송국 및 민간인 공격에 대한 국내외의 비판이 있었으나 그것은 에피쏘드로 끝나고 말았으며 미군은 큰 어려움이나 피해 없이 곧바로 바그다드를 장악하였다. 공화국수비대가 마지막까지 저항을 한 후세인의 고향 티크리크 공격을 끝으로 개전 약 4주가 되는 5월 1일 부시는 미국시민들과 전세계를 향해 '주요전투의 종결'을 선포하였다.

전쟁 시작단계에서는 '이라크에 대한 전쟁'(war on Iraq), '이라크에서의 전쟁'(war in Iraq)이라는 말을 주로 사용하던 미국 미디어들이 전투가 본격화하면서 '이라크와의 전쟁'(war with Iraq)이라는 말을 사용하기 시작했다. 그러나 역시 이라크는 미국의 상대는 아니었다. 24년간의 후세인 독재에다 15년에 걸친 이란, 미국과의 전쟁에 지친 이 나라의 전설적인 공화국수비대는 종이호랑이에 지나지 않았다. 부시행정부의 주전론자들이 전쟁 전에 계속 주장했던 것처럼 "사담은 한 주먹거리(cakewalk)밖에 되지 않는다"는 점이 확인된 것이다. 이들의 희망대로 공화국수비대가 곧바로 투항하거나, 이라크사람들이 미군을 대대적으로 환영하고 미군 투입 즉시 후세인군대에 저항하지는 않았지만, 전체적인 상황은 사실상 전쟁이라기보다 일방적인 점령에 더 가까웠다.

바그다드의 후세인 동상이 끌어내려지고 후세인 궁전이 미군에 짓밟힌 그 순간은 부시나 럼스펠드, 그리고 미국인들에게는 환희의 순간

이라크 바그다드의 후세인 동상을 철거하기 전 얼굴에 성조기를 덮는 미군병사

이었다. 사상 유례없이 짧은 기간인 3주 만에 그것도 150명의 미군 희생만을 기록하고서 전쟁을 승리로 이끌었기 때문이다. 20세기 이후 미국이 벌인 전쟁에서 이렇게 단기간에 이렇게 적은 희생으로 승리한 적은 없었다. 그것은 "미국의 안보를 위협하는 국가에 대해 선제공격을 감행할 수 있다." 국제사회의 눈치를 보지 않고 "혼자 행동하겠다"(go it alone)는 부시의 신군사전략이 공인받는 순간이기도 했다.

후세인 동상이 무너지면서 바그다드에서는 미군을 환영하는 인파가 거리로 쏟아져나왔다. 후세인이 통치하던 지난 24년 동안 감히 숨도 쉬지 못하던 많은 사람들이 거리로 나와 활개치면서 후세인 사진을 찢고 동상을 발로 찼다. 미군은 바그다드를 포함하여 이라크를 사실상 '점령'한 뒤 '해방'이라고 부르기 시작했다. 물론 그것은 어떤 점에서 해방이었다. 24년의 엄혹한 독재에 시달리고 이란과의 전쟁, 경제제재로 지친 이라크사람들, 특히 집권 수니파(Sunni)에게 온갖 고난을 당해온 다수파인 시아파(Shia)와 후세인 치하에서 희생당한 쿠르드족에게는 분명히 가슴 벅찬 해방이었다. 그리고 후세인 독재정권에 반대하다가 고문과 테러, 학살의 고통을 당해온 일부 저항세력에게도 미군은 해방의 메시지를 들고 온 구세주였다. 그러나 미군의 바그다드 진입은 분명히 군사점령이다. 이라크사람들 스스로 독재자 후세인을 추방하지 못한 결과 맞이한 미국의 군사점령은 지난 1945년 일제를 자신의 힘으로 추방하지 못한 우리 민족이 매카서(D. MacArthur)의 '포고령 제1호'에 복종할 수 없었던 것처럼 변덕스럽고 사나운 시어머니를 안방 깊숙이 끌어들인 꼴이 되었다. 그래서 바그다드에서는 '대동세상'을 맞이하는 '해방의 축제' 대신 약탈, 방화, 강도 등 거대한 혼돈과 무질서가 나타났다. 그것은 후세인의 억압과 지긋지긋한 전쟁의 종료가 아니라 또다른 전쟁의 시작을 음울하게 예고하고 있었다.

"마을 하나씩, 도시 하나씩, 해방이 다가오고 있습니다." 2003년 5월 1일 '주요전투의 종결' 선언을 하기 직전 라디오 연설에서 부시는 자랑스럽게 말했다. 과연 그러했는가? 실제 언론은 2003년 5월 이후 마을 하나씩, 도시 하나씩 무질서와 약탈, 저항군의 소요가 확산되고 있다고 연일 보도하였다. 미군의 점령은 첫날부터 예상을 벗어났다. 바그다드를 점령한 미군은 '해방'이 무질서이며, 자신들을 해방군으로 여길 것이라고 생각했던 이라크사람들이 자신들을 별로 환영하지 않으며, 심지어 적대시한다는 것을 알게 되었다. 검문소에서 미군과 이라크민간인들 사이에 벌어진 충돌이 그것을 증명했다.

검문소에서 미군의 명령은 곧 법이었다. 찌는 듯한 더위 아래 수많은 이라크사람들은 자신의 차례가 올 때까지 하염없이 기다리고 서 있어야 했다. 전기가 제대로 공급된다면 보안검사는 쉽게 끝날 수도 있었지만, 신호등이 작동하지 않아 시간은 한없이 길어졌다. 아랍어를 한마디도 할 줄 모르는 미군은 영어로 "차 안에 그대로 있어"(stay with the car)라고 외쳤으나 표지판도 보이지 않고, 영어도 알아들을 수 없는 이라크인들은 차를 그대로 몰고 가는 경우가 많았다. 미군은 이들을 테러범으로 간주하고 무차별 사격했다. 미군을 공격할 의도를 가진 일부 후세인잔병들이나 저항세력은 검문소의 미군을 향해 총격이나 폭탄테러를 가했다. 여성과 아이들을 태운 밴이 검문소로 접근하자 최근 다른 검문소에서 자살폭탄을 싣고 돌진해온 밴이 있었다는 것을 들은 미군이 미친 듯이 밴을 향해 총기를 난사하는 사건까지 일어났다. 결국 차에 타고 있던 7명의 여성과 아이들은 사망했다.

이어 전쟁 개시 후 2주일 정도 지났을 때 미군과 영국군이 죽인 이라크 민간인 수가 이미 645명에 달했다는 소식이 있었다. 민간인에 대

26

한 무차별살상을 비판하는 여론이 국내외에 거세게 일자 럼스펠드가 말했다. "후세인이 죽인 민간인 수가 우리가 죽인 민간인 수보다 훨씬 많다."[2] 과연 럼스펠드다운 '멋진' 대답이었다.

점령 후 미군에 의한 피해가 늘어날수록 이라크인들의 분노는 더해 갔다. 특히 이라크인들의 불만과 분노는 주로 미 점령군이 보여준 일상적인 태도에서 촉발되었다. 그도 그럴 것이 이슬람문화에 대해 전혀 아는 것이 없는 미군들은 전세계 각지에 주둔하고 있는 미군이 그렇듯이 이들 국가에서 거의 금기된 포르노잡지를 보란 듯이 펴들고 다녔다. 무리한 수색과정에서 여성들의 몸에 손을 대는 경우도 있었다. 아랍어 교육을 제대로 받은 적이 없는 미군은 마치 모든 이라크사람들이 당연히 영어를 알아들어야 한다는 듯 빠른 영어로 소리질렀다. 어떤 이라크 사업가가 씁쓸하게 뱉은 말처럼 미군은 이라크사람들을 19세기 아메리카인디언 대하듯이 하였다. 그것은 영국이 인도주민을, 프랑스가 알제리주민을 대하던 식의 낡아빠진 과거 식민지시절의 필름이 다시 돌아가는 것에 불과했다. 이라크사람들 역시 점점 더 과거 영국 식민지하 인도의 세포이 반란군처럼, 알제리나 베트남의 민족주의 저항세력처럼 변하기 시작했다. 역지사지(易地思之), 미국인들은 이러한 격언을 모른다. 만약 외국군대가 '도와준다'는 명분하에 미국땅에 멋대로 들어가서 반항하는 백인 한두명을 두들겨패고, 땅에 엎드려 손을 뒤로 하게 하고, 그의 머리를 군홧발로 짓이기는 일이 텔레비전에 방영된다면 온 미국사회는 분노와 복수심으로 들끓을 것이고 당장 그 야만적인 인간들을 죽여버리라는 소리가 천지를 진동할 것이다.

북부 이라크 중심도시 모술에서는 2천여명의 주민들이 주청사 앞에 집결하여 미군에게 거세게 항의하다가 미군의 발포로 10명이 사망하기도 했다. 이 사건은 미군이 주지사의 집 위에 이라크기와 나란히 미군기를 올린 데서 촉발되었다. 이것을 본 모술사람들이 심한 굴욕감을 느끼고 미군에게 항의하다가 사고가 발생했다. 더구나 이 모술의 이라크인들과 관계가 좋지 않던 쿠르드족이 미군과 합세하여 마치 점령군처럼 진주하자 이들이 흥분한 것이다. 물론 이 일은 현장의 미군들이 상부의 명령과는 무관하게 한 행동이지만, 이 사소한 행동들이 이라크사람들의 자존심에 큰 상처를 주었다.

전투 종료 후 한 달, 두 달이 지나도 전기와 물이 공급되지 않자, 이라크사람들은 갈증과 더위에 고통을 받았으며, '전기와 물' '전기와 물'을 외쳤다. 인구의 약70%를 웃도는 실업자들은 일자리를 달라고 외쳤으며, 미군이 해산시킨 후세인 치하의 군인들은 애초 미국이 그들에게 약속했던 급료를 달라고 외쳤다. 이라크사람들은 '사담을 다시 데려와 전기와 물을 공급하도록 하라'는 농담 섞인 구호를 내걸기도 했다. 그 무렵 이라크의 대도시에서는 '미국 물러가라'는 구호가 등장하였고, 민간인을 살상하는 미군에 대해 '우리는 미국이 하느님을 믿는 나라로 생각하지 않는다'는 증오 섞인 구호도 나왔다.

다수의 이라크사람들은 미국이 후세인을 공격한 것은 석유 때문이라고 생각하였다. 이미 과거 영국 제국주의를 경험한 이들은 모든 외세는 석유를 노린다는 것을 본능으로 알아챘다. 그리하여 10월 3일 정유공장이 있는 바이지(Baiji)에서는 주민들이 미군 감독관을 쫓아내고 터키 트럭에 불을 놓았다. 터키가 이라크의 싼 석유를 이스라엘에 팔아먹는다는 소문이 돌았기 때문이다. 이라크는 이제 테러세력의 메카가 되기 시작했다. 후세인 패잔병, 주변에서 몰려든 테러집단, 이라크 내의 반미세력이 연대하여, 미군과 미군에 협조하는 이라크경찰, 유엔, 심지어는 적십자사에까지 총격을 가했다. 전쟁 직전 수많은 아랍 전문가들이 기독교문명의 선봉장인 미국이 이라크를 점령하고 민간인을 살상할 경우, 전체 중동지역을 뒤흔들어놓고, 결국 테러세력의 공격을 피할 수 없을 것이라고 줄곧 지적한 바로 그 상황이었다. 미국 내에서도 국방부에 밀려 찬밥신세가 된 국무부가 국방부 주도의 이라크 점령정책에 대해 적지않은 비판을 제기하였다. 물론 국무부의 목소리가 정책에 반영될 여지는 거의 없었다. 상황을 주도하고 있는 국방부 관리들에게 이러한 지적은 소귀에 경 읽기였다.[3] 그 무렵 아랍권 각 나라에서 이라크로 들어온 테러세력에 질린 국방부 부장관 울포위츠(P. Wolfowitz)가 코미디 같은 말을 한 적이 있다. "이라크에 너무 많은 외국인이 들어와서 문제다"라고.[4] 미군은 외국인이 아니라고 생각할 만큼 미국 전쟁기획자들의 생각은 도착적이었다.

미군의 무차별적인 폭격으로 바그다드와 인근의 많은 민간인들이 죽었다. 미군은 2002년 이후 지금까지 아프가니스탄 남동부 산악지대의 반군 거점지역의 마을을 무차별 폭격해서 많은 아프가니스탄 민간인을 학살했다.[5] 2003년 10월에는 어린이만 12명을 사살한 경우도 있었다. 이제 이라크에서 똑같은 일이 벌어진 것이다. 영국의 한 언론인은 그 현장을 이렇게 전했다.

이라크의 시골에는 알려지지 않은 많은 죽음들이 있다. 화요일 아침 나는 바그다드에서 북쪽으로 50마일 떨어진 곳에서 채소를 재배해서 먹고사는 마을에 갔다. 알리 살레(Ali Saleh)라는 한 농부는 10살짜리 딸 나마라(Namara)의 시신을 묻고 있었다. 지난 금요일 누가 쏘았는지 알 수 없는 폭탄이 집으로 떨어졌고 그의 가족들은 급히 피신했으나 딸은 큰 콘크리트덩이를 피하지 못해서 깔려 죽었다는 것이다.

죽은 아이들의 부모는 아이들의 시체를 붙들고 오열하면서 "우리 아이가 무슨 잘못을 했는가" "미군은 악마다" 하고 울부짖었다. 이런 식으로 민간인 살상이 수없이 일어나 미군에 대한 비판이 고조되자 미군 당국은 병사들이 위기상황에서 자기방어를 위해 불가피한 행동을 했기 때문에 잘못이 없다고 발표했다. 사실 전투중 발생한 민간인 희생에 대해 병사들에게 책임을 묻기는 어렵다. 미군지휘부의 누군가가 이들에게 명령을 내렸으며, 병사들은 그 명령에 따라 총을 쏘았을 따름이다. 여하튼 이러한 소식들이 이제 이라크 전역으로 퍼져나가면서 후세인과 공화국수비대가 사라진 이후의 이라크전쟁은 이라크인들과 일선에 있는 미군병사들과의 전쟁이 되었다. 이제 미군 한두명이 '실수'해도 분노는 미군, 미국 전체로 향했으며, 소수 저항세력과 테러세력이 미군을 공격하면 미군은 모든 이라크사람들을 잠재적 저항세력으로 간주하였다. 사실 대량의 군사력 사용을 의미하는 '충격과 경외'라는 작전개념 자체가 모든 이라크사람들을 잠재적인 적으로 보는 것이며 사실상의 학살면허장이었다.

　주민들이 협조하지 않자 미군은 과거의 베트남전쟁, 니까라과 꼰뜨라반군 지원작전을 참고하여 물과 고기를 분리하는 전략을 구사하였다. 이라크사람들이 테러세력을 비호하여 이들을 고발하지 않는다는 것을 알아차린 미군은 비협조적인 지역주민들의 생계를 위협하는 전략을 구사하기도 했다. 즉 '테러세력'을 숨겨준 것으로 의심되거나 노골적으로 미군을 거부하는 동네를 골라 그들을 직접적으로 압박하는 작전을 감행한 것이다. 어떤 마을에서는 미군 불도저가 재즈음악을 크게 틀어놓고 주민들의 생계수단인 과수를 밀기도 했다. 미국에 협조하지 않는 자들에게는 이렇게 보복한다는 일종의 위협, 즉 주민교육이었다. 수십년 전 그들의 선배들이 베트남에서 밀림을 불태우고 주민들을

테러범을 잡는다는 명분하에 민간인들을 수색·체포하는 미군병사

'정착촌'으로 강제이주시키고, 거부하는 주민을 본보기로 처벌하던 그런 식이다.

  미군은 숨겨진 무기와 저항군을 찾기 위해 가택수색을 실시하기도 했다. 매우 공격적이고 앞뒤를 가리지 않는 미군은 수색작전 과정에서 주민을 상대로 육체적인 가혹행위, 심지어는 약탈행위까지 자행했다. 미군은 무기를 소지한 주민을 발견하면 가족들이 보는 데서 땅바닥에 엎드리게 하고 머리를 군홧발로 누르는 등 대단히 굴욕적이고 반인권적인 진압작전을 폈다. 미군의 거칠고 무자비한 진압작전은 이라크인의 반미감정을 촉발했고, 급기야 팔루자(Falluja)에서 이라크인들이 미군의 시체를 끌고 다니면서 밟고 뭉갠 사건이 발생했다.[6] 2004년 4월 4일에는 급진적인 이슬람 지도자 사드르(Muqtada Al-Sadr)가 대미항전을 선언하자 바그다드의 슬럼가를 중심으로 소요가 발생하였으며, 팔루자는 저항세력의 해방구가 되었다. 미군은 팔루자의 저항세력을 무자비하게 진압하였는데, 이 과정에서 5백명이 넘는 민간인이 죽고 수백명이 다쳤다. 그동안 반목상태에 있던 수니파와 시아파는 공동의 적을 발견하고서 완전히 한몸이 되었다. 미국은 이라크 민족주의의 불을 당겨주었다. 이제 이라크사람들은 후세인을 위해서가 아니라 자신이 살기 위해서 미국과 싸워야 했다.[7]

미군병사들 역시 '적과의 전투가 아니라 자신의 목숨을 보전하기 위한 전투', 국가 혹은 거창한 대의를 위해서가 아니라 동료들의 죽음에 복수하기 위한 전투, 전과를 올리기 위한 전투, 자신이 그 지옥에서 살아남아 고국으로 돌아가 사랑하는 애인을 다시 만나기 위한 전투를 해야 한다는 것을 알게 되었으며, 적으로 의심되는 민간인을 살상하는 것은 어쩔 수 없다는 것을 알게 되었다. 결국 2003년 5월 이후 이라크전은 고전적인 게릴라전으로 접어들었다. 그리고 게릴라전에서는 반드시 민간인살상이 일어나게 마련이다.

부시나 럼스펠드가 기대했던 대로 전쟁이 초기 수십발의 미사일 정밀타격으로 후세인과 그 정치세력을 완전히 제거하면서 마무리되었거나, 이라크군인들이 대거 투항했거나, 이라크민간인이 해방군을 대대적으로 환영했다면 이러한 민간인 대량살상은 일어나지 않았을지도 모른다. 그러나 그것은 그들의 희망사항일 따름이다. 1차작전이 예상대로 되지 않고, 바그다드 점령을 위해 시가전을 벌여야 했을 때, 민간인이 거주하는 지상에서 군인들이 대결하는 '전통적인 게릴라전'은 이미 예견된 것이었다. '전통적인 전쟁', 민간인들이 실제 거주하고 있는 농촌과 도시에서 적군과 아군이 마주치는 상황은 베트남전, 소말리아전의 악몽을 겪은 미 국방부로서는 피할 수만 있다면 피하고 싶은 장면이었을 것이다. 클린턴이 1998년에 무인항공기로 이라크를 폭격한 것이나, 코소보를 무차별 폭격한 것도 모두 지상에서 미군과 적이 맞서는 상황을 막으려는 고육지책이었다.

한국전·베트남전 등 미 지상군이 참전했던 수많은 전쟁에서 선배 미군들은 이미 수도 없이 경험한 일이지만, 난생 처음 전쟁에 참전한 소년들은 선배들이 겪은 이 게릴라전의 공포와 악몽을 알 리가 없었다. 그러나 백인 혹은 서구 기독교문명권에 있지 않은 사람들을 자신과 같은 인간으로 보지 않는 점에서 과거 미군이나 현재 미군이나 생각은 동일했다.

지난 1950년 7월초 점령지 일본에서 한가로운 여름을 보내던 18, 19세의 미군들이 생전 들도 보도 못한 아시아대륙의 동쪽 끝자락 한반도에 투입되었을 때, 그들은 분명히 공산주의라는 악마를 물리치고 한국을 '해방'시켜야 한다고 교육받았을 것이다. 그러나 그들은 예상하지 못했던 엄청난 흰옷의 피난민 대열에 기가 질렸고 피난민과 적을 구분하는 것도 불가능했다. 게다가 자신이 이 민간인들 속에 숨어 있는 적들의 총에 맞아 죽을지도 모른다는 공포를 느끼면서 이제 순진하던 시골뜨기 미국 '소년병'들은 '미친 군인'이 되었다. "흰옷 입은 사람은 다 죽여라"라는 어처구니없는 명령이 떨어지지 않았더라도 그들이 전쟁 상황에서 자제력을 발휘하는 것은 거의 불가능했을 것이다. 그때 이 땅에서 그들은 아기 업은 여자건, 백발노인이건 가리지 않고 닥치는 대로 총을 쏴댔다. 미군이 "움직이는 것은 모두 없애버리려" 했던 한국, 베트남, 그리고 오늘의 이라크 전쟁터는 최소한의 도덕조차 실종된 아비규환의 현장이었다.

사실 모든 군사행동이 그렇지만 미군의 이라크작전에는 애초부터 근본적인 제약이 있었다. 그것은 군사적 우위만으로는 전쟁에서나 점령정책에서나 한계를 가질 수밖에 없다는 사실이다. 이것이 바로 베트남전 당시 미국이 부딪힌 딜레마이다. 부시의 종전선언 이후 이라크에서 미군이 계속 죽어나가고, 이라크 복구사업이 지연되고, 민간인 피해가 늘어나고 저항세력의 기세가 수그러들지 않자 이라크가 제2의 베트남이 되지 않을까 하는 우려가 미국 내에서 제기되었다. 미국이 만신창이가 되어 베트남전에서 빠져나온 일은 그 시절을 살았던 모든 미국인들에게는 악몽이다. 그것은 2차대전의 승리에 고무되어 '미국은 못하는 것이 없다'는 신화를 믿었던 미국인들이 자기나라와 정치인들에게 깊은 회의와 불신을 갖게 된 계기였다.

　　냉정하게 보면 1960, 70년 당시에도 미국은 마음만 먹으면 북베트남을 완전히 굴복시킬 수 있었다. 미국 내 강경파가 주장했듯이 핵을 떨어뜨리거나 융단폭격으로 초토화해버린다면 군사력에서 월등히 앞선 미국이 베트남에 질 이유는 없었다. 그런데 왜 제공권을 제압하고 있었으며 화력에서도 압도적으로 우세했던 미국이 전쟁에서 패하고 결국 도망쳐나올 수밖에 없었는가? 그것은 전쟁이 게릴라전으로 접어든 다음에는 군사력의 우위가 승리를 보장해줄 수 없기 때문이며, 미국이 지지한 정권이 자유민주주의 정권이 아니라 '부패한 독재정권'이었다는 사실이 전쟁의 명분을 근본적으로 흔들었기 때문이다. 즉 군사적 힘은 수단에 불과한 것이고, 정치적·도덕적 힘 없이는 어떤 전쟁에서도 이길 수 없는데 바로 이라크에서 그런 일이 다시 일어나고 있다.

〉포로수용소의 학대사건 〈   2004년 3월 미군의 부도덕성을 만천하에 드러낸 충격적인 사건이 터졌다. 아부 그라이브(Abu Ghraib) 수용소에서 미군이 이라크포로를 잔혹하게 학대한 사실이 공개된 것이다. 이 수용소에서 비인간적인 고문과 학대를 이기지 못하고 사망한 여러명의 포로가 있다는 사실이 확인되고, 담배를 문 미군 린디 잉글랜드(Lynndie England)가 얼굴에 덮개를 씌운 벌거벗은 포로들을 성적으로 모욕하는 사진 등 충격적인 사진 수백장이 공개되었다. 살아나온 사람들의 증언에 따르면 미군은 사나운 개로 이들을 위협하고 물어뜯게 하거나, 찬물을 뒤집어씌우고 팔을 비트는 등 온갖 잔인한 방법으로 고문하였다. 이라크인 사담 아바우드(Saddam Aboud)라는 포로는 차라리 죽고 싶었다고 그 고문의 악몽을 기억하고 있다.[8] 그동안 전쟁을 지지해오던 주류매체인 『워싱턴포스트』 등이 이 끔찍한 사진들과 더불어 동영상으로 포로학대를 보도하자 미국사회도 이 문제가 더이상 몇몇 군인의 실수가 아니라 최고지휘부의 지시로 일어났다는 점을 인정하기 시작했다.

사실 고문이나 학살 등 국가권력이 개입된 폭력이 말단 군인들의 실수로 발생하는 법은 없다. 문서 명령은 없더라도, 지휘자들이 이러한 행동을 방조하거나 수단과 방법을 가리지 않고 피의자를 다그쳐 원하는 정보를 얻어내라고 요구함으로써 고문과 살해를 조장하고 격려한다. 그리고 하급장교나 병사들이 그러한 방법으로 임무를 수행하더라도 자신에게는 아무런 책임이 돌아오지 않는다고 확신할 때 이러한 비인간적이고 잔혹한 행동은 만연하게 된다. 과거 베트남의 밀라이(My Lai) 학살에 연루된 미군 모두가 무죄로 석방되었으며, 거슬러올라가 한국의 노근리사건 조사 이후에도 미 국방부가 학살지휘, 명령사실을

바그다드 아부 그라이브 수용소에서 손이 뒤로 묶인 채 미군견에 위협당하고 있는 이라크포로

부인함으로써 당시 현장에 있던 미군이 모두 면죄부를 얻었다. 국제형사재판소(ICC) 가입을 거부한 미국은 자기나라 군대가 전세계 여러 나라에서 발생한 분쟁에 개입하는 과정에서 저지를지도 모르는 고문·학살 등 범죄행위를 국제사회가 규율하려는 것을 막아왔으며, 미군은 '평화군'이자 '세계의 경찰'이므로 무조건 면죄부를 주어야 한다고 생떼를 써왔다.

이라크 포로수용소에서 벌어진 미국의 잔혹행위는 사실상 2002년 말 수립된 미국의 새로운 국방개념, 그리고 '테러와의 전쟁'이 조장한 것이며, 부시의 이런 군사노선이야말로 실제로는 국외 위험세력에 대한 고문·살인면허장 발부행위였다. 미국의 일방주의 전략은 '누가 테러세력인가'라는 규정을 오직 미국만이 내릴 수 있게 만들었으며, 꾸바 지역의 미군기지 관타나모의 포로 억류에서도 나타났듯이 일단 테러세력으로 지목되면 어떠한 법적인 절차나 변호사의 조력도 받을 수 없다. 거의 1만여명에 달하는 것으로 알려진 전쟁 후 이라크수용소의 이라크인 수감자들은 모두 단순 혐의만으로 체포됐으며, 이들은 현재 관타나모기지에 수용된 아프가니스탄 전시 테러용의자들과 똑같은 처지에 놓여 있다. 미 국방부는 이들을 무제한 구금할 수 있고, '테러범'으로 지목되거나 체포구금된 사람들은 어떠한 비인간적이고 잔혹한 대우를 받아도 부당함을 호소할 데가 없다. 사실 아부 그라이브 수용소의 고문과 잔혹한 심문은 이미 아프가니스탄에서 실시되었으며, 주둔군 최고지휘관까지 모두 잘 알고 있었다고 한다. 즉 그것은 몇몇 군인의 실수가 아니라 미국이 이라크인, 더 나아가 모든 아랍사람들을 향해 저지르는 폭력이며, 촘스키(N. Chomsky)가 말했듯이 '부드러운 학살'이다.

그런데 아부 그라이브 포로학대사건에서 우리가 놀란 것은 미군의 잔혹함만이 아니라 그것에 대해 심각한 죄의식을 느끼지 않는 미국사회 일반의 판단력 마비상태, 도덕적 자제력 상실, 자기중심적인 사고방식이다. 부시는 이 사실을 접하고 "매우 역겹다"라고 말하기는 했으나 럼스펠드 해임요구에 대해서는 요지부동이었다. 물론 럼스펠드를 해임하는 것은 전쟁의 실수를 인정하는 것이기 때문에 받아들이기 어려웠을 것이다. 그러나 그의 상황인식은 전쟁을 시작한 2003년이나 궁지에 몰린 2004년 봄이나 오만하기 이를 데 없기는 매한가지다. 부시는 사과하지 않았다. '벌레 하나도 죽이지 못하던' 평범한 촌뜨기 미국남녀를 몇달 만에 이렇게 '이라크사람을 동물 이하로 다루는' 악인으로 변화시켜버리는 상황을 우리는 다시 생각해볼 필요가 있다.[9] 물론 전쟁이라는 상황 자체가 인간을 광기로 몰아갈 수 있다. 그러나 당시에 드러난 수백장의 사진이나 동영상에 담긴 미군들의 잔혹행위에는 단지 전쟁이라는 상황만으로 설명할 수 없는 그 무엇이 있다.

초죽음상태의 이라크포로들 옆에서, 벌거벗은 이라크사람들 앞에서 기념사진을 찍는 것은 일종의 '무공'을 '기념'하는 행위이다. 무엇이 그런 광기를 불러일으켰을까? 전쟁 일반? 혹은 미국 내부의 문제점? 그런 상황은 우선 도덕적 자제력 마비상태라고밖에 말할 수 없다. 선악의 이분법, '악'을 절멸해야 한다는 근본주의적 사고는 미국인들의 머리를 비뚤어진 자기확신, 근거없는 자기정당화, 우월감, 인종주의로 가득 차게 만들었다. 이라크인들에 대한 미군의 야만적 행동은 2차대전 때 남양군도나 그후 한국전쟁, 베트남전쟁 당시 미군들이 황인종을 가리키며 '국'(gook)이라는 비하어를 사용했던 것을 떠올리게 한다. '국'이란 용어는 미군이 이 지역에 '초토화'작전을 펴고도 죄의식을 느끼지 않도록 해준 정신적 면허장이었다. 그것은 먼 과거의 일이라 치더라도 민주주의국가인 미국의 군인들이 지금 이 문명사회에서 그러한 일을 벌이고 있다는 사실에는 놀라지 않을 수 없다. 사실 20대 초반의 철없는 미군병사들은 자신이 이라크포로들에게 한 행동이 과연 용납될 수 있는지 알지 못한다. 더 중요한 것은 그들이 미국이라는 나라의 이라크공격이 용납될 수 있는지 알지 못한다는 점이다. 그리고 자신도 자기가 지금 저지르는 행동의 피해자이며, 그 상처가 평생 자신을 괴롭힐 수도 있다는 것조차 알지 못한다.

존슨과 닉슨이 베트남을 쓰레기장으로 만들었듯이 부시는 이라크를 또다시 쓰레기더미로 만들었다. 미국의 자유주의가 갖는 이중성과 허구성, 이라크 공격이 얼마나 기만에 가득 찬 것인지 이처럼 적나라하게 폭로된 적은 없었다.

2. 이라크전이라는 진흙탕

> 점령의 자기모순 <　　　　미군은 후세인정권 아래서 탄압을 받아온 쿠르드족과 시아파, 그리고 미국에 망명했던 인사들을 중심으로 과도통치위원회(IGC)를 구성하였다. 물론 이 과도통치위원회는 미국 임시행정처(CPA)의 지휘를 받는 아무런 독자적인 권한이 없는 꼭두각시 기구다. 미국은 1898년 필리핀에서, 그리고 1945년 이후 일본과 한국에서, 2002년 아프가니스탄에서 그러했듯이 일단 군사적으로 점령하고, 미국의 주관하에 선거라는 절차를 거쳐서 새로운 대표부를 구성한 다음 시장경제의 원칙을 기본정신으로 하는 헌법을 만들도록 한다. 물론 미국은 총선거가 실시되기 전에 반드시 미국에 우호적인 지도자가 선출될 수 있도록 법적·제도적 장치를 마련한다.

한반도에서 1945년 9월 미 점령군 사령관 하지중장이 이승만을 환영행사 단상에 올리고 민족의 지도자로 치켜세워 독립운동의 상징으로 부각시켰듯이, 애초 이라크에서 미국은 CIA, 그리고 네오콘(Neo-conservatives, 신보수주의자)과 오랜 교분이 있는 찰라비(Ahmed Chalabi)를 과도통치위원회 수반으로 앉혔다. 그리고 치안을 위해 서둘러 경찰조직을 만들었으며, 군대창설계획을 수립하였다. 이제 이라크 사람들로 구성된 경찰과 군인이 이라크주민을 총칼로 상대하게 되었다. 한편 이라크 침공이 시작된 지 보름이 지난 2003년 4월 3일 미국 국제개발처(USAID)는 민간 비영리기관인 RTI(Research Triangle Institute)

에 이라크 내에 180개의 시도의회를 설립하는 업무를 불하하였다. 물론 미국이 각 시도의 의원을 임명하였다.

미국이 CIA 지원을 받는 망명기업인이자 이라크 실정에 어두운 찰라비를 과도통치위원회 수반으로 선임한 것을 보고 이라크사람들은 미국이 자신의 입맛에 맞는 정부를 세우려 한다는 것을 눈치챘다. 이제 미국이 선전하는 민주주의의 실상이 제대로 드러나기 시작했다. 그런데 후세인 치하에서 고난을 당한 다수파인 시아파조차 미국이 임명한 과도통치위원회를 인정하지 않았다. 이라크 지도자들과 각국에서 온 저항세력은 아무런 자율성도 없는 과도통치위원회, 미국이 창설한 군과 경찰의 권위를 인정하지 않았고, 미군의 철수와 조속한 선거실시를 요구하며 시위와 저항을 계속했다. 특히 이들은 경찰을 표적으로 삼았으며, 2004년 1월 28일 남부 주요도시 나시리아에서는 총을 든 성난 시위대가 미국이 구성한 지방의회를 포위하는 사건도 일어났다. 1만명에 달하는 시위대는 미국이 구성한 의회를 즉각 해산하고 직접선거로 의원을 선출하자고 요구하였다. 이라크인들은 자신의 미래를 백악관이 설계하는 것을 단호하게 거부한 것이다.

이라크 점령정책이 실패를 거듭하면서 찰라비와 미국의 관계는 틀어지기 시작했다. 찰라비는 결국 미국의 정보를 이라크에 넘겨주었다는 혐의를 받아 집을 압수수색당했고 미국에 '팽'당하는 신세가 되었다. 대신 이야드 알라위(Iyad Allawi)가 과도내각의 수반이 되었다. 그러나 그 또한 미국의 스파이였다는 비난을 받고 있다.

이라크를 점령한 미군은 군사적 목표보다 훨씬 더 엄중한 정치적 과제, 즉 이라크사람들의 마음을 사로잡는 문제에 부딪혔다. 그런데 그것은 매우 어려운 일일뿐더러 애초부터 거의 불가능한 기획이었다. 바그다드 점령 후 미국이 이라크사람들에게 보여준 점령자로서의 오만함과 무지, 아니 자신의 이해관계 때문에 이라크를 침략했고 이라크 자치조직을 해산하고 미국의 입맛에 맞는 국가를 건설하려는 의도를 버리지 않은 채 그들의 마음을 사로잡겠다는 것은 모순이 아닐 수 없다. 미군이 '해방군'으로 환영을 받으려면 우선 이라크민간인에 대한 피해를 줄이고, 유엔에 권한을 이양한 다음 되도록 빨리 이라크인 스스로 자신의 대표를 선출할 수 있도록 지원해 권력을 넘겨주었어야 했다. 이것은 후세인을 제거해 이라크사람들에게 '자유와 해방'을 가져다줄 것이라는 미국의 선전이 정말 믿을 만한 것인지를 가늠하는 시험대이기도 했다. 그런데 미국은 그렇게 하지 않았고, 할 수도 없었다.

코피 아난(Kofi Annan) 유엔사무총장은 이미 2003년 중반경부터 하루빨리 선거를 실시해서 권력을 이라크인들에게 넘겨주라고 촉구했고 미군이 점령하고 있는 한 테러는 계속될 것이라고 경고했다. 하지만 부시는 끄떡도 하지 않았다. 부시는 이라크의 상황이 좋아지기 때문에 역설적으로 더욱 다급해진 테러세력이 공격을 감행한다고 진단하면서 "우리는 점점 이라크인들의 마음을 얻고 있다"라고 반박하였다.[10] 체니부통령 역시 '언론과의 만남'(Meet the Press)이라는 토론프로그램에 나와서 이라크사람 세명 가운데 두명은 이슬람정부가 들어서는 것을 원치 않으며, 60% 정도는 미국이 1년 이상 주둔하기를 원한다고 대답하였다. 해석하기 나름이지만, 실제로 같은 조사에서 이라크사람 가운데 50%는 미국이 이라크를 도와주기는커녕 해치고 있다고 생각했으며, 미국이 긍정적인 역할을 한다고 대답한 사람은 20%에 그쳤다. 또 미국의 주장대로 테러세력이 후세인잔당이라고 생각하는 사람은 30%에 불과한 것으로 나타났다.[11] 실제 미국에 저항하는 세력은 대단히 복잡하게 구성되어 있으며, 정보당국은 40개 가량 되는 테러세력이 이라크에 집결한 것으로 파악했다.

남의 나라 강토를 군사력으로 점령한 다음 주민의 마음을 사로잡겠다는 것은 얼마나 어려운 일인가? 반세기 전 타임/라이프(Time/Life)의 특파원 오스본(Osborne) 기자는 한국전쟁 종군기자로 와서 미군들이 한국민간인들에게 피해를 주는 데 충격을 받아 "우리 지도자들은 단순한 사실을 파악해야 한다. 아시아에서 공산주의와의 전쟁은 군사적인 수단만으로는 승리할 수 없다"[12]라고 매우 온건하고 우회적으로 미군의 잘못을 지적한 바 있다. 하지만 이라크전쟁에서는 그 정도의 쓴소리를 하는 기자도 찾아볼 수 없다. 부시행정부의 전쟁기획자들은 54년 전에도 그러한 충고가 있었다는 사실조차 모른다. 베트남전이 교착상황에 빠졌을 때도 미국의 이른바 '관변' 사회과학자들은 베트남사람들의 '마음'(heart and mind)을 사로잡기 위한 각종 이론모델을 연구한 적이 있다. 그러나 그것은 점령사실을 은폐하고 어떻게 좀더 그들을 완전한 노예상태로 만들 수 있을 것인가에 대한 고민에 지나지 않았다. 아무리 좋은 점령정책안을 마련해봤자 "우리가 여기 와서 무엇을 하고 있지?"[13] 하고 날마다 자문하면서 혼란스러워하는 군인들이 존재한다. 그야말로 애국심을 발휘해서 열심히 이라크민간인들과 친해지려는 군인들이 있다고 하더라도, 기본적으로 외세에 대해 적대와 불신을 갖고 있는 이라크사람들을 설득하는 것은 거의 불가능하다.

미국은 베트남전쟁에서 군사적으로 압도적인 우위에 있었는데도 끝내 베트남사람들의 '마음'을 얻지 못한 채 철수했다. 그런데 승리의 축포를 쏘아올리기가 무섭게 이라크에서도 이러한 현상이 벌어졌다. 사망 등 피해가 계속되자 미군의 사기가 떨어진 것은 말할 것도 없고, 미국내 지지도 갈수록 약해졌다. 미국의 오만한 단독행동에 아랍진영은 물론 국제사회 전체가 미국에 등을 돌렸으며, 무질서와 혼란, 실업, 민간인 사망으로 이라크인들은 미국을 확실한 적으로 간주하게 되었다.[14] 베트남전 당시도 그러했지만, 미국은 남의 나라에 개입하는 것보다 명예롭게 빠져나오는 것이 훨씬 어렵다는 것을 또다시 느끼기 시작했다.

미국의 이라크침공은 아랍권 젊은이들이 분노의 칼을 갈도록 만드는 역설적인 결과를 가져왔다. 사우디아라비아, 쿠웨이트, 요르단, 이집트 등 전근대적 왕조국가나 독재국가는 하나같이 미국이 일방적으로 후세인을 공격하는데도 무기력하게 제대로 목소리조차 내지 못했다. 중동의 젊은이들은 무능하고 부패한 왕족, 귀족들을 권좌에 앉힌 다음 그들을 마음대로 요리해온 미국의 중동개입 역사를 몸으로 실감하게 되었다. 자기 정부의 무기력에 대해 아랍권 젊은이들은 말할 수 없는 수치감과 좌절감을 느끼게 되었다. 급기야 독재국가 사우디아라비아의 젊은이들까지 인권과 민주주의를 요구하는 시위를 벌였다. 즉 미국의 이라크침공은 사우디아라비아, 요르단 등 친미국가를 안정시키기는커녕 더욱 불안하게 만들었다. 그리고 수많은 사상자를 낸 발리·모나코·이스탄불·스페인 테러에 이르기까지 정치적 목표가 불분명한 무차별적인 테러만 불러왔다. 알카에다가 이 모든 테러의 배후에 있는지 없는지는 밝혀지지 않았지만, 이 모든 테러가 말해주는 것은 미국이 점령을 종식하지 않고서는 이슬람인들의 좌절과 분노를 달랠 길이 없다는 점이다.[15]

미국인 폴 존슨, 그리고 한국인 김선일은 바로 이들 적의로 가득 찬 테러세력의 불행한 희생자였다. 미국과 한국 정부는 서슬퍼런 이들 테러세력의 잔인성을 비난하였지만, 이들이 처음부터 참수라는 잔인한 방법을 사용하지는 않았다는 점을 주목해야 한다. 미국의 주류언론의 논조에 화답하듯이 미국의 공격은 문제삼지 않고 테러의 잔인성만 일제히 비판하는 한국정부와 언론은 구한말 우리의 동학농민군이 우세한 총기와 폭탄으로 무장한 무자비한 일본 진압군에 맞서 죽창과 돌을 사용하지 말아야 했고 얌전하게 일본의 지배를 받아들여야 했다고 말하는 셈이다.

〉 부시의 정치적 곤경 〈

부시행정부를 궁지에 몰아넣은 가장 결정적인 원인은 '주요전투의 종결'을 선언한 이후에도 이라크의 치안이 안정되지 않고 저항이 계속된 것이다. 이라크가 안정되어야 복구를 하든 재건을 하든, 시장경제를 도입하든 민주주의를 실험하든 할 터인데, 도처에서 테러가 계속 발생하고 미군이 죽어나가자 이것이 모두 차질을 빚게 된 것이다. 후세인에 반대했던 시아파나 쿠르드족이 미국의 수족이 된다는 보장도 없고, 미국이 물러가면 구유고처럼 인종갈등이 발생할 위험도 있다. 이라크침공을 위해 활용한 쿠르드족은 오랜 세월 터키와 이라크의 탄압을 받은 민족이다. 하지만 후세인 이상으로 가족·씨족 지배체제를 견지하고 있는 족속이기 때문에, 과거 유고연방의 해체과정에서 피해자를 자처한 세르비아계가 보스니아 내의 무슬림계와 크로아티아계 사람들을 잔인하게 학살하였듯이, 그동안 자신들을 탄압하고 학살해온 세력을 향해 복수의 칼날을 갈 가능성도 있다.[16] 과거 영국은 이것을 잘 알고서 이들 세 종족을 분열시키고서 통치했는데, 미국은 이 문제에 대한 준비 없이 전쟁에 돌입하였기 때문에 도저히 선거를 실시할 수 없는 지경이 되었다.

개전 이후 한스 블릭스는 유럽 매체와의 인터뷰에서 "이라크는 이미 대량살상무기를 1991년에 폐기했으며 무기가 발견될 가능성은 거의 없다"라고 밝혔다.[17] 시간이 지나면서 유엔사찰팀의 지적은 사실로 확인되었으며, 영국의 켈리 보좌관의 자살사건으로 부시가 잘못된 정보에 기초하여 전쟁을 일으켰다는 사실이 드러나기 시작했다. 급기야 2004년 1월 27일 미국 무기사찰단의 책임자인 케이(David Kay)는 상원청문회에 나와서 미국 정보당국의 실수가 있었다고 시인했다. 미국은 후세인이 대량살상무기를 갖고 있다는 잘못된 정보에 기초해서 전쟁을 했다는 것이다.[18] 과연 그와 이라크 써베이그룹(ISG)의 듀얼퍼 단장이 주장하듯이 정보당국의 실수로 부시가 전쟁을 하게 되었는지, 아니면 정보당국의 그릇된 결론을 유도하는 데 정치적 입김이 작용했는지는 밝혀지지 않았다. 아마 영원히 밝혀지지 않을지도 모른다.

부시는 아프가니스탄과 이라크를 공격하면서 9·11테러에 대한 '공격적 방어'를 중요한 논리로 내세운 바 있다. 테러의 거점을 없앰으로써 미국을 더욱 안전한 국가로 만들겠다며 미국민들을 설득한 것이다. 그런데 2003년 9월 부시는 자신의 입으로 9·11과 후세인은 무관하다는 사실을 실토하기에 이르렀고, 미 정보당국도 대량살상무기에 대한 판단을 잘못 내렸다는 사실을 인정하자, 미국이 전쟁에 돌입한 이유를 달리 설명할 수밖에 없었다. 결국 라이스(Condoliza Rice) 보좌관은 불똥이 부시한테 튀는 것을 막기 위해 "대통령은 이라크를 공격할 수밖에 없었다" "후세인을 추방한 것은 잘한 일이다" 하고 고장난 녹음기처럼 같은 말만 수도 없이 반복했다. 그들은 이라크가 자유로운 국가가 되었다는 점을 부각시키기 시작했다. 죽고 다친 수천명의 미군, 수만명의 이라크사람들에 대해서는 언급하지 않은 채 말이다.

부시는 9·11 직전 백악관 보고자료도 민감하다는 이유로 공개를 거부하였으며, 이라크전에서 과연 몇명의 미군이 부상당했는지도 밝히지 않았다. 그러나 미 의회 소속 9·11위원회는 미국이 9·11을 막을 수 있었다는 결론을 내렸고, 부시의 이라크공격은 잘못된 정보에 기초한 것이라는 점을 좀더 분명히했다. 그러나 부시는 이 점을 완강하게 부인하였다.

2004년 말까지 미군 사망자가 1천명을 넘어선 것도 국내의 지지를 얻어야 하는 부시에게는 큰 부담이었다. 사실 미군의 인명피해는 전쟁을 벌이는 정부의 정치적 기반을 가장 결정적으로 위협하는 요소이다. 역대 미국정부는 이런 점을 잘 알고 있었다. 미국은 케네디정부 이후 베트남에 계속 개입했으면서도 실제 지상군 투입은 가장 늦게 결정했다. 지상군의 피해를 최소로 줄이면서 군사적으로 항복을 받아낼 수 있다면 미국은 전쟁에서 승리할 수 있는 것이다. 그런데 베트남에서는 정글이라는 물리적 조건이 그것을 불가능하게 만들었다. 이라크에서도 주요전투의 종결을 선언하던 2003년 5월 1일까지 미군 사상자는 놀라울 정도로 적었다. 그러나 일주일에 몇명씩 계속 사망자가 생겨나자 국내여론이 급격히 악화하였다. 군인가족들은 의회와 백악관에 항의를 계속하였고, 이라크 사정은 조금도 나아지지 않았다.

자국의 이해 때문이기는 하나 전쟁개시 이전부터 단독행동을 반대했던 프랑스 등 유럽국가와 유엔, 그리고 미국의 반대여론은 미 점령군이 이라크에서 부딪친 일종의 교착상황 때문에 더욱 강화됐다. 9·11 직후 "우리는 모두 미국인이다"라고 말하면서 미국에 동정적인 시각을 보내던 프랑스는 물론 제3세계 국가들까지도 부시의 이라크공격에 대해 비판적인 태도를 취했으며 미국의 오만함과 군사주의를 비난하였다. 그리고 모두가 후세인보다 미국을 세계평화에 훨씬 위협적인 요인으로 생각하였다. 그래서 처음에는 파병의사를 보이던 터키, 파키스탄 등도 전투병 파병을 거부하였고, 오직 이라크전쟁의 정당성을 물을 수 없는 한국과 일본만이 외로이 미국의 변함없는 '우방'임을 과시하였다.

부시가 맞은 최대의 정치적 충격은 2004년 3월 이라크전쟁 1주년에

즈음하여 이라크전쟁을 지지했던 스페인 인민당이 이라크 파견군 철수를 공약으로 내세운 사빠떼로(José Luis Rodriquez Zapatero)의 좌파 사회당에 패배한 것이었다. 선거 직전 스페인에서는 무려 190명이 사망하고 1천5백명이 부상당한 대규모 열차테러가 발생했는데, 배후가 밝혀지지는 않았지만 이라크전쟁 지지에 대한 보복의 메시지가 분명했다. 결국 새정부는 스페인군을 철수시켰다. 국내에서 이러한 테러가 발생하여 정권을 잃을까 두려워하는 이딸리아·폴란드·네덜란드 등도 철군을 시사하였고, 중앙아메리카의 니까라과·온두라스 등은 철군하였다. 결국 부시는 유엔의 결의를 이끌어내고도 국제사회에서는 더욱더 고립상태에 빠지게 되었다. 부시가 한국군 파병을 그렇게 강력하게 요청한 것도 사실 전투상의 필요 때문이 아니라 고립무원에 빠진 자신을 구원해줄 상징적인 성과를 보여주려는 욕심 때문이었다.

　많은 사람들이 부시가 전쟁에 돌입할 싯점에 이미 지적한 것이지만, 미국이 제아무리 군사적으로 초강대국이어도, 국제적 지지 없이 멋대로 힘을 사용하면 전투에서는 이겨도 전쟁에서는 이길 수 없고 정치적으로도 상대방을 패배시킬 수 없다. 전쟁에 돌입할 싯점에 부시행정부는 이제 미국은 "외교적 수단은 더이상 효과가 없으며" "유엔 없이도 미국 혼자 힘으로 모든 문제를 해결할 수 있다"는 오만한 자세를 취했다. 그러나 그것은 큰 오산이었다. 언론인 허지슨(G. Hodgson)이 지적한 것처럼 그것은 이론적으로나 역사적으로나 애초부터 불가능한 가설이었다. 왜냐하면 설사 미국이 이라크를 손쉽게 점령했다고 하더라도, 이라크의 채무청산, 교역이나 전후복구 등 모든 문제를 유럽이나 인근 아랍국가들의 지원 없이 해결할 수는 없기 때문이다. 유엔이 아무리 비효율적인 조직인 것처럼 보여도, 유럽국가들이 군사적으로 아무리 약해 보여도, 이 불완전한 세계에서 미국 홀로 이라크를 경영하는 것은 불가능한 일이다.

베트남전 당시에 그러했듯이 궁지에 몰린 미국이 선택할 길은 많지 않았다. 우선 국내의 비판과 반대 때문에 미군의 사상자가 계속 발생하는 상황에서 무조건 버틸 수도 없고, 세계 최강의 '제국'이라는 체면도 살려야 했다. 그 무렵 베트남전 말기에 닉슨에게 "일방적으로 승리를 선언하고 빠져나오라"고 충고했던 아이켄(George Aiken) 상원의원의 말이 인구에 회자되기 시작했다. 당시 아이켄 의원은 미국의 명예도 살리고 국민들에게 전쟁승리의 자신감도 줄 수 있는 고육지책으로 이 방법을 권했다. 그러나 닉슨이 그 대안을 받아들이지 못하고 전쟁에 질질 끌려다니다 불명예스럽게 철수하였듯이, 부시 역시 그러한 대안을 생각조차 할 수 없었다. 일정한 정치적 목적도 달성하고 명예스럽게 이라크에서 빠져나오는 일, 만약 미국이 그것을 할 수 있다면 애초부터 이라크를 이러한 방식으로 공격하지는 않았을 것이다.

어쨌든 부시는 2003년 9월과 2004년 5월 두번에 걸쳐 대단히 제한적이지만 유엔 안전보장이사회의 결의를 이끌어내는 데 성공했다. 그래서 유엔은 2004년 6월 30일 이라크에 주권이 이양된 후 선거를 감시하고 민주정부가 들어서는 것을 관장하기로 결정하였다. 유엔의 선거 전문가들이 위원회를 구성하고 2005년 1월 31일 275명의 의원, 지방의원을 선출하여 과도의회와 과도정부를 구성한 다음 과도의회가 새 헌법안을 마련하면 국민투표를 통해 헌법을 제정하기로 되어 있다. 그러나 과도정부가 들어설 때까지 한시적인 관리 임무를 맡은 임시정부는 미군이 점령하면서 발포한 각종 법률을 개정하거나 새로운 법을 제정할 권한이 없다. 유엔의 역할 또한 극히 제한적이다. 이라크 보안군이 미국 주도의 다국적군 지휘를 벗어날 가능성도 거의 없다. 따라서 유엔은 안보상황이 호전되지 않으면 선거에 개입하지 않겠다고 밝혔다.[19]

〉 21세기형 식민지, 이라크 〈 미군이 바그다드를 점령한 이후 미국의 의도를 가장 잘 보여주는 일련의 정책이 발표되었다. 2003년 5월 27일 럼스펠드는 "국영기업의 사유화를 장려하고 시장제도를 선호하는 인사로 구성된 체제를 수립할 것이다"라고 밝혔다.[20] 그리고 9월 19일 이라크점령군 통수권자인 브리머(Bremer)행정관은 '명령39조'를 통해 2백개에 달하는 이라크 국유기업을 사유화하며, 외국기업이 이에 대해 100% 소유권을 가질 수 있다고 발표했다. 이후 미국은 2004년 1월 31일 처음으로 세개의 외국은행에 영업권을 내주었다. 과도통치위원회는 광산, 은행 등 모든 이라크산업체가 외국자본에 매각되면 외국자본은 이윤의 전부를 외국으로 가져갈 수 있도록 했다. 미국언론은 이것을 새로운 '골드러시'라고 칭송하였고, 『이코노미스트』지는 새로운 '자본주의 드림'이라고 불렀다.

결국 점령자인 미국은 주권이양 이전에 자신들이 심어놓은 이라크 과도통치위원회의 의사를 묻지 않은 채 이라크의 국유재산을 외국 투자자들에게 넘겨주기로 한 것이다. 이것은 사회주의 붕괴 이후 소련에 도입된 것보다 훨씬 과격한 시장주의 정책이다. 1970년대부터 지금까지 미국의 중동산유국 정책은 외교적으로 압박해 석유산업의 국유화를 막는 데 초점을 두었다. 중동의 석유가 국유화되면 미국의 에너지 관련 기업이 진입할 수 있는 길이 막혀버리기 때문이다. 만약 미국이 어떤 나라를 완벽하게 정치적으로 통제할 수 있다면 그 나라의 공공설비를 좀더 철저하게 사유화하여 미국 거대자본의 사냥터로 만들 수 있을 것이다. 이라크점령이 그러한 꿈을 실현시킬 기회인 것이다. 이라크의 전기·수도·통신·병원 등 모든 시설이 미국을 비롯한 외국자본의 손으로 넘어갈 경우, 이라크는 국가건설에 필요한 인프라를 모두 이들에게 맡기게 된다. 이것은 전세계 모든 나라에서 최소한 유지되는 공공영역이 이라크에는 존재하지 않게 된다는 의미이다. 물론 노후된 유전·송유시설 복구를 위해 미국이 최소한의 설비투자는 할 것이다. 그러나 그것은 분명히 후세인의 재산이 아니라 기본적으로 이라크국민의 재산인데, 이 재산이 이라크사람들의 장래를 위해 어떻게 사용될지에 대한 고려 없이 모두 외국자본에 넘어갈 처지가 된 것이다.

이제 미 군정이 종식되더라도 맥도날드(McDonald), 벡텔(Bechtel), 핼리버튼(Halliburton) 등 미국기업이 '영리목적'으로 이라크사람들의 의식주를 담당하게 될 것이다. 이라크는 10년 전 동유럽과 러시아가 그러하였듯이 '자유'의 이름으로 원시적 자본축적의 수렵장이 되었다.[21] 지구상의 어느 국가도 만약 조금이라도 자신의 경제주권을 행사할 능력이 있다면 이처럼 무모한 사유화정책을 실시하지는 않을 것이다. 어떤 미사여구로 포장하더라도 이라크의 경제현실은 정치적 주권을 상실한 나라의 비극이라고밖에는 말할 수 없다. 어떤 점에서 그것은 과거 총칼을 든 제국주의 지배보다 더 무섭다. 2003년 3월 31일 미시간대학 강연에서 언론인 조너선 셸(Jonathan Shell)은 이라크전쟁을 두고 "이것은 혁명적인 전쟁이다"라고 언급했는데, 그 혁명성이 가장 적나라하게 표현된 것이 바로 무차별적인 사유화정책이다. 그는 미국의 이라크전쟁이 "어떤 영토를 점령하고 그곳을 자신의 목적을 위해 사용하던 아주 낡은 형태의 제국주의 전략에 다름아니다"라고 못박았다.[22] 그가 말한 목적이란 바로 경제식민지화이다.

그러나 미 점령당국의 이라크재산 사유화선언은 불법이고 월권이라는 비판이 국제적으로 거세게 제기되었다. 헤이그규약에는 점령국은 피점령국의 법을 존중해야 한다고 되어 있을뿐더러, "피점령국의 재산에서 나오는 수입을 이용할 수는 있으되, 그것을 곧바로 탈취해서는 안된다"라고 되어 있다. 『가디언』지의 나오미 클레인(Naomi Klein)은 칼럼에서 "이라크는 미국이 마음대로 팔 수 있는 물건이 아니다"(Iraq is not America's to sell)라고 미국의 이라크재산 불법 사유화정책을 비판했다. 심지어 이라크 과도통치위원회의 일원인 알라위는 "우리는 자유시장 근본주의의 위험에 직면해 있다"라며 미국의 무차별적인 이라크재산 사유화에 불만을 표시하기도 했다.

그러나 구소련과 동유럽 사회주의국가의 주민들이 자신들이 환영했던 민주주의와 자유가 실제 무엇을 의미하는지 깨닫는 데 10년 넘게 걸렸듯이, 이라크인들은 이러한 급진적 사유화정책이 이라크에 어떤 결과를 가져오는지 깨닫는 데 앞으로 더 많은 시간이 필요할 것이다. 그리고 그때는 이미 사태를 바로잡기에는 너무 늦을 것이다. 이라크의 비극은 단지 수많은 무고한 사람이 죽고 다친다는 데 있는 것이 아니다. 이라크인들의 문화적 자존심인 바그다드의 박물관이 유린당하고, 재산이 모두 외국자본에 매각되고, 국민들이 돈을 주고 공공써비스를 사야 한다는 것도 그에 못지않은 비극이다.

3. 전쟁이라는 현미경을 통해 본 미국

〉 이라크 석유와 미국 〈　　　미국 내외에서 부시행정부를 향해 수없이 제기한 질문이 있다. 그것은 바로 '미국은 왜 이라크를 공격했는가? 그것은 필요한 전쟁이었는가? 왜 1차 걸프전으로 국토가 초토화되고 12년간의 경제제재로 50만명의 어린이가 굶어죽은, 아무런 방어력도 없는 약체 이라크를 쳤는가? 왜 불량국가로 지목된 북한이 아니라 이라크를 쳤는가?'

이다. 후세인하의 이라크 국방예산은 약 10억달러로 미국의 4천억달러에 비하면 4백분의 1밖에 안된다.[23] 이라크전과 걸프전으로 완전히 피폐해진 나라가 미국의 안보에 심각한 위협이 된다고 말하는 건 정말 소도 웃을 일이다.

이러한 의문이 수없이 제기되고 있으나 부시와 모든 매파들은 한결같이 "9·11테러 때문이다" "후세인이 제거됨으로써 테러의 위협은 훨씬 약해졌다" "이라크는 이미 경제제재를 받아왔으며, 쿠웨이트를 불법으로 침략한 역사가 있다"라고 답변했다. 대량살상무기는 발견되지 않았지만 2001년 9·11이 그들의 전통적인 외교·군사정책을 바꾸었고, 테러세력을 보호하는 국가에 대한 선제공격은 필요했다는 것이다. 그러나 이러한 설명은 궁색하기 짝이 없고, 무지하고 순진한 미국인들에게나 먹혀들어갈 논리이다. 만약 후세인이 9·11테러와 아무런 관련이 없고, 후세인이 테러세력을 일부 보호했다고 하더라도 그것이 미국을 공격하기 위한 게 아니었다는 것이 분명하다면 이라크는 '핵이 없는 약한 상대이기 때문에 공격을 당했'다는 식의 해석이나, '이라크전은 결국 미국이 석유를 노리고 벌인 전쟁 그 이상도 이하도 아니다'라는 세간의 비판이 설득력을 얻게 된다. 그리고 전쟁 전야에 아랍권은 물론 세계의 모든 지각있는 사람들은 이 전쟁이 후세인과 이라크를 향한 전쟁이 아니며, 이라크사람들을 해방시키기 위한 전쟁은 더욱 아니라는 것을 너무나 분명하게 알고 있었다.

그렇다면 부시와 그 주변세력은 과연 사적인 탐욕과 야망, 혹은 테러리즘을 제거하겠다는 열정 때문에 강경하게 전쟁을 밀어붙인 것일까? 아마 근대 이전 군주국가 시절의 전제군주라면 그러했을지도 모른다. 그러나 미국은 엄연히 주권자인 국민이 정책을 결정하고 국민들이 동의해야 전쟁을 일으킬 수 있는 나라이다. 이라크공격은 9·11이 미국사회에 불러일으킨 위기의식과 보복심이 결정적인 배경이 된 것은 사실이다. 그러나 어느 나라도 국민적 위기의식과 보복심이 팽배했다고 해서 수많은 인명을 잃을지도 모르는 침략전쟁에 곧바로 돌입하는 비이성적인 행동을 하지는 않는다. 근대국가가 벌인 모든 전쟁이 그러했듯이 미국 역시 방어를 명분으로 한 전쟁이든 적극적인 공격이든 권력층이 복수심, 증오, 위기의식과 해방의 열정에 가득 차 전쟁을 감행한 적은 없다. 20세기 역사는 전쟁이란 국가나 안보, 경제회복 등과 관련된 장단기의 전략적 고려, 그리고 이해득실에 대한 차가운 계산 위에서 추진된다는 것을 잘 보여주었다. 이번 이라크전쟁도 예외가 아닐 것이다.

2003년 11월 6일 미국계의 레바논출신 사업가 하제(Imid Hage)는 중요한 사실을 실토하였다. 즉 후세인은 마지막까지 미국측과 접촉하여 전쟁을 막으려 했다는 것이다. 당시 후세인측의 밀사로 미 국방부의 대표적인 매파인 리처드 펄(Richard Perle)과 런던에서 만났던 그는 후세인측에서 "만약 미국측이 이라크 석유를 목적으로 공격하려는 것이라면, 미국에 양보할 의사가 있다. 만약 중동평화가 문제라면, 우리가 중동평화협상에 나서겠다. 만약 대량살상무기가 문제라면, 미국 FBI요원 2천명을 이라크에 입국시켜서 조사토록 하겠다. 우리는 대량살상무기를 갖고 있지 않다"라며 거의 필사적으로 미국에 매달렸다고 말했다. 당시 이러한 양보안 제시에 미국은 끄떡도 하지 않았다고 한다. 미국은 후세인을 권좌에서 끌어내리는 일을 제외한 어떠한 협상안도 받아들일 수 없다는 초강경자세를 견지했다는 것이다. 미국의 비타협적 태도는 걸프전 당시와 유사했다. 당시 후세인은 여러 통로로 쿠웨이트 철수안을 제시하면서 미국과 협상을 시도했지만, 일단 전쟁을 하기로 한 미국의 결심을 바꿀 수 없었다.[24] 영국의 『가디언』지가 "미국은 전쟁을 피하기 위한 마지막 노력에 냉담했다"라고 논평하였듯이 이번에도 미국은 이라크가 사실상 받아들일 수 없는 조건을 들이대면서 전쟁의 길로 가고자 한 것이다. 그렇다면 왜 미국은 대량살상무기라는 명분을 내걸고 후세인을 추방하려고 했을까? 일반적으로 미국의 에너지자본의 이해관계 때문에 이라크 석유를 '자유롭게 이용'하는 데 후세인정권이 걸림돌이 된다는 것이 첫번째 이유로 꼽히고 있다.

그렇다면 이라크 석유확보가 미국의 선제공격의 가장 중요한 이유였을까? 이 문제를 두고 미국과 세계의 비판적 지식인들은 지금도 계속 논쟁하고 있다. 사실 미국이 중동 석유에 관심을 쏟은 건 어제오늘의 일이 아니다. 미국의 중동정책 전부가 석유에 대한 이해와 관련이 있다고도 말할 수 있다. 미국이 석유 때문에 이라크를 친 것이 아니라고 자꾸 강조하자, 어떤 칼럼니스트는 "과연 석유가 아니라면 미국이 무엇 때문에 그러한 희생과 욕을 들어먹으면서 이라크를 지키려 하겠는가"라고 되묻기도 했다.

실제로 이라크는 지구상 석유의 11%를 보유하고 있는 세계 제2위에 해당하는 보유국이며 탐사되지 않은 매장량도 상당하다. 앞으로 석유자원의 수급문제가 더 심각해질 경우 이라크 석유의 중요성은 더 높아질 것이라고 전문가들은 진단한다. 미국계 석유회사인 셰브론(Chevron)의 경영자 케네스 더(Kenneth T. Derr)는 1998년 연설에서 "이라크는 엄청난 석유와 천연가스를 갖고 있다. 나는 셰브론이 여기에 들어갈 수 있기를 희망한다"라고 밝혔다. 1999년 미 의회 증언에서 미 중부군 사령관 앤서니 지니(Anthony C. Zinni) 장군은 중동지역을 언급하면서 이 지역은 '장기적'으로 미국에 '결정적 이해'가 걸린 곳이기 때문에 미국은 이 지역의 자원에 '자유롭게 접근'할 수 있어야 한다고 말했다. 여기서 '자유롭게 접근'한다는 것은 군사적·경제적으로 이

지역의 자원을 통제할 수 있어야 한다는 의미이다.[25]

부시는 전쟁 직전인 2003년 2월 6일 연설에서 "미국을 좋아하지 않고, 미국이 존중하는 가치를 인정하지 않는 나라에 우리 에너지를 의존할 경우, 미국의 국가안보는 위험에 빠질 수도 있다"라고 말했다. 즉 이라크를 친미국가로 만드는 것이 에너지원 확보라는 국가존립의 과제를 실현하는 것이라고 실토한 셈이다. 특히 미국과 영국은 후세인체제가 붕괴할 경우, 그전부터 후세인과 거래하던 프랑스나 러시아가 이라크에서 주도권을 쥘 위험도 있다고 보았다. 경제적 이해를 추구하는 데에 군사적 점령보다 더 확실한 수단이 없다는 것은 19세기 모든 제국주의 역사가 웅변적으로 보여주고 있다. 실제 석유산업의 한 관계자는 이라크전쟁이 발발하자, "경제호황이 곧 일어날 것 같다"라고 속내를 드러내기도 했다.[26]

요란스럽게 주장하지는 않지만, 부시 측근의 세련된 주전론자들은 오늘날처럼 석유에 절대적으로 의존하고 있는 세계경제가 잘 돌아가기 위해서는 저가의 안정적인 원유 공급이 필수라고 지적하고 있다. 사실 70년대 석유파동 이후 국제적인 저유가로 세계경제를 지탱해준 것은 사우디아라비아를 비롯한 석유수출국기구(OPEC) 회원국들의 협조 덕분이었다. 만약 후세인이 지배하는 이라크가 향후에도 여전히 미국의 통제범위 밖에 있을 경우 미국은 중동에서 값싼 석유를 안정적으로 공급받을 수 없게 되고, 그것은 미국경제는 물론 결국 세계경제를 불안하게 할 것이다. 실제로 미국의 중동 석유의존도는 갈수록 높아지고 있어서 사우디아라비아 석유만으로 다가오는 에너지위기에 대처하기에는 불안하다. 사실 이 정도만으로도 미국이 이라크 '체제전환'을 왜 그토록 절박하게 생각했는지 짐작할 수 있다.

미국 프린스턴대학 경제학 교수이자 『뉴욕타임스』 칼럼니스트로 활동하는 폴 크루그먼(Paul Krugman)이 지적하였듯이 9·11 '때문에' 미국이 아프가니스탄과 이라크를 공격한 것이 아니라, 부시행정부의 매파들이 9·11을 이라크공격의 기회로 '이용'한 것에 불과하다. 우리는 후세인이 미국한테 '악마'로 지목되기 이전에는 미국의 친구였다는 사실을 알아야 한다.

럼스펠드는 이란혁명 직후인 1980년에 후세인을 만났고, 1983년에 레이건대통령의 특사로 이라크를 방문하여 미국과의 '상호공통의 이해'를 협의한 적이 있다. 당시 미국은 소련의 중동 진출을 막기 위해 아프가니스탄에 지하드(Jihad)를 육성했다. 미중앙정보국(CIA)은 아랍 전역에서 이 지하드 세력을 모집하였고, 이들에게 무기와 경제 지원을 아끼지 않았다. 그리고 알제리·수단·이집트 등지의 나라에서 무자헤딘(Mujahidin) 세력을 모집하여 공산주의에 저항하는 부대를 만들었다. 당시 이란과 전쟁중에 있던 이라크는 미국무기를 사들였으며, 오늘날 미국이 그렇게 문제삼고 있는 대량살상무기 제조의 하드웨어를 들여온 것으로 알려져 있다. 이라크는 이란과의 전쟁에서 대량살상무기와 생화학무기를 사용했으며 바로 이러한 무기의 수출에 미 정부와 럼스펠드가 개입되어 있었다. 1988년 후세인이 쿠르드족을 대량살상할 때 사용한 생화학무기나 헬리콥터 역시 이란과의 전쟁을 지원하기 위해 미국이 판매한 무기라는 것이 확인되었다. 2차대전 당시 미군들이 교전중에 독일군이 포드회사에서 만든 트럭을 사용하는 것을 보고 놀랐듯이, 이번 전쟁에서도 미군은 이라크군인들이 사용하는 무기의 상당량이 미국에서 만들어진 것이라는 사실을 알고 놀랐다.

1990년 8월 2일 후세인이 쿠웨이트를 침략했다. 쿠웨이트는 그 전

1983년 레이건대통령의 특사 자격으로
바그다드를 방문해 후세인을 만나는 럼스펠드

까지 다른 아랍국가들에서 부자이면서 오만한데다 미국편을 든다는
비판을 받아왔다. 후세인이 쿠웨이트를 공격한 것은 쿠웨이트가
OPEC의 가격정책을 방해한다는 것이 명분에서였지만, 실제로는 이라
크가 떠안고 있던 빚을 해결하고, 아랍권에 자신의 영향력을 확산시키
려는 의도를 깔고 있었다. 1991년 1월 17일 미군은 영국군과 동맹이
되어 이라크를 집중 공격하였으며, 2월 28일 결국 후세인의 항복을 받
아냈다. 당시 이라크는 우방인 미국이 개입하지 않을 것으로 낙관하였
는데, 결국 결정적으로 상황을 오판한 셈이었다. 당시 미국은 이라크
를 초토화하고도 후세인체제는 그대로 두었는데, 그것은 만약 후세인
이 무너지면 다수파인 시아파 근본주의자들이 집권할 위험이 있고, 주
변 아랍국가들은 그것을 극도로 두려워했기 때문이었다.

그런데 이번에 부시가 이라크를 치기 위해 왜 그렇게 안달했는지 알
려면 1991년에 대통령이던 아버지 부시가 후세인의 쿠웨이트침공을
미국에 대한 공격으로 받아들이고 곧바로 걸프전을 일으킨 상황을 살

펴보면 힌트를 얻을 수 있다. 당시 미국은 이라크가 쿠웨이트 주권을 침범했기 때문이라고 말했지만, 그것은 한낱 명분에 지나지 않았다. 미국은 이전에 국가간의 분쟁을 수없이 방관해온 역사가 있기 때문이다. 당시 국방부장관이던 체니는 "우리는 쿠웨이트와 사우디아라비아를 분리할 수 없다. 사우디아라비아 유전은 국경에서 불과 40킬로미터밖에 떨어져 있지 않기 때문에 후세인이 쿠웨이트를 공격하면 유전이 위험하다"라고 주장했다. 미국은 중동지역에서 미국의 전진기지라고할 수 있는 사우디아라비아, 더 구체적으로 말하면 세계 최대의 매장량을 가진 사우디아라비아의 석유가 후세인의 영향권하에 들어가는 것을 두려워했다. 미국이 당시 그 문제에 개입한 것은 후세인의 이라크가 미국의 중동기지 이스라엘을 위협하고, 이라크의 영향이 인근 중동국가로 확산되는 것을 막기 위한 조치였다. 당시 미국이 공격하자 후세인이 곧바로 이스라엘을 향해 미사일을 날린 것을 보면 이 분쟁이 미국과 이라크의 분쟁이 아니라 아랍권 전체 주도권을 둘러싼 세력다툼이었다는 것을 알 수 있다. 그때나 지금이나 후세인을 그냥 내버려둘 경우, 미국의 중동정책 전체가 흔들리는 결과가 생길 수 있는 것이다.

결국 미국에게는 이라크만이 목표가 아니다. 이라크는 더 큰 곳으로 들어가기 위한 하나의 관문일 따름이다. 20세기 미국의 중동정책 전반과 연결되어 있는 거대한 빙산이 이라크전쟁 밑에 있다. 미국의 중동에 대한 이해관계는 분명히 앞에서 말한 석유자원이다. 그러나 미국이 중동 석유자원을 안정적으로 확보하기 위해서는 중동지역에서 미국의 군사적 패권, 즉 미국의 정치·군사적 통제력을 확고하게 유지해야 할 필요가 있다. 그리고 이 모든 문제의 중심에는 바로 이스라엘이 있다. 이스라엘 국가건설과 이스라엘-팔레스타인 분쟁은 이번 이라크전쟁과도 뗄 수 없는 관계를 맺고 있다. 알려진 대로 20세기 중반까지 중동지역의 맹주는 세계의 패권국가였던 영국이었다. 그리고 2차대전 후 세계적인 패권국가로 등장한 미국이 한편으로는 영국의 지위를 위협하고 다른 한편으로는 영국과 타협하면서 이 지역에 들어가게 된다. 이들의 전략은 이스라엘의 독립을 허용하여, 중동지역에서 서방의 이해관계를 관철하는 전진기지로 삼고 아랍국가 친미 지도자들의 권력을 보장해주는 것이었다.

사실 1948년 미국과 영국이 합작하여 유엔의 권위를 빌려 과거 식민지지역도 아닌 팔레스타인에 서구의 전략거점인 '유대인의 국가'를 이식한 것이 국제규범으로 과연 정당한 것인지는 여전히 논란의 여지가 있다. 나찌 대학살의 희생자인 유대인들이 2차대전 후 돌아갈 곳이 없어 세계를 떠돌고, 전세계의 시온주의자들이 미국과 영국, 그리고 각 서방국가에 강력하게 로비를 하여 자신들의 조상이 살던 성스러운 가나안 땅 즉 팔레스타인 지역에 돌아갈 수 있게 해달라고 요구했을 때, 처음에는 미국과 영국도 아랍국가의 반대에 부딪혀 그 결정을 주저했던 것이 사실이다. 미국 내에서도 "대통령이 시온주의자들을 지원해주는 것은 결국 중동지역의 피의 보복을 가져올 위험이 있고, 이 지역의 안전을 결정적으로 위협하는 일이다"라는 반대론이 만만치 않았다.

과연 이스라엘이 2천년 전 자신의 조상들이 살던 땅에 돌아갈 권리가 있는가? 그것도 이미 그곳에 조상 대대로 살아온 팔레스타인 사람들을 추방하고 그 자리에 주권국가를 세울 권리가 있는가? 유대인이 서구의 반유대주의나 학살의 피해자인 것은 사실이라고 해도 자신이 어려움을 겪었다고 남에게 피해를 끼칠 권리를 갖는가? 이러한 의문은 결국 미국과 영국의 이해관계에 묻혀버렸고, 미국은 돌이킬 수 없는 길을 갔다. 이스라엘은 미국의 막대한 경제적·군사적 지원에 힘입어 작은 영토지만 군사강대국으로 성장하였다.

이스라엘은 미국과 영국이 선사해준 땅에 만족하지 않고, 인근지역인 요르단·이집트·레바논·시리아를 공격하기 시작했다. 1967년의 6일전쟁은 바로 이스라엘이 피해자에서 침략자로 돌변한 전환점이었다. 요르단강 서안(West Bank)지구를 비롯한 인근 아랍지역을 점령한 이스라엘은 그곳에 2백만명의 유대인을 이주시켰다. 그리고 지금까지 37년 동안 이스라엘은 이 지역을 불법점령해 수많은 팔레스타인 사람들의 농토와 거주지를 박탈하였으며, 이산가족을 만들어냈고, 죽음으로 저항하는 팔레스타인 사람들을 테러범으로 낙인찍어 몇배로 보복하고 있다. 이스라엘의 네타냐후(B. Netanyahu) 전 총리는 부시가 이라크를 선제공격하기 이전에 이미 그러한 담론을 구사했다. "적은 우리를 죽이려 한다. 우리가 죽기 전에 적을 먼저 죽여야 한다."

미국과 이스라엘은 '특수관계'이다. 미국은 이스라엘이 중동지역에서 미국의 대리자 역할을 할 수 있도록 공을 들였다. 단지 이해관계 때문이 아니라 문화적으로 미국은 이스라엘과 뗄 수 없는 관계에 있다. 2차대전 이전까지 미국에도 '유대인은 예수를 십자가에 매단 족속들'이라는 반유대주의가 존재했고, 그것은 아직도 미국 주류사회에 상당히 뿌리깊게 남아 있다. 특히 코스모폴리탄적인 좌파 지식인들이나 열렬한 민주당 지지자 중에 유대인이 많기 때문에 미국의 주류세력은 이런 점을 부정적으로 보기도 한다. 유대인에 대해 동정적 시각이 형성된 것은 바로 2차대전 후 나찌의 유대인학살 사실이 알려지고 이들이 '젖과 꿀이 흐르는' 가나안 땅으로 이주하려는 시온주의운동이 활발해지고 나서부터이다. 이때 미국에서는 이들을 종교의 자유를 찾아 미국으로 건너온 '청교도 선조'와 같은 처지라고 생각하게 되었으며,[27] 전세계에 흩어져 수난을 당해온 유대인들을 동정의 시선으로 보게 되었다.

미국의 개신교도들 특히 근본주의 개신교도들은 종교탄압을 피해 새로운 성스러운 땅을 개척한 청교도정신이 아브라함과 다윗의 땅으로 돌아가려는 시온주의정신과 기본적으로 동일하다고 보았다. 그러나 반대로 이들은 이슬람교, 혹은 아랍사람들에 대해서는 싸이드(E. Said)가 말한 것처럼 일종의 문화적 적대감과 인종주의적 편견을 갖고 있었다. 마크 트웨인이 소설에서 아랍인들을 부정적으로 묘사한 이후 백년 이상 미국사람들의 정서 속에 이런 편견이 뿌리내려왔다. 그래서 미국사람들은 아랍사람들이 게으르고 낙후했으며 중동에서 이스라엘만이 미국적 자유와 민주주의를 구현할 수 있는 나라라고 보고 있다. 그래서 미국내 시온주의자와 기독교 근본주의자들은 유대인들이 팔레스타인 지역 및 6일전쟁으로 점령한 인근 아랍땅을 "신이 유대인들에게 허락한 땅"이라고 믿으며 이스라엘의 불법점령을 정당화하고 있는 것이다.

이렇게 본다면 타리크 알리(Tariq Ali)가 지적하는 것처럼 이라크전쟁 이후 미국만이 이라크를 점령한 것이 아니라, 미국과 이스라엘이 합작해서 이라크와 팔레스타인을 이중으로 점령하고 있는 셈이며,[28] 리처드 허거스의 말처럼 미국은 이라크뿐만 아니라 팔레스타인과도 전쟁을 벌이고 있다.[29] 극우 시온주의자 샤론(A. Sharon)이 집권한 현재의 이스라엘은 '테러와의 전쟁'이라는 구호를 적절히 이용하고 있다. 이스라엘은 팔레스타인의 자살공격을 '테러'로 규정한 다음 팔레스타인에 대한 공세를 강화하고 있으며 점령지에 방벽까지 설치하여 팔레스타인 사람들의 삶의 근거를 빼앗고 있다. 자신과 이스라엘의 불법점령은 문제삼지 않고, 그들에게 적대감을 가진 이라크와 팔레스타인 사람들만 '악마'로 규정한 부시행정부 매파와 그 핵심구성원인 유대인 시온주의자들의 '정신나간 정책'(insane policy)[30]은 이스라엘의 팔레스타인 '인종말살'이라는 또다른 미친 정책과 보조를 같이한다. 부시 행정부와 보조를 맞추고 있는 이스라엘의 팔레스타인 정책은 정치적으로는 점령이요, 문화적으로는 이슬람 말살이다.

과연 성경에 나온 것처럼 이제 유대인들이 사마리아, 그리고 하느님이 약속한 아브라함의 땅으로 다시 돌아오고 있는가?[31] 이제 부시와 샤론은 아마겟돈에서 악의 무리를 쳐부수고 신의 뜻을 이곳 중동에서 실현하기 위한 예언자가 되었는가? 아니면 하느님의 이름으로 점령과 학살을 정당화하고, 문명과 자유의 이름으로 함께 21세기적 제국을 건설하고 있는가?

2

미국에 관한 신화와 현실

2

1. 전쟁의 세기와 미국

〉 선제공격은 하늘에서 떨어졌나 〈 부시측에서 이라크공격을 정당
화하기 위해 만든 대선용 텔레
비전 선전물에는 '선제적 방어'
(preemptive defence)라는 말이 나온다. 즉 미국은 방어를 위해 선제
공격할 수밖에 없었다는 이야기일 것이다. 물론『손자병법』에는 "공격
이 최선의 방어"라는 말도 있다. 그러나 이것이 군사력이 비등한 국가
를 공격하기 위한 논리가 아니라 상대국가에 비해 월등한 경제력과 무
력을 가진 세계 유일 패권국가의 노선이라면 언어의 유희도 도를 지나
친 셈이다.

백번 양보해도 미국이 이라크를 공격할 수 있는 명분을 갖추기 위
해서는 "직접적이고, 즉각적이고, 구체적인 위협이 가시화되어야 한
다."[1] 즉 후세인의 미국 공격이 임박했다는 사실을 의심할 수 없는 증
거를 들이대야 한다. 그러나 이라크전쟁 후 지금까지 드러난 모든 자

대규모 폭발로 검은 연기가 피어오르는 바그다드

료를 종합해보아도 그렇게 말하기는 어려워 보인다. "후세인이 미국을 위협하고 있다"는 판단은 오직 미국 혼자 내린 것이고, 후세인의 확인되지 않는 의중을 곧 가시적인 행동으로 간주하여 선제공격의 명분으로 삼았을 수도 있다.

사실 부시행정부의 매파들이 오래 전에 생각해낸 이 선제공격은 정확히 말하면 '선제'가 아니라 '예방'(prevent)의 개념이다. '예방'과 '선제'는 다르다. 선제공격은 적이 나를 공격할 것이 거의 확실한 상황에서 내가 당하기 전에 먼저 공격하는 것이고, 예방공격은 장차 예상되는 위협을 전제하고서 잠재적인 적을 치는 것이다. 이번 이라크전쟁을 두고 미국 안팎에서 가장 자주 표적이 되는 것도 부시의 선제공격론이다. 부시행정부가 뱉어낸 말들과 이라크의 실제 군사력을 종합해보면 부시의 이라크공격은 선제공격이 아니라 명백한 예방공격으로 볼 수 있다. 국제법이나 규범상 선제공격은 법적으로나 도덕적으로 제한적이나마 인정되지만 예방공격은 분명히 전쟁범죄에 해당한다. 미국 국내법으로도 방어를 목적으로 하지 않는 예방공격은 헌법을 위반한 것이기도 하다. 명백한 위협이 확인되지 않는 상황에서 선제공격을 한 것은 사실 침략전쟁과 다르지 않다는 것이 세계의 양심적인 지식인들과 정치가들의 한결같은 지적이다. 케네디 시절 대통령보좌관을 지낸 슐레진저(Arthur Schlesinger Jr.) 같은 역사학자도 케네디의 말을 빌려서 부시의 선제공격은 "정신나간 짓"이라고 목소리를 높였다. 촘스키는 아예 예방공격은 뉘른베르크 재판이 규정한 것처럼 최고의 범죄라고 공격하고 있다.[2]

그러나 부시의 이라크공격에 대한 미국 내의 대다수 비판들은 마치 이라크 선제공격이 '땅에서 솟아나온' 것처럼 보는 경향이 있다. 즉 부시가 유별나서 미국역사에서 유례가 없는 어처구니없는 짓을 했다고 보는 것이다. 과연 그럴까? 과연 이 모든 어처구니없는 행동이 부시와 부시행정부 내 별종들의 머릿속에서 나온 것일까? 부시행정부가 미국 역사상 가장 호전적이고 국제규범과 유엔을 노골적으로 무시한 정부인 것은 분명하다. 그러나 부시의 선제공격론은 메두사의 머리에서 나온 것이 아니다.[3] 이번처럼 전면적인 공격까지는 아니더라도 미국은 선제공격을 감행한 적이 있고, 선제공격 직전까지 간 적도 있으며 사실상 선제공격이라고 볼 수 있는 다양한 경제봉쇄와 합동군사훈련, 무기수출과 군대주둔 등을 이미 오랜 세월 동안 해왔다.

실제로 '적국'이 미국을 위협하지 않았는데도 여러가지 꼬투리를 잡아서 다른 나라를 침략한 사례는 적지 않다. 1959년 미국의 문앞에서

"용서할 수 없는 혁명"(unforgivable revolution)을 감행한 꾸바 사회주의세력을 무너뜨리기 위해 1961년 반까스뜨로 망명자 중심의 무장병력을 꾸바에 침투시킨 이른바 피그만 사건과 1983년 레이건정부가 중앙아메리카의 작은 섬인 그레나다를 공격한 것을 우선 들 수 있다. 그레나다 침략의 명분은 그레나다에서 발생한 쿠데타로 그곳에 거주하는 미군이 위협에 처했다는 것이다. 하지만 미군은 위협에 처한 적도 없다는 것이 전문가들의 분석이고, 실제 이유는 미국 금융자본 진출의 황금시장인 그레나다에서 미국의 이익이 침해될 것을 우려해 군사력을 투입했다는 것이 정설이다. 한편 1989년 베를린장벽이 무너진 직후 미국은 파나마를 침공하기도 했다. 미국 거주민을 보호하고 마약밀매 혐의를 받던 독재자 노리에가를 체포한다는 명분을 내걸었으나 확인된 바로는 파나마운하가 미국의 통제권 밖으로 벗어나는 것을 막기 위해서였다. 물론 북베트남 인근 동남아의 바다에 첩보선을 띄웠다가 북베트남 순시함의 포격을 받자 그 핑계로 북베트남을 전면적으로 폭격한 통킹만 사건 같은 사례도 있고(실제 북베트남이 먼저 포격을 했는지는 확인되지 않고 있다. 베트남측은 이것을 부인한다).[4] 1975년 미국 선박을 구출한다는 명분하에 캄보디아를 사정없이 폭격한 예도 있다. 이런 것들은 명백하게 선제공격, 즉 침략에 속한다.

　한편 선제공격의 모든 계획을 세워놓고, 국내외에서 조금만 동의해주면 곧바로 공격하려고 마음먹은 적도 있다. 클린턴정부 시절인 1994년 북한 영변 핵시설에 대한 선제공격 계획이 대표적인 예이다. 그리고 앞에서 언급했지만, 최근 공개된 영국측 정보자료에 따르면 1973년 OPEC 국가들이 미국에 대한 석유수출을 동결하여 미국의 유가가 치솟자 당시 닉슨행정부는 사우디아라비아 등 산유국을 직접 공격할 계획도 세웠다. 행동에 옮기지는 않았지만 이런 식의 선제공격론은 미국

정치권이나 권력집단 내에 면면히 흐르고 있다. 예를 들면 1947년 소련 위협론이 고조되었을 무렵 미국의 공군지휘부는 소련에 대해 선제핵공격을 가하자는 주장을 제기한 적도 있다.[5] 그리고 해군 사령관인 프랜시스 매튜스(Francis Matthews)는 소련과의 평화협정을 이끌어내기 위해 전쟁을 하자고 주장하기도 했다.[6] 선제공격론이 많이 제기된 2차대전 후 냉전 초기는 1990년대 이후와 마찬가지로 미국이 경제적으로 사실상 세계 무적인데다 핵무기까지 독점해, 전세계 어느 나라도 감히 미국의 패권에 도전할 엄두를 내지 못하던 시기라는 점을 주목할 필요가 있다. 케네디정부 때도 꾸바 미사일위기가 발생하자 소규모병력 투입이 아닌 전면 선제공격으로 꾸바 미사일을 제거하자는 주장이 제기되었으며, 베트남전이 전면전으로 들어가기 이전에 미 군부 원로들 가운데 일부는 북베트남을 전면 폭격하자고 주장했다. 1980년대에도 오늘날 네오콘의 스승격인 월스테터(Albert Wohlstetter)는 소련과의 핵균형을 추구하기 위해 제한적인 핵전쟁도 불사해야 한다고 주장했다. 상대방이 자신에게 적의를 갖거나 장차 자신을 향해 돌을 던질 것이 의심되는 상황에서 칼을 가진 사람이 칼을 칼집에 넣어두고 녹슬게 만드는 것보다 어려운 일은 없는 법이다. 따라서 선제공격론은 지난 미국의 국제정치사 속에 언제나 잠복해 있었으며 때때로 고개를 들추는 정도였으나 그러한 주장을 하는 세력이 권력을 장악하여 그 논리를 실행에 옮긴 것은 이번이 처음이다.

오늘날 부시행정부의 테러와의 전쟁의 원조격인 클린턴시절의 대량살상무기 확산방지(counter-proliferation)정책이나 전방위지배(full sectrum dominance)의 개념도 냉전시절의 전략과는 달리 잠재적 위협을 사전 봉쇄한다는 성격을 지니고 있다. 90년대 이후 이라크·이란·북한·리비아 등에 대한 경제봉쇄는 직접 군사력을 투입하거나 폭격을 가하는 것은 아니었지만 이들 국가에 미친 효과는 군사침략 이상의 것이었다. 경제봉쇄는 상대국의 숨통을 조르는 행위이기 때문에 상대는 어쩌면 군사공격 때보다 더 큰 위기에 빠질 수 있다. 냉전시절 내내 미국은 소련과 중국을 포위하여 군대를 주둔시키거나, 핵을 배치하거나, 군사훈련을 실시하거나 경제봉쇄를 실시함으로써 압박하고 준전쟁상황을 조성해왔다. 한국인들은 거의 모르고 있지만 미국은 1958년 이후 1991년까지 한국정부의 동의 없이 남한에 핵탄두를 설치한 것으로 알려져 있다. 대다수의 한국인들은 남한이 언제나 북의 침략위험에 노출된 것으로 알고 있으나, 한국전쟁 당시의 융단폭격에 혼쭐이 난 북한은 남한지역의 핵배치와 합동군사훈련, 1968년의 푸에블로호 사건이나 통킹만 사건 등 미국의 첩보활동과 군사력을 앞세운 위협전략을 너무나 잘 알고 있고 또 그것을 두려워하고 있기 때문에 지금처럼 경제를 희생해가면서 무리한 군사노선과 핵개발을 추진한 것이다.

한편 미국이 유엔을 무시하고 일방적으로 행동한 것도 이번이 처음은 아니다. 1999년 클린턴행정부 당시 미국이 NATO와 함께 코소보를 공격한 것은 유엔헌장을 무시한 대표적인 예이다. 단지 인종청소를 막기 위한 인도적 취지에서 개입했다는 명분을 내세우기 때문에 비판의 화살을 벗어나고 있을 따름이다. 1998년 경제봉쇄중에 이라크를 폭격한 것 또한 유엔의 결정 없이 진행한 것이었다. 거슬러올라가면 미국은 이미 오래 전부터 유엔의 권위를 공공연히 무시해왔다는 것을 알 수 있다. 지금까지 유엔에서 가장 많은 비토권을 행사한 나라가 바로 미국과 영국이다. 남아프리카공화국의 과거 아파르트헤이트(Apartheid) 인종차별주의 독재정권 등 전세계의 반인권적 독재정권에 대한 유엔의 제재결의안을 미국은 언제나 혼자 혹은 영국, 이스라엘 등과 함께 반대표를 던져 좌절시켜왔다.

사실 미국이 지난시절 국제사회에서 어떤 가치를 옹호하고, 무엇을 반대했는지 아는 데는 유엔에서 미국이 비토권을 행사한 역사보다 더 좋은 자료가 없다.[7] 2003년 말 부시가 유엔에 간 것처럼 미국은 자신이 필요할 때만 유엔의 권위를 빌렸고, 그렇지 않을 경우에는 일방적으로 무시하였다. 한국인들은 한국전쟁 당시 '유엔군'이 한국을 도와주었다고 알고 있지만 제대로 본다면 유엔 가입국은 최소한의 성의 표시를 한 정도였고, 전쟁은 전적으로 미국이 주도했다. 실제로 1950년 7월 19일 유엔군 사령관으로 임명된 매카서는 자신의 어떤 작전도 유엔 군사령부에 보고하지 않았으며, 직접 미국 워싱턴과 교신하였다.[8] 또 트루먼은 북한인민군을 38선 이북으로 퇴각시키는 데 그치지 않고 북측 지역으로 진격하는 극히 중요한 군사작전 결정을 유엔의 동의 없이 단독으로 내렸다.

선제공격이나 유엔의 의견을 무시한 미국의 단독행동, 그리고 미국 내의 극히 호전적인 선제공격론은 특별히 새로운 것은 아니다. 그러나 지금까지 미국이 이번 이라크공격처럼 노골적인 대규모 선제공격을 감행하지 않았던 것은 우선 방어억제 위주의 미국의 기본전략과 맞지 않을뿐더러, 냉전시절의 경우 잘못하면 소련 및 중국과 전면전에 돌입할 위험이 있었고, 또 국제사회의 비난을 감당할 자신이 없었기 때문이다. 이번의 이라크공격은 이렇게 오랫동안 잠복해 있던 선제공격론이 9·11이라는 특수한 조건과 맞물려 수면 위로 떠오른 것에 불과하다. 그러나 다른 한편으로 보면 미국은 군사력이 아닌 국무부 등의 외교채널, 그리고 CIA를 통해 이미 각 나라에서 반미세력이나 사회주의 세력과 '작은' 전쟁을 벌여왔고, 그것을 통해 미국의 국익과 패권을 추구해왔다. 즉 미국은 명백히 반미·친사회주의 정권이 나타나지 않는 이상 자기 손에 피를 묻히지 않았으며, 제3세계 친미·반공 독재정권이 스스로의 힘으로 반대파를 진압하도록 원조나 무기를 제공해 목적을 달성했다. 예를 들면 1965년 인도네시아 수하르토가 군부쿠데타를 일으키고 공산당을 없앤다는 명분하에 50여만명을 대량학살한 사건, 1973년 칠레 아옌데정권의 실각과 이후 삐노체뜨하의 학살, 1970년대 후반의 니까라과 꼰뜨라반군의 학살 등 제3세계의 모든 폭력과 갈등의 배후에는 언제나 미국과 CIA가 있었다. 이처럼 미국은 정치적으로 통제할 수 있는 경우에는 미국의 군사력 사용을 극히 자제하면서 '자애로운' 경찰의 이미지를 유지하였다.

사실 미국의 힘은 군사력 이전에 경제력에 있다. 따라서 20세기 들어서서 미국을 공격했거나, 친미국가를 공격했던 나라에 비해 미국이 물질적으로나 군사적으로 압도적인 우위에 있었으므로 굳이 군사력을 사용하지 않더라도 자신의 경제적·군사적 우위를 가지고 상대방을 위협할 수 있었다는 점이 중요하다. 미국은 20세기 초반에도 그러했지만 냉전체제 이후에도 소련, 중국 등 맞수가 되는 나라와는 전쟁을 한 적이 없으며 대부분 자신보다 훨씬 못살고 약한 국가, 사실상 세계의 가장 가난한 독재국가들과 전쟁을 벌였다. 그러면서 자신은 언제나 평화와 질서의 수호자로, 전쟁도발자는 '도적' '강도' '악마' 등으로 묘사하였다. 경제적 힘을 가진 강자는 자신의 이익을 지키기 위해 당근과 채찍을 함께 사용할 수 있는 여유가 있지만, 궁지에 몰린 약자는 쓸 카드가 없다. 더구나 약자가 위기에 빠질 때 정치지도자는 체제를 유지한다는 명분으로 독재를 실시하거나 자국의 정치적 반대세력을 탄압하고 무고한 주민을 학살하는 경우도 많았다. 궁지에 몰린 약자가 주로 도발자로 부각되고 강자가 평화와 질서의 수호자로 나타나는 이유가 여기에 있다. 즉 어떤 굴욕적이고 불평등한 조건이라도 약자들이 강자가 만들어놓은 규칙과 대우에 일방적으로 복종하고 불이익을 감수하는 한 강자가 먼저 약자를 위협하거나 두들겨팰 이유는 없는 것이다. 일터에서 사용자와 노동자의 관계, 그리고 노사분규 현장을 보면 이것을 잘 알 수 있다.

보통의 한국사람들에게 노동조합, 혹은 노동자라는 말을 듣고 무엇이 떠오르는가 하고 물으면 대부분 노사분규, 파업 등이라고 대답할 것이다. 즉 노동조합은 평화로운 작업장에서 자기 몫을 더 달라고 떼를 쓰는 조직, 혹은 싸움을 일으켜 사업장을 전쟁터로 만들고 사회에 혼란을 야기하는 존재라는 인식이 한국인들 머릿속에 깊이 박혀 있다. 기본적으로 기업의 노조관을 보여주는 이러한 이미지는 사실 주로 역대 군사정권과 보수언론이 조성한 것이다. 언론은 평상시 노동문제를 보도하는 법이 거의 없고, 언제나 파업이나 분규가 발생했을 때 그것을 부각시킨다. 그러므로 노동현장이 언론의 주목을 받기 시작하는 순간 모든 노동자는 언제나 평지풍파를 일으키는 사람, 즉 도발자가 된다. 노동자들이 사업장에서 사용자가 만들어놓은 규칙을 준수하고 그가 주는 급료를 받아들이면서 순종하는 것은 실제로 그들이 그러한 조건에 만족해서 그런 경우도 있지만, 대개는 자신이 감당하는 조건이 불만족스럽지만 달리 자신의 처지를 개선할 가능성이 없어 체념하거나 아니면 그냥 현실을 감내하기 때문이다. 즉 겉으로 드러난 산업평화가 곧 노동자의 만족은 아닌 것이다. 이것은 약자인 노동자가 자신의 불만을 터뜨리거나 욱하는 감정으로 거친 행동을 할 가능성이 언제나 존재한다는 말이다. 그런데 사용자가 일방적으로 정리해고를 단행하거나 임금이나 수당을 삭감하는 등 작업장의 규칙을 바꾸어 분규가 발생하면, 사용자의 조치는 문제삼지 않고 오직 노동자의 항의행동만 질서를 파괴한 것으로 간주된다. 사용자는 피고용자인 노동자의 밥줄을 쥐고 있기 때문에 일상적인 노무관리라는 수단만 사용해도 노동자의 처우와 생계에는 크나큰 압박이 되므로, 노동자는 파업이라는 최후의 수단에 호소하게 되는 셈이다. 사실 노동자들은 자본주의하에서 파업이란 대체로 불리한 싸움이며 상당한 위험을 감수해야 할 마지막 대안이라는 것을 잘 알기 때문에 자신의 처지가 극도로 위협을 받지 않을 경우 감히 그런 무기를 사용하기 어렵다. 이 경우 사용자의 부당한 조치를 그냥 감수하는 것은 곧 '노예의 평화'를 지키는 게 되는데 대다수의 노동자들은 바로 그러한 존재다.

이처럼 강자 미국도 '전쟁은 최후의 수단'이라는 교과서적 원칙을 준수하는 듯한 자세를 취하면서도 언제나 자신의 이해가 걸린 나라들에 시장경제 이식, 국유화 포기, 안보조약 체결, 그리고 경제봉쇄 등의 외교적 무기를 행사해왔다. 흔히 냉전은 1949년 소련 주도의 베를린봉쇄로 시작됐다고 알고 있지만 미국은 이미 1945년 중국의 국민당을 지원하고 남한에서 사회주의세력을 불법화하고 1947년에 그리스내전에 개입하는 등 실제로는 공산권에 대해 훨씬 무서운 압박전략을 실시하였다. 에너지자원과 무역이 국가경제의 존립에 극히 중요한 오늘 같은 세계경제질서하에서 경제적으로 세계 최강인 미국의 경제봉쇄는 사실상 전쟁선포와 다를 바 없다. 즉 미국은 성가신 적대국이 맞수가 되지 않는 조무래기들이어서 먼저 공격할 필요가 없었던 것이지 평화를 준수하려 한 것은 아니었다. 미국은 최대한 도덕적 명분을 유지하면서 자신의 국가이익을 보장받을 수 있는 방향으로 국제질서를 만들어놓고, 그 질서를 지키는 자애로운 '경찰'의 이미지를 과시하면서 뒤로는 온갖 은밀한 방법을 동원하여 각 나라의 내정에 개입해왔다.

1990년대 들어 최대의 견제세력인 소련이 없어지고 유일 패권국가가 되자 미국은 우회적이고 시간이 걸리는 은밀한 개입을 할 필요가 없어졌다. 그래서 선제공격이라는 부시행정부의 신전략은 공중에서 떨어진 것이 아니라 오랜 세월 물밑에서 움직이다가 이제 수면 위로 올라온 것이다. 결국 럼스펠드의 군사전략은 그동안 선제 군사행동을 억제해온 내부의 자제력이 없어진 데서 나온 것이다. 역대 미국의 대통령들이나 극우세력들은 힘을 사용하여 상대를 굴복시키려는 야망을 갖고 있었지만, 감히 노골적으로 그것을 표현하지 않았거나 그럴 필요가 없었다면 이제 부시행정부는 자만심에 가득 찬 나머지 너무나 노골적으로 그것을 드러냈다는 점에서 차이가 있을 것이다.

〉 실수와 오판? 〈　　부시는 9·11테러를 사전에 막지 못한 것은 미정보기관의 실수 때문이라고 설명한다. 과연 그럴까? 1996년 이후 FBI와 CIA 등 정보기관은 알카에다가 항공기나 다른 무기를 가지고 뉴욕과 워싱턴을 공격하려 한다는 정보를 여러차례 입수하여 이에 대비할 것을 경고하고 빈 라덴을 추적할 것을 요청했다. 2004년 3월 9·11 관련 미 청문회에서 클린턴 및 부시행정부 내 대테러책임자인 클라크(Richard Clarke)는 부시와 그의 보좌관인 라이스가 어떻게 테러경고를 무시하고 9·11을 맞게 되었는지 폭로했다.[9] 또 요르단의 정보기관은 미국 본토에서 대규모 테러가 일어날 것을 감지해서 미국측에 알려주었고, 모로코의 정보기관은 2001년 여름 혹은 가을에 빈 라덴이 미 본토에서 대규모 테러를 벌일 계획이라는 것을 포착해 9·11 발생 수주일 전에 미 당국에 통보하기도 했다.[10] 특히 쌍둥이빌딩에 대한 테러는 1993년에 이미 시도된 적이 있어 충분히 경계할 만한 상황이었다.

그런데 부시행정부는 9·11 관련자료의 일부를 공개하지 않고 있는데, 영화감독 마이클 무어(Michael Moore)나 야당 의원들은 부시가

알카에다의 9·11 테러공격으로 화염에 휩싸인 뉴욕시 전경

테러공격을 사전에 알고 있었다는 음모론을 계속 제기하고 있다. 미의회의 9·11조사위원회는 9·11 관련자료를 백악관에 계속 요청하고 있는데, 그 자료는 대부분 9·11 당일, 그리고 그 직전 각종 정보기관의 백악관 보고내용, 그리고 사건 당일 부시대통령 개인의 행적에 관한 것이다. 왜 미국은 이 자료를 공개하지 않는 것일까? 물론 그중에는 부시의 재선에 악영향을 줄 정보들이 있을 수도 있다. 그러나 미국이 한국전쟁 관련기록들을 포함하여 이미 50년이 더 지난 수많은 군사외교 자료를 여전히 공개하지 않는 것을 보면, 이러한 비밀주의는 단순히 부시행정부만의 문제는 아닌 듯하다.

진주만공격에서 9·11테러에 이르기까지 언제나 미국은 상대방의 공격을 예상하지 못했거나 상대방을 과소평가하는 '실수'를 저질렀다. 그러나 미국은 피해를 몇배로 갚아주었기 때문에 결과적으로 '적'이 오판한 것으로 되어 있다. 그래서 미국은 언제나 '잠자는 거인'으로 그려졌다. 1990년 후세인의 쿠웨이트침공은 '잠자는 거인'의 코털을 건드린 셈이고 거슬러올라가 1942년 일본의 진주만공격도 미국의 개입 가능성을 낮게 본 오판이었다. 북한의 남침 역시 그러한 사건 중의 하나이다. 미국정부나 언론은 이러한 침략에 미국이 제대로 대비하지 못한 것을 탓하면서 '악몽'이니 '충격'이니 하고 허풍을 떨고 있다. 그런데 여기서 무엇인가 이상한 점을 느끼지 않을 수 없다. 9·11테러로 미국인 수천명이 희생됐지만 내부 책임자에 대한 추궁이 전혀 엄중하지 않을뿐더러 CIA의 정보수집과 판단 등을 비판하는 데 그쳤다. 왜 그런가? 미국에 대한 적의 선제공격은 언제나 미국에게 전쟁 명분을 주었으며 결과적으로 미국의 패권을 훨씬 강화할 수 있는 계기를 만들어주었기 때문이 아닐까? 한국전쟁이나 이라크의 쿠웨이트침략의 경우는 미국의 군인이나 민간인이 피해를 입지 않았으니까 그렇다 치더라도, 진주만공격이나 9·11은 수천명의 미국인이 피해를 입었으므로 루스벨트나 부시대통령은 제대로 대비하지 못했다는 이유로 국민의 비판을 면하기 어려웠을 수도 있다. 그러나 결과는 반대이다. 이들은 모두 애국의 상징이자 전쟁의 영웅이 되었고, 국가의 최대의 공로자로 부각되었다.

우선 일본의 진주만공격 경우를 보자. 미국은 일본의 공격을 사전에 감지하고 있었다. 그런데 결국 기습당했고, 미국의 정보기관이 실수한 것으로 되어 있다. 한편 미국 정보기관과 군부 최고위층은 1950년 초 북한의 남침계획, 심지어는 개전일까지 정확하게 알고 있었다.[11] 그런데 이 역시 미국이 대비하지 못한 것으로 되어 있다. 뭔가 이상하다. 냉정하게 말하면 그것은 대응하지 못한 것이 아니라 공개적으로나 적극적으로 대응하지 않은 것일 수 있다. 만약 아군의 전력이 월등히 앞서고, 장기전에서 가장 중요한 변수인 경제력에서 우위에 있는 나라라면, '한 주먹거리밖에 되지 않는' 적의 도발을 적극적으로 막지 않는 것이 그것을 막는 것보다 오히려 유리할 수 있다. 즉 미국은 제대로 대비하지 못한 것이 아니라 고의로 적의 공격을 방치했다고 볼 수 있다는 이야기이다.

과연 트루먼은 자신의 책상 앞에 쌓인 CIA 정보보고, 군정보부처 G-2의 북한 남침준비 정보보고를 단순히 실수로 무시했을까? 미국이 남한에서 철수하면서 1950년 1월 애치슨(D. Acheson)이 방어선을 옮긴 것은 한국 방어를 포기한 행동이라기보다는 핵이 있고 공군력에서 세계 최강인 미국이 치명적인 위험이나 결정적인 이해가 걸려 있지 않는 한 전면전을 피하면서 그냥 방치하되 적이 오면 받아치는 것이 훨씬 유리하다고 판단했기 때문인지도 모른다. 김일성은 결국 미국이 쳐놓은 그물에 걸려든 셈인데, 미국은 '소련'의 위협을 과장하면서 냉전 분위기를 조성하되 실제로는 그들의 전쟁준비를 그냥 지켜보면서 적극적으로 대비하지 않았다고 볼 수 있다. 트루먼은 북의 남침 사실을 보고받고서 북을 '강도'(bandit)라고 묘사한 적이 있다. 강도 침입을 막기 위해 집 앞에다 철책을 쌓아두고 땅에 지뢰를 묻어두는 것은 웃기는 일이 아닌가? 더구나 강도가 예상외로 강하게 공격하더라도 문지기 한두 사람 죽거나 다치는 정도에 그칠 것으로 예상된다면, 겹겹이 문으로 둘러싸인 안방 깊숙한 곳에서 성능좋은 총과 폭탄을 갖고 있는 사람이 강도를 무서워할 이유가 무엇인가? 이라크의 쿠웨이트공격 역시 미국은 호전적인 후세인의 성향으로 볼 때 쿠웨이트가 단기적으로 위험에 처해 있다는 것을 충분히 알고 있었다. 그리고 그전까지 친구 관계였던 후세인이 쿠웨이트를 침략하지 못하도록 충분히 신호를 보낼 수 있었다. 그러나 미국은 잠자는 척했다.

사실 2차대전 당시 일본의 경우만 그랬지, 북한·이라크·레바논· 수단은 미국을 직접 공격한 것이 아니었다. 그러나 미국은 '우방'에 대한 공격을 자신에 대한 공격으로 받아들였고, 그것을 빌미로 보복공격을 가했다. 그리고 미국의 친구를 공격한 세력은 결과적으로 '미국이 개입하지 않을 것'으로 잘못 판단했다. 그러나 진주만공격, 한국전쟁의 경우 일본과 북한이 제대로 판단해서 미국 혹은 인접한 친미정권을 공격하지 않았다면 온전히 자기 체제를 유지할 수 있었을까? 과거 일본의 경우는 사실 쥐구멍에 몰려서 진주만을 공격한 것이다. 당시 미국은 이미 동남아 유전을 포위하고 전쟁 수행에 중요한 석유 공급루트를 차단하면서 일본의 목줄을 죄고 있었다. 따라서 일본이 진주만을 공격하지 않았다고 하더라도 미국이 일본을 그냥 두지는 않았을 것이다. 일본의 선제공격으로 명분을 얻은 미국은 일본을 항복시키고 동아시아를 얻었다. 히로시마와 나가사키 핵 투하를 두고 학자들이 그것을 2차대전의 종결이 아니라 냉전의 시작이라고 말한 것도 바로 그런 이유 때문이다. 한국전쟁은 일본 자본주의를 부활시켰으며, 미국경제를 활성화하고 동아시아에서 미국의 교두보를 확고하게 한 엄청난 선물이었다. 사전에 막지 않은 것은 실수가 아니었다. 그것은 축복이었다. 손실을 좀 입는다고 탐나는 먹이를 마다하겠는가?

그러나 이 모든 일들은 아직 역사의 베일 속에 있어서 이런 식으로 말하면 여전히 음모론에 기댄다는 비판을 받을 수도 있다. 사실 모든 것이 각본대로 진행되었다고 말할 수는 없다. 역사에는 우연적 요소가 많고 실제로 베트남전쟁처럼 소련과 중국을 잘못 판단하여 미국이 저

미국의 국립문서기록관리청 자료파일에 수없이 나타나는 자료 비공개 설명서

지른 실수도 엄청나게 많다. 그러나 김민웅 목사가 미국을 '밀실의 제국'이라고 말한 것처럼 미국의 군사·외교정책은 이해할 수 없는 것들 투성이이고 미국은 가히 유언비어와 음모론의 천국이다. 워싱턴의 국립문서기록관리청(NARA)에 가보면 1945년 2차대전 종료 이후부터 세계 모든 지역에 미국이 군사적으로 개입하면서 모아둔 정부기록이 산처럼 쌓여 있다. 목록집만도 자그마치 5백권이 넘는데, 한국 관련자료를 검색하거나 신청해보면 상당수가 비밀로 묶여 있거나 찾을 수 없다. 이 비밀문건들은 모두 미국의 국가안보상 공개할 수 없다고 되어 있다. 공산주의가 무너진 지금에도 공산주의에 맞서기 위해 만들었던 이 방대한 자료들을 공개하지 않는 이유는 무엇일까? 그것이 공개될 경우 미국이 입을 심각한 국가안보상의 불이익이라는 것은 무엇인가? 공산주의를 막는다는 명분하에 미국의 첩보기관이 전세계 국가에 비밀리에 개입해온 군사작전, 정치공작의 추악한 역사가 드러나기 때문

이 아닐까? 불법적이고 부도덕한 공작의 기록일수록 공개되면 안보에 치명적일 테니까 말이다.

간혹 미국측의 실수로 흘러나온 자료나 이미 공개된 자료를 보면 미국은 막강한 정보망으로 사전에 포착하지 않은 것이 거의 없을 정도다. 대통령이나 정치인들이 그러한 정보를 무시하고 잘못 대응하거나 내부 정치역학 때문에 대응에 굴절을 겪은 적도 많겠지만 미국은 결코 잠자거나 졸고 있는 거인은 아니었다. 미국은 도발을 당하기 전에 경제제재나 봉쇄, 정치적 압박, 무언의 위협 등 여러 방식으로 상대국가를 옥죄었으며, 자는 척하면서 상대방의 일거수일투족을 감시하였다. 그런데도 오늘날 미국의 역사학자, 정치학자, 정책분석가들은 아주 편하게 이 모든 것을 미국의 실수라고만 말하고 있으며, 그들의 주장을 그대로 베끼는 미국 안팎의 주류 언론인이나 학자들은 그 주장을 온세계 사람들에게 전파하고 있다.

〉'작은 전쟁'과 미국의 헤게모니 〈

앞서 말한 것처럼 미국은 자신의 이해가 결정적으로 위협받는다고 느끼거나 자신의 힘이 너무 막강하여 아무도 자신을 상대할 수 없다고 생각하는 국제정치 국면에서 예방공격을 검토한 적이 있지만, 그러한 대응은 예외적이었다. 대체로 군사력을 총동원하여 전쟁을 선포하는 방식보다 CIA요원의 조직적인 활동이나 공식적인 외교채널을 통해 정치적으로 미국을 반대하는 국가, 혹은 친미국가 내의 정치적 반대세력을 통제해왔다. 그러한 방식의 개입이 먹히지 않을 경우에는 여러가지 꼬투리를 잡아서 국지전을 유도해왔다. 이러한 미국의 개입은 큰 전쟁으로 발전하기 이전에는 거의 알려지는 법이 없기 때문에 한국인을 포함한 대다수 세계 각국 사람들은 물론 미국인조차도 미국은 2차대전, 한국전쟁, 베트남전쟁, 걸프전 등에만 '마지못해서' 정당하게 개입했다고 알고 있다.

그러나 과거 로마가 그러하였듯이 1950년대 이후 미국은 언제나 전쟁을 해왔다. 미국에게 전쟁은 평화중의 돌출사건이 아니었으며 평화야말로 전쟁중의 작은 휴식기간이었다. 특히 대다수 세계인들은 물론 미국인들도 언론에 보도되지 않은 작은 전쟁, 혹은 저강도의 전쟁 (low-intensity war)은 거의 알지도 기억하지도 못한다. 이것을 키신저(Henry Kissinger)는 '제한전쟁'이라고 불렀고, 브레진스키(Z. Brzezinski)는 '보이지 않는 전쟁', 헌팅턴은 '잊혀진 전쟁'이라고 불렀다. 미국의 미디어는 이 전쟁들을 주목하지 않았으며, 그래서 대중들에게 잊혀졌다는 의미일 것이다. 이 전쟁들이 미국의 미디어에 나타나지 않았다면 미국정치와 미디어의 영향을 받아온 모든 제3세계 미디어와 대중들의 의식 속에, 그리고 20세기 냉전의 역사 속에서도 잊혀졌다는 말이다.

미국이 전쟁을 먼저 벌이지 않았다고 생각하는 또하나의 이유는 미국이 공식적으로 전쟁을 선포한 예가 거의 없기 때문이다. 미국 헌법에는 오직 의회만이 전쟁을 선포할 권리가 있다고 되어 있다. 그러나 1950년 북한의 남침에 맞서 미국이 의회의 동의를 구하지 않은 채 (즉 전쟁을 선포하지 않은 채) '전화 한통으로' 개입했고 이는 이런 방식의 가장 대표적인 예로 자주 거론된다. 이것은 전쟁이 국민의 동의에 기초하기보다 대통령의 자의적인 결정에 의해서, 그리고 은밀하게 추진되었다는 뜻일 것이다. 공식적으로 선전포고한 것만 전쟁이라 한다면 한국전쟁도 미국이 주장했듯이 전쟁이 아니라 '경찰행동'이고, 베트남전쟁도 전쟁이 아니다. 미국이 전쟁을 선포하지 않은 이유는 다양하지만, 대부분 상대국이 경제적으로나 군사적으로 미국에 대적할 상대가 되지 못했다는 점이 중요하다. 따라서 미국의 관점에서 보면 그러한 개입들은 사실상 전쟁이라고까지 말할 것은 없고 겁없이 미국에 덤벼든 도적들에 맞서는 '경찰행동' 정도인 셈이다.

베트남의 경우도 1963년 케네디대통령은 다른 나라와 다를 바 없이 1만2천명의 미 군사고문단을 파견하여 베트남군대를 훈련시켜서 베트콩과 국내의 좌익세력을 제압하려 했고, 상황이 악화된 그 이듬해에는 2만3천명의 고문단을 파견했다. 만약 남베트남 정부가 남베트남 민족해방전선의 저항을 충분히 제압할 수 있었다면, 미국은 구태여 자국군대를 투입하지 않았을 것이다. 1980년 한국의 광주 '사태'나 인도네시아의 1965년 이후의 학살처럼 친미노선을 견지한 제3세계의 군부정권이 내부의 정치적 반대세력이나 좌파세력, 혹은 게릴라를 효과적으로 제압할 능력이 있다면 미국은 배후에서 이들 나라의 군부를 지원하면서 겉으로는 중립적인 자세를 취한 채 체면을 유지할 수 있을 것이다. 1960년대 이후 미국은 아이띠·도미니까·필리핀 등에 모두 군사고문단을 파견하여 우익정권을 보호하고 군대를 육성하는 데 힘을 기울였는데, 이러한 방식의 지원이 모두 실패했을 때 미국은 니까라과 꼰뜨라반군 지원사례처럼 좀더 노골적으로 개입하였다.

1950년 당시 한국전 파병을 앞두고 미 국회에서 조사한 자료를 보면 미국은 19세기 이후 2차대전 이전까지 무려 85차례나 전세계 각 지역에 파병하였으며 사실상 전쟁을 벌여왔다. 군대를 파병하거나 전쟁을 벌인 이유는 대부분 '미국인의 생명과 재산을 보호한다'는 그럴듯한 내용들이다. 언뜻 보면 「라이언 일병 구하기」의 신화처럼 자기나라 사람을 철저히 챙기는 국가의 책임있는 행동처럼 보이기도 한다. 그러나 내용을 들여다보면 그것이 아니다. 이 전쟁목록 중에는 1871년 신미양요와 1882년 조미수호조약 체결 관련전쟁도 포함되어 있는데, 당시 미국이 조선의 문호를 개방하기 위해 꼬투리를 잡아 조선을 침략했다는 사실을 생각해보면 미국이 제3세계, 중국 등과 어떻게 전쟁을 벌여왔는지 잘 알 수 있다. 선교사나 미국 상인을 보호한다는 것은 명분에 불과했고, 대부분은 문호개방 요구가 받아들여지지 않았을 경우, 그리고 미국의 이익과 배치되는 정권이 들어섰을 경우 그것을 막기 위한 것들이었다. 1949년 마오 쩌뚱(毛澤東)이 본토를 점령하기 직전 미국은 중국의 공산혁명을 막기 위해 무려 5천명의 지원단을 파견했다.

미국의 이러한 저강도전쟁이 본격화된 것은 냉전기간이었다. 이 시기에 CIA는 제3세계 정치에 적극 개입하였다. CIA는 과떼말라·꾸바·필리핀·칠레·레바논·도미니까·라오스·캄보디아·베트남 등 전략적 이해가 있는 제3세계 많은 나라에서 공작을 펼쳤다. 즉 꾸바의 사례처럼 이들 나라에 좌파 혹은 민족주의 정권이 들어서면 그 나라의 망명자나 정치적 반대세력을 포섭하여 CIA가 이들을 훈련시킨 다음 본국에 들어가서 반정부운동을 벌이거나 쿠데타를 시도하도록 만든다. 만약 우익이 집권할 경우 그 정권을 경제적·군사적으로 지원하고, 그들에게 저항하는 좌익 반대파나 반정부 사회운동 관련인물의 동향에 대한 첩보를 제공해주고, 그 나라의 군지휘관이나 지식인들을 미국으로 불러서 그들을 제압할 수 있는 논리와 기술을 가르쳐준다. 또 그 나라가 어느정도 경제적 능력이 있다면 미국의 무기를 구매하도록 압력을 넣는다. 미국의 전직군인이자 언론인인 크리스 헤지스(Chris Hedges)가 1980년대 이후 자신이 참전한 전쟁을 기록한 책에는 다음과 같은 내용이 있다.

나는 엘쌀바도르의 반군세력을 취급하면서 내 일을 시작했다. 그곳에서 5년을 보낸 다음 과떼말라와 니까라과, 그리고 꼴롬비아로 갔다. 그리고 서안지구와 가자(Gaza, 팔레스타인 거주지역)의 인티파다(intifada)에 관여했으며, 수단과 예멘의 내전에 관여했다. 그리고 알제리아와 편잡의 봉기에 개입했고, 루마니아 독재자 차우세스쿠 정권이 무너지는 현장에 있었으며, 걸프전에 참가했고, 남부터키 북이라크의 쿠르드족의 반란에 참가했으며, 보스니아전쟁에 갔고, 마지막으로 코소보에 갔다. 나는 남부이라크에서 행군 도중에 총을 맞았고, 리비아와 이란에서 투옥·추방되었으며, 걸프전 이후 시아파의 반란중에 일주일 동안 이라크 공화국수비대에 체포된 적이 있으며, 보스니아에서는 러시아제 미그21의 공중사격을 당했고, 세르비아 총잡이에게서 총을 맞기도 했으며, 사라예보에서는 며칠동안 구금되기도 했다.[12]

그의 기록은 1970년대 이후 미국이 사실 얼마나 많은 나라에서 전쟁을 벌여왔는지 잘 보여준다. 즉 1970년대 니까라과에는 꼰뜨라반군을 지원하여 싼디니스따 좌파정권을 붕괴시켰으며, 아프가니스탄에서는 무자헤딘을 지원하여 친소정권을 무너뜨리려 했고, 엘살바도르와 뻬루에서는 정부를 지원하여 반군을 진압하려 했다. 이란의 혁명을 막기 위해 친미 팔레비측을 지원했고, 중동의 가자지구에서 팔레스타인 반군을 제압했으며, 1982년에는 이스라엘과 이집트의 분쟁에 개입하기 위해 시나이반도에 진주하였고, 1986년에는 베를린의 미군 테러에 대한 보복으로 리비아를 폭격하였으며, 1987~88년 이란-이라크 전쟁에서는 이라크를 지원하였다. 1991년 이라크를 공격하는 걸프전을 벌였고, 걸프전 이후 쿠르드족과 남부 시아파의 반란을 부추겨 후세인을 추방하려 했고, 보스니아와 코소보의 내전에 개입했다. 그외에도

1999년 과떼말라 내전에 개입하여 맑스주의 게릴라를 토벌한다는 명분하에 자신이 훈련시킨 우익군대가 많은 주민들을 학살하는 배후에 있었다. 그러나 대다수의 미국인과 세계인들이 이 중에서 전쟁이라고 기억하는 것은 아마 걸프전밖에 없을 것이다.

미국은 1970년대 이후 제3세계에서 발생한 거의 모든 내전·내란·혁명·사회운동에 어떤 방식으로든지 개입해서 사실상의 전쟁을 수행해왔다. 가장 많이 알려진 사례로 칠레를 들 수 있다. 1973년 9월 11일, '또다른 9·11'로 불리는 그날 라틴아메리카에서는 처음으로 선거로 당선된 사회주의 지도자 아옌데가 닉슨과 키신저의 지휘를 받은 CIA와 미 정부의 작전계획의 희생물이 되었다. 아옌데를 이어 삐노체뜨가 집권하여 칠레에는 그후 18년 동안 군사독재정권이 유지되었으며 그 기간에 무려 4천명이 고문당하거나 납치되거나 죽었다. 삐노체뜨하의 칠레 비밀경찰은 정치적 반대세력 지도자인 론니 모피뜨(Ronni Moffitt)를 테러로 죽였다. 이들 극우 테러조직은 라틴아메리카의 군사독재에 반대하는 세력을 제거하기 위해 국제공조를 취하기도 했다. 그리고 미국의 저강도전략을 뒷받침하던 국제통화기금(IMF)은 삐노체뜨정권하에서 칠레가 유례없는 성장을 구가했다고 칭찬을 아끼지 않았다. 물론 미국과 IMF는 광주학살을 벌이고 집권한 한국 전두환정권에 대해서도 이렇게 칭찬한 바 있다. 이러한 추악한 저강도전쟁의 내막이 미국내 일부 양심세력의 제보나 공개로 우연하게 들추어질 때, 미국은 실수·무지·댓가·역풍 등의 중립적이고 모호한 용어로 그 사건을 설명하면서 무마해버리고 미국의 주류언론은 그것을 축소보도한다. 결국 미국인들을 비롯한 세계인들은 이 모든 진실을 알 기회가 없었고 그래서 2004년 이라크에서 벌어진 포로학대사건에 놀라는 것이다.

1989년 소련과 동구사회주의가 붕괴하기 전
까지 50년 동안 미국의 냉전정책은 공산주의
위협에 대처한다는 명분하에서 진행되었다.
그런데 소련이 무너지고 적이 사라지자 미국은 불안에 떨기 시작했으
며 급기야 새로운 적을 만들어냈다. 바로 테러세력이라는 적이다. '테
러와의 전쟁'이라는 구호는 레이건정부 시절에도 천명되었지만, 냉전
이 종료된 이후 클린턴행정부에서 본격적으로 거론되기 시작했다.
1999년 1월 22일 클린턴대통령은 테러리즘은 21세기의 위협이라고 발
표하였으며, 이후 수개월 동안 연이어 테러리즘의 위협을 경고하였다.
윌리엄 코언(W. Cohen) 국방장관은 북한·이라크·시리아·아프가니
스탄 등이 미국을 가장 위협하는 세력이라고 경고하였으며, 급기야 그
해 8월 들어서 미 국가안전보장회의(NSC)가 세계전략문서를 통해 "미
국은 역사상 최대규모의 스파이 위협에 직면해 있다"라고 발표하기까
지 하였다. 같은 시기 ABC방송의 뉴스 '나이트라인'(Night Line)은 무
려 5회에 걸쳐 미국 대도시에 생화학무기가 살포되는 씨나리오를 방송
하여 미국인들을 전율케 하였고, 8월 4일 터키에서 미국의 애틀랜타로
가는 항공편이 FBI 경고 때문에 취소되는 등 항공기 결항사태가 계속
일어났다. 이러한 미국정부의 노골적인 공포분위기 조성은 군사정권
말기 민주화의 분위기에 위기의식을 느낀 전두환정권이 보수언론과
공조하여 금강산댐 위협을 조장한 것과 대단히 유사하다. 이러한 미국
전체의 테러공포 분위기 조성은 트루먼의 냉전정책이 매카시즘의 토
양이 된 것처럼, 결국 부시정부의 전면적인 '테러와의 전쟁'의 기반이
되었다.

 사실 미국에게 자유와 민주주의, 미국식 생활방식을 받아들이지 않
는 '테러세력'은 21세기판 파시즘, 공산주의라고 봐도 과언이 아니다.

그런데 문제는 그 '테러'의 개념, 그리고 테러세력으로 지목될 수 있는 집단은 완전히 미국이 자의적으로 정한 것이고 '테러와의 전쟁' 역시 다른 나라를 끌어들여 미국이 주도하고 있다는 점이다. 흥미로운 것은 미국이 이끄는 반테러국제연합(international anti-terror coalition)에 동참한 러시아·중국·알제리 등이 하나같이 자국 영토 내의 소수파, 분리독립세력을 테러세력으로 지목한 뒤 탄압과 학살을 자행한 나라라는 점이다. 결론적으로 테러세력은 과거의 공산주의처럼 미국이 세계정치의 판을 짜기 위해 설정한 새로운 적이라고 볼 수 있다.

미국은 2차대전 종료 직후 그리스에서 민족주의세력이 힘을 얻자 이것을 소련의 세계전략의 일환으로 해석했으며 유럽 여러 나라에서 2차대전중 파시즘에 저항했던 좌파나 민족주의세력이 입지를 넓히자 이 역시 소련의 세계지배의 음모로 보았다. 또 북한이 1950년 남침하자 그것을 곧바로 소련 공산주의의 세계정복 기도라고 해석했다. 그리고 1960년대 남베트남정권을 위협하는 정치적 반대세력과 좌파 민족해방전선을 곧바로 중국의 사주를 받는 국제공산주의의 전위대로 간주했다. 미국은 전세계 모든 민족주의운동과 좌파운동의 배후에 소련이 있다고 단정한 다음 세계의 모든 지역에 개입하였다. 그러나 냉전이 종료된 지금 보면 이 모든 음모론은 과장된 것이거나 틀린 것임이 드러났다. 1990년대 들어서 소련과 중국의 자료가 일부 공개되면서 김일성의 남침에는 소련의 묵인과 중국의 지원이 있었다는 사실이 확인되었지만, 그것은 김일성이 시종 주도한 것이지 소련이 기획한 것은 아니었다는 점 또한 분명해졌다. 베트남 민족해방전선 역시 중국과 아무런 관련이 없다는 것을 당시 베트남전쟁을 지휘한 미국의 맥나마라(R. McNamara) 국방장관도 실토했다. 2차대전 후 신생 독립국가에서 공산주의의 영향력이 확대된 것은 사실이지만, 그것이 모두 소련의 지원과 세계전략 속에서 이루어진 것은 아니었다. 그러나 이러한 선전이 과연 미국인들이나 미국 정치인들의 무지에 의한 것인지, 실상을 알면서도 의도적으로 과장한 것인지는 여전히 논란거리이다. 1999년 『가디언』지 신년호는 냉전시절 영국 외교부의 정보보고서를 공개하면서 냉전의 정점에서도 소련은 서방을 군사적으로 공격할 의도가 없었다는 사실을 확인했다.[13] 미국의 역사학자인 호프스태터(R. Hofstadter)는 「편집증의 정치」라는 유명한 논문에서 적을 과장하는 것은 19세기 이래 미국정치의 전통이라고 설명했다. 미국 주류세력은 19세기에는 가톨릭을, 20세기에는 공산주의를 악마로 만들어서 공포감을 조성했다는 것이다. 원인이 무엇이든 분명한 것은 미국 주류세력은 계속 내외부의 적을 만들어내고, 적과의 대립과 전쟁을 선포하면서 그것을 기득권 유지에 적절히 활용했다는 점이다. 이처럼 미국은 지난 냉전시절 공산주의 위협을 과대포장했듯이 이제는 테러세력의 위협을 과장하고 있다.[14]

그런데 미국이 '테러'라고 지목하는 행동을 과연 테러라고 부를 만한지도 논란의 여지가 많다. 미국정부는 테러를 "정치적·종교적·이념적 목적을 달성하기 위한 폭력이나 폭력위협의 계산된 행동"이라고 정의하는데, 주로 미국과 서방국가를 향한 폭력만 테러로 분류하는 경향이 있다. 즉 미국 및 미국이 조종했던 과거 제3세계 독재국가들이 정치적 반대세력을 향해 조직적으로 벌여온 국가폭력이나 인권탄압, 민간인 살해는 '자유'를 위한 성전이라고 불렸으며, 미국이 전투기와 첨단무기를 사용하여 코소보와 아프가니스탄에서 수천명의 민간인을 살해한 것은 테러가 아니라 전쟁이라고 본다.[15] 이렇게 보면 이스라엘이 팔레스타인지역을 강제점령하고 우수한 무기로 팔레스타인 난민이나 주변 아랍국가의 주민들을 수십, 수백명 살해하는 것은 전쟁이고 군사력에서 압도적으로 열세인 분노한 팔레스타인인들이 최후의 수단으로 자살공격하는 것만 테러가 되는 셈이다. 팔레스타인 민간인을 무수히 학살해온 이스라엘은 평화국가가 되고, 오직 맨주먹밖에 저항할 수단이 없는 팔레스타인인들의 저항은 테러가 된다.

이것은 납득할 수 없는 기준이다. 원래 테러는 약자의 무기가 아니라 강자의 무기였으며, 테러의 원조는 좌익이 아니라 우익이고 파시즘이다. 과거 히틀러는 자신이 점령한 유럽지역의 저항세력을 테러조직으로 규정했으며, 미국은 1945년 이후 전세계 군사정권하의 우익 테러세력을 지원해온 역사가 있다. 빈 라덴도 사실 미국의 저강도전략과 전세계 우익 테러집단 육성작업의 산물이다. 그러나 기억할 것은 미국 본토야말로 암살과 테러의 천국이었다는 점이다. 악명높은 KKK(Ku Klux Klan)단의 테러를 비롯해서 링컨, 케네디, 마틴 루터 킹 암살 등 주요인사들에 대한 협박·폭력·살해는 누가 조종했는지 여전히 밝혀지지 않고 있지만, 그들의 진보노선을 반대하는 미국내 극우세력이 저지른 것은 분명하다. 1995년 오클라호마 연방청사 폭파사건처럼 광기에 찬 우익테러로 수많은 민간인이 살해되기도 했다.

오늘날 전세계에서 발생하는 테러 역시 미국의 일방주의, 러시아의 패권주의, 중국의 소수민족 탄압 등 강대국이 압도적 힘을 바탕으로 자국의 이익을 추구하는 과정에서 발생했다고 볼 수 있다. 과거 사회주의운동이 자본주의의 모순의 산물인 것처럼 오늘날의 테러리즘은 탈냉전세계화 이후 민족주의의 고양, 절망에 빠진 민중들의 근본주의 지향, 혹은 아랍권의 소외의 표현이라고 볼 수 있다. 즉 콜코(Kolko)가 여러번 강조한 것처럼 볼셰비끼혁명은 물론 공산주의운동, 그리고 탈냉전 이후의 테러는 무질서의 '원인'(cause)이 아니라 일종의 '반영'(reflection)이다.[16] 특히 알카에다와 빈 라덴은 미국의 편향적인 이스라엘 지원정책, 이중잣대와 위선, 석유자원을 노린 중동지배가 만들어 낸 '분노의 결정체'이다.

따라서 테러라는 것은 실체가 아니라 그림자이다. 그림자는 실체가 바뀌면 따라서 바뀐다. 그것은 목적이 없는 분노이며, 달리 자신의 비참함을 해결할 수 있는 대안을 갖지 못하는 약자의 절망이다. 오늘 미국이 국가의 적으로 규정하는 테러세력도 미국이 마음만 먹으면 충분히 고립시킬 수 있으며, 또 확실하게 통제할 수 있는 극히 미약한 집단이다. 미국은 과거 냉전시절 공산주의를 문제의 '원인'으로 해석하고 그들을 제거해야 평화가 온다고 호도하면서 소련 공산주의와 무한 무기경쟁에 나서는 등 봉쇄정책과 군비강화정책을 추진했듯이, 오늘날은 테러를 이유로 안보국가체제로 재무장하고 있으며, 전세계에 자국의 무기를 팔아먹고 있다.

공산주의는 사회주의국가라는 실체로 존재했기 때문에 냉전적 대결이라는 구도는 나름대로 설득력이 있었다. 하지만 오늘날의 테러의 주체는 국가가 아니라는 점에서 공산주의와는 다르다. 테러라는 것은 테크닉이지 이데올로기나 정치적 신조가 아니다.[17] 그리고 테러 혹은 폭력이라는 방법은 가난, 범죄와 마찬가지로 사회에서 나타나는 하나의 병리이고 저항수단이다. 따라서 '테러와의 전쟁'이라는 말은 '범죄와의 전쟁' '가난과의 전쟁'처럼 정책수행을 위한 하나의 슬로건일지언정 정책이 될 수는 없다. 테러문제는 그 근원을 치유하고 사회개혁을 통해서 해결해야 하지, 테러범·범죄자를 없앤다고 해결되는 일이 아니다. 인간사회가 존재하는 한 그것을 완벽하게 해결할 수는 없겠지만, 사회개혁으로 점차 해결해나가려는 노력은 기울여야 한다. 이처럼 적은 분명하지 않고, 완전히 제거하기 어려운데도 미국은 테러를 하나의 구체적 실체, 혹은 특정이념을 가진 '세력'으로 규정하고 그것과 전쟁을 하겠다고 나섰다. 테러와의 전쟁은 기본적으로 혜지스가 말한 것처럼 허깨비와의 전쟁이다. 그것은 시작부터 잘못된 전쟁이고, 이길 수 없는 전쟁이다. 이처럼 출발이 잘못되었기 때문에 부시와 미국 극우파는 자신을 속이고 미국국민과 전세계 사람들을 속이고 있는 것이다. 물론 '테러와의 전쟁'을 명분으로 아프가니스탄을 공격한 것도 잘못한 일이다. 사실 아프가니스탄의 붕괴한 탈레반정권은 빈 라덴을 통제할 힘이 없었다. 이것은 아라파트가 팔레스타인 자살테러를 중지시킬 수 없는 것과 마찬가지이다.

'테러와의 전쟁'이 미국의 전세계 개입을 정당화하기 위한 새로운 명분에 불과한 것이라는 점은 지금 진행되는 이른바 '대테러전쟁'의 실내용을 보면 알 수 있다. 미국은 9·11 이후 13개 나라에 군사자문단을 파견하여 해당국가를 통제하려 하였다. 필리핀·인도네시아·네팔·그루지야·예멘·수단 등이 그곳이다. 네팔에서는 마오주의자 반정부군 진압을 지원하고 있으며 영국도 여기에 헬리콥터나 통신수단, 그리고 네팔군대의 군사방첩단 설치를 지원하였다. 1996년에서 2002년 사이에 3,290명의 반군이 네팔정부군에 의해 살해되었고, 반정부군은 1,360명을 살해했는데, 정부군이 살해한 사람들 가운데 상당수는 민간인이다. 인도네시아에서는 수마트라 분리주의자 게릴라 진압작전을 지원하고 있다. 특히 여기서는 인도네시아 정부군이 테러와의 전쟁을 명분으로 반군지역의 주민을 고문·강간·납치하면서 이 지역에 있는 미국계 석유회사 엑손모빌(Exxon Mobil)을 지켜주는 댓가로 급료를 받고 있다.[18] 이것은 1950~80년대의 한국, 1960~70년대의 아시아국가 그리고 라틴아메리카에서 친미정권이 자행한 국가폭력의 재판(再版)이다. 이들 나라에서 반정부게릴라가 등장한 것은 다분히 절망적 빈곤과 정부의 무능 탓이다. 알카에다나 다른 테러조직과 어떤 연계도 갖고 있지 않은데도 이들 우익정권은 미국이 내세운 '테러와의 전쟁'이라는 구호를 활용하고 미국의 군사자문을 받아서 이들 반정부세력을 고문·치사·학살하는 것이다.

결코 그 방법을 칭찬할 수는 없으나 오늘날 전세계에서 벌어지는 테러는 강자와 약자 사이의 절대적인 힘의 비대칭 상황에서 절망과 분노로 뭉친 약자의 최후의 저항이며,[19] 이들을 잡겠다는 '테러와의 전쟁'이라는 구호는 미국 단일패권시대에 세계를 다시 군사적 긴장상태에 몰아넣기 위한 미국의 새로운 패권주의전략에 불과하다. 그것은 모든 면에서 지난 냉전시대 반공전쟁의 기조를 그대로 이어받은 것이지만, 냉전시대와 달리 이제 적이 사라졌기 때문에 잠재적 적, 즉 유령을 설정한 다음 그 유령과 싸운다는 명분하에 미국민과 전세계 사람들을 통제하려는 것이다.

2. 미국의 위선과 이중성

〉 아랍인들의 분노 〈　이라크에서 대량살상무기가 발견되지 않아 한창 궁지에 몰리던 부시는 2003년 11월 6일 그 문제는 언급하지 않은 채 이라크에 민주주의를 획기적으로 정착시켜야 한다고 연설해 쟁점을 이라크 자유와 민주화 문제로 슬쩍 이동시키려 했다. 이 연설이 나오기가 무섭게 아랍권에서는 일제히 반박이 쏟아져나왔다. 이슬람공화국통신의 하미드레자 아세피(Hamidreza Asefi)는 "어떤 개인이나 집단도 부시에게 그들의 권리를 보호해달라고 권한을 위임한 적이 없다"면서 "지금까지 미국이 지구상의 민주화운동을 억눌러온 어두운 역사를 생각해본다면 미

국은 그러한 말을 할 자격이 없다"라고 덧붙였다. 이집트의 한 지식인은 "미국 애국법(U. S. Patriot Act)에 나타난 것과 같은 자유의 억압을 우리는 보고 있다"라면서 '너희나 잘하라'는 식으로 냉소적으로 공격했다.[20]

　이라크인들이 격분하는 것은 단지 미국이 침략했다는 사실 때문만도 아니고, 그들이 후세인에 대해 향수를 갖고 있기 때문도 아니다. 포로학대사건처럼 눈으로 보고 몸으로 체험한 미국의 이중성이 그들을 그렇게 만들고 있다. 후세인이 이라크 저항세력을 탄압하고 쿠르드족을 학살할 때에는 소련을 견제하기 위한 목적으로 후세인을 밀어주면서 민주주의나 자유라는 말은 일절 꺼내지도 않다가 이제 와서 민주주의니 자유니 하고 외치는 것을 보고 있기 때문이다. 즉 미국은 후세인이 테러세력을 보호하는 '악의 축'이기 때문에 제거되어야 한다고 거듭 강조하지만, 어제는 친구였던 후세인, 탈레반, 그리고 빈 라덴이 오늘은 갑작스레 상종 못할 '악'으로 지목된 것을 보고 어리둥절해하고 있다. 럼스펠드가 후세인을 만나서 우의를 다졌던 1983년은 후세인정권의 폭압이 극에 달한 시기였다. 체니가 핼리버튼의 총수로 있던 시절에 이 회사는 다른 어떤 회사보다도 후세인에게 많은 무기를 판매하였다.[21] 그런데 바로 럼스펠드와 체니가 이제는 적이 되어 후세인을 죽이러 간 것이다. 영국의 외무부장관 스트로(Jack Straw)가 말했듯이 후세인의 범죄는 대부분 미국과 영국이 후세인을 지지하던 시기에 발생했다.[22] AP통신은 당시 후세인을 독재자라 하지 않고 단지 '강력한 인물'(strong man)이라고 불렀는데 이것이 미국의 공식입장이었다. 심지어 그때 미국정부는 이라크의 인권탄압과 학살을 조사하자는 유엔의 결의조차 거부하였다.

　미국의 영향권하에 있던 모든 나라의 상당수 정치인들이나 엘리뜨들은 미국은 무책임하고 못 믿을 나라라는 것을 잘 알고 있다. 미국은 아프가니스탄의 이슬람근본주의 조직인 무자헤딘을 지원하여 소련의 개입을 불러일으켜놓고 이들이 소련군에 죽어갈 때는 나 몰라라 했으며, 쿠르드족을 선동해 후세인과 싸우게 해놓고 이들이 후세인한테 학살당할 때도 역시 모르는 체했다. 미국이 자신들이 필요할 때는 독재자들을 이용하고, 필요없을 때는 헌신짝처럼 버리는 일은 사실 냉전 이래 다반사였지만, 중동처럼 그 실상이 적나라하게 드러난 곳도 없다. 그래서 미국의 지원을 받았던 모든 독재자들은 자신도 언젠가는 미국한테 버림받으리라는 것을 알고 있었다. 1950년 6월 25일, 자국민 2천명은 완벽하게 대피시켜놓고 이승만정권을 구해준다는 보장은 하지 않았던 토오꾜오의 매카서와 미 국무부를 향해 "우리를 그냥 내버려둔다면 미국인들을 한사람씩 죽여버리겠다"고 협박했던 이승만의 서늘한 불신과 적의도 여기에서 나온 것이다. 미국을 믿다가 죽어간 남베트남의 군부지도자들이나 이승만 모두 무덤에서 살아나온다면 첫마디는 틀림없이 "미국놈들 믿지 말라"일 것이다. 미국에 정권을 의탁했던 독재자들일수록 미국이 얼마나 교활하고 이중적인지 잘 알고 있다. 지금 헤이그 국제전범재판소에서 구유고지역 학살의 주범으로 기소되어 재판을 받고 있는 밀로셰비치나 체포되어 미 당국에 취조당하고 있는 후세인에게 말할 기회를 준다면 이와 똑같은 이야기를 할 것이다. 싸이드가 말한 것처럼 이들은 미국에 비하면 모두 아마추어 수준의 악당일지 모른다.[23]

　이라크인들과 아랍권 전체가 미국에 대해 분노하는 또하나의 중요한 이유는 팔레스타인과 이스라엘의 분쟁을 대하는 미국의 이중잣대, 그리고 사우디아라비아와 이라크에 대한 이중잣대 때문이다. 미국은 언제나 중동지역 내에서 이스라엘만이 미국적 민주주의를 실천하는 나라로 보면서, 팔레스타인과 아랍은 늘 테러와 연관시킨다. 2003년 개전 후 영국을 순방한 부시는 블레어와 더불어 반유대주의의 위험성을 경고하였으나, 이스라엘 극우정권의 팔레스타인에 대한 불법점령과 학살에 대해서는 일절 언급하지 않았다. 최근 이스라엘이 방벽을 설치하고 팔레스타인 사람들에게 보복공격하는 것은 못 본 체하면서 오직 팔레스타인만 테러세력으로 몰아세우는 것에 대해 아랍권은 격분하고 있다. 더욱이 이스라엘이 보유한 핵 등 대량살상무기는 방어를 위한 것이니까 용납이 되고, 후세인의 대량살상무기는 용납되지 않는다는 부시의 이중잣대를 납득할 수 없는 것이다.

아랍 지식인들은 지금까지 미국의 중동정책은 위선으로 가득 차 있었다고 보고 있다. 미국은 1949년 시리아에 막 태어난 의회민주주의를 파괴시킨 알자임(Husni Alzaim)의 우익 쿠데타를 지원했다. 그리고 1953년 영국과 합작하여 선거로 선출된 이란의 모사데그(Mohammed Mossadegh, 1951년에서 53년까지 총리 역임) 정권을 붕괴시키고 사실상 꼭두각시라 할 수 있는 팔레비왕가를 부활시켰다. 그리고 미국은 부패한 사우디아라비아 정권을 그대로 인정하고 파트너로 삼아서 중동의 석유를 통제해왔다. 아랍권 사람들이 미군의 사우디아라비아 주둔에 굴욕감을 느끼는 것은 성지인 메카가 그곳에 있기 때문이다. 사우디아라비아의 유전에는 모두 미국의 다국적 석유회사들이 투자하고 있으며, 부패한 사우디왕가의 석유이윤은 미국이나 유럽 은행에 송금되고 있다. 사우디아라비아는 아랍국가 중에서도 가장 반민주적이고 권위주의적인 봉건왕조가 사실상 계엄상태로 국민을 통제하는 21세기의 전제군주국가이다. 그리고 미국과 원수관계인 이란보다도 더 이슬람근본주의를 신봉한다. 예를 들면 이란에서는 여성들이 차도르를 쓰기는 하지만 사무실에서 남성들과 같이 근무를 한다. 그러나 사우디아라비아에서는 그럴 수 없다. 심지어 여성은 혼자서 여행이나 운전도 할 수 없다.[24] 아프가니스탄 탈레반정권이 무너지고 나서 미국은 아프가니스탄 여성을 해방시켰다고 대대적으로 선전한 바 있다. 그러나 미국은 이들보다 훨씬 심하게 억압받고 있는 사우디아라비아 여성들의 해방에 대해서는 일언반구도 없다. 사우디아라비아의 막대한 석유이윤은 그 나라 국민들의 복지에 사용되는 것이 아니라 왕가와 귀족들의 사치와 부의 축적에 사용되고 있다는 것은 만인이 알고 있다. 모로코·쿠웨이트·아랍에미리트 같은 미국의 통제하에 있는 왕조국가는 모두 사우디아라비아와 마찬가지로 비민주적인 국가이지만, 우방이라는 이유로 미국은 이들 국가의 독재와 억압을 묵인하고 있다.

미국의 중동정책이 얼마나 이중적이고 위선적인지 똑똑하게 겪은 아랍권 젊은이들은 미국에 대해 극도의 분노와 굴욕감을 느끼고 있다. 이 분노와 굴욕감이 9·11테러, 그리고 이라크로 들어간 아랍권 젊은이들의 행렬, 필리핀·인도네시아·사우디아라비아·터키 등지에서 일어난 미국인과 영국인을 겨냥한 테러의 배경이다. 9·11 이후 체포된 19명의 '테러범' 가운데 15명이 사우디아라비아 출신인 것을 보면 미군의 사우디아라비아 주둔이 이들에게 어떤 정서적 분노를 일으키고 있는지 잘 알 수 있다. 그래서 미국의 정보당국은 사실 사우디아라비아의 민주화, 즉 1980년 이란과 같은 혁명 혹은 민주화운동이 일어나는 것을 가장 두려워하고 있다. 1980년대부터 사우디아라비아는 미국 무기를 주로 수입했으며, 현재 한국과 더불어 미국의 가장 중요한 무기 수입국 가운데 하나이다. 그 무기는 바로 부패한 사우디왕가의 권력 유지용이다.

영국의 저명한 언론인 타리크 알리는 「20년이나 늦었다」라는 『인디펜던트』지의 칼럼에서 1980년대 중반 후세인이 가장 악명 높던 시절에 그를 만났던 일을 회고하였다. 그는 그때 이미 자신과 동료 언론인들은 후세인이 정치적 반대파를 고문하고 처형하는 방이 바로 접견장 근처에 있다는 것을 알았는데, 만약 미국이 그때 후세인의 인권탄압에 대해 문제를 제기했다면 이라크인들은 미국에 감사했을 것이라고 썼다.[25] 미국이 이라크인들의 마음을 얻을 수 없는 이유, 이라크점령이 실패할 수밖에 없는 이유가 여기에 있다.

〉 미국은 경찰인가 〈 　　미국의 트루먼대통령은 지난 1950년 6월 한국전에 미군을 투입하기로 결정하고서 "우리는 지금 전쟁을 하고 있는 것이 아니다. 우리는 지금 경찰행동을 하고 있다"[26]라고 말했다. 미국은 늘 상대국가를 맞수인 전쟁당사자가 아니라 도적들이나 범법자들로 취급하면서 자신은 '자애로운 경찰'이라는 이미지로 포장한다. 사전적으로 '자애로움'은 남을 도와주고 형제애를 갖고 있으며, 관용적이고 호의적이라는 것을 의미한다. 경찰은 공공질서를 존중하고 규율을 강조하면서 약자를 보호해주는 임무를 가진 집단이다. 미국이 이라크를 공격하기 전까지, 아니면 지금 이 순간까지도 상당수의 세계인들은 미국을 세계질서를 지켜주는 자애로운 경찰, 법을 지키며 봉사를 우선으로 하고, 평화를 파괴하는 집단이나 국가를 응징하며, 자신의 이익을 위해 남을 괴롭히지 않는 경찰이라고 보는 경향이 있다.[27] 하지만 자애로운 경찰이라는 이미지는 미국이 오랫동안 의도적으로 선전해온 것일 뿐이다.

　미국이 진정으로 세계의 '경찰'이라면 우선 국제법과 규범을 지켜야 한다. 규범을 어기는 침략국을 원래의 위치로 돌려놓거나, 아니면 추후의 침략의지를 막기 위해서 항복을 받아낸 다음, 다시 침략하지 못하도록 조약을 맺거나 강제해낸 것으로 임무를 마쳐야 한다. 그런데 미국은 그렇게 하지 않았다. 과거 우리나라에서는 법에 의거하여 범인을 처리하지 않고 자의로 약점있는 사람을 잡아가두기도 하고, 또 잡은 범인을 뒤로 풀어주고, 범인의 죄를 추궁한다는 명분으로 고문하거나 심지어 목숨까지 빼앗는 경찰들이 있었다. 세계의 경찰을 자임하는 미국의 행동 역시 그와 별로 다르지 않다. 물론 2차대전 후 일본과 독일의 전범들에 대한 미국의 재판과 처벌은 경찰정신을 보여준 실례라고 할 수 있다. 그러나 이 경우도 자세히 보면 미국이 과연 제대로 경찰 역할을 했는지 의심스러운 부분이 있다. 미국은 일제침략자에게 항복을 받아내고, 다시 침략하지 못하도록 하는 데 그치지 않고 일본의 일부 전범들을 살려준 뒤 정치적으로 이용해 자신의 패권을 굳혔다. 사실 전쟁을 통한 질서유지는 경찰의 고유 업무인 공공질서 유지와 대인써비스와는 거리가 멀다.

2차대전 말기에 일본을 항복시키기 위해서 핵무기를 사용하여 수십만명의 목숨을 앗아간 장본인이 미국이요, 한국전쟁 당시 평양에 건물 두 채만 남을 정도로 북한을 초토화한 장본인이 미국이요, 북베트남을 폭격하여 수십만명의 베트남 민간인을 죽인 장본인이 미국이다. 2차대전 때에는 키신저 주도로 캄보디아에 일본에 투하한 것보다 더 많은 폭탄을 퍼부어 수십만명의 무고한 캄보디아 농민을 숨지게 하여 결국 폴 포트의 학살에 명분을 준 것이 미국이며, 걸프전에 반격을 가하여 이라크를 초토화시키고 약 50만명의 이라크 민간인을 굶어죽게 한 장본인이 미국이며, NATO 사령부와 함께 코소보를 무차별 폭격하여 수천, 수만명의 민간인을 죽인 당사자가 미국이다. 20세기 전기간에 전쟁에서 희생당한 미 전투병은 약 65만명에 지나지 않지만, 미국이 개입했던 전쟁에서 죽은 현지인 수는 수십배를 넘어섰다. 9·11테러에 대한 보복으로 아프가니스탄을 치면서 미국은 그 나라 민간인 3천명 이상을 살상하였으며, 아직 집계조차 되지 않았지만 이번 이라크전쟁으로 적어도 수만명 이상의 이라크 민간인이 이러저러한 방식으로 희생됐을 것이다. 이것은 경찰행동이 아니라, 무조건 항복을 받아내기 위한 무자비한 폭력행사다. 이미 항복하겠다는 의사를 보인 일본을 재촉하기 위해 반드시 핵을 사용해야 했을까? 북한의 남침을 저지하고 응징하기 위해 한반도를 꼭 초토화해야 했을까? 남베트남을 지키기 위해 마치 민간인 살해면허장을 갖고 있는 것처럼 무차별적으로 폭격할 권리가 있었는가? 쿠웨이트에서 후세인을 쫓아내고 벌을 주기 위해 이라크 민간인을 굶어죽게 만드는 경제봉쇄가 정당했는가? 밀로셰비치의 인종청소를 막기 위해 뒤늦게 코소보에 개입하여 죄없는 민간인을 죽이고 난민만 양산한 행동은 과연 정당했는가?

물론 나찌나 제국주의 일본의 전쟁범죄가 너무나 명백했고, 파시즘을 무너뜨리는 것이 중요했기 때문에 지금까지 히로시마와 나가사끼의 핵투하에 대해 도덕성과 정당성을 크게 문제삼지 않았다. 트루먼도 "일본의 항복을 받아내기 위한 핵사용 문제는 판단하기에 매우 혼란스럽지만 일본이 진주만을 공격하고 미군포로를 죽인 것을 생각하면 더 혼란스럽다"라고 말하면서 핵사용은 진주만공격에 대한 정당한 대응이라고 변명한 적이 있다. 물론 한국인의 입장에서 본다면 35년의 일본 식민지배를 단 며칠이라도 빨리 종식시켜준 미국의 핵투하가 은혜로운 '해방'의 축포로 느껴지기도 한다. 그러나 냉정하게 생각해보면 '소련의 남하를 저지하고 전후 국제정치에서 우위에 서기 위해 수십만의 민간인을 죽이고, 수만명을 후대까지 핵의 고통에 시달리게 만든 행동은 전쟁범죄가 아닌가'라는 질문을 던져볼 수 있다. 더구나 일본에 강제로 끌려갔거나 불의의 핵공격으로 죽거나 다친 수많은 죄없는 조선인들에 대해서는 일본정부는 물론 미 당국도 언급조차 한 적이 없다는 것을 생각하면 더욱 그렇다.

미국은 자신이 입은 피해에 대한 보복으로, 그리고 질서를 어긴 데 대한 응징으로 지난 20세기 동안 적어도 수백만 이상의 군인과 민간인들을 최첨단 무기로 살상하였다. 남한에서도 그러했지만, 캄보디아, 아프가니스탄 등에 수없이 많은 대인지뢰를 뿌려 전쟁이 끝난 후에도 무고한 주민들과 아이들이 손과 발을 잃게 만들었고, 그들을 평생 고통 속에 살게 했다. 미국이 말하는 대로 총을 먼저 쏜 나라에 도덕적·정치적 책임이 있다고 하더라도, 그에 대한 보복으로 전쟁이 끝난 이후에도 군인이 아닌 민간인이 이렇게 목숨을 잃은 것을 과연 어떻게 정당화할 수 있을까?

미국은 처음에는 명분을 쌓으면서 관망하거나 마지못해 전쟁에 임하는 척하다가 일단 전쟁에 들어가면 최첨단 무기를 물 쓰듯이 하면서 무자비하게 상대방을 공격해 적국의 모든 자원과 재산을 짓뭉개버린다. 그리고 그 과정에서 발생한 모든 피해를 적국의 책임으로 전가한 다음 '경찰행동' 이상의 정치적 목적을 거둔다.

그러나 이러한 것들은 방어적인 전쟁이라는 명분이 있어 적어도 국제법으로는 면죄부를 받을 수 있다고 생각할 수도 있다. 그러나 실제 전쟁에서 미국이 사용한 무기를 보면 국제법이 규정한 '정당한 전쟁'의 도를 훨씬 넘어서는 경우가 많았다. 오랫동안 CIA 등 미국의 감추어진 세계전략을 연구해온 블럼(W. Blum)은 이 점에서 미국이야말로 최대의 불량국가라고 비판한다. 그 이유는 미국이 국제전쟁규약에서 금지하는 감손우라늄, 산탄폭격, 그리고 민간인을 살상하는 대인지뢰나 생화학무기를 무차별 사용했기 때문이다. 세계 질서의 입법자이자 배심원, 검사이자 판사인 미국은 이를 계속 부인하고 있지만, 많은 사례와 연구, 그리고 피해자들은 그 사실을 입증하고 있다. 그중에서도 한국인들이야말로 지난 50년 동안 미국이 사용했던 핵의 피해자이자, 대인지뢰·생화학무기·고엽제의 피해자다. 물론 2차대전, 한국전쟁, 베트남전쟁이 끝난 이후 지금까지도 수많은 한국인 피해자들이 고통받고 있지만 미국은 이것을 한번도 거론한 적이 없다.

범인을 잡는 과정에서는 경찰도 다칠 위험이 있기 때문에 때로 무리한 방법을 쓸 수 있다. 그런데 미국은 설사 혐의자를 죽이는 한이 있더라도 자신은 털끝 하나 다치지 않으려고 한다. 전쟁에서 미국인이 죽지 않아야 한다는 것은 철칙이다. 미국인이 많이 죽으면 국내여론이 악화되고, 그것은 곧 전열을 흐트러지게 하며, 나아가 전체 계획을 변경하도록 만들기 때문이다. 전쟁의 손익을 따질 때 미국인 한사람의 목숨은 적어도 열등한 '인종' 천명의 목숨과 맞바꿀 수 있는 것으로 암암리에 전제되고 있다. 즉 미국이 파시즘이나 공산정권을 무너뜨리는 과정에서 그 나라 군인이나 민간인은 수만명이 죽을 수도 있다는 것이다. 예를 들면 2차대전 말기 미국은 일본 본토 진격작전과 핵사용을 저울질하다가 결국 핵을 선택했다. 그 중요한 이유 가운데 하나는 일본 본토 공격시 생길 미군의 대량 인명피해였다.[28] 걸프전 당시 부시가 이라크 본토로 진격하지 않은 중요한 이유도 미군 인명피해를 감당할 자신이 없었기 때문이며, 코소보에 무차별 융단폭격을 한 것도 같은 이유에서였다. 아프가니스탄 공격 때 빈 라덴을 체포하려고 토라보라(Tora Bora) 지역 동굴수색작전을 펴면서 아프가니스탄 군인을 앞세운 것도 이를 고려했기 때문이다.[29]

세계의 '경찰'을 자임하는 미국의 이중잣대는 핵정책에서 가장 전형적으로 드러난다. 미국은 핵개발 의혹이 있는 이란·북한·시리아 등을 강력하게 비난하면서 이들 나라에 핵사찰 압력을 행사하고 있다. 하지만 정작 미 행정부는 2003년에만도 지하를 뚫고 들어가 목표물을 파괴할 수 있는 위력을 가진 새로운 핵탄두 개발 등을 위해 272억달러의 예산을 신청하였다. 미국의 핵개발계획은 이스라엘의 핵개발, 지하벙커용 핵개발계획과 보조를 같이하고 있다. 즉 미국은 지구상에서 핵을 제거하려는 것을 목표로 하지 않고 사실은 미국을 제외한 다른 나라, 특히 미국의 우방인 이스라엘을 뺀 다른 나라의 핵개발을 저지하고 있으며 미국의 패권에 도전할 수 있는 모든 가능성을 차단하고 있다. 핵을 사용해서라도 국제질서를 유지한다는 말은 자기모순이다. 치안유지 임무를 맡은 경찰이 자신의 말을 듣지 않는 사람을 죽일 수는 없기 때문이다.

결국 부시행정부, 나아가 군사적 힘과 경제력을 바탕으로 한 미국의 전통적인 대외정책 논리는 힘이 지배하는 주먹세계나 독재국가가 정치적 반대세력을 제압하는 방법과 대단히 유사하다. 그것은 살위봉법(殺威奉法), 즉 본보기로 한두명을 잡아서 반쯤 죽도록 혼을 내준 다음 나머지 사람들을 겁먹게 하여 그들 전체의 복종을 유도하는 방식이다. 여기서 과도한 폭력은 사실상은 합리적인 행동이다. 왜냐하면 사자의 코털을 잘못 건드리면 어떻게 되는지를 주변 모두에게 보여주는 교육효과가 있기 때문이다. 이번 이라크전쟁도 대량살상무기나 테러세력 제거가 목적이 아니라 이라크공격 그 자체가 목적이라고 볼 수 있다. 그것은 중국·러시아·프랑스·사우디아라비아·이란을 향한 경고이다. 베트남전쟁 때 미국이 강조했던 도미노이론은 사실 한국전쟁을 비롯한 미국의 모든 전쟁정책에 적용된다.

20세기 미국이 개입했던 전쟁의 역사를 보면 미국은 전쟁을 피한 것이 아니라 사실상 원했고, 또 기다려왔다는 의심을 지울 수 없다. 미국의 행동은 거리에서 함정단속을 벌이는 경찰을 뛰어넘는다. 수십만

보스니아인을 학살한 밀로셰비치가 큰소리치고, 수십만 중국 난징주민을 학살하고 조선사람들을 35년 동안 어육으로 만들어놓고도 자신은 피해자라고 강변하는 일본 우익의 후안무치함이 어디서 온 것인지 생각해볼 필요가 있다. 그들은 모두 더 큰 범죄자는 따로 있다고 생각하는 것이다.

〉 미국이 말하는
  '자유·민주주의·평화'의 의미 〈

이라크전쟁이 진행되는 동안 사실상 정치선전지 역할을 한 미국의 TV매체는 전황을 보도할 때 언제나 "이라크 해방작전"(Operation Iraqi Freedom)이라는 구호를 화면 하단에 띄웠다. 부시를 비롯한 이번 전쟁의 주역들은 모두 이라크에 대해 언급할 때마다 '자유' '해방' '민주주의' '평화'라는 말을 빼놓지 않는다. 미국인들은 '자유'는 미국의 아이콘이고 특허품이라고 생각하고 있다. 그래서 언제나 스스로를 구원자로 자처하면서 자유를 세계에 전파한다고 말한다. 그런데 미국이 2차대전, 한국전쟁, 베트남전쟁 때 파시즘과 공산주의의 속박에서 인류를 해방한다는 거창한 구호를 내걸었듯이 과거 영국도 세계를 발전되고 자유로운 곳으로 변화시키는 역할을 자임했다. 영국의 귀족 쎄실 로즈(Cecil Rhodes)는 "우리는 인류를 위해서 더 좋은 것을 만들어가는 지구상의 첫번째 인종이다"라고 설파한 적이 있다.[30] 사실 미국과 영국이 침략을 자유 혹은 문명의 이름으로 포장하는 것은 이미 천년 전에 로마가 말했던 것을 재탕, 삼탕한 것이다.

19세기 초 미국의 앤드루 잭슨 대통령은 북아메리카대륙 내 영토확장을 '자유의 영역 확장'이라고 표현하였으며, 이후 멕시코와의 전쟁에서 멕시코땅 정복을 '반야만족속'(semi-barbarous people)에 대한 미국의 의무라고까지 표현하였다.[31] 필리핀을 침략하여 20만명의 필리핀 원주민을 학살하고도 미국의 정치인 라 폴레트(La Follette)는 "인간을 자유롭게 해준다"라고 정당화했다. 미국의 제국주의 팽창정책을 본격화한 루스벨트대통령은 "야만상태에 살고 있는 사람들에게 그들이 족쇄에서 해방되었다는 것을 보도록 해주는 것은 미국의 의무이며, 야만상태를 파괴해야만 그들을 해방시킬 수 있다"라고 집약적으로 표현하였다.[32] 제국의 첨병인 미국 선교사들이 그러했듯이 이들은 "미국에 좋은 것은 피점령민들에게도 좋다"라고 확신했다. 루스벨트정부의 국무장관 루트(E. Root)는 이것을 '개방정책'(open door policy)이라고 불렀다. 그리고 모로코정복을 두고 "모로코의 국내시장 개방은 바로 미국을 비롯한 모든 나라에 동등한 교역의 기회를 주는 것이고, 그것은 모로코의 빈곤과 후진성을 종식시킬 수 있는 것이기 때문에 그들에게도 좋은 것이다"라고 말했다.

이러한 개방정책과 시장확대를 거의 종교적 사명감으로까지 포장한 인물이 바로 윌슨대통령이다. 그는 미국을 세계복지의 보증자로 생각했으며, "미국의 운명은 세계에서 가장 정의롭고, 가장 진보적이고, 가장 명예롭고, 가장 계몽된 나라가 되는 것"이라고 말했다.[33] 그는 미국의 필리핀 식민지배에 대해서도 "미국은 필리핀인들에게 민족생활의 표준을 가르쳐주고, 안정적이고 헌법에 바탕한 정부를 수립하도록 가르쳐준 다음 독립을 허용할 것이다. 숭고한 목적을 위해서는 무력 사용도 정당하며, 다른 사람들을 해방시키기 위해 무기를 들 때, 전쟁에는 어떤 숭고하고 성스러운 점이 있다"라고 강조하였다. 그러나 그의 도덕주의의 한계는 1차대전 종결 후 그가 정력적으로 추진한 민족자결주의와 국제연맹의 딜레마에서 전형적으로 드러났다. 즉 민족자결의 구호를 외쳤음에도 실제로는 제국주의의 기득권을 인정하고 유럽의 국경을 다시 긋는 데 그쳤으며, 조선 같은 일본의 식민지는 어떻게 하지도 못했다. 그가 주창한 민족자결주의는 결국 '말만의 자결주의'에 머물렀다. 가난한 나라 백성을 도와준다는 윌슨의 그럴듯한 이상은 이들을 사실상 미국사람처럼 만들려는 그릇된 의도와 경제적 이익을 우선하는 미국 내의 압력 탓에 굴절될 수밖에 없었다.

물론 '확신범' 윌슨의 이상주의를 오늘날 미국의 위정자들이 주창하는 것과 같은 후안무치한 위선이라고까지 말하기는 어려울지 모르지만 자기중심적 메시아주의에서 출발한 것은 분명하다. 실제로 그는 미국의 팽창정책, 식민지점령은 자연스럽게 점령지, 피식민지국가의 복지를 향상시킬 것이라고 생각했으며, 야만적인 민족은 전통에 얽매여 있기 때문에 상업을 발전시키지 못했고, 자유기업의 정신이 없어서 가난하므로, 미국이 들어가서 상업과 자유기업의 원리, 물질적 번영을 누리면서 살 수 있는 방법을 가르쳐주어야 한다고 생각했다. 그러나 윌슨이 주창했던 반식민지주의로는 후발지역 주민들에게 자유는 고사하고 외세의 불간섭도 가져다주지 못한다는 사실을 당시 미국의 급진적 자유주의자들은 파악했다. 물론 윌슨의 이상주의와 제국주의국가의 이기주의 간의 모순을 가장 날카롭게 인지한 사람들은 바로 식민지 조선의 독립운동가들이었다. 윌슨이 주창한 자결권은 "열강들이 자기네 제국을 굳히기 위한 구호"라는 것을 간파하고,[34] 말만의 자유, 기만적인 민족자결주의에 배신감을 느낀 당시 조선의 상당수 독립운동가들은 미국에 대한 환상을 버렸다. 이들은 더이상 미국의 힘에 기대어 조선의 독립을 추구하려고 하지 않았다. 그리고 소련과 사회주의 혁명 노선으로 발길을 돌렸다. 윌리엄스(William Appleman Williams)가 말한 것처럼 이들은 미국이 "제국의 길을 통해 자유를 추구한다"는 사실을 깨달았던 것이다.

미국이 철저한 반파시즘 노선을 추구했는지에 대해서도 의심스러운 부분이 많다. 미국이 연합국의 일원으로 나찌하의 독일, 군국주의 일본과 전쟁을 벌인 것은 분명하다. 그러나 애초에 미국은 민주주의를 파괴한 파시스트 프랑꼬의 등장에 반대하지 않았다. 미국은 히틀러의 등장, 나찌당의 조직에 대해서도 처음에는 비판적인 태도를 보이지 않았다. 특히 미국을 움직이던 월스트리트는 히틀러의 나찌당 조직을 간접으로 지원했다. 당시 미국의 대표적 기업가 포드(Henry Ford)는 반유대주의적인 사고를 하고 있었으며, 히틀러에 협력하였다.[35] 일본은 진주만을 공격하기 이전에 조선과 중국을 침략하여 이미 노골적인 야만성과 파시즘적 성격을 드러냈으나 우리가 잘 알고 있듯이 애초 미국은 일본의 동아시아 침략을 묵인하였다. 일본이 만주와 중국 본토를 점령하기 시작하고 남아시아의 유전을 공략하려 할 무렵에야 미국은 일본을 적으로 간주하기 시작하였다. 즉 자국의 이익이 침해된다고 느낄 무렵에 파시즘을 악으로 간주한 것이다.

흔히 알려진 것처럼 미국이 2차대전 후 구파시즘세력을 응징했다는 것도 사실과 다르다. 뉘른베르크 재판으로 서독에서는 확실히 파시즘 세력이 제거된 것처럼 보였다. 그러나 미국은 중요한 정보를 갖고 있는 일부 나찌전범들을 살려주어 미국에 거주케 하였다. 그리고 CIA는 나찌 협력자들을 채용하여 그들을 냉전전략에 활용하였다.[36] 일본의 경우에도 일부 전범들, 특히 2차대전 중 악명높은 생체실험을 했던 일본군 731부대의 전범들을 살려주어 그들의 기술을 전수받기도 했다. 한편 승리자인 점령당국이 전범들을 재판했다는 사실 자체에서 초래된 문제도 있다. 승자의 정의가 관철되었다고 볼 수 있는 두 전범재판을 통해 미국은 이들 일본 전범들을 '순교자'로 만들어버렸다. 그 정치

재판은 순전히 동아시아의 새로운 적으로 등장한 소련을 견제하기 위한 것이었다. 트루먼의 냉전전략은 그리스와 한국에서 구파시즘세력, 즉 나찌 및 일본군국주의에 협력한 세력을 부활시켰으며, 과거에 그들과 대항했던 좌파나 민족주의세력은 소련의 조종하에 있다고 판단해 철저하게 배제하고 탄압하였다. 한반도에서 1945년 이후 부일 협력세력이 부활한 것은 미국의 이러한 전후 세계전략의 결과였다. 콜코가 지적한 것처럼 2차대전 진행중에 미국은 눈앞의 적인 파시즘과 싸우는 것 이상으로 유럽에서 소련의 영향력이 확대되는 것을 극도로 경계하였으며,[37] 후방에서는 민족해방운동 세력이 장차 독립국가의 주역으로 부상하는 것을 막았다. 그러나 이때까지 소련은 형식적으로는 미국의 친구였다. 전쟁이 끝나자 소련은 '악'으로 간주되었다.

이처럼 '자유세계'를 지킨다는 명분하에 제3세계에서 구제국주의 협력자, 군사독재를 지지한 것이 바로 냉전정책의 본모습이었다. 미국은 '자유세계'를 지키기 위해 한국전쟁과 베트남내전에 개입하였다. 이 두 전쟁에 개입하는 동안 미국의 대통령이나 의원, 지식인 모든 사람들은 '미국의 이익'이라는 표현보다는 '자유세계의 위협'이라는 말을 즐겨 사용했는데, 그것은 자유를 희구하는 사람들이 '공산주의'의 침략에서부터 독립할 수 있도록 지원한다는 것이었다. 그러나 애치슨은 자서전에서 "우리는 공산주의의 확산을 막기 위한 우리의 목표를 그들의 목표 앞에 두었다"라며[38] 우회적으로 아시아 개입이 미국의 국가이익을 위한 것이었다고 인정했다. 미국의 노선을 추종한 한국 같은 나라에서 지금까지 '자유'가 '반공'과 동의어인 것도 여기에서 연유한다.

그것은 사실 모든 사람들이 알고 있는 공공연한 비밀이다. 최근 들어 노근리 학살사건 등을 비롯하여 한국전쟁 당시 미군이 저지른 수많은 학살사건이 드러나고 있지만, 냉전의 정점에서 발생한 한국전쟁은 미국과 서구사람들에게는 여전히 '잊혀진 전쟁'이다. 베트남전의 경우 이미 전쟁중에 미국인을 비롯한 전세계 모든 사람들에게 '자유'의 허구가 드러난 바 있다. 그래서 콜럼비아대학의 프리드먼(Samuel G. Freedman) 교수는 빈 라덴이 세계무역쎈터와 국방부를 공격한 것은 잘못이며, 그가 미국의 상징을 무너뜨리려 했다면 뉴욕 엘리스섬의 자유의 여신상을 파괴했어야 했다고 말한다.[39]

미국이 자유주의의 성공모델로 찬양한 과거 한국·인도네시아·아르헨띠나·브라질 등의 국가는 모두 '자유'를 억압한 군사독재 국가였다. 이들 나라에서는 하나같이 인권침해 문제가 제기됐다. 1980년 한국의 광주학살이 대표적인 예다. 한편 레이건은 니까라과 좌파 싼디니스따 정권을 무너뜨리기 위해 온갖 학살과 고문을 자행했던 구소모사 정권의 꼰뜨라반군을 '자유전사'라고 칭송하였다. 미국이 지지했던 이란의 팔레비왕조는 수백명의 반정부시위대를 학살했고, 필리핀의 마르코스정권 역시 고문과 탄압을 자행했으며, 아르헨띠나 독재정권은 1만5천명의 반정부인사를 납치·살해했다. 인도네시아정부는 자국민과 동티모르 사람들 수십만명을 학살했고, 과떼말라에서는 3천여명의 반정부인사가 죽음을 당했다. 미국은 냉전기에 자신의 통제하에 있었던 이들 나라에서 발생한 국가폭력, 인권침해, 집단학살에 상당한 책임이 있다. 키신저시절 칠레의 경우처럼 노골적으로 독재정권의 등장을 도운 책임도 있지만, 이들 나라의 인권탄압을 막을 수 있는 위치에 있었으면서 그것을 막지 않은 책임도 있다. 캄보디아·인도네시아·보스니아 등 모든 지역의 학살은 충분한 사전정보를 갖고 있던 미국이 마음만 먹으면 압력을 넣어서 막을 수도 있었다. 한국전쟁 초기 이승만정권이 저지른 보도연맹 관련자 집단처형, 1970~80년대 한국의 군사정권이 저지른 고문과 각종 의문사 사건 역시 예외가 아닐 것이다.

냉전 이후인 지금에도 '테러와의 전쟁'을 명분으로 한 미국의 독재 정권 지원은 여전히 계속된다. 미국의 전략적 동맹자인 우즈베끼스딴의 까리모프(Karimov)야말로 대표적인 인물이다. 그는 봉건군주와 같은 독재자이나 과거의 친미 독재자들의 노하우를 재빨리 습득하여 자국에 미군기지를 거의 무제한으로 제공하면서 '테러와의 전쟁'에 공동 보조를 취하고 있다.

미국이 말하는 평화개념도 마찬가지로 이중적이다. 루스벨트는 "문명국가가 어느정도 야만적인 나라로 확장하지 않고서는 평화를 얻을 수 없다"고 말했고, 윌슨은 "죄악(sin)과 잘못(wrong)으로 가득 차 있는 상태에서 평화를 외치지는 않겠다"라는 극히 종교적인 표현을 써가며 전쟁을 평화라고 말한 바 있다.[40] 즉 '높은 가치'를 추구하기 위해서는 무력을 배제하지 않겠다는 것이다. 이것은 바로 2003년 11월 19일 부시가 영국을 방문해 "평화를 위해서는 때로는 무력도 필요하다"라고 말한 것과 일맥상통한다. 이라크공격 이후 지금까지 부시는 연설할 때마다 평화라는 말을 쓰는데, 문제는 그가 평화를 그 자체로 가치 있는 것으로 보지 않고 주로 자유 혹은 정의와 함께 이야기한다는 점이다. 악과 야만이 있는 곳에서 악의 세력이 자발적으로 굴복하지 않을 때는 무력을 사용해서라도 악을 쳐부수어야 한다는 논리이다. 미국 속담에 '유일하게 좋은 인디언은 죽은 인디언이다'라는 말이 있다. 즉 자신이 지목한 악의 세력이 무조건 항복하거나, 죽어서 사라지는 것이 미국이 말하는 평화이다. 그렇다면 오늘날의 맥락에서 시장경제, 그리고 미국식 자본주의에 대해 반감을 가진 세력이 존재하는 세계에 평화는 없다는 말도 된다.

중세 십자군전쟁도 이런 논리에 바탕을 둔 것이다. 미국이 냉전시절 공산주의와의 전쟁을 '십자군전쟁'으로 비유한 것은 바로 이러한 종교적 세계관 때문이다. 즉 정의로운 전쟁을 통해서 평화를 찾자는 것이다. 밀스(Charles Wright Mills)가 1950년대 미국의 외교정책을 비판하면서 정식화한 '평화를 내건 전쟁'이다.[41] 조선을 일본에 넘겨주는 카쯔라−태프트 조약에 서명한 미 육군장관 태프트는 그것은 (미국의 필리핀 장악과 함께) 극동의 항구적 평화에 공헌할 것이라고 말했다. 미국과 일본이 아시아를 사이좋게 나눠가지면 평화가 온다는 것이다. 과거에는 소련을 평화의 파괴자로 보고 완전히 제압해서 평화를 찾겠다고 했다면, 냉전이 끝난 지금은 테러세력을 완전히 제거해 평화를 찾겠다는 것이다. 이런 논리라면 미국이 언제나 평화의 사도로 자처하는 것이 틀린 것은 아니다.

따라서 미국이 말하는 실제 '평화'는 미국의 팽창과 전쟁을 위한 명분에 지나지 않는다. 이번 이라크점령 후에도 미국이 빨리 평화를 찾아야 한다고 안달하는 것은 미국의 점령에 저항하는 테러집단을 완전히 없애고 이라크사람들을 미국이 심은 과도정부에 완전히 복종하도록 하겠다는 것이다. 그렇다면 중동에 평화가 없는 것은 이스라엘이 팔레스타인 지역을 불법점령했기 때문이 아니라 바로 자기 땅에서 쫓겨난 팔레스타인 사람들이 복종하지 않고 계속 저항하기 때문이라는 논리가 성립한다. 적을 완전히 굴복시켜 저항을 포기하도록 하는 것이 평화라면 항복을 빨리 받아내기 위해 핵을 사용하거나 무차별 융단폭격을 하는 것도 평화를 위한 길이 된다. 미국이 자신이 감행한 전쟁을 언제나 평화 혹은 평화를 위한 전쟁이라고 말한 것은 이런 이유 때문이다. 미국의 이라크공격 당시 유럽 여러 나라가 이에 대해 반대한 이유도 '평화를 내건 전쟁'의 허구성을 수많은 경험을 통해 알고 있었기 때문이다.[42]

미국이 입만 열면 강조하는 자유·민주주의·평화의 개념에는 사실상 강한 종교적 근본주의, 서구우월주의, 그리고 인종주의적인 요소도 들어 있다. 미국인들만이 선하고, 그러한 제도를 만들어낼 자격과 능력이 있기 때문에 그것을 방해하거나 거부하는 악의 세력은 마치 병균과 같아서 완전히 제거하지 않으면 계속 세상을 감염시킬 것이라고 전제하는 것이다. 미국은 절대로 선한 존재이므로 자신의 팽창정책이나 전쟁은 '정의'를 위한 것이고, 또 그것은 자유를 전파하기 위한 것이므로 그것을 반대하는 것은 전체주의라는 것이다. 실제로 미국인들은 식민지점령 혹은 전쟁시에 언제나 자신의 모든 행동들을 이러한 종교적 용어로 포장해왔다. 물론 역대 대통령 가운데 부시만큼 근본주의 기독교신앙을 갖고 자기확신에 차서 행동한 사람은 찾기 어렵지만, 미국역사에서 전쟁, 점령, 그리고 식민지경영을 도덕적·종교적 담론으로 포장한 사례는 수없이 많다. 그러한 모든 담론은 '신은 미국의 편이고, 미국은 주님의 나라'라는 메시아주의에 기초해 있다. 그래서 미국은 침략과 점령을 자신의 신성한 의무라고까지 설파하였다.

미국은 과거 영국처럼 백인만이 그러한 의무를 가진 주체라는 전제를 바탕에 깔고 있다. 언제나 문명과 자유의 이름으로 포장했지만 미국은 자신이 벌인 전쟁 특히 냉전이 일종의 인종주의의 성격을 갖고 있다는 것을 감추지 못했다. 매카서의 부관이자 파시스트인 윌로우비(C. Willoughby)는 이미 2차대전 초기에 '백인의 군사적 우위'를 선포하였다. 베트남 밀라이학살 혐의로 체포된 칼리(W. Cally) 중위는 "우리는 〔미국〕 남부사람들이 흑인을 보듯이 공산주의를 보았다"라고 실토했다.[43] 한국전쟁과 베트남전쟁 당시 미군의 자기정당화의 바탕에 인종주의가 있었다는 것을 알 수 있다. 미 육군사령학교의 심리학자 그로스먼(Dave Grossman)이 전쟁에서 살해를 용이하게 해주는 정신적 기둥이 바로 인종적 차별과 도덕적 우월감이라고 지적한 것처럼 미군은 이러한 의식 때문에 2차대전 이후 별 죄의식 없이 적국에 무차별 폭탄세례를 퍼부을 수 있었다. 일각에서 만일 일본이 백인의 나라였다면 미국이 과연 핵을 사용했을까 하고 의문을 표시하는 것도 이런 이유 때문이다.

결국 악을 제거하고자 하는 미국의 '사명감'은 이타주의와는 별로 관계가 없는 셈이다. 미국이 자유와 민주주의의 세례를 주고자 할 때는 반드시 미국의 이익과 관련이 있어야 한다. 아무런 이해관계가 없는 나라에 이타주의정신을 발휘할 이유가 없는 것이다. 그만큼 미국이 말하는 도덕주의는 이중적이다. 가장 비근한 예는 현재의 아프가니스탄의 실정이다. 미국은 2001년 아프가니스탄을 침략할 당시에는 탈레반을 쫓아내기만 하면 이 나라를 모범적인 민주국가로 만들 것처럼 선전했다. 그러나 아프가니스탄은 이제 철저히 버려졌다. 경제지원도 축소되었지만 아프가니스탄 민주화가 어떻게 되고 있는지 관심을 가진 미국 정치인·언론인·지식인은 거의 찾아볼 수 없다.

미국의 이중성은 아프리카의 라이베리아에서 가장 전형적으로 나타났다. 라이베리아는 14년간의 내전으로 6천여명이 목숨을 잃었다. 도의적으로 따지면 라이베리아는 미국이 가장 강한 책임을 가져야 할 나라다. 왜냐하면 라이베리아는 180년 전 미국의 식민지였던 나라이며 제퍼슨과 먼로가 주도해 흑인노예를 실어오던 곳이기 때문이다. 독립 후 라이베리아는 먼로대통령의 이름을 따서 수도명을 먼로비아라고 짓기도 했다. 링컨대통령 이후 라이베리아는 미국과 긴밀한 우호관계를 맺었으며 1·2차대전 당시 미국과 연합해서 싸우기도 했다. 라이베리아의 모든 것은 미국이 만든 것이고, 라이베리아는 미국에게 자식과도 같은 존재다. 그런데 미국은 이제 이 나라가 자신과 별로 이해관계가 없다는 이유로 내전과 학살을 못 본 체하다가, 정부가 무너질 상황

독재정치를 자행하다가 권좌에서 물러난 라이베리아의 찰스 테일러 대통령

이 되어서야 찰스 테일러 대통령의 사임을 요구하고, 내전에 개입했다. 미국은 이해관계가 걸려 있지 않은 나라에서는 독재와 학살이 자행되어도 상관할 바가 아니라는 듯이 행동했고, 이해관계가 걸려 있는 나라의 무자비한 군사독재까지도 자유의 이름으로 칭송한 적이 많다.

〉 자유무역론의 허구 〈 미국인들이 좋아하는 캣피시(cat fish, 메기의 일종)는 주로 베트남 메콩강 델타에서 가난한 베트남 어민들이 잡아 미국으로 수출한다. 캣피시는 미국과 베트남의 관계가 정상화된 이후 이 지역 베트남인들의 주요 생계수단이 되었다. 그런데 최근 미시시피강 유역의 캣피시 어민들이 미국의회에 로비하여 베트남산 캣피시를 반덤핑 제소하였다. 더욱 기막힌 일은 반덤핑 공세에 앞장선 의원들이 베트남 캣피시가 베트남전쟁 당시 미국이 고엽제를 뿌린 곳에서 잡힌다고 선전

하는 것이다. 결국 수출길이 막혀 생계수단을 잃어버린 베트남 어민들은 "미국은 과거에도 우리를 고통스럽게 만들었는데, 지금도 또 고통스럽게 만든다"고 원망을 토해냈다. 그중 한 어민은 "미국은 자유무역주의를 노래하지만 우리가 그 혜택을 보려하자마자 곧 곡조를 바꾸어 버린다"라고 미국의 이중성을 꼬집었다.[44] 지난 시절 미국이 베트남사람들에게 준 엄청난 고통을 생각한다면 그냥 도와주어도 시원찮을 판에, 가난한 지역어민들의 생계수단까지 차단하면서 자국의 어민들을 보호하려는 것이 바로 미국이 말하는 자유무역주의의 실상이다.

부시행정부 들어서 미국의 일방주의, 자국중심주의 국제정책이 한두가지가 아니지만, 가장 대표적인 예는 세계무역기구(WTO)의 자유무역주의를 정면 부인한 것이다. WTO의 원칙은 자유무역, 투명성, 그리고 비차별이다. 그런데 미국 상무부(Commerce Department)는 미국 제조업자들의 편에 서서 중국 섬유제품의 수입제한에 동의하였다. 한편 산업화된 국가들은 2005년 이후에는 저개발국가에서 생산되는 섬유나 의류제품의 수입 관세와 쿼터를 없애기로 약속했다. 실제 이들 저개발국가에서는 하루 2달러 이하의 임금으로 생활하는 노동자들이 수없이 많으며, 중국의 경우 농촌 실업자가 미국 전체 노동력보다도 많다.[45] 즉 이들은 제조업 제품을 수출하지 않으면 경제파탄을 맞을 수도 있는 나라들이다. 저개발국이 이러한 조건에 있는데도 부시행정부는 자기나라 제조업과 노동자들을 보호한다는 명분으로 WTO와 한 약속을 정면으로 위배하는 이기적인 행동을 하고 있다. WTO는 만약 미국이 지금처럼 한국 등지에서 수입되는 철강에 대해 관세를 계속 매길 경우 WTO 위반국가로 간주하여 유럽에 대한 미국 수출품에 많은 벌과금을 매길 수밖에 없다고 경고한 상태다.

한편 2003년 미 하원은 미 국방부가 구입하는 무기의 최소 65%는 미국제품이어야 한다는 법안을 통과시켰다.[46] 이것은 사실 자유무역주의, 다자주의를 노골적으로 위반하는 처사다. 2003년 멕시코 깐꾼에서 미국이 보여준 오만한 행동은 이라크공격시 미국의 일방주의와 그대로 닮았다. 거기서 미국은 농산물문제가 WTO에서 타결되지 않을 경우 각 나라와 양자협정에 들어가는 수밖에 없다고 으름장을 놓았다. WTO가 국제무역 규율기구로서 큰 결점을 가진 것은 사실이다. 그러나 앞서 산업화를 달성한 여유있는 나라들이 약소국이 숨쉴 수 있는 공간을 만들어주는 것은 마땅한 도리다. 그러나 미국은 『가디언』의 래리 엘리어트(Larry Elliot)가 비판하듯이 한치도 양보하지 않으려는 열살짜리 어린아이 같은 행동들을 보이고 있다.

　"미국을 움직이는 가장 핵심적인 논리인 시장경제는 보이지 않는 손에 의해 작동되며, 시장은 폭력을 반대한다." 이런 공식을 귀가 아프도록 들어온 대부분의 한국사람들은 미국을 자본주의 시장경제의 원칙을 가장 잘 지키는 국제사회의 모범국가로 알고 있다. 그러나 미국은 자국 산업의 보호육성을 위해 보호무역주의를 내세우기도 했고, 국내복지 인프라 구축, 보조금 지급 등 필요할 때는 언제나 국가가 시장에 개입해온 이력이 있다. 특히 미국식 시장경제는 언제나 군사력과 전쟁이라는 수단이 뒷받침하고 있다. 경제학자들, 특히 미국 자유주의 학문의 세례를 받은 제3세계의 학자나 정책담당자들은 미국을 시장원칙의 교과서로 착각하고 시장원칙을 금과옥조처럼 여기면서 자기나라에 돌아가서 그 이론의 대변자가 되는 경향이 있다. 이를 참다 못한 노벨경제학상 수상자 스티글리츠(Joseph E. Stiglitz)는 시장만능주의를 교과서처럼 암송하는 제3세계 경제학자와 지식인들을 향해 "미국은 자유시장을 설교하고 있지만, 미국 내부를 들여다보면 사정이 다르다. 미국인들이 하는 말에 따라 행동하지 말고 미국이 실제로 무엇을 했는가를 보라"는 충고까지 했다. 보호무역주의, 복지정책 등 미국의 정책 결정의 역사는 오늘날 미국이 제3세계에 강요하는 것과는 판이한 내용으로 가득 차 있다. 경제학자 장하준은 이를 두고 '사다리 걷어차기'라고 부르고 있다.

미국의 요구와 입김이 강하게 관철되는 IMF와 세계은행이 개발도상국가에 요구하는 경제개혁들 역시 각 나라의 역사와 사정을 고려하지 않은 채 '시장근본주의'에 기초해 있고, 처방 역시 대단히 위압적이고 권위적이다. IMF가 요구하는 시장개방·민영화·탈규제의 요구는 IMF 지원을 받는 국가에는 총칼보다도 더 무서운 위협이다. 한국도 외환위기 이후 뼈저리게 겪었지만 정부 개입을 축소하고 부패한 공기업을 아무 대책 없이 사유화, 해외매각하라는 이야기는 자국내 우량 민간기업이 그 자리를 대신하게 만드는 것이 아니라, 미국의 다국적기업이나 금융자본에 자산을 거저 내주라는 말과 다름없다.[47] 냉전시절이나 지금이나 미국이 민주주의의 이름으로 군부독재와 파시즘을 지원하였듯이, IMF는 시장경제의 이름으로 미국과 선진자본주의 국가의 독점자본을 지원해왔다.

3

제국으로서의 미국

3

1. 전쟁과 시장

〉미국의 '결정적 이해'〈   자본주의사회에서 정치는 기업의 이윤 추구 활동에 기초하고 있으며, 전쟁이 정치의 연장이라고 본다면 전쟁을 관장하는 논리가 바로 경제적 이익 추구인 것은 지극히 당연하다. 모두가 알고 있지만 누구도 드러내놓고 이야기하지 않는 진실, 그것은 바로 자본주의 미국을 이끌어가는 체제의 운영원리가 외교나 군사에도 그대로 노골적이고 직접적으로 적용된다는 점이다.

2003년 가을 이라크전쟁 수행과 전후 복구를 위해 부시가 신청한 870억달러 승인문제를 두고 미 의회에서 뜨거운 논쟁이 벌어졌다. 초점은 당연히 '이라크에 그 엄청난 액수의 돈을 쏟아부을 필요가 있는가'였다. 반대자들 가운데에는 미국 내의 복지·교육예산의 고갈을 강조하는 사람도 있었고, 애초에 부시가 약속한 대로 이라크 재건은 '이라크에서 생산되는 석유의 수입금으로 충당해야 하는 것이 아닌가'라는 반론도 있었다. 또 궁극적으로 그 돈을 회수할 수 있는가를 묻는 사람도 있었다. 그러나 모든 주류언론은 그것이 통과될 것을 의심하지 않았다. 결국 이라크공격을 반대했던 야당의원들도 지지표를 던졌다. 하지만 어느 누구도 이라크 재건사업에 미국이 댓가없이 돈을 댄다고 생각하지 않았다. 공개적으로 이야기하는 사람은 없었지만, 모두가 그것이 하나의 안전판이자 투자이며 이후에 더 많은 이득을 돌려줄 것이라고 생각했다. 즉 그 돈을 펌프질을 위한 물붓기로 본 것이다.

전쟁은 결코 값싼 사업이 아니다. 많은 학자들은 이라크전쟁 이후 미국이 매달 이라크에 쏟아붓고 있는 40억달러면 전세계의 빈곤을 해결할 수 있다고 지적했다. 그런데 왜 미국은 그렇게 하지 않는가? 미국이라는 국가를 하나의 사업체로 본다면, 이윤이 날 가능성이 없는 곳에 돈을 넣지 않는다는 것은 사업가의 상식이다. 미국이 수행한 전쟁과 점령을 하나의 투자개념으로 보면 미국의 행동을 더 잘 이해할 수 있다. 이라크에 이 엄청난 액수의 지출을 승인한 것은 이라크전쟁에서 확실히 승리할 경우 미국에 돌아올 장기적인 이득이 이 비용을 훨씬 초과한다고 생각하기 때문일 것이다.

기업국가로서 미국의 행동을 잘 보여주는 일화가 있다. 1796년 미국은 영국과 수교협정을 맺었다. 그러자 미국이 프랑스와의 관계에 대한 신의를 위반했다며 프랑스가 공물을 요구했고, 이에 대해 프랑스의 미 대사는 "방위를 위해서라면 수백만달러를 지출할 수 있지만 공물로는 1페니도 줄 수 없다"라고 답변했다. 즉 미국은 자신의 이해관계가 걸린 곳에는 무한대의 돈을 집어넣지만 그렇지 않은 데는 1달러의 돈도 아깝다고 생각하고 있다. 기업가, 투자자로서는 당연한 행동이다.

2차대전 후 미국은 유럽과 제3세계 국가에 많은 경제원조를 했다. 미국 내에서 반대가 없었던 것은 아니지만 그것은 자신의 시장과 장래의 투자처 확보를 위한 기업가의 행동이라고 해도 틀리지 않다. 전쟁 수행을 위한 막대한 예산지출 역시 마찬가지다. 물론 전쟁은 정상적인 환경보다는 투자의 위험부담이 크고, 인플레이션, 국내재정 악화, 전쟁피해자 발생 문제 등이 있기 때문에 경제적인 압박요인이 될 수 있지만, 성공한다면 대박이 터지는 장사가 될 것이다. 그래서 전쟁을 수행할 경우에도 '최소의 비용으로 최대의 안보와 수익'을 얻는 원칙이 적용된다. 여기서 비용이란 인명손실과 경제적 부담이고, 이득은 주로 자원·시장 확보 등이다. 역대 미 국무장관과 국방장관은 바로 이러한 비용/이익의 관점에서 전쟁을 경영했다. 1961년 미국 역사상 처음으로 기업경영자에서 국방장관으로 전격 발탁된 맥나마라는 자신을 공공관리자(public manager)로 보면서 그 역할은 사기업 관리자와 같다고 했다.[1]

특히 전쟁 결정을 내린 대통령이나 정치인들의 입장에서 볼 때 전쟁의 가장 큰 위험부담은 인명피해다. 전쟁으로 얻을 수 있는 정치·경제적 이득이 아무리 크더라도 너무 많은 인명을 희생시켜야 한다면 자신의 정치생명에 치명타가 될 수 있다. 1993년 소말리아에서 18명의 미군이 사망하자 외국에 미군을 파견하지 말라는 여론이 일어났다. 이때 클린턴은 "국익에 결정적이지 않은 전쟁에서는 한명의 미국인도 목숨을 잃어서는 안된다"라고 강조했다. 따라서 아무리 명분이 거창하더라도, 인도적인 이유만으로 개입하지 않겠다는 것이다. 그러나 만델바움(M. Mandelbaum)이 말한 것처럼 이해관계가 없는 전쟁에서 미국인들이 정치적으로 용인할 수 있는 인명피해는 '사망자 없음'이지만,[2] 이해관계가 크게 걸려 있는 전쟁에서는 상당수의 인명손실도 감수한다. 물론 감내할 수 있는 인명피해의 수준은 미국이 전쟁의 명분으로 내건 해방·문명화·민주화 내용에 따라 달라진다. 예를 들면 베트남전쟁시 존슨은 하루에 수십명의 미군이 죽어도 전쟁을 계속했지만, 명분이 약한 이라크전쟁에서는 매일 몇명씩만 죽어도 부시에게는 큰 부담이다. 만약 이라크에서 베트남전쟁 정도의 사망자가 발생했다면 미국은 당장 철수했을 것이다. 이라크전 초기 일부 전문가들은 미국이 이라크정책을 재고할 수준의 미군 사망자를 5백명 정도로 보았다.[3] 미국의 가장 약한 고리가 바로 미군 사망자수라는 것을 잘 알고 있는 이라크 저항세력은 무슨 수를 써서라도 미군 사망자를 늘리려 하고 있다.

미국 역사상 가장 큰 대박을 터뜨린 전쟁사업은 2차대전 참전과 전후 복구를 위한 마샬플랜 그리고 냉전전략일 것이다. 2차대전으로 미국은 세계 총생산의 반을 차지하는 경제적인 초강대국이 되었다. 흔히 뉴딜이 미국자본주의를 공황에서 구해냈다고 말하지만, 좀더 정확하게 말하면 2차대전이 미국경제를 살렸다. 전쟁은 자본이득을 증가시켰으며 투자기회를 확대했다. 고용문제나 경제난이 전쟁으로 한방에 해결되었다. 더구나 자기 영토에서 전쟁을 벌이지 않았으니 인명손실을 제외하고는 별로 손해본 것이 없었다. 2차대전 개입 후 미국은 전쟁호황에 스스로도 놀라서 입을 다물지 못할 정도였다. 이 전쟁으로 미국사람들은 전쟁이 경제문제를 해결하는 매우 좋은 수단이 된다는 것을 알아챘다. 더구나 파시즘을 멸망시켰다는 명분도 얻었으니 그보다 더 좋은 일은 없었다. 그래서 미국인들은 2차대전을 '좋은 전쟁'(Good War)이라고 부른다. 미국인의 입장에서 보면 전후 유럽복구를 위한 마샬플랜, 냉전적 봉쇄전략, 그리고 트루먼의 한국전쟁 개입 결정은 패권을 유지하고 미국경제를 구제해준 가장 '현명하고 탁월한 사업'이었다고 볼 수 있다.

그중에서 유럽자본주의를 안정시키고 유럽을 미국의 안정적인 시장으로 확보한 마샬플랜이야말로 오늘의 미국을 있게 해준 역사상 가장

미국인이 '좋은 전쟁'이라고 부르는 2차대전을 기념하기 위한 공원

중요한 결정이었다. 당시 트루먼은 전쟁, 원조 등 미국이 국제문제에 간섭하는 것을 반대하는 미국 내부의 고립주의(isolationalism)와 맞서 싸워야 했다. 사실 1945년 이전까지 미국의 전쟁 개입, 외국 점령정책 등은 다소 수동적인 면이 있었다. 19세기 먼로독트린에서 출발하여 미국 내에서도 식민주의나 침략주의에 강력하게 반대하는 고립주의 흐름이 강하게 존재해왔다. 그래서 미국에서는 법적으로는 물론 사회적으로도 다른 나라의 문제에 관여하지 않고, 국내안보의 필요 외에는 외국과 전쟁을 벌이거나 국제문제에 적극 개입하는 것을 막는 장치가 작동하였다. 윌슨이 국제연맹을 제안하고도 상원의 반대에 부딪혀 결국 미국이 비가맹국이 된 것이 대표적인 예이다.

그러나 2차대전 후 온국민이 처음으로 전쟁의 경제적 효과를 피부로 느끼자, 고립주의세력은 점점 입지가 약화되었다. 냉전도 바로 여기서 시작되었다. 2차대전이 끝나고 나서 2,3년이 지나자 벌써 미국경제의 성장둔화 조짐이 나타났다. 실업자가 다시 증가하였으며, 기업이윤이 감소하기 시작했다. 위기의식을 가장 민감하게 느낀 집단은 바로 전쟁의 특수경기가 계속되리라 기대했던 대자본가들이었다. 이들은 점차 트루먼정부를 압박해댔다. 시장을 확대하고 남아도는 자본을 수출해야 할 필요성이 다급해진 것이다. 그들이 볼 때 만약 유럽시장이 회복되지 않는다면, 그리고 유럽의 심각한 경제상태를 틈타 공산주의의 영향력이 확대된다면 미국은 치명적인 손실을 입을 것이 분명하였다. 그래서 소련의 팽창주의를 차단하고 유럽경제를 회복한다는 거창한 구호 아래 마샬플랜이 추진되었고, 그것이 정치적으로 표현된 것이 바로 냉전이었다.

결국 전면전을 벌이지 않더라도 '전쟁준비를 일상화하는 것'이 미국 자본주의를 활성화하기 위해서 필요했다. 공산주의라는 적과의 전쟁은 미국이라는 국가의 '생명력', 즉 미국경제의 생존을 위해 필요했던 셈이다. 한국전쟁은 바로 울고 싶은 아이의 뺨을 때려준 사건이었다. 1949년부터 이미 미국의 전후 호황은 끝나고 경제는 하향곡선을 그리기 시작했다. 투자는 감소하고 실업률은 7.6%로 올랐다.[4] 그러나 한국전쟁이 시작되면서 경제가 회복되었다. 2003년 3월 부시가 이라크를 침략하고 나서 그러했듯이 월스트리트의 주가는 연일 상종가를 쳤다. 한국전쟁으로 도산위기의 군수산업이 돌아가고, 실업자들에게 좋은 일거리가 생긴 것이다. 2차대전이 끝난 지 5년밖에 안된 싯점이라 전쟁의 즐거운 기억이 정치인들의 머릿속에 가득 차 있었다. 한국전쟁이 역사상 최대의 재앙이자, 혈육의 죽음과 이산의 고통을 의미하는 우리로서는 정말 듣고 싶지 않은 이야기이지만, 이것은 진실이다. 한국전쟁 전문가인 윌리엄 스튜어크(William Stueck) 미 조지아대학 교수는 완곡하게 "한국전은 미소간 3차대전의 대리전이었다"라고 말한다. 즉 한국전쟁이 일어나지 않았다면 다른 어떤 곳에서든 전쟁은 일어났을 것이라는 이야기다. 풀어서 이야기하면 남북한은 세계자본주의, 정확히 말하면 미국자본주의가 다시 굴러갈 수 있도록 희생양 역할을 했다는 말도 된다. 여러가지 정치적 의미로 해석될 수 있는 표현이기는 하나 "한국이 따라와서 우리를 구해주었다"(Korea came along and saved us)[5]라고 애치슨이 토로한 것도 이런 의미로 이해할 수 있다.

미국의 국방·외교문서, 미국의 정치인·언론인들의 연설이나 에쎄이에는 '결정적 이해'(vital interest)라는 말이 수도 없이 등장한다. 그런데 어디에서도 이 '결정적 이해'가 구체적으로 무엇인지 친절하게 설명해주지는 않는다. 지루한 전쟁 끝에 빠져나오고 말았지만, 미국은 무려 19년 동안이나 베트남에 개입했고, 베트남이 미국에 '결정적 이해'를 갖고 있다고 그 개입을 정당화한 바 있다. 한국과 마찬가지로 별로 자원도 시장도 없는 베트남이 왜 미국에 결정적으로 중요했을까? 대외적인 명분은 한국전쟁시 개입 명분과 비슷하다. 즉 베트남은 미국의 신뢰를 시험하는 곳인데, 만약 미국이 베트남을 포기하면 인근 라오스, 캄보디아 등이 모두 중국과 소련의 영향력 아래 들어가고, 인도네시아, 말레이시아 등도 위험해져 아시아지역에서 미국의 지위가 흔들린다는 것이다. 그런데 미국의 지위, 즉 이익이란 무엇인가에 대한 추가 언급은 없었다. 분명히 미국은 병정놀이를 하고 있는 것은 아니다. 미국이 전세계에 군사·정치적 영향력을 행사하는 이유는 세계시장을 안정적으로 장악하기 위해서이다. 한국이 무너지면 일본이 위험하다는 주장은 일본시장, 그리고 미국의 대리자로 일본이 장악하고 있는 아시아시장을 뺏길까 두렵다는 의미이다. 자본주의에서 시장은 사업가의 투자처이며, 이윤의 원천이다.

결국 미국의 이익은 정의하기 나름이다. 뷰캐넌(Patrick Buchanan) 같은 고립주의자들은 적이 영토를 침범하지 않는다면 미국의 이익은 위협받지 않는다고 보았지만, 전 유엔대사 홀브룩(Richard Holbrooke)은 남아프리카공화국의 에이즈 문제까지도 미국의 이익을 위협한다고 말했다.6 제국의 길을 추구하는 정치인들에게 전세계의 모든 문제는 곧 미국의 문제이다. 그래서 미국은 '저렇게 작은 나라에까지 신경쓸 필요가 있을까' 싶은 세계의 구석구석까지 CIA 요원을 보냈다. 미국의 대통령·정치인·지식인들이 지난 백년 동안 수도 없이 말해온 미국의 '결정적 이해', 그것은 바로 미국시민들이 안전한 상태에서 잘먹고 잘 사는 문제이고, 좀더 구체적으로는 미국기업이 돈을 버는 문제이다. 그리고 그렇게 하는 데 실제적으로든 잠재적으로든 방해가 되는 내외부의 적을 완전히 없애거나 굴복시키는 것이다. 따라서 미국에 적이란 곧 시장경제, 자본주의적인 사유재산제도, 미국기업의 활동, 미국식 생활방식을 의심하거나 비판하거나 공격하는 미국 내외부의 세력들이다.

〉 경제위기 돌파,
  시장개척을 위한 전쟁 〈

사람들은 1898년에 미국이 스페인과 일전을 벌이면서 '제국'의 길에 나선 이후 벌인 전쟁들이 바로 미국자본의 투자처, 시장확보의 필요성에서 출발했다는 점을 알지 못한 채, 전쟁이나 침략이라는 것은 언제나 비정상이고 예외적이며, 반대로 시장은 합리적이고 보편적이라고 생각하곤 한다. '프런티어'(frontier)라는 용어는 미국의 개척정신을 상징하는 매우 긍정적인 의미를 갖는 개념이다. 원래 미국은 북아메리카대륙을 차지하기 위한 서부개척을 프런티어개척이라고 불렀다. 그런데 19세기 말에 태평양까지 영토를 넓히고 나자 미국인들은 북아메리카대륙에서는 더이상 프런티어를 찾을 수 없었다. 스페인과의 전쟁에서 이기고 필리핀·하와이·괌 등을 점령하면서 미국은 이들 지역을 '새로운 프런티어'라고 불렀다. 이렇게 미국은 국내경제의 위기를 돌파하기 위해 시장을 찾아 해외로 나섰고, 그것을 저지하는 상대를 적으로 몰아 전쟁을 벌였으며, 이긴 다음에는 군사적으로 점령하였고, 새로운 해외시장 개척을 미국식 자유, 민주주의정신의 확산으로 해석했다.

프런티어는 선교용어이다. 미국의 비기독교권 확장, 특히 필리핀이나 중국 침략은 선교사 파견과 병행되었다. 프랜씨스 클라크 대주교는 선교사업은 "우리의 제국을 확장하는 것"이라고 말하기도 했다. 1890년 무렵부터 이들 선교사들은 전세계 미국상인들의 연락관 역할을 하기 시작했다. 이들은 기독교 전파와 더불어 미국의 이미지 개선작업에 진력하였다. 즉 미국의 팽창이라는 세속적인 사업을 선교사들은 문명화의 이름으로 정당화했다. 미국은 식민지라는 말을 쓰지 않았다. 대신 점령은 피점령민을 정신(기독교)적으로 그리고 물질(시장경제)적으로 구원해주기 위한 것이라고 설명하였다. 가난한 나라 백성을 도와준다는 이상은 실제로는 그들을 미국적 가치로 무장한 미국인으로 만들려는 시도였으며 침략과 선교는 미국의 경제적 이익 추구와 모순되지 않는 것으로 보았다. 결국 미국의 대외팽창, 즉 프런티어개척의 실제 내용은 식민지 확보였으며 그 배후에는 산업화의 성숙단계에 들어선 미국 대기업과 금융의 절실한 시장개척 요구가 있었다. 20세기 이래로 미국의 대통령이나 정치인들은 시장이 끊임없이 확대될 때만 기업인들이 생존할 수 있고, 자본주의가 작동할 수 있다는 것을 깨달

았다.[7]

만약 해외의 여러 나라가 미국의 시장개방 요구, 미국 은행과 자본의 진출 요구를 순순히 받아들였다면 구태여 미국이 무력을 동원할 필요는 없었을지도 모른다. 그러나 미국의 프런티어개척 즉 시장개방은 피침략국의 자원 약탈, 산업의 몰락, 경제 기반의 붕괴를 가져올 수밖에 없었기 때문에 토착왕조의 힘이 약했던 하와이 같은 경우를 제외하고는 당연히 저항할 수밖에 없었으며, 그 저항은 곧 무력충돌을 일으켰다. 미국은 시장을 안정적으로 작동시키기 위해 전쟁이라는 수단이 필요하다는 것을 일찍 깨달았다. 영국과 마찬가지로 미국의 식민지 경영은 겉으로 보면 무력사용보다는 외교관계 수립과 자유무역주의에 기초해 있다고 볼 수 있다. 그러나 무력 없이 거저 시장이 창출되지는 않았다. 미국은 처음에는 자국 기업가나 상인을 보호한다는 아주 원시적인 명분을 내세워 침략했지만, 이제 그러한 것이 아니라 주권·민주주의·인권이라는 거창한 구호를 내걸고 전쟁을 벌여 승리한 다음 그곳을 미국기업의 시장으로 만드는 법을 배웠다. 필리핀을 스페인에서 독립시킨다고 하면서 자신의 경제식민지로 만든 것이 대표적인 예이다. 일본이 그것을 배워서 조선에 써먹었다. 조선을 집어삼키기 위해 조선을 청나라에서 독립시킨다는 명분을 내건 것이다.

1899년에 입안된 이른바 '문호개방정책'(open door policy)은 바로 미국기업인들의 라틴아메리카, 중국 등 전세계 각국에 대한 투자와 기업활동을 보장해주는 정치외교적 방어막이었고, 미국식 제국주의의 출발점이었다. 이 시기에 미국은 아시아, 라틴아메리카 시장을 둘러싸고 스페인 등 유럽 각국과 충돌하였다. 그 결과로 발생한 것이 꾸바전쟁이다. 19세기 말에서 20세기 초에 이르는 기간에 미국경제는 자본주의 열강 가운데 선두자리를 차지했다. 이미 이 무렵 풍부한 자원과 자본, 조직된 노동력 등에서 미국을 상대할 나라가 없었다. 1912년 당시 국부에서 미국은 이미 영국의 2배, 프랑스의 3배를 넘어섰으며, 1922년 1차대전이 끝난 후 총 국부는 320.8억달러로 영국(88.8억달러)의 거의 3.5배, 프랑스(67.7억달러)의 5배에 달했다. 그러나 미국 내에서는 자본주의 경기순환에 따른 공황이 심각한 문제로 대두되었다.

미국이 한국전쟁을 필두로 제3세계의 국내정치, 혁명 혹은 내전 등에 수없이 개입한 명분은 '공산주의'의 위협을 막아낸다는 것이었지만, 그 내용은 그 나라의 정치권력을 미국의 확실한 통제하에 두어 미국의 잉여생산물을 안정적으로 팔고, 각 나라의 자원과 시장에 접근할 수 있는 기회를 확보하여 미국기업이 활동할 공간을 만드는 것이었다.

1970년대까지 미국의 수백개의 기업과 7개의 거대 은행이 세계에 진출하여 전체 이윤의 40% 이상을 미국 밖에서 거두었다. 이들 해외진출기업은 흔히 '다국적기업'으로 불리지만 최고관리자의 98%가 미국인이었다. 1950년에서 1965년 사이 미국기업은 유럽에 진출하여 80억달러를 투자하였는데 거기서 얻은 이윤만 무려 55억달러였다. 같은 기간 라틴아메리카에 38억달러를 투자하여 무려 11억달러의 이윤을 냈고, 아프리카에는 52억달러를 투자하여 14억달러의 이윤을 거두었다.[8] 이 모든 과정에서 시장과 전쟁은 언제나 양날의 칼이었다. 미국은 필요할 때는 무력으로, 그렇지 않을 때는 자유무역주의를 내세워 저개발국가의 시장에 진출하였다. 그런데 1980년대 후반 소련사회주의 붕괴 이후 본격화된 지구화(globalization)는 군사력 대신 금융자본의 힘을 바탕으로 한 미국의 새로운 프런티어개척 작업이라고 볼 수 있다. 이제 구소련과 동유럽지역이 미국의 프런티어, 거대한 노다지로 다시 편입되었다.

각 나라에 무역자유화·경제개방·탈규제 등의 정책을 강요한 1990

미국 중심의 신자유주의적 지구화에 반대하는 세계사회포럼 시위대

년대 이후 신자유주의적 지구화는 각국을 자본주의 시장논리에 복종시켰다. 그리고 사실상 미국의 입김이 여과없이 작용하는 IMF, 세계은행(World Bank) 등이 대단히 권위주의적인 방식으로 이러한 모델을 전세계 각 나라에 강요하였다.[9] 세계의 가난한 나라들은 경제정책 결정에서 주권을 가질 수 없었으며, 이 기구들의 처방에 감히 이의나 반론을 제기할 수 없었다. 특히 아시아, 라틴아메리카 각 나라의 금융위기를 틈탄 IMF의 개혁 요구는 총만 안 든 제국주의였다. 1997년 타이, 한국 등에 외환위기가 닥쳤고, 급기야 IMF는 이들 나라에 자금을 지원해주는 댓가로 강력한 구조조정을 요구하였다. 위기에 처한 나라는 대체로 과거에는 저개발국가였으나 이제 어느정도 성장하여, 어떤 부분

에서는 미국의 경쟁상대가 되었으며, 또 어느정도 자본시장이 형성되어 미국에 기반을 둔 초국적 자본이 군침을 흘리는 국가들이었다. 1997년 외환위기로 아시아 각국이 거의 빈사상태에 빠지자, 한국에서도 그러했듯이 미국은 IMF와 동행하여 사실상 배후에서 구조조정을 강제하였다.

당시 IMF가 요구한 내용은 나라마다 거의 동일했다. 외국자본의 진출을 용이하게 하고 노동시장을 유연화하라는 것이다. 이들 나라가 사경을 헤매고 있을 때 미국의 주류 경제학자들과 이들 나라의 일부 지식인들은 시장의 투명성 부족, 전근대적 가족경영, 힘센 노동운동, 기업의 합리성 부족 등으로 이런 문제가 나타났다며 마치 이 나라 내부 문제가 위기의 주원인인 것처럼 말했다. 그러나 많은 학자들이 지적한 것처럼 이 외환위기에는 월스트리트의 의도, 즉 워싱턴 컨쎈써스(Washington consensus)가 작동하고 있었다는 것이 정설이다. 이후 이들 나라가 겪은 알짜배기 자산의 해외매각, 정리해고, 대량실업과 빈부격차의 확대 등을 생각해보면, 지구화는 시장화·문명화·개방화라는 그럴듯한 명분으로 포장되어 있지만, 결국 이들 나라의 경제가 미국자본의 수렵장이 되는 것을 의미했다. 그리하여 서아프리카 여러 나라, 도미니까공화국 등에서 그러하였듯이 IMF나 세계은행이 탈규제·민영화·시장개방을 강요하면 미국기업 엔론(Enron)이 들어가 국민의 기본생계와 관련된 수도·전기산업을 사들였고, 이들 나라의 국민들은 전에 비해 두배의 비용을 지불하고서 써비스를 구매해야 했다.[10]

이번 미국의 이라크공격도 미국의 경제위기 즉 달러위기를 돌파하기 위한 하나의 방편이며, 유로화의 공세에 맞서 달러화를 보호하기 위한 조치라는 시각이 있다. 클린턴정권 말기인 1999년에 주식이 폭락하고 기업이윤이 줄어들면서 미국경제에는 심각한 디플레이션 현상이 나타나기 시작했다. 클린턴행정부가 추진했던 시장의 힘을 통한 지구화정책이 일정한 한계에 봉착했기 때문이었다. 즉 금융·전자통신의 비교우위를 바탕으로 한 미국의 지구화·자유화 정책은 전자통신 분야의 과잉생산, 아시아 경제위기 등과 결합된 금융산업의 위축 등과 맞물려 심각한 위기를 맞게 되었다. 또 북미자유무역협정(NAFTA) 이후 미국 제조업이 경쟁력을 상실하고 실업률은 높아지는 등 클린턴행정부의 지구화전략이 반드시 미국에 유리한 환경을 조성하지 않는다는 점이 드러났다. 바로 이런 분위기에서 미국은 전략적·군사적 힘을 과시할 필요가 있었고, 미국기업의 '자유'를 묶는 환경조약 등 각종 국제조약에서 탈퇴해야 한다는 대자본의 목소리가 힘을 얻기 시작했다. 부시행정부의 군사주의·일방주의 전략과 아프가니스탄 및 이라크 공격은 이러한 지구화의 한계, 즉 2000년 이후 미국경제의 위기를 돌파하기 위한 전략이라고도 볼 수 있다. 부시행정부 들어 클린턴시절을 이끈 금융자본 대신 군수산업이 전면에 부상했고 후자는 미국의 패권과 일방주의 외교를 옹호하게 되었다.[11]

따라서 부시가 이라크침략을 앞두고 그토록 경계한 대량살상무기란 다름아닌 유로화라는 시각도 있다. 후세인은 이미 2000년 11월 석유판매 대금을 유로화로 결제하기 시작했다. 달러가 강세였던 당시의 싯점에서는 손해를 감수하면서 그러한 선택을 했지만, 점차 유로화가 강세로 돌아서면서 이란·이라크·베네수엘라 등 산유국들이 유로화로 거래통화를 전환하자 달러를 무기로 세계를 지배하는 미국에 큰 위협이 되었다. 만약 이들 산유국이 석유판매를 유로화로 결제하게 되면 일본 등 비산유국도 달러 대신 유로화를 보유할 것이며, 석유판매대금이 유럽 은행에 쌓이고, 결과적으로 미국 금융시장이 일대 충격에 휩싸이는 것은 물론, 재정적자를 더욱 심각한 상태에 빠뜨릴 위험이 있었다. 기축

통화인 달러화의 힘을 유지하는 것이야말로 미국의 가장 '결정적 이해'이다.

기업인들이 늘 주장하는 것처럼 경제활동은 정치환경의 영향을 가장 많이 받는다. 정치안정은 기업이 경제활동을 자유롭게 할 수 있는 전제조건이다. 과거 제국주의 국가들은 약소국을 침략하여 현지 지배층과 통치자를 자신의 편으로 만든 다음 강제로 시장개방과 자원 이용권 양도서류에 서명하도록 한 후 총칼을 들고 식민지를 경영했지만, 그런 방법은 이제 더이상 통하지 않는다. 냉전시절 이후에는 식민지경제를 완전히 개방하고 외국자본의 진입을 용이하게 하여, 그 나라의 자원과 시장을 선진국 투자자들이나 기업이 '자유롭게' 이용하는 방식으로 바뀌었다. 강대국 군대와 대자본의 요구 앞에 약소국 민중들의 요구가 무시되기는 마찬가지이지만, 차이가 있다면 후자는 강제력 대신에 자유니 개방이니 하는 그럴듯한 명분을 내걸고 있다는 점이다. 미국은 각 나라에 군대를 주둔시켜 기업이나 자원을 국유화하려는 공산주의나 테러세력의 집권만 막아내고 나머지는 기업이 주도하여 돈벌이를 하는 것이다. 정치·군사적 통제는 경제적 이익을 보장받을 수 있는 안전판이다. 미국이 이라크를 공격해서 단지 후세인 제거가 아니라 '체제전환'에 초점을 둔 것도 이와 관련되어 있다. 어떤 점에서 이라크전쟁은 1990년대 추진된 지구화전략의 종착점이라고 볼 수도 있다. 애초부터 지구화는 미국에 관한 한 적어도 국가권력 약화나 군비축소를 수반하지 않았다. 오히려 '테러와의 전쟁'이 군비지출을 증대시켰다.

1990년대 초 지구화담론이 전세계에 유행어가 될 무렵, 한국의 많은 지식인들은 "지구화는 근대화·문명화이며, 그것을 통해 지구가 하나가 된다"라는 황당한 구호를 외친 적이 있다. 지구화의 내용인 시장

개방·자유무역은 일차적으로는 미국과 유럽 다국적 자본의 새로운 세계지배 구호였다. 한국은 지구화의 이해득실에서 중간 정도의 위치에 있기는 하지만, 농산물이나 저부가가치 상품밖에 팔 것이 없는 못사는 나라의 서민들에게 지구화는 큰 재앙이었다. 그리고 그것은 과거의 제국주의와 달리 한 국가 내에서도 승자와 패자가 확실하게 갈리는 또다른 형태의 내전이었다. 관세와 무역장벽과 노조가 없는 환경, 기업이 자기 마음대로 영리를 추구하고 국가가 일절 기업활동에 간섭하지 않으며, 기업이 세금을 거의 내지 않아도 되는 상황, 모든 나라가 '기업하기 좋은 나라'임을 내세우면서 투자를 유치하려고 경쟁하는 상황, 그것이 바로 다국적기업의 '제국'이자 21세기적 식민지의 탄생이다. 한국이 IMF에 의해 강제로 지구화된 나라라면, 이라크는 미국의 군사점령 하에서 지구화, 즉 세계자본주의 틀 속에 편입된 21세기형 식민지이다.

1990년대 아시아, 라틴아메리카 외환위기 당시에는 IMF와 더불어 미국 상무부 관리들이 직접 현장에 입회하여 한국 등 위기에 처한 나라의 공기업을 모두 헐값으로 팔아넘기도록 보이지 않게 압박을 가했다면, 이번의 이라크는 군사적으로 점령됐기 때문에 가장 극단적인 형태의 개방과 사유화가 현실화된 것이다. 미국이 임명한 이라크 임시정부 대표들은 자국의 석유자원과 국가재산이 해외자본에 거의 공짜로 매각되고, 자국민이 장차 비싼 돈으로 물건과 써비스를 구매해야 할지도 모르는 미래를 우울하게 예상하고 있지만, 과거 식민지가 그랬듯이 국가경제를 자신이 원하는 대로 조정할 권한이 없다. 이 과정에서 시장경제를 찬양하는 지도자들은 미국의 사랑을 받으면서 기득권을 보장받을 수 있겠지만, '민족주의'적 사고를 버리지 못하는 사람들은 곧 배제될 것이며, 심지어 '테러집단'에 동조하는 자로 분류되어 탄압받을지도 모른다.

> 석유자원 확보를 위한 전쟁 <　　　　미국의 친이스라엘 정책에 항의하
면서 OPEC 국가들이 단결하여 발
생한 1973년의 석유파동은 세계 최
대 석유소비국가인 미국에는 악몽 같은 일이었다. 최근 공개된 자료를
보면 당시 미국은 사우디아라비아·쿠웨이트·아랍에미리트에 군사력
까지 투입할 것을 고려했다고 한다. 당시 국무장관이던 키신저는 "만
약 (아랍국가들의) 압력이 비이성적으로 계속된다면 미국은 어떤 조치
라도 감행할 생각이 있다. (…) 이것은 엄포가 아니다"[12]라고 협박에
가까운 발언을 했다. 이처럼 미국에 석유자원은 전쟁을 해서라도 확보
해야 할 '결정적 이해'가 걸린 자원이자 안보와 생존이 달린 문제였다.
그것은 미국의 석유 및 에너지 소비상황을 보면 잘 알 수 있다.

　미국의 원유생산량은 1970년을 정점으로 계속 내리막길을 걷고 있
다. 그러나 소비량은 비약적으로 늘어나 2003년 현재 미국 국내생산량
으로는 전체 소비량의 39%밖에 충당되지 않는다. 알래스카 석유생산
량도 급격히 감소하고 있다. 미국의 국내 천연가스 소비량 역시 1988
년 이후 생산량을 훨씬 웃돌고 있다.[13] 대체에너지 개발의 목소리는
높지만 아직은 에너지위기가 올 때 이를 해결할 수 있는 방안은 없는
실정이다. 만약 미국 석유수입의 10%를 차지하는 사우디아라비아 석
유가격이 과거 석유파동 때처럼 또다시 급상승할 경우 미국경제는 상
상을 초월하는 재앙을 맞을 수 있다.

　이라크전쟁을 보면서 어떤 사람들은 석유매장량이 풍부한 나라가
구태여 외국을 침략하면서까지 자원확보에 목을 매달 필요가 있는가
생각하기도 했다. 그러나 19세기 말부터 2차대전 때까지 미국자본가
들은 해외시장과 자원확보가 외교의 기조가 되어야 한다고 끊임없이
요구했다. 그리고 국내 석유의 의존도가 점점 낮아진 20세기 중반 이

후 석유는 미국경제의 미래와 관련해 최대의 관심사가 되었다. 사실 미국뿐 아니라 모든 나라에서 석유는 단지 상품 가운데 하나가 아니라 다른 모든 상품에 영향을 미치는 기초상품이고 산업의 원동력이며, 기업의 이윤율을 좌우하는 가장 결정적인 생산요소이다. 따라서 부시도 실토했듯이 저가석유의 안정적인 공급은 미국의 '안보'와 직결된 문제이기 때문에, 석유에 관한 한 미국은 타협의 여지가 없다.[14]

1차대전 이후 20세기 제국주의 국가간의 전쟁 역시 경제의 혈관이라고 할 수 있는 석유자원의 확보와 깊이 관련되어 있었다. 철도·해상·항공 등 모든 교통수단과 산업이 석유에 의존하게 되면서 산업국가의 미래는 석유에 달렸다는 점이 자명해졌기 때문이다. 그래서 20세기의 국제정치는 곧 석유정치라 해도 과언이 아니다.[15] 따지고 보면 2차대전의 발발도 석유확보 문제와 직결되어 있다. 석탄자원밖에 없는 독일이 러시아를 친 것은 카스피해 인근의 유전을 확보하기 위해서였고, 일본이 동남아시아로 진출한 것도 인도네시아 인근의 유전을 장악하려는 목적 때문이었다. 그런데 독일과 일본이 이들 지역의 유전을 장악하면 소련과 미국은 치명적인 손해를 입게 된다. 바로 그 싯점에 미소연합군이 전면 반격을 개시하였다. 그리고 태평양에서 미국이 석유 한방울 나지 않는 일본의 숨통을 죄기 시작했을 때 일본은 진주만 공격을 감행한 것이다.

중동지역에는 19세기에서 20세기 초반까지 영국이 먼저 진출했다. 여타 아랍, 아프리카 국가와 마찬가지로 이라크는 원래 하나의 종족으로 구성된 나라가 아니다. 영국이 시아파·수니파·쿠르드족이 살고 있는 중동의 메소포타미아지역을 묶어서 이라크라는 나라를 만든 것이다. 거슬러올라가면 메소포타미아지역은 영국이 1차대전 승리의 전리품으로 얻어낸 곳이다. 1920년 이 지역의 독립운동을 진압하기 위해

이라크와 쿠웨이트 접경지역에 위치한 루메일라 유전에서 뿜어나오는 연기

영국은 식민지였던 인도의 군인들까지 동원하였다. 이즈음 이라크 석유매장 사실이 확인되자, 석탄자원에 기초해서 근대 자본주의제국을 건설했던 영국이 석유자원 확보의 필요성을 깨닫고 먼저 이 지역을 차지한 것이다. 당시 영국은 "어떤 희생을 치르고라도 이곳의 석유를 통제해야 한다"라고 분명히 못 박았다.[16]

석유자원 확보를 위한 미국의 중동 진출도 이 무렵 시작된다. 1920년대 미국의 석유회사 스탠더드오일(Standard Oil)이 영국의 영향권하에 있는 이들 중동지역에 진출하기 어렵게 되자, 미국은 '문호개방정책'을 내세워 국가역량을 총동원하여 모술지역에 스탠더드오일이 진출할 수 있도록 영국에 요구하는 한편, 회원국도 아니면서 국제연맹에

영국의 차별주의에 항의하는 대표단을 보내기도 했다. 결국 1925년 3월 미국 석유회사는 이라크에 진출하는 데 성공했다. 급속한 산업화와 교통혁명을 이룬 미국은 1945년 이후부터는 석유수입국이 되었다. 1945년 이후 미국과 영국은 '상호인정'하에 이 지역의 석유를 공동으로 차지하는 계획을 수립하였으나 점점 미국이 영국을 밀어내고, 이 지역의 맹주로 등장하였다. 1947년 미국은 "미국의 석유회사가 이곳에 진입하는 데 방해가 되는 모든 장벽을 없애거나 변경해야 한다"라고 선포하였다. 물론 자신의 이익을 추구하기 위해 그럴듯한 명분을 내세웠다. 냉전, 즉 공산주의의 위협이 바로 그것이었다. 그래서 소련의 위협은 과장되거나 때로는 조작되었다.

　중동 정치위기가 발생한 해인 1956년 9월 13일 각 석유회사 대표들과 정부 대표들이 모여 해외석유공급위원회(Foreign Petroleum Supply Committee)를 개최하였는데, 이 자리에서 미 국무장관 덜레스(Dulles)는 "석유회사의 국유화는 국제적 개입을 불러일으킬 것"이라고 경고했다. 석유산업처럼 '국제적 이해가 걸려 있는' 회사의 국유화는 주식 소유자들에게 주식을 보상해주는 문제로 끝나는 것이 아니라 외국의 개입을 불러온다는 것이다. 1957년 중동에서 공산주의의 위협에 맞서기 위해 반공국가에 경제원조를 한다는 아이젠하워의 외교노선이 발표되었다. 이 아이젠하워독트린 이후 1958년 7월 미국 해병대는 레바논에, 영국 군사조직은 요르단에 진주했는데, 이후 양국 정부는 '서방의 이해를 존중해주면' 이라크를 침략하지 않을 것이라고 말했다. 1958년 이라크에서 쿠데타가 발생해 카심(Abdul Qassim) 장군이 이라크 석유를 국유화하자, 미국회사의 접근은 차단되었으며, 그것은 1972년 후세인 쿠데타로 이어졌다. 미국은 이라크, 이란 등 아랍에서 이는 민족주의의 물결이 미국의 개방정책 즉 '자유시장'의 원칙과 배치된다고 판단하였다. 미국과 영국은 이란 민족주의정권인 모사데그정권을 붕괴시켰으며, CIA는 뒤이어 등장한 사(Saah) 군부정권과 비밀경찰인 사바크(SAVAK)에 지원을 아끼지 않았다. 그뒤 이란에서 혁명이 일어나자 미국은 물러설 수밖에 없었고, 소련이 아프가니스탄을 침공하자 이를 중동 석유자원을 얻기 위한 소련의 포석으로 해석해 탈레반정권을 전폭적으로 지원하였다. 이후 이라크와 이란 호메이니 혁명정권이 전쟁에 돌입하자 미국은 소련을 견제하고 이란을 무너뜨리기 위해 또 이라크를 지원하였다. 20세기 중동지역의 피의 역사는 바로 석유를 얻기 위한 영국과 미국의 개입이 낳은 것이다.

현재 전세계의 석유시장은 5대 석유기업이 지배하고 있다. 엑손모빌, 로얄더치쉘(Royal Dutch-Shell), BP 아모코(British Petroleum-Amoco), 셰브론텍사코(Chevron-Texaco)가 그것이다. 이 중에서도 미국계의 엑손모빌이 가장 규모가 큰 것으로 알려져 있다. 그리고 이 가운데 4개 기업의 본부가 미국과 영국에 있다. 따라서 미국과 영국이 이라크 석유에 가장 직접적인 이해관계를 갖는 것은 당연하다고 할 수 있다. 우리는 1972년 후세인의 등장으로 이라크 석유가 국유화되기 이전에 이들 외세가 이라크 석유의 4분의 3을 장악하고 있었다는 점을 기억할 필요가 있다. 우리는 이라크가 가진 대량살상무기란 바로 석유였다는 역설을 확인하게 된다.

〉 무기판매를 위한 전쟁 〈　　　CNN 화면에 나타난 1991년의 걸프전은 군인들의 영웅적인 전투장면도 아니었고, 희생자들의 참상도 아니었다. 그 이름도 특별한 미국의 신형 '애국자'(patriot), 즉 패트리어트 미사일의

정확한 목표물 파괴였다. CNN은 전세계 사람들을 상대로 놀라운 신종무기 패트리어트 미사일을 대단히 효과적으로 광고하였다. 이 전쟁이 끝나자 미 국방부 관리는 한국, 일본 등 모든 고객국가를 방문하였다. 국가를 대표한 무기구매 권유였으며 사실상 협박성 쎄일즈였다. 결국 한국, 일본 등 미국 영향권하에 있는 모든 국가는 울며 겨자먹기로 그것을 구입하였다. 국방부 통계에 따르면 한국은 1990년부터 96년까지 97억달러를 무기구입에 지출했는데, 그중 미국무기가 84%를 차지했다.

미국에 전쟁 혹은 전쟁준비 과정 자체가 곧 비즈니스인 것은 바로 전쟁, 혹은 전쟁준비를 빌미로 무기와 군수물자를 팔아먹을 수 있기 때문이다. 만약 어떤 힘센 사람이 약한 두 사람을 부추겨 싸움을 붙여놓고, 이들을 각각 따로 만나서 "내가 적을 이길 수 있는 좋은 무기를 갖고 있는데 그것을 살 생각이 있느냐"라고 떠본다면, 그 인간은 후안무치하고 부도덕한 인간으로 지탄받을 것이다. 그런데 불행히도 국제관계에서는 그러한 윤리가 없다. 미국은 냉전체제 이후 제3세계 가난한 나라들의 국내 갈등, 혹은 국가간 갈등을 부추기고 낯 뜨겁게도 그들에게 미국의 첨단무기를 사라고 요구해왔다. 사실 미국과 소련 간의 핵대결인 냉전체제라는 것도 결국 미국, 소련, 그리고 선진자본주의 국가의 무기산업 활성화를 위한 비즈니스였다. 특히 미국은 자신이 '자유세계'라고 분류한 라틴아메리카나 아시아의 악명 높은 군사독재국가에 계속 첨단무기를 판매해왔다. 1980년대 이란과 이라크가 전쟁에 돌입했을 때, 이 두 국가 모두 미국무기를 갖고 싸우는 엽기적인 일도 있었다. 카터시절 이에 대한 비판이 거세어지자 잠시 무기판매를 중단한 적이 있지만, 미국은 냉전시기 내내 소련의 위협을 내세워서 많은 제3세계국가에 신종무기를 팔아먹었다.

그런데 냉전이 종료되고 나서도 미국의 무기판매는 줄어들지 않았고 오히려 전세계에서 미국무기의 점유율은 더 높아졌다. 미국무기는 1987년 세계 무기시장의 32%를 차지했으나 1997년에는 43%로 늘어났다. 미국은 1995년에 약 140개국에 무기를 판매했는데, 그중에서 90개국은 민주주의나 인권을 위반하는 국가들이었다. 2002년 발표된 미의회조사연구원(Congress Research Service) 자료에 따르면 2002년 미국의 무기판매고는 133억달러로 그 전해의 121억달러에 비해 크게 늘어났으며, 2위인 러시아(50억달러)의 두배가 넘는다. 이것은 세계 전체 무기판매고의 45.5%에 해당한다. 그런데 그중 86억달러는 제3세계국가에 판매한 것이었다.[17] 중국이 36억달러어치를 수입해 최대의 미국무기 수입국이 되었고 한국은 자랑스럽게도 19억달러로 제2위의 고객이었다.

그런데 상위 10대 무기수입국을 보면 이집트·사우디아라비아·이스라엘·쿠웨이트 등 중동국가들이 다섯 곳이나 포함되어 있다. 1980년대 이란-이라크 분쟁 등이 겹쳐서 이 지역은 최대의 미국무기 수입지역으로 떠올랐다. 그런데 중동분쟁이라는 것이 무엇인가? 그것은 역사적으로 보면 사실상 영국과 미국이 부추긴 것이다. 분쟁의 뿌리는 바로 과거 이란과 이라크, 현재의 사우디아라비아 등 독재정권을 미국이 일방적으로 지원한 데 있다. 라틴아메리카 여러 나라가 그러했듯이 국민적 지지기반이 취약한 친미 독재정권은 자신의 권력'안보'를 위해 대량의 첨단무기가 필요했다. 남북한을 포함한 동아시아의 긴장 역시 마찬가지이다. 미국이 중동과 동아시아의 평화를 원치 않는 중요한 이유는 평화체제가 구축되면 이들 나라에 미군이 주둔할 명분이 없어지기도 하지만, 더이상 무기를 팔아먹을 수 없기 때문이다. 우리는 미국과 충분한 상의 없이 김대중정부가 추진한 2000년 6·15 남북정상회담 당시 미국이 보여준 차가운 반응을 잘 기억하고 있다. "휴전협정의 당사자가 바로 난데 누구 맘대로 화해야?" 이것이 당시 미국이 '우방'인 한국정부에 보여준 태도였다.

미국의 체제유지를 위한 안전판이었던 소련의 붕괴로 적이 사라지고, 동아시아의 외환위기 이후 이 지역 국가들의 무기구매력이 떨어지자 미국 군수산업은 큰 타격을 받았다. 이 위기를 돌파하기 위해서 미국은 새로운 전쟁분위기 조성이 필요하다고 생각했다. 미사일방어전략(MD), '테러와의 전쟁'도 바로 이러한 맥락에서 나온 것이다. 부시의 '악의 축' 발언, 북·미관계의 경색으로 동북아시아의 긴장이 고조되면서 중국·타이완·일본을 비롯한 이 지역 모든 국가들은 더욱더 군비강화에 나서게 되었다. 사실 이에 앞서 클린턴행정부의 국방장관 윌리엄 코언은 1998년 외환위기로 사실상 지불능력도 거의 없는 한국·인도네시아·타이 등을 방문해서 미국의 제트기나 미사일대금의 지불을 요청하기도 했다. 한국을 방문한 미국의 고위관리나 국방부 관리들은 한국을 방문해서도 공식일정 외의 시간은 대부분 미국무기 구입의 필요성을 설득하거나, 신종무기를 '협박 반 설득 반' 쎄일즈하는 데 보내곤 한다. 차세대 전투기사업이 현안이었을 때 한미연합사령관이 미국 무기회사의 전방위 로비스트가 되어 미 고위관리나 의원들의 면담을 주선하는 등의 방법으로 한국정부를 압박해왔다는 것은 이제 비밀이 아니다.[18]

그런데 이번 이라크전쟁은 '총 쏘고 공중포격하는 것'을 제외한 거의 대부분의 전쟁관련 업무를 민간기업이 맡았다는 특징이 있다. 전쟁이라고 하면 군대와 군대 간의 전투를 연상하지만, 사실 전투를 위해서는 많은 부대업무가 필요하다. 즉 훈련·배식·막사건축·도로개설·물자수송 등 전투를 위한 부대업무가 엄청나게 많은데, 이것을 과거에는 모두 군당국이 직접 수행했지만 이제는 핼리버튼 등 국방부와 커넥션이 있는 민간기업이 담당한다. 사실 1990년대 이후 아이띠·보스니아·동티모르 등에 미군이 주둔하여 지역 군경찰 훈련업무를 맡은 이후 IMET, FMF, JCET 등 상위 35개 군관련 기업은 가장 돈 잘 버는 회사가 되었다. 미 국방부는 이들 기업들에 약 42개국의 군대 훈련업무를 외주해주었으며, 체니부통령이 핼리버튼 CEO로 있을 동안 이 회사는 국방부의 상위계약자 순위 73위에서 일약 18위로 부상하였다. 이번 이라크전쟁에서도 체니는 더글러스 페이스(Douglas Feith) 미 국방차관이 핼리버튼에 수십억달러짜리 이라크 재건사업을 수주하도록 개입했다고 한다.[19] 군수산업체의 로비스트 출신이자 사업가이기도 한 럼스펠드야말로 외주하청의 선두주자이다. 그는 할 수 있는 한 최대로 군의 업무를 민간기업에 맡겨야 한다고 주장해왔다. 현재 이라크에서도 3만명의 민간인 요원들이 여러 업무를 담당하고 있다. 그리고 우리식으로 말하면 수의계약의 특혜를 누리는 핼리버튼 등의 기업들은 후방에서 열심히 돈벌이를 하고 있다.

　이번 이라크전쟁은 미국식 전쟁, 즉 비즈니스의 논리가 어떻게 작동하는지 잘 보여주는 극명한 예이다. 럼스펠드나 미 국방부의 논리는 기업이 일을 하면 관이 하는 것보다 훨씬 효율성이 높아져 양질의 써비스를 받을 수 있다는 것이다. 그러나 전쟁은 기업이 사업을 벌이는 것과는 분명히 다르다. 우선 기업은 전쟁상황에서 민간요원들의 안전을 책임질 수 없다. 그래서 노무자들에게 많은 보험료를 지불해야 하고 그것은 곧 기업의 부담이 된다. 기업은 그 부담을 국방부 예산으로 충당할 것이므로 결과적으로 군인들이 그 일을 직접 수행하는 것보다 얼마나 더 효율적일지 의문이다. 전쟁터의 기업은 경비절감을 위해 민간노동자들을 싼값에 고용하려 한다. 2003년 이라크에 간 한국인 노무자 사망사건도 이러한 배경에서 발생한 것이다. 이제 월급받는 군인들이, 월급받는 인부들이 전쟁터에서 돈을 벌기 위해 전쟁을 하는 지경까지 왔다. 퇴역한 지휘관들은 전쟁 부대업무를 담당하는 회사 CEO로 취직하여 전쟁을 부추기고, 구 CIA요원들은 전쟁터에 재취업하여 이라크포로 고문작업을 지휘하는 것이야말로 전쟁비즈니스가 어디까지 타락할 수 있는지 보여주는 희극이자 비극이다.

2. 미국의 제국경영

⟩ 영토 야심이 없는 제국,
　혹은 세계가 잠재적 영토인 제국 ⟨

8·15 해방 후 우리 민족이 좌우로 분열되었을 싯점에 친미 단독정부 수립을 지지했던 당시 미군정청 경무부장 조병옥은 "일본과 달리 미국은 땅이 크고 자원이 풍부한 나라이므로 우리의 영토 따위에는 관심이 없고, 따라서 우리를 도와줄지언정 침략은 하지 않을 것이다"[20]라고 말한 적이 있다. 미국의 국제관계 전문가인 로널드 스틸(Ronald Steel)은 "로마와 달리 우리는 착취하지 않는다. 반대로 여러 나라가 우리를 착취한다. 그들은 우리의 많은 자원과 에너지를 빼간다"[21]라고 말한 바 있다. 지난 50년 동안 일본이 미국의 안보우산 속에서 세계 경제대국으로 성장했고, 독일이 미국의 지원을 받아 라인강의 기적을 이루었고, 한국이 미국 수출시장을 이용하여 아시아의 용으로 성장한 것이 그것을 증명한다고 볼 수도 있다. 전후 유럽과 동아시아 친미국가에 퍼부은 미국의 막대한 경제·군사적 지원을 생각해보면 미국의 '은혜'야말로 아무리 강조해도 지나치지 않을지 모른다.

그러나 미국은 2차대전 후 시장과 자원을 직접 얻을 수 있는 지역, 석유를 얻을 수 있는 지역, 장래의 주요 투자처가 될 수 있는 지역, 그리고 장기적으로 힘의 관계에서 전략적으로 중요한 지역의 여부에 따라 차별적인 정책을 펴왔다. 그래서 어떤 나라에는 겉보기에 아무 조건 없이 무조건 지원만 하기도 했고, 다른 나라에는 펌프질을 위한 물 붓기를 했고, 어떤 나라에는 곧바로 이권을 노리고 개입했다.

미국도 한때 식민지경영을 했다고 말하면 많은 한국사람들은 어리둥절해할 것이다. 미국은 조병옥이 유학하던 시절인 1930년대 이전에 이미 많은 식민지를 거느린 나라였다. 최초의 식민지는 1898년 스페인전쟁의 승리 후에 얻은 꾸바·뿌에르또리꼬·하와이였다. 그후 미국은 중앙아메리카의 작은 섬나라 아이띠를 침략해서 19년 동안 사실상의 식민지로 삼았고, 니까라과를 23년 동안, 그리고 필리핀을 44년 동안 식민지로 삼았다. 1903년에는 라틴아메리카의 꼴롬비아에 개입해서 파나마공화국을 건설한 다음 1977년까지 사실상 파나마 운하지역에 군대를 주둔시켜 직할식민지로 운영해왔다. 2차대전 후 일본항복으로 미군이 점령한 오끼나와는 1972년까지 미 국방부가 직접 통치하는 사실상의 미국 식민지였고 지금도 미국땅이라고 해도 틀리지 않다. 그리고 미국은 2차대전 이후 일본·독일·한국에서 3년 혹은 7년 동안 사실상 점령군으로서 주권자 역할을 해왔다. 1941년 일본의 진주만공격에 대해 미국이 본토를 공격당했다고 소리높이자 촘스키는 "하와이는 미국의 식민지다. 미국의 본토는 공격당한 적이 없다"라고 퉁명스럽게 받아쳤다. 하와이는 원래 왕조가 있었으나 사실상 미국이 점령하여 자신의 영토로 만든 지역이다.

그러나 미국의 '동맹국' 관리정책, 즉 제3세계 개입의 전형적인 모습은 과거 일본, 영국 같은 직접적인 식민지점령이나 2차대전 이후의 과도기적인 군정이 아니라, 전략적 요충지인 외국땅 내에 군사기지를 설치하고 그것과 결부해 군사경제를 원조한 데서 찾아볼 수 있다. 제국주의는 단순히 군사력을 앞세워 경제적으로 착취하는 것만을 의미하는 것이 아니라 자기나라의 법과 제도를 다른 민족이나 인종이 살고 있는 지역까지 강제로 확대시키는 것도 포함하는데, 만약 미국의 군사점령하에 있던 나라들이 독자적으로 정치대표자를 선출해서 간섭받지 않고 법과 제도를 만들었다면 미국을 제국주의라고 부를 수 없을 것이다. 그러나 어떤 나라가 주권행사의 기초인 군사력을 마음대로 사용할 수 없고, 정치·외교상의 결정권이 제한되어 있으며, 자기 영토 내 미군 주둔지 주변지역의 치외법권이 인정되고, 미군의 주둔비까지 분담해야 한다면, 이러한 국가를 온전한 주권국가라고 보기는 어려우며, 미국과 이들 나라와의 관계를 정상적인 동맹관계라고 보기는 더욱 어렵다. 찰머스 존슨(Chalmers Johnson)이 말하는 것처럼 미국에게 특권을 주는 '주둔군 지위에 관한 협정'(SOFA)은 사실상 19세기 식민지배의 20, 21세기판 버전이고, 각 나라의 주둔비 부담은 일종의 '조공'이다.[22]

치외법권은 20세기 초 중국 상하이에 있었던 외국인 조계(租界)에서 유래를 찾아볼 수 있다. 이 외국인 조계나 1950년대 이후 미군기지에서는 범죄자들이 해당국가의 재판을 받는 것이 아니라 본국의 재판을 받았다. 즉 그러한 조계나 기지를 공여한 나라는 실질적으로 자신의 주권을 행사할 수 없게 되어 있다. 그리고 이들 지역에 출입하는 외국인들은 여권이나 비자를 발급받지 않아도 되고, 해당국가의 운전면허를 딸 필요도 없다. 그러므로 점령국의 관리들이 조계에서 저지르는 모든 행동들, 특히 현지인들에 대한 각종 인권침해나 범죄까지도 면죄부를 받게 된다. 지역의 주민들은 일단 자기 땅이 조계가 되면 재산권

행사를 하지 못할뿐더러 불이익이 있어도 항의 한번 제대로 할 수 없다. 과거 조계의 치외법권은 조계 안에서만 통용된 데 비해서 2차대전 후 미국의 기지는 기지 밖의 작전이나 군인 개인의 범죄활동에 대한 면죄부로까지 연결된다.

미국의 준식민지로서 주권침해가 가장 심각하게 드러난 곳이 바로 동아시아 최대의 미군기지인 오끼나와였다. 오끼나와는 일본 항복으로 미군이 점령한 이후 법적으로는 일본땅이었으나 실제로는 미국땅이었다. 사실 한국전쟁과 베트남전쟁이라는 두번의 큰 전쟁을 치르는 동안 이 기지와 기지내 미군병사들을 위한 휴식과 오락시설이 없었다면 미국은 그 두 전쟁을 제대로 수행하기 어려웠을 것이다. 현재 일본 내 91개 군사기지 가운데 38개가 오끼나와에 있는데, 이곳에서 약 2만 8천명의 미군과 비슷한 수의 가족과 군속들이 오끼나와 전체 땅의 19%를 차지하고 있다. 이곳은 1km²당 인구밀도가 2,198명으로 일본에서도 최대 인구조밀지역인데, 현지 주민들은 거주지조차 확보하기 어려운 실정이다. 경치 좋은 땅에는 미군 가족들을 위한 주택, 최대 규모의 골프장, 체육시설, 호텔과 콘도가 들어서 있기 때문이다. 1999년 당시 일본은 이 기지 사용료 76억달러 가운데 42.5억달러를 부담하였다.

한국내 미군 주둔지 역시 사정이 다르지 않다. 이제 이전계획이 잡히기는 했지만, 서울의 노른자위 용산땅이 식민지시기 이후 사실상 한국의 주권이 미치지 못하는 곳이 되면서 국가적 자존심은 심각하게 훼손되어왔다. 서울의 도시계획, 교통과 환경에 미치는 악영향은 더이상 거론할 필요도 없으며, 대구·의정부·군산·평택 등 미군기지가 있는 곳은 어디나 상황이 비슷하다. 아름다운 어촌 매향리는 지난 1951년 미군이 주민과 협의도 없이 폭탄투하와 기총사격 표적지로 사용하면서 지금까지 주민들이 심각한 피해를 받으면서 살아왔고, 군사정권하에서 강제수용되어 미군기지가 된 파주의 스토리사격장 지역은 여전히 재산세는 주민들이 내고, 사용권은 미군에 있다.

　미국이 각국에 군대를 주둔시키다보니 당연히 사고도 많이 발생한다. 그러나 한국이 그렇듯이 일본당국이나 오끼나와법원은 재판권이 없다. 1998년 이딸리아에서는 미군비행기가 저공비행하다가 스키장의 곤돌라 줄을 건드려 20명이 계곡에 떨어져 죽은 사건이 있었다. 이 사건으로 클린턴대통령이 사과는 하였으나 희생자들에 대한 보상은 하지 않았다. 윤금이·신효순·심미선 등 이루 셀 수도 없는 한국인들이 지난 60여년 동안 군사작전과 무관한 미군의 일상활동 과정에서 죽음을 당하고도 제대로 배상받지 못하였고, 가해미군은 제대로 처벌되지 않았으며, 사건은 단순사고로 처리되었다. 이에 대한 현지주민들의 항의나 반미시위는 과거에는 반공전선이 균열될 위험이 있다는 이유로 탄압받았고, 공산주의가 무너진 뒤에는 '동맹국'의 신의를 위해서 억눌려왔다.

　일본이나 한국의 경우 역대 선거에서 새로운 총리나 대통령이 선출되면 언제나 제일 먼저 워싱턴으로 날아갔다. 일본은 지난 50년 동안 사실상 우파 자민당이 장기집권해온 나라이며, 독자적 군대가 없었고 엄밀히 말해 외교가 없는 나라였다. 일본은 제국주의 팽창정책을 펴다가 연합국인 미국에 패한 일종의 전쟁범죄국가니까 그렇다 치자. 하지만 한국의 경우 일본의 식민지였는데도 38선 분할과정에서 미국과 소련은 조선사람들과 상의한 적이 없고, 이후 한국은 독자적인 군사력 사용 권한을 갖지 못하고 있으며, 군사쿠데타 이후인 1960년대 초까지는 국가경제 운영에서도 독자적 결정권이 없었다. 한국은 30년 동안 군부가 집권하였으며, 2004년 4·15 총선으로 개혁성향의 열린우리당이 국회의 과반을 차지하기 전까지 군사정권의 주역인 5,6공화국의 집권세력이 국회를 장악해 사실상 일본과 정치적으로 대단히 유사한 양상을 보였다. 적어도 지난 50년 동안 일본과 한국은 독자외교권만 제한을 받은 것이 아니라 제대로 된 정당정치도 없었으며 미국과의 관계에서 독자적인 목소리를 낼 수 없는 미완성 국가였다.

조병옥이 말한 것처럼 미국이 영토에 대한 야심이 없는 나라인 것은 틀림없다. 미국은 자유를 국가의 존립근거로 하는 나라이고 남의 땅을 직접 점령해 억압할 필요성을 느끼지 않는 나라이다. 미국의 세계경영의 사상적 기초는 '인류역사상 가장 전염력이 강한' 자유라는 관념이다.[23] 그러나 자유의 실제내용은 그리 간단치 않다. 미국은 북아메리카대륙을 횡단하여 태평양에 닿은 다음부터 점점 전세계를 자신의 자유주의, 시장경제, 그리고 기독교의 땅으로 만들 생각을 품었다. 물론 그 땅은 법적으로는 그곳 주민들이 통치하고 관리하게 되어 있다. 미국은 단지 그 영토에서 나는 자원과 노동력을 자유롭게 이용하고, 자기나라 자본을 자유롭게 투자하여 영리활동을 할 수 있으면 된다고 보았다. 따라서 세계는 미국의 투자처, 즉 '자유'라는 관념을 전파하기 위한 선교의 대상이자, 시장경제가 작동하는 '자유세계'로 변할 수 있는 잠재적인 영토로 간주되었다. 미국정부의 외교담당 부서 명칭이 국무부(State Department)인 것은 우연한 일이 아니다. '제국'인 미국의 입장에서 볼 때 내정과 외치는 구분되지 않는다. 앞서 말한 것처럼 미국은 2차대전 이후 세계 여러 나라와 경제·군사동맹을 맺었으며, 미군이 많은 곳에서 피를 흘렸으므로 사실상 여러 나라의 우방이며 '혈맹'이다. 미국은 이 나라들을 '고객'으로 여기지만, 그 나라의 지도자들은 언제나 미국과의 관계를 우방, 특별한 관계, 혹은 혈맹이라고 생각한다.

결국 미국의 세계지배의 진면목은
과거 로마, 영국과 달리 직접 통치
를 하는 것이 아니라, 나라 만들기
(state-building), 즉 법·제도·엘리뜨 이식작업을 하고 나서 빠지거
나, 못 미더우면 군대를 주둔시키되 통치는 현지 엘리뜨들이 하도록
만드는 것이다. 그래서 미국은 나라의 첫 단추를 끼는 작업에 매우 적
극적으로 개입한 다음 적당히 물러서는 모양새를 취한다.

이번 이라크점령의 미래를 둘러싸고, 미국의 나라 만들기 성공사례
인 일본과 독일이 자주 거론되었다. 지난번 아프가니스탄 침공 때에도
전쟁이 끝나면 제2의 마샬플랜이 실시될 것이라는 목소리가 요란했다.
아프가니스탄, 이라크 침략과 점령은 2차대전 후 미국이 실시했던 경
제지원과 나라 만들기 작업의 21세기판이 될 것이라는 말도 오갔다.
그런데 냉정하게 말해 일본과 독일은 미국의 '나라 만들기' 작업의 성
공모델로 거론하기에는 적절치 않다. 왜냐하면 패전국가인 일본과 독
일은 패망 이전에 어쨌든 근대국가를 수립한 나라였고, 미국이 그것을
일방적으로 해체해서 재구성하지는 않았기 때문이다. 오히려 미국의
나라 만들기 사례를 검토하려면 미국의 식민지였던 필리핀, 아프리카
의 라이베리아, 유엔의 권위를 업고 영국과 공동으로 만든 이스라엘,
그리고 남한 등을 거론하는 것이 마땅하다. 일본, 독일과 달리 식민지
경험이 있는 이들 나라는 국내 정치세력의 자율성이 거의 없는 미군정
통치하에서 나라를 건설했기 때문에 미국의 정치·경제적 영향이 더없
이 큰 나라들이다.

나라 만들기에서 가장 중요한 것은 보통선거이며, 대표를 뽑는 작업
이다. 이것은 불법점령을 합법적인 통치로 바꾸는 작업이며, 민주적이
고 투명한 절차를 거쳐 신생정부의 합법성을 보장하는 장치이다. 그런

데 문제는 선거를 실시하기 이전에 이미 선거권·피선거권자의 범위를 확정하거나, 미국이 원하는 후보를 부각시키거나, 원하지 않는 인물이 당선될 가능성을 배제한다는 데 있다. 이번 이라크의 미 점령군 법률자문역을 맡고 있는 노아 펠드먼(N. Feldman) 교수는 선거를 빨리 실시하여 권력을 이양하라는 요구에 대해 "전후에 지나치게 급작스럽게 선거를 실시할 경우 민주주의에 헌신하지 않는 세력이 선출될 가능성이 있다"라고 말했다.[24] 즉 미국은 자신의 정책에 반대할 위험이 있는 정치지도자의 참여는 명백하게 배제하고 있는 것이다. 과거 냉전 초기에는 미국이 민족주의와 좌파세력을 배제했다면 이라크에서는 이슬람 급진주의세력의 등장을 배제하고 있다. 2003년 미국이 이라크를 점령하고도 유엔에 국가건설의 모든 권한을 이양하지 않고 선거시기를 계속 미루어온 이유는 테러공격이 계속되었기 때문이기도 하지만, 이라크사람들이 미국을 반대하는 상황에서 선거를 곧바로 실시하면 자신이 원하지 않는 후보가 선출될 위험이 있기 때문이다. 그런데 사람들은 애초 미국이 다른 나라를 점령한 불법성은 보지 않고, 일단 선거 후 법과 대의기구가 만들어지면 그것의 합법성에만 주목하는 경향이 있다. 예를 들면 한반도에서 미국과 소련이 38선을 경계로 분할점령한 것이 과연 국제적으로 합법적이었는지는 거론조차 되지 않는다. 2차대전 후 매카서 사령부가 일본 천황을 처벌하지 않고 입헌군주제를 채택한 점, 한국에서 일제시대 각종 악법, 특히 계엄령과 치안유지법을 없애지 않고 일본이 남기고 간 재산을 친미파에게 불하한 점 등은 사실 각각의 정부수립을 위한 선거보다 훨씬 중요하고 결정적인 조치였다. 그런데 그 점은 고려하지 않고 오직 '자유'선거의 결과로 구성된 의회와 대통령의 적법성에만 주목한다.

나라 만들기는 힘을 기초로 한 지배층 이식작업이라고 해도 좋을 것이다. 지금까지 모든 제국은 언제나 현지 대리자를 포섭하고 저항세력을 탄압하는 일을 동시에 해왔다. 로마 이래로 제국의 일관된 그리고 효과적인 지배원칙은 분할통치(divide and rule)였다. 그래서 제국주의세력은 처음에는 총칼을 들고 들어와서 강제로 점령한 다음, 그 나라의 기득권층과 손잡아 그들에게 '제국의 시민' 자격을 부여하고 각종 작위를 준 다음 관리로 임명한다. 그런 다음 그들을 '지도'하여 법과 제도를 정비하고, 군대와 경찰을 훈련하거나 육성하는 정책을 편다. 제국주의가 가장 두려워하는 것은 식민지 백성들이 단결하여 '제국'에 저항하는 것이기 때문에 그들끼리 서로 싸우게 만들어서 적이 누구인지 모호하게 한 다음 자신의 충성스러운 대리자들이 자력으로 통치할 수 있도록 만드는 것이다. 그래서 모든 식민지 지역에서는 언제나 인종·부족·집단 간에 갈등과 분쟁, 폭력과 학살이 발생하는 것을 볼 수 있다. 그 상호 증오의 기원은 내부에 있는 것이 아니라 사실은 파농(F. Fanon)의 말처럼 제국의 점령과 분할통치전략에 있다.

　제국주의는 매수와 권력부여를 통해서 현지의 대리자를 만들어낸다. 슘페터(J. A. Schumpeter)가 강조한 것처럼 과거 로마는 자신이 점령한 지역의 부자들을 일관되게 대변하는 정책을 펴서 그들을 제국의 파트너로 끌어들였다. 미국 역시 각 나라의 부자들을 자신의 편으로 만들어서 그들의 손으로 제국을 경영했다. 그래서 토인비(Arnold Toynbee)는 미국은 범세계적인 반혁명운동의 리더라고 지적하기도 했다.[25] 과거 일본 제국주의가 일부 조선왕조의 고급관리와 양반들에게 작위를 주고, 그들의 지위와 물질적 이해를 보장해주는 댓가로 식민통치의 파트너로 삼은 것도 이러한 맥락에서 이해할 수 있고, 미국이 8·15 해방 후에 친일 부호들을 적극 기용한 이유도 여기에 있다. 자신의 권력과 돈을 잃어버리지 않으려는 구지배층은 이 매수작업에 손

쉽게 넘어간다. 그래서 제국주의는 언제나 기존 지배층의 기득권을 보호해주는 것이다.

그러나 엘리뜨층만이 매수대상이 되는 것은 아니다. 자신의 동족에게 총부리를 겨누는 임무를 맡은 말단 경찰이나 군인 역시 제국경영의 잠재적 수혜자다. 2003년 중반 이후 이라크의 치안이 어려워지자 미국은 제일 먼저 현지 경찰과 군대 육성계획을 발표했다. 이미 이라크에는 미국을 대리하는 20만명의 이라크인 경찰이 활동하고 있는데, 이들은 한결같이 미국을 좋아하지는 않지만, '처자식이 있고, 먹고살아야 하기 때문에' 어쩔 수 없이 들어왔다고 말한다. 유사프(Yusaf)라는 한 이라크인은 다음과 같이 말한다.

> 돈은 좋은 것이다. 우리 아이들을 위해 옷과 음식을 사줄 수 있다. 저녁을 먹지 않고 잠들 수 있는가, 그렇다면 미국인에게 협조하지 않을 수 있는가? 그렇지 않다. 나는 미국인에게 협조해서 저녁을 먹어야 한다.[26]

그는 미국인들에게서 매달 약 130달러를 받고 있는데, 현재의 이라크 사정에 비추어보면 꽤 많은 액수라고 한다. 그러나 그의 고백은 매우 우울한데, 그는 과거의 친구나 친척들에게 돌팔매질당하고 따돌림받고 인간 이하 취급을 받는 것을 의식하고 있으며 주변 동포들의 살해위협에 시달리고 있으며, 언젠가는 이들의 손에 죽을지도 모른다고 생각하고 있다. 그리고 미국이 1975년 4월 남베트남 패망일에 그러했듯이 떠날 때는 자신들을 버리고 갈 것이라는 것까지 알고 있다. 유사프는 "그들은 우리 석유를 모두 가지면 떠날 것이고, 그러면 우리들끼리 서로 죽이도록 내버려둘 것이다"라고 말했다. 섬뜩한 이야기이다.

그는 이전에 미국 점령군이 철수하면서 자신의 협력자를 어떻게 버렸는지, 그리고 그후 어떻게 현지주민들 사이에서 증오와 학살이 발생했는지 너무나 잘 알고 있었다. 그의 판단은 역사공부에서 나온 것이 아니라 동물적인 생존본능에서 나온 것인지도 모른다. 과거의 제국주의는 그리고 오늘의 미국은 이미 식민지국가에 치유할 수 없는 상처를 남기고 있다. 그 상처는 점령군이 물러난 이후 수십년 심지어 백년이 갈 수도 있다. 1945년 이후 지금까지 한반도에서 발생한 피의 역사만큼 그것을 잘 보여주는 현장은 없다.

과거 영국이 식민지경영을 위해 자국 사람을 관리·군인·기업인으로 육성해 보냈다면 미국은 영국과 달리 현지의 관리나 엘리뜨를 미국으로 불러들여 이들을 미국식 가치관과 세계관으로 무장시킨 다음 되돌려보냈다. 즉 영국은 현지 주민을 믿지 못했기 때문에 식민정책의 목표와 이상으로 철저하게 무장한 영국 군인과 관리를 현지에 파견하였지만, 미국은 현지인 가운데 미국의 정책을 가장 잘 이해하고, 시장경제와 민주주의의 가치를 내면화한 관리·지식인·군부 엘리뜨를 교육시킨 후 각자 자기나라에 돌아가서 장관·군부지도자·정치인·학자·언론인으로 역할을 하도록 해왔다. 사실 미국은 세계에서 가장 우수한 고등교육제도를 자랑하는 나라이다. 미국의 대학은 미국식 가치와 이념을 전세계에 퍼뜨리는 '제국'의 거점이기도 하다. 1996년 대통령선거 당시 공화당후보인 밥 돌(Bob Dole)은 미국이 세계를 지배하는 힘의 원천은 미국의 대학에 있다고까지 말했다.

그중에서도 미국이 가장 역점을 둔 것은 군부지도자, 경제정책 담당자, 그리고 지식인 육성이었다. 미국은 이미 20세기 초 필리핀을 식민지화할 때 그것을 실천하였다. 미국은 1950년대부터 라틴아메리카, 아시아 각국의 군부지도자들을 미국으로 불러 일정기간 교육을 시켰다.

이 학교는 캐널 스톤(Canal Stone)에 있는 '미국의 학교'(School of Americas, 정식명칭은 Western Hemisphere Institute for Security Cooperation)인데 6만명 이상의 라틴아메리카 출신 군인과 경찰이 이 학교에서 교육을 받고 돌아갔다. 미국은 졸업 후에도 이들과 접촉을 계속하였고, 이들 역시 자기나라에 돌아가서 미국과 관계를 지속했다.[27] 1973년 칠레 아옌데정권을 무너뜨린 쿠데타에 이 학교 출신 6명이 포함되어 있었고, 엘쌀바도르 내전 당시 학살의 주범으로 지목된 인물의 3분의 2가 이 학교 출신이었다. 또 꼴롬비아, 뻬루 등지에서 암살과 테러의 주범으로 지목된 군부지도자들 역시 모두 이 학교 출신이었다.[28] 라틴아메리카의 쿠데타세력들, 극우독재의 주역들, 인도네시아의 인권탄압과 학살의 주역들, 필리핀 마르코스정권의 군부 모두가 사실 미국이 길러낸 자식들이다. 이들은 미국을 대신해서 자기나라에서 '공산주의세력을 제거하는' 임무를 수행하였으며 권력을 유지하면서 인권을 탄압하고 친미독재정권을 유지하는 데 기여하였다.

이 청년장교들이 정치적 반대세력, 특히 학생과 노동자들을 탄압하는 데 동원한 기술들은 대체로 CIA에서 배운 것이다. CIA는 이들이 갖지 못한 정보를 계속 제공해주면서 미국의 정치·군사적 목적을 이들을 이용해 실현하였다. 1996년 미국에서는 1950년대 이후 CIA가 만든 교범이 일부 공개되어 파문이 일었다. 교범의 제목들은 '암살 연구' '테러와 도시게릴라' '자유전사를 위한 교범' '게릴라전에서의 심리전' 등이다.[29] 한편 미국은 정규군대와 더불어 각 나라의 악명높은 비밀경찰, 정보요원들을 교육·훈련시켰다. 그 훈련내용에는 제3세계 군사독재국가들이 국민을 대상으로 벌인 혐의자 체포, 고문, 테러, 암살 등 '더러운 전쟁'의 내용이 모두 들어 있다. 이번 이라크에서 발생한 미군의 추악한 포로심문은 사실 과거 현지인들에게 가르쳐 그들의 손으로 하게 하던 것을 미국이 직접 나서 한 것뿐이다.

그러나 이들보다 더 결정적 영향을 미치는 집단은 경제정책 담당자들이다. 미국이 통제하는 세계은행은 이미 2차대전 후 신생국가들에 고등교육 투자를 장려하지 않고 오히려 문맹퇴치에 중점을 두었다.[30] 고등교육, 즉 이념 및 기초과학의 연구와 교육은 어차피 중심부 국가와 상대가 되지 않는다는 현실적인 판단일 수도 있겠으나, 과거 일제가 조선인들에게 기술교육만 시키고 관리육성을 위해 극소수의 조선 학생만 경성제대 입학을 허용했던 교육정책을 생각해보면 그 의미를 이해할 수 있다. 실제로 2차대전 후 저개발국의 고등교육, 특히 최고 엘리뜨 양성은 미국이 담당했다고 해도 과언이 아니다. 미국의 세계적인 명문대학에서 교육을 받은 라틴아메리카와 아시아의 경제학자들은 자기나라에 돌아가 고위관료가 되거나 학계·재계에서 하나의 폐쇄적 써클을 형성하여 막강한 영향력을 행사하였다. 칠레 삐노체뜨정권하에서 자유주의 경제정책을 옹호한 일군의 경제학자들이나 볼리비아의 시장개방을 추진한 경제학자들을 '시카고의 자식들'(Chicago Boys)이라고 지칭한 예도 있듯이 각국의 경제 엘리뜨들은 하나같이 미국대학에서 교육받아 자유시장과 자유무역을 신조처럼 믿는 사람들이다. 이들을 육성하는 미국의 제국주의정책은 제임스 쿠스가 말하듯이 제국의 마인드를 현지에 그대로 실천한다는 점에서 일종의 "두뇌이식"이라고 볼 수 있다. 즉 미국에서 교육받은 현지 엘리뜨는 인종적으로는 그 나라 사람이지만, 지적으로는 미국인이다.[31] 한국의 학계를 보라.

미국이 이들 대리자들을 통해 실현하고자 하는 자국의 이익은 결국 민족주의·사회주의 노선의 확산을 막고 자국의 자본과 상품의 진출을 용이하게 하는 것이다. 이들의 역할은 구식민지 시대의 현지관리들에 비견된다. 그러나 구식민지 시대의 관리와 다른 점은 억압과 폭력에 기초한 지배는 현지 대리통치자들에게 일말의 부끄러움을 주지만, 2차 대전 후 이식된 엘리트들은 미국대학에서 배운 것이 자기나라와 세계 발전에 실제로 도움이 된다고 생각한다는 점이다. 그러나 일본 대장성 관리를 연구했던 존슨이 강조했듯이 일본의 경제기적은 사실상 이러한 논리에 반하는 정책 덕에 가능했고, 제한적이지만 한국의 경제발전 역시 그렇다. 한국은 그래도 성공사례로 점수를 좀더 줄 수 있다고 하겠으나, 라틴아메리카의 경우 이들 미국 유학파의 정책은 끝없는 빈곤과 불평등을 양산하였다.

처음 미국이 저개발국의 대학설립을 지원하고, 학문을 수출하고, 교과서를 집필할 사람들을 훈련시켜놓으면, 이들은 이후 모든 제도와 교육내용을 그것에 맞추어 재편성하기 때문에 가만두어도 미국식 자유주의와 시장주의가 자동으로 재생산된다. 싸이드가 오리엔탈리즘이라고 명명한 중동, 그리고 라틴아메리카와 아시아의 미국문화 지배 아래서 이들 지역의 지식인들은 자신의 전통을 잊고 서구의 눈, 특히 미국의 눈으로 자신을 보도록 훈련되었다. 그리하여 권력의 도구가 된 지식이 계속 재생산되는 것이다.

오리엔탈리즘은 서구의 제3세계 시장지배와 착취를 문명화의 과정으로 정당화하는 이데올로기이며, 이들 문명국가가 저지른 전쟁, 구조적 폭력, 문화적 학살은 보지 않고, 저항세력의 폭력에만 분노하도록 지식인과 사회구성원들을 세뇌한다. 그리하여 자신의 전통을 부끄러워하고 버려야 할 것으로 인식하며, 미국적 표준에 맞추는 것을 문명화라 부르도록 만든다. 냉전시절 동아시아에서 공산주의의 대립항을 민주주의라고 명명한 것도 오리엔탈리즘적 사고의 일종이라고 볼 수 있다. 그래서 아직까지 미국과 마찬가지로 한국에서는 공식적으로 공산주의의 반대말이 곧 민주주의인데, 여기서 민주주의란 냉정히 말해

자유민주주의가 아니라 자본주의, 혹은 자본주의질서를 옹호하는 군사독재까지 포함되기도 한다. 독재가 민주주의인 것이다. 동아시아 극우독재국가는 공산주의라는 악마를 부수고 자본주의가치를 확산시키는 것이 역사의 진보라고 공식화하였다. 로스토우(Rostow), 스칼라피노(Scalapino) 같은 미국의 관변 지식인들이 한국과 동아시아를 수시로 들락거리면서 그러한 가치를 전파하는 데 분주했으며, 한국이 그들을 '사상적 모국'의 칙사로 대접한 것은 모두가 아는 사실이다. 그러나 촘스키가 비판하였듯이 그들은 실제로는 자유와 민주주의의 수호자가 아니라 군사독재와 파시즘의 옹호자였다.

〉"군홧발을 디뎌야 장사를 하지"〈   2003년 9월 4일자「졸고 있는 거인 깨어나다」라는 제목의『타임』지 칼럼은 "왜 나찌가 망한지 60년이 다 되었고, 사회주의가 무너진 지 10년도 더 된 지금까지 우리는 독일에 6만8천명의 군대를 주둔시키고, 북한군의 사정거리 안에 1만5천명의 군대를 주둔시키고 있는가"라는 질문을 던진다.[32] 이러한 주둔을 '전략적 이타주의'라고 보는 칼럼니스트는 남한에서 서울을 지키기 위해 미군이 죽어야 한다면 그것은 이타주의가 아니라 마조히즘이라고 비판하였다. 즉 "그들이 우리를 싫어하고 우리보고 나가라고 하는데 왜 있으려 하는가"라고 미군배치를 비판한 것이다. 그의 비판대로 미국은 이제 인계철선(引繼鐵線)의 역할을 포기하고 비무장지대(DMZ) 주둔군을 남으로 옮기고 주한미군 주력을 일부 철수한다고 발표했다. 그러나 독일이나 한국에서 미군이 완전철수한다는 말은 한 적이 없다. 과연 눈물나도록 감격스러운 이타주의 때문인가, 아니면 마

조히즘인가?

미국은 원래 영국의 식민지였다가 독립한 나라여서 미국사람들은 대체로 남의 나라에 군대를 보내거나 남을 점령하는 것을 싫어하고, '제국'은 자신과는 전혀 무관한 개념이라고 믿어왔다. 그러나 2차대전 후 구식민지 지배가 무너지자 미국은 군사동맹 등 여러 이름으로 점령국·신생국 등 여러 나라와 정치·군사적 관계를 새롭게 맺기 시작했다. 미국은 분쟁이 일어난 각 나라에 개입한 다음, 그 나라의 요구 때문인 양 모양새를 갖추어 각종 방위조약을 맺고 군대를 주둔시켰다. 그래서 2차대전 이래 미국은 독일·일본·한국·이딸리아에 반세기 이상 군대를 주둔시키고 있으며, 걸프전이 끝난 이후 현재까지 13년 동안 사우디아라비아, 쿠웨이트 등 중동국가에 군을 주둔시키고 있다. 소련 사회주의가 무너지고 난 후에는 우즈베끼스딴·까자흐스딴·루마니아·불가리아·폴란드에 군대를 주둔시켰다. 이렇게 하여 미국은 전세계 35개 나라에 700여개 이상의 군사기지를 구축했다. 원래 부시행정부 내 온건파 파월 국무장관은 걸프전 때에도 전쟁반대론자였는데, 당시에도 그는 전쟁이 끝나면 군대는 본국으로 돌아가야 한다고 주장했다. 그러나 그의 주장은 주장에 그쳤다. 그는 직업군인으로서 오직 군사적인 관점만 알았지 정치는 잘 몰랐던 것이다.

미국은 과거에는 소련의 위협에 맞서 동아시아에서 미군을 주둔시켰으나, 냉전이 끝난 후 이제 이 지역에서 미국의 이해는 축소되었지만 일본과 한국 등 당사자가 여전히 북한의 위협을 받고 있으므로 미군 주둔에 필요한 비용을 분담하라고 요구하였다. 1990년대 들어서 일본과 한국이 부담하는 주둔비가 크게 증가한 것도 이런 까닭이다. 한국정부의 주한미군 주둔비 분담비율은 1991년에는 16.8%였으나 2001년에는 무려 43%로 늘어났다.

2003년 말 이라크에서 미국이 궁지에 몰리자 '미군이 언제 철수하는가' 하는 문제가 제기되었다. 이때 부시와 럼스펠드는 조기철군론을 일축하면서 이라크에 새정부가 들어서도 군대는 오랫동안 주둔할 것이라고 잘라 말했다. 충분히 예상했던 일이다. 2004년 대선에서 민주당후보 케리는 이라크 주둔 미군을 자신의 임기 내에 철수시키기 위해 노력할 것이라고 말했다. 그러나 커밍스(Bruce Cumings)가 말한 것처럼 미국은 어떤 나라에 한번 들어가면 좀처럼 스스로 나오는 법이 없다. 그리고 필리핀 경우처럼 현지 압력에 의해 물러나온 뒤에도 무슨 명목을 붙여서라도 다시 들어간다. 물론 럼스펠드가 "이라크 주권정부의 요청에 따라서 주둔할 것이다"라고 말한 것처럼 미국은 언제나 주둔국가가 공식 요청하는 절차를 밟는다. 그래서 모든 주둔은 적어도 법적으로는 미국의 압력이 아닌 해당국가의 요청에 의한 것으로 되어 있다. 일본이 조선을 식민지로 만들 때 고종의 날인을 받아 조선의 요청에 따라 합법적으로 식민통치한 것으로 모양새를 갖춘 것과 같다.

원래 군대를 주둔시키는 데는 비용이 많이 든다. 그런데 왜 미국은 '고객국가'가 자기 힘으로 방어할 수 있는 상황이 되어도 군대를 주둔시키는 것일까? 앞의 『타임』 칼럼니스트의 주장대로 전략적 거점이 변한지도 모르고 졸고 있었던 것일까?

미국이 군대를 주둔시키는 데는 충분한 근거가 있을 것이다. 우선 전쟁에 이긴 뒤 바로 군을 철수하면 새 정부가 미국의 의중대로 움직이지 않을 때 통제할 방법이 없다. 미국이 전쟁에 이기고 곧 자기나라로 돌아가버리면 승리의 성과가 공중으로 날아가버릴 위험이 있다. 즉 미군의 주둔은 전쟁의 최종목적을 달성하기 위한 것, 즉 내정을 미국의 영향권하에 확실히 두기 위한 것이다. 럼스펠드의 자문교수인 토머스 바넷(Thomas Barnett)이 말했듯이, 좀 고상하게 표현해 미군은 지구화된 국가들의 '기능중심'(functioning core)인 것이다.[33] 미 국방부 내 전력개편실 해군제독 쎄브로스키(A. Cebrowski)가 말한 것처럼 이들은 전사가 아니라 '국제적 행위규범을 강제하는 힘'(enforcers)인 것이다. 여기서 '국제적 행위규범'이란 곧 미국 주도의 질서, 즉 미국의 국익을 말한다. 미국이 군대를 통해서 자신의 규범을 강제하는 것은 옛날의 제국주의처럼 무식한 방법으로 식민지 지역민의 일거수일투족을 감시하고 강제하는 것이 아니라 국내의 정치질서에 적절히 개입해서 미국의 군수물자를 판매하고, 미국 자본과 상품의 진출이 용이한 환경을 만드는 것이다.

바로 이런 이유 때문에 『뉴욕타임스』의 보수적 칼럼니스트 토머스 프리드먼은 "보이지 않는 손은 보이지 않는 주먹이 있을 때만 작동한다. 맥도날드가 전세계에 나아가기 위해서는 미 F-15기 제조업체인 맥도널더글러스가 필요하다. 씰리콘밸리의 기술이 발전할 수 있도록 지켜주는 보이지 않는 주먹은 바로 미 육·해·공군이다"라고 시장개척에 군사력이 뒷받침되어야 한다는 것을 집약해서 표현했다. 미국 네오콘 지식인이자 전쟁사가인 맥스 부트(Max Boot)는 전쟁에 이기면 곧 떠나야 한다는 이른바 파월독트린을 비판하면서 "군홧발 아래에서 평화가 보장된다"라고 걸프전 이후 미국이 계속 주둔하게 된 이유를 잘 정리해주었다.[34]

〉잠을 깨보니
 '제국'이 되어 있는 미국? 〈

앞서 말한 것처럼 제국주의라는 말은 영국의 지배에서 독립한 미국인들이 가장 싫어하는 용어 가운데 하나이다. 미국의 이러한 태도는 1823년 영국과 미국의 상호불간섭주의를 확인한 먼로독트린에서 가장 전형적으로 표현되었다. 그후의 역대 미 대통령이나 정치지도자들도 미국을 '제국'으로 부르는 데 대해 알러지 반응을 보였다. 그리고 적어도 2차대전 이전까지는 다른 나라 문제에 개입하거나 전쟁을 벌이는 것에 대해 내부에서는 반대의견이 우세했다. 그러나 2차대전의 승리와 냉전체제 구축과정에서 미국은 점점 세계 모든 지역의 문제에 개입하기 시작했다. 이제 전세계의 문제는 미국의 문제이고, 전세계에 미국의 잠재적 적이 도사리고 있는 듯 처신했다. 이제 미국은 자신도 알지 못하는 상태에서 과거 로마제국의 전철을 밟기 시작했다. 일찍이 슘페터는 로마의 예를 들어 다음과 같이 '제국'의 행동을 설명한 바 있다.

> 지구상에 이익을 위협받지 않는 곳이나 실제 침략을 받지 않는 곳은 어디에도 없었다. 만약 그 이익이 로마의 것이 아니라면, 그것은 우방의 것이다. 만약 우방이 없는 경우라면 우방은 만들어져야 했다. 만약 어떤 이해관계가 있는지 잘 떠오르지 않을 경우에는 국가의 위신이 침해된다고 말해야 한다. 싸움은 언제나 합법성의 명분 아래 이루어졌다. 로마는 언제나 사악한 이웃에 의해 침략당했다. (…) 세계 전체는 일군의 적들이 있다고 언제나 설득했으며, 확실하게 공격 의사를 갖고 있는 적에게서 세계를 지키는 것이 로마의 임무였다.[35]

결국 미국의 군대, 미국의 우방, 미국의 혈맹이 전세계 곳곳에 있다면 미국의 이익은 언제나 위협받을 수밖에 없다. 그리고 미국의 이익을 위해 적이 "만들어져야 했다." 공산주의와의 전쟁은 바로 미국의 국익 추구를 위한 제국전략의 집약된 표현이자, 미국 정치권 내부의 고립주의 우익과 일부 좌익을 완전히 제압하기 위한 정치전략이기도 했다. 그것이 문서화된 것이 바로 애치슨의 NSC-68(National Security Council Memorandom-68)이었다. 한반도는 바로 NSC-68 전략의 시험대였고, 한국전쟁의 발발은 미국 내부에서 좌우 양세력의 반대에 직면했던 트루먼-애치슨 노선의 승리를 입증해준 정치적 선물이었다. 이제 미국은 '자유시민'을 보호한다는 명분을 내걸고 전세계 구석구석에 거침없이 개입하기 시작했다. 오늘의 미국은 여기서 시작되었다.

이라크전쟁이 시작된 지 10일 정도 지난 2003년 3월 28일 아랍 위성방송인 알자지라가 럼스펠드를 인터뷰하면서 미국이 "제국건설(empire building)을 하고 있는가"라고 물었다. 그러자 럼스펠드는 마치 여자 속옷을 입고 있다가 들킨 사람처럼 "우리는 제국을 추구하지 않는다. 우리는 제국주의적이지 않다. 그리고 과거에도 그런 적이 없다"라고 화를 내면서 대답했다.[36] 그런데 이에 대해 미국 내에서는 "그래 미국은 확실히 제국이고, 미국은 제국주의 국가다"라는 식의 비판과 "그래 미국이 제국인 것은 맞지만 뭐가 잘못됐냐? 우리는 '비제국주의적 제국' 아니면 '좋은 제국'이다"라는 공세적인 긍정론이 엇갈렸다.[37]

미국이 '제국'임을 부인하지 않으면서 나아가 '자애로운 제국'이라고 보는 사람들은 지금까지 미국이 개입한 소말리아, 아이띠, 보스니아, 코소보, 아프가니스탄, 그리고 과거 독일과 일본 등의 성공사례를 예로 든다. 즉 미국은 과거의 제국과는 달리 인류에게 고통을 가져다준 악의 세력인 공산주의와 나찌주의, 탈레반과 밀로셰비치의 정치권력을 몰락시켰고, 남한이나 파나마 같은 나라에 자유주의제도를 확산시켰다는 것이다. 그리고 미국은 법의 지배와 재산권 보장, 언론자유를 전파했으며, 선거를 통한 새로운 지도자 선출을 도와주었고, 민주주의제도를 이식하는 데 주저하지 않았다는 것이다. 그러면서 "우리를 뭐라고 불러도 좋다. 우리는 자애로운 제국, 계몽된 제국, 역사상 처음으로 성공한 제국이 될 수 있을 것"이라고 자신있게 말한다.[38]

이러한 '도덕적 제국'론은 윌슨대통령의 사상과 노선에 가장 전형적으로 나타난다. 그는 미국을 세계 복지의 보증자, 민주주의와 문명을 전파하는 신성한 의무를 가진 백인의 나라로 생각했다. 그가 생각했던 미국의 미래는 세계에서 가장 정의롭고, 가장 진보적이고, 가장 명예롭고, 가장 계몽된 나라가 되는 것이었다. 윌슨의 사상에서 나타난 깔뱅주의(Calvinism)적인 요소, 경제적 이익과 도덕을 하나로 파악한 그의 사상을 도덕적 제국주의, 선교사적 제국주의라고 부르기도 한다. 윌슨 이후 미국내 국제주의자들은 "물질적으로 풍요한 것이 도덕적이고, 신의 뜻에 합당한 것"이라고 전제하면서 전세계의 '미개한' 지역에 자유, 시장경제와 물질문명을 전파한 미국의 '제국건설' 전략을 옹호하였으며, 또 도덕적으로 정당화하였다. 실제 미국이 NSC-68에서 제시한 자유주의의 이상을 읽어보면 그 원대한 포부에 감복하지 않을 수 없다.

그러나 "우리는 역사상 최초의 선한 제국이다"라는 미국인들의 주장은 사실이 아니다. 서구의 역사는 제국의 역사이고, 로마 이후 모든 제국은 언제나 자신이 평화를 사랑하고 있으며, 침략을 좋아하지 않는 좋은 이웃이고, 자신의 이익보다는 전체 문명사회의 건설에 관심을 갖고 있으며 억압민족을 해방하려는 이상을 갖고 있다고 강조했다. 따라서 자신의 침략행동을 그럴듯한 이상주의로 포장한 것은 미국이 처음이 아니다. 제국은 언제나 군사적 수단을 바탕으로 주변지역을 정복했으며 정복을 통해 얻은 전리품은 반드시 현지의 대리인들에게 일부 나누어주고 그들의 원조를 얻어 제국을 경영했다. 사실 군사주의와 문명화는 배치되는 것이 아니라, 가장 '문명화된 제국'이 언제나 군사대국이었고, 동시에 전쟁 마니아였다.

역사에서 볼 때 초강대국이 도덕적 이상 때문에 영토를 확장하고 식민지를 개척한 적은 한번도 없다. 그들은 다른 종족이나 민족을 먹여 살리기 위해 팽창한 것이 아니라 자신의 이기적 동기에 따라 정복에 나섰다. 영국과 미국처럼 시장경제와 물질주의가 국가와 국민의 기본 정서를 이루는 나라는 더욱더 노골적이고 적나라할 정도로 이기적이다. 지금까지 미국의 모든 정책에서 일관된 것이 있다면, 자유와 시장 등과 같은 보편적 가치의 추구가 아니라 미국 국익을 위한 전략적 가치의 추구라고 해도 과언이 아니다.[39]

미국이 그전의 제국과 다른 점은 군사원조뿐만 아니라 엄청난 경제원조까지 제공했다는 데 있다. 이것은 미국을 '자애로운 제국'으로 인식하도록 만든 가장 중요한 요소이기도 하다. 그러나 이 원조 역시 이타적 동기에 기초했는지는 의문이다. 미국이 사상 최대 규모의 원조를 쏟아부은 마셜플랜의 경우에도, 그 일차 목적은 미국경제가 다시 돌아가게 하고 미국이 유럽에서 패권을 유지하는 것이었다. 당시 트루먼대통령이 "유럽에 등을 돌리면 우리의 국가이익은 곧바로 위험에 빠진다"라고 지적했듯이,[40] 유럽경제가 무너지면 미국자본은 시장을 찾지 못하고, 결국 미국의 번영도 위협받을 수밖에 없다는 것이 자명했기 때문이다.

로마-영국-미국으로 연결되는 서구제국의 역사는 언제나 도덕과 문명으로 자신을 포장하고 피정복 민족의 일부를 포섭하는 데 성공했기 때문에, 성공한 제국이라고 볼 수 있다. 과거 중국도 일종의 제국이었으나 문화적 지배에 초점을 두었다. 몽골과 오스만 제국은 더 노골적인 억압과 폭력에 기초했기 때문에 오래 버티지 못했다. 로마·영국·미국은 군사적 힘과 문화적 교화를 결합시키고, 피점령국의 엘리뜨들에게 물질적 번영을 가져다주었기 때문에 성공한 제국이 될 수 있었다. 이들 서구제국은 모두 상업문명에 기초해 있었으며 법의 지배, 민주주의를 기본적인 정신으로 한 특징이 있다. 이것이 로마·영국·미국으로 하여금 자신을 '계몽된 제국'이라고 애써 강조할 수 있게 한 근거이기도 하다. 물론 세계사람들이 서구화＝문명화로 인식하게 된 것도 이들 '제국'의 문화적 힘과 물질적 풍요가 인간의 물질추구 욕망을 어느정도 충족시켜주었기 때문이다.

제국 시민들의 높은 생활수준과 행복을 보장해주기 위해 팽창과 점령은 불가피했고, 그 팽창은 내부의 노예들과 외부의 여러 민족들에게 많은 희생을 요구하였다. 그래서 제국의 역사는 예외없이 피의 역사다. 그러나 군사주의·상업주의 제국은 그러한 희생과 고통의 역사는 감추고, 자신의 이기적 동기를 숨기기 위해 계속 거짓말을 해야 했다. 그래서 제국의 역사는 곧 위선의 역사다. 사실 상업문명 자체가 위선 없이는 존재할 수가 없게 되어 있다. 공정성과 합리성, 법의 지배는 제국경영의 전리품이 모든 구성원에게 어느정도 분배될 때 가능한데, 현실적으로는 그것이 불가능하므로 계속 거짓이 동원되는 것이다.

2차대전 이후 미국은 역대 어느 제국보다도 막강한 힘을 갖게 되었다. 미국은 과거 로마, 영국과는 비교가 안될 정도로 세계 전체에 깊은 영향을 미치고 있으며, 경제력과 군사력을 독점하고 있다. 그뿐 아니라 문화와 가치의 실질적인 영향력에서도 미국은 과거의 제국보다 월등하다. 미국이 설정하는 원칙은 세계의 표준이 되고, 그것에서 예외가 될 수 있는 나라는 거의 없다. 어떤 개별 국가도 이 제국에 감히 저항하거나 반대할 수 없다. 그리고 잠재적 경쟁자가 될 수 있는 유럽연합(EU)이나 중국까지도 이제 기본가치나 경제노선에서는 미국을 반대

하지 않는다. 그렇게 본다면 장차 어떨지는 알 수 없으나 오늘의 미국
은 현상적 힘에서는 세계 역사상 가장 강력한 제국이라고 불러도 좋을
것이다.

4

제국의 기획자들

1. 미국행정부의 전쟁정치

〉 제왕 대통령 〈　　이라크전쟁 시작 이후 텔레비전에 방영되어 미국 사람들에게 깊은 인상을 남긴 극적인 장면이 있다. 첫째는 2003년 5월 1일 부시가 군인들을 격려하기 위해 전투기를 타고 항공모함 링컨호에 내린 다음, 낙하산을 앞에 찬 공군 복장으로 도열한 군인들 앞에 나타나 '주요전투의 종결'을 선포한 것이었다. 그것은 군인 부시, 국민의 생명과 안전을 보호해주는 전사 부시, 말만 앞세우는 것이 아니라 행동하는 최고사령관 부시의 모습을 가장 극적으로 연출해내었다. 두번째로 인상적인 장면은 부시가 2003년 추수감사절에 갑자기 이라크 전투병 막사에 나타나 군인들에게 배식하는 광경이었다. 군인들을 언제나 돌보면서 먹여살려주는 최고사령관 부시의 모습을 연출한 것이다. 물론 두 가지 다 고도로 계산된 것이며 일종의 선거운동이기도 했다. 역대 어느 미국대통령도 전쟁중에 군복을 입고 국민 앞에 나타난 적은 없었다. 아이젠하워대통

이라크 종전을 공식선언하기 위해 항공모함 링컨호에 전투조종사 복장으로 나타난 부시(위)

추수감사절을 맞아 바그다드를 기습적으로 방문해 칠면조 요리를 나르는 부시(아래)

령은 군지휘관 출신이지만 되도록 군인의 이미지를 지우려고 애썼다. 트루먼대통령은 한국전이 발발했을 때 한국 근처에도 오지 않았다. 그런데 부시는 최고사령관의 이미지를 연출하기 위해 백방으로 노력하고 있는 것이다.

미국에서 군인의 경력, 즉 국가를 위해 전선에 나가 싸운 경력은 대통령이 되는 데 매우 중요하다. 역대 대통령후보들 중 군경력자들은 모두 자신이 목숨을 걸고 미국의 안보를 지킨 참전군인이라는 것을 강조해왔고, 국가를 위해 봉사할 준비가 되어 있다는 것을 자랑해왔다. 그러나 미국국민들은 전투경력과 군지휘관 경력을 무기로 현역군인이 곧바로 정치인으로 변신하는 것은 거부하는 경향이 있다. 2차대전과 한국전쟁의 영웅인 매카서 장군이 대통령에 뜻을 두고 몇차례 출마를 시도했으나 결국 트루먼에게 해임되고 출마에 실패한 것이 대표적인 예이다. 그들은 군경력은 중시하지만, 군인의 자질과 정치인의 자질은 별개라고 보고 있다. 월남전 참전군인이자 전쟁포로였던 공화당의 매케인(John McCain) 의원이 2000년 대선 후보경선에서 부시에게 초반에 밀려서 탈락한 데도 이러한 인식이 작용했을 것이다.

사실 부시는 역대 대통령 가운데 군과 가장 인연이 먼 사람 중 하나이다. 그는 동료들이 베트남에서 죽어갈 때 해군 주 방위군으로 편하게 근무했으며, 게다가 1년 동안 소집에도 응하지 않은 것으로 드러났다. 그래서 2000년 선거 때 고어 진영에서 부시가 최고사령관 역할을 할 수 있을지 의심된다는 비판을 제기하기도 했다. 부시는 약점이 있는 군경력을 보완하고 국민들에게 믿음직한 최고사령관이라는 이미지를 심어주기 위해 링컨호에서와 같은 파격적인 행동을 벌였다. 그러나 역설적으로 부시가 전쟁경험이 없고 국제정치에 무지했기 때문에 미국의 보수집단과 네오콘이 2000년에 공화당 후보로 그를 선택했고, 그래서 훨씬 더 쉽게 부시를 주무를 수 있었다는 견해도 있다. 아버지 부시의 경우 2차대전 참전 경험, CIA 경력, 그리고 부통령을 지낸 정치 경험 때문에 오히려 걸프전 당시 신중한 태도를 보였다는 비판이 있었기 때문이다.

한편 부시는 주지사와 사업가의 경험이 있기 때문에 조직을 지휘하고 사람을 다스리는 데 뛰어나고, 본능과 감각에 기초한 의사결정 능력을 갖추고 있어서 전시 대통령에 걸맞다고 보는 사람도 있다. 또 여러모로 대통령이 되기에는 모자라는 점이 많지만 자신의 후원자와 군인들에게 자신감을 주는 일련의 행동들을 보면 대통령의 역할이 무엇인지를 아는 사람이라는 평가도 받는다. 즉 자신의 편이 될 사람들에게 확실히 무언가를 보여주고, 국민들에게 애국심을 불러일으키기 위해서 국가이익을 강력하게 천명하고 전달한다는 것이다. 그래서 9·11 이후 부시의 인기는 치솟기 시작해서 전쟁 직전에는 70%를 넘어서기도 했다. 이라크전이 교착상태에 빠진 2003년 10월 중순에 인기가 거의 바닥을 칠 무렵에도 38%는 선거 때 무조건 부시를 찍겠다고 대답하였다.[1] 이라크 포로학대 문제가 불거지고 이라크전쟁이 정당하지 않다는 것이 속속 드러난 싯점에서도 부시에 대한 지지율은 40% 이상을 유지하였으며 무조건 부시를 지지하는 사람도 여전히 많았다. 결국 근소한 차이지만 미국인들은 2004년 대선에서 또다시 이 말썽 많은 부시를 대통령으로 선택하였다.

뭐니뭐니해도 부시는 미국의 많은 지식인들이 지적하듯이 전형적인 기득권세력출신의 가장 보수적인 대통령인 것은 틀림없다. 그의 보수성은 그의 복음주의적인 신앙, 기업인이자 대통령인 아버지를 둔 부유한 집안배경과 무관하지 않다. 부시는 기본적으로 사업가이고, 경영자혹은 조직의 운영자, 관리자의 태도가 몸에 배어 있다. 예일대학 졸업

후 하바드 경영대학원에 진학한 부시는 기업인으로 수련을 받고, 졸업 후 석유탐사기업인 아버스토에너지(Arbusto Energy)에 들어갔다. 그리고 1989년에 동료들과 함께 프로야구단 텍사스레인저스(Texas Rangers)를 사들인다. 그러나 그의 능력은 기업경영보다는 정치권과 기업 간에 다리를 놓는 일에서 주로 발휘되었다. 1990년 그는 자신이 관계하던 하켄에너지(Harken Energy Corp.)의 주식 85만달러어치를 회사의 주가가 폭락하기 직전에 팔아 기업 내부정보를 이용해 이득을 본 것이 아니냐는 의혹을 사기도 했다.[2] 그후 그는 1994년 텍사스 주지사에 당선되어 정치인으로 경력을 쌓았다. 주지사 시절 그는 강력한 감세정책을 추진하였다. 한편 부시는 텍사스에서 역대 주지사들 가운데 가장 많은 죄수를 사형시킨 것으로도 잘 알려져 있는데, 심지어 정신박약증이 있어 지적 능력이 대단히 낮고 자기 의사표현도 잘 못하는 사람을 사형시키기도 했다. 그는 사업가나 주지사로서 큰 업적을 남기지는 않았으나 조직관리, 본능적인 상황판단과 의사결정 능력에서 높은 평가를 받았다.

대통령이 되기 이전 그의 모든 행적을 보면 사선을 넘나드는 병사들 앞에서 그가 늘 강조하는 '애국'적인 활동은 말할 것도 없고 어떤 공익적인 활동도 한 적이 없다. 그래서 일각에서는 부시의 기독교신앙은 가짜이며, 부시의 애국심도 완전히 가짜라고 주장하고 있다. 2천권 이상의 책을 읽은 박식한 전략가인 트루먼, 백전노장이자 군부와 군산복합체의 집요한 로비에 맞서 싸운 아이젠하워, 행여 자신이 실수할까 두려워 매주 한번 저명한 역사학자들을 불러다놓고 각료들과 함께 역사공부를 한 케네디 등 직접 전쟁을 치르거나 전쟁정책을 두고 씨름했던 선배 전시 대통령과도 비교할 수 없을 만큼 천박하다. 상원의원이었던 부시의 할아버지부터 아버지 부시, 그리고 아들 부시를 모두 만나보았다는 미국의 유명한 시민운동가 네이더(Ralph Nader)는 그 집안이 대를 내려올수록 사고능력이 떨어진다며 아들 부시는 조지 워싱턴에서 루스벨트까지 미국 대통령 관련 책 중 어느 것도 읽지 않은 것 같다고 혹평하기도 하였다.[3]

바로 이런 부시가 9·11테러 이후 역대 대통령 중 어느 누구보다도 막강한 권력을 휘두르게 되었다는 데 오늘 미국과 세계의 비극이 있다. 역사를 보면 2차대전기의 루스벨트 이후 미국에서 대통령의 권한은 계속 확대되어왔다. 이것은 냉전체제 이후 미국이 상시 전쟁국가가 되었기 때문일 것이다. 전시체제하에서 행정권은 입법, 사법권에 앞서게 마련이다. 비록 베트남전 패배 이후 의회가 대통령의 전쟁결정권을 제약하는 법(Wars Power Act)을 통과시키기는 했지만, 캄보디아를 폭격한 포드나 레바논에 군대를 파견한 레이건은 이 법을 무시했다. 양당 공조가 이미 대통령의 전쟁 결정을 암묵적으로 지지해주었기 때문에 그후에는 의회의 견제라는 것도 사실상 무의미해졌다. 결국 2000년 선거에서 가까스로 당선된 부시는 급기야 역사학자 슐레진저가 2차대전기의 루스벨트를 지칭하면서 만든 개념인 '제왕적 대통령'으로 등극하였다. 이제 부시는 미 의회 9·11조사위원회의 자료제출 요구까지 무시할 만큼 역대 대통령 그 누구도 누리지 못한 막강한 권력을 휘두르고 있다. 그리고 국민들의 안보불안에 편승하여 재선에 성공했다.

대통령이 된 이후 부시는 군인들과 자신에게 정치자금을 대주는 후원자들을 가장 자주 만났다. 군인들에게 자신감을 주고, 고객인 후원자들에게 감사인사하는 것이 그의 가장 중요한 업무 중 하나인 셈이다. 언론에는 잘 보도되지 않지만 부시가 국내외를 여행할 때는 언제나 공식행사 전후에 후원자들과의 만남 일정이 잡혀 있다. 예를 들면 2003년 아시아태평양경제협력체(APEC) 회담 참가를 위해 타이로 가던 중, 캘리포니아에 들른 부시는 주지사에 당선된 슈워제네거(Arnold Shwarzenegger)를 만나기 전날의 모든 일정을 후원자들과 보냈다. 아마 전체 시간으로 보면 공식행사보다 후원자들을 만나는 데 보낸 시간이 더 많았을 것이다. 그 결과 그는 캘리포니아에서만 18억달러를 모금하였다. 대통령선거 1년 전인 2003년 10월까지 부시가 모금한 돈은 1996년 재선을 위해 뛰던 클린턴이 선거 1년 전에 모금한 돈의 5배를 넘어섰다.[4] 개척자(Pioneer)라고 불리며 거액을 기부하는 185명의 부시 지지자들은 거의가 미국 최상위의 기업, 시온주의자, 기독교근본주의자, 가톨릭 우익들이다. 그래서 부시는 네이더가 말한 것처럼 이들 특수 이해집단의 '도구' 역할을 충실하게 하고 있다. 부시가 미국과 세계의 제왕이라면 미국의 군대, 그리고 세계경제를 주무르는 미국 대자본가들 위에 얹혀 있는 제왕일 것이다.

> **사실상 일당독재 국가?** <　이라크전쟁은 역대 공화당 대통령 중 가장 우익적인 부시의 등장과 공화당이 백악관과 의회를 동시에 장악함으로써 일어날 수 있었다는 것이 일반적인 설명이다. 그러나 부시, 네오콘, 그리고 보수파들이 전쟁을 기획했다고 하더라도 공격 결정은 분명히 미 의회가 내렸다. 한국전쟁처럼 대통령이 아예 의회의 동의를 거치지 않고 국무장관과 상의해서 참전을 결정해버린 경우도 있지만, 민주주의 국가인 미국에서 전쟁은 비록 형식적이더라도 의회의 여야 합의나 동의를 거쳐서 추진된다. 결국 공화당은 물론 야당인 민주당의 지지가 없었다면 부시가 그런 결정을 내릴 수 없었다는 이야기다. 즉 부시행정부의 일방주의적인 행동은 미국 내에서 전쟁이나 그러한 방식의 외

부시대통령과 체니부통령을 비롯한 미국의 이라크전쟁 주역들

교노선을 정면으로 반대하는 정당이 없었기 때문에, 그리고 9·11 이후 미국내의 분위기가 비판세력의 목소리를 완전히 잠재웠기 때문에 가능했다. 따라서 야당인 민주당이 네오콘과 부시의 전쟁몰이에 압도당해 결국 공화당과 보조를 같이했다는 점을 주목해야 한다. 9·11 이후 미국의 사회분위기는 모든 면에서 과거 진주만피습 이후와 대단히 유사하다. 9·11테러로 미국 정치권 내에 일정하게 자리잡고 있던 고립주의, 개혁적인 국제주의의 분위기는 완전히 사라졌으며 애국주의의 물결 위에서 힘으로 미국을 해치는 자들을 응징하자는 공격적 우파의 입지는 넓어졌다.

국내문제인 경제·복지정책은 물론 외교·전쟁 등 국제문제에서 민주당이 공화당과 발을 맞추게 된 것은 트루먼 이후의 냉전시기, 특히 매카시즘 때부터라고 볼 수 있다. 이 시기 공화·민주 주류의 생각은 극우와 극좌를 배격하고 강한 반공주의와 국제주의를 견지한다는 점에서 일치하였다.[5] 이것이 오늘까지 미국 권력집단의 기본노선이다.

1960년대 반전운동으로 약간의 우여곡절은 있었으나 이들 반전세대가 미국식 자본주의에 효과적으로 흡수되고, 신좌파의 등장에 위기의식을 느낀 네오콘이 등장한 이후 극우파 레이건이 집권하면서 미국정치의 주도권은 완전히 자유주의에서 보수주의로 넘어갔다.

레이건 집권 8년이야말로 미국 정치사회에서 중도좌파가 완전히 제거되고 중도파가 좌파로 간주되는 등 정치지형도가 바뀐 결정적 시기로 평가된다. 이후 민주당의 클린턴이 8년을 집권했지만, 그가 대통령이 되었을 때는 이미 운신의 폭이 상당히 줄어 있었고, 민주당의 정책 또한 공화당과 별로 차별성이 없었다. 특히 클린턴 집권 후 2년이 지난 1994년 선거에서 공화당이 의회의 다수파가 되면서 민주당 개혁파의 입지는 계속 좁아졌으며, 민주당의 정책은 계속 우경화되었다. 클린턴 시절에 민주당은 사회복지 수혜자의 수를 대폭 축소하고, 알래스카의 국가석유 보유지를 개방하여 사기업이 투자할 수 있도록 하고, 사형선고 범죄 수를 늘리고, 동성간 결혼을 불법화하고, 대인지뢰 사용금지 협정에 서명하기를 거부하는 등 공화당 이상으로 우익의 입장을 취했다. 그래서 영화감독 마이클 무어는 민주당을 향해 "위선의 가면을 벗고 차라리 공화당과 합당하라"고 충고한 것이다.

20세기 초반 이후 공화당은 개신교, 백인, 남부와 중부의 보수지역에 지지기반을 두고 있으며, 미국우월주의, 군사대국 지향과 패권주의, 반공주의, 인종주의적 성향을 가진 보수정당이다. 그래서 미국의 패권과 국가이익을 추구하는 지금까지의 모든 전쟁에서 가장 적극적이고 강경한 입장을 취한 것이다. 그러나 20세기 역사를 보면 미국은 오히려 민주당 집권시절에 주로 전쟁에 돌입했다는 흥미로운 사실을 발견할 수 있다. 2차대전은 뉴딜정책의 추진자인 민주당의 루스벨트시기에, 그리고 한국전쟁은 민주당의 트루먼시기에, 그리고 월남전 개입은 민주당의 케네디시기에 본격화되어 존슨시기에 전면적으로 진행되었다. 작은 전쟁으로 불리는 1990년대의 소말리아·보스니아·코소보 등지의 개입은 모두 민주당인 클린턴시기에 일어났다. 영국의 경우에도 공식적으로는 제국주의정책을 반대하는 노동당이 집권했어도 미국의 전쟁정책을 지지하고 있다는 점을 많은 사람들이 비판한다. 상대적으로 국가주의·패권주의·인종주의 노선을 비판하는 자유주의 노선의 미국 민주당도 전쟁에 관한 한 공화당과 다른 입장을 보이지 않는다. 2004년 미 대선에서도 민주당의 케리 후보는 자신이 애초에 이라크공격을 지지했기 때문이기도 하지만, 이라크전 자체를 반대하기보다는 전쟁수행 방식과 전쟁 돌입시 대량살상무기 증거 미확보 등을 물고 늘어진 데서 그쳤다.

미국 정치권에서 공화당 내 소수와 민주당 내 일정 세력은 미국의 해외팽창, 국제주의에 대해서 비판적인 이른바 고립주의자들이다. 윌슨대통령의 국제연맹안을 의회가 부결시킬 때만 해도 고립주의자들이 상·하원의 다수를 차지하고 있었다. 물론 공화당 우익 고립주의자들은 국가이익을 추구하면 되지 남의 문제에 간섭할 필요가 있느냐는 식이며, 민주당 진보파의 고립주의는 반침략주의의 관점에서 남의 나라를 침략하지 말자는 노선이므로 양자간에는 차이는 있다. 1945년 이후 이들 좌우 고립주의자들은 트루먼정부의 마샬플랜을 반대했으며, 남한에 주둔했던 미군을 빨리 철수하라고 요구했다. 그래서 트루먼대통령은 마샬플랜을 관철시키기 위해서 이들 고립주의자들을 으르고 달랬다. 가장 중요한 협박 수단은 소련 팽창주의의 위협을 들먹이는 것이었는데, 그것은 역설적으로 매카시즘의 기반이 되었다.

매카시즘하에서 공산주의자는 물론, 평화주의자 심지어는 보수적인 고립주의자까지 빨갱이로 몰렸고, 그 결과 미국의 정치지형은 우파 국제주의(즉 미국의 국익을 위해 적극적으로 국제문제에 개입을 강조하는)가 주도권을 잡는 완전히 새로운 방향으로 재편되었다. 그러나 그 우파들은 한국전쟁 당시 핵사용을 주저하고 중국 본토를 폭격하지 않는다고 애치슨과 트루먼까지 빨갱이로 몰아댔다. 트루먼의 개입전략은 결국 그 자신에게 부메랑이 되어 돌아온 것이다.

1949년 소련의 베를린봉쇄와 핵개발, 중국의 공산화, 그리고 1950년 북한의 남침으로 민주당 내 국제주의자와 공화당 내 우파 국제주의자가 연합하여 정치 주도권을 잡게 되었다. 미국의 패권을 유지하는 데 방법론의 차이는 있을지 몰라도, 원론에서는 완전한 합의가 도출되었다. 그것이 바로 한국전쟁 이후 굳어진 양당합의의 미국 정치구조이다. 공화당은 군비지출을 위한 재정적자를 받아들이고 민주당은 전쟁과 군사대국화를 위한 국가기능의 확대와, 민주주의와 인권의 제약을 용인하게 되었다. 국내문제에서는 약간의 이견이 있어도 국제적인 반공전선 구축노선에서 공화당과 민주당의 차이는 거의 없어졌다. 매카시즘이라는 것도 사실상 민주당의 묵인, 즉 양당의 합의구조하에서 발생했다고 볼 수 있다. 이러한 냉전적 합의구조는 국제정치는 물론 미국내의 자유주의개혁도 제한했다. 예를 들면 미국에서 보편적인 의료복지 시행을 주장하거나 사회주의국가에 대해 협상적 태도를 취하려면 공산주의자라는 혐의를 받을 각오를 해야 했다.

따라서 민주당 대통령이 집권한 경우에도 국회, 대법원 등의 권력구성을 민주당이 독점했다고 보기 어렵기 때문에, 설사 참전 결정을 내렸다고 하더라도 그것을 모두 민주당의 책임으로 돌릴 수는 없다. 그러나 더 중요한 것은 냉전체제 이후에는 설사 민주당 대통령이 선출되고, 민주당이 의회의 다수를 점했더라도 민주당은 이 암묵적인 합의를 의식하거나 우파에게 떠밀려 전쟁에 나가는 경우가 많았다는 점이다. 즉 공산주의 봉쇄라는 대명제와 그 틀 안에서 국가의 이익을 추구하는 데서, 공화당과 우파는 수적으로는 소수인 경우에도 명분상으로는 우위를 점하고 있었다. 한국에서 문민대통령이 들어선 이후에도 일제 식민지시대의 유산이자 군사독재의 유산인 국가보안법을 여전히 폐지하지 못했던 것과 같은 이치이다. 국가간의 대결과 국가 '안보'를 우선시하는 국제정치 맥락에서 '안보' 이슈를 선점하는 정치세력은 언제나 유리한 고지를 점하게 되어 있다.

또 민주당 대통령은 대통령의 힘으로 어쩔 수 없는 의회내 강경파의 요구, 국내 여론과 담론지형, 또는 기업인들의 힘에 밀려 전쟁에 개입한 경우도 있었다. 케네디 집권 직후 꾸바 침공사건(이른바 피그만사건)은 케네디가 사실 그러한 비밀공작을 별로 달가워하지 않았는데도 CIA나 정치권내 극우파들이 중심이 되어 이전 대통령부터 해오던 '저강도전쟁' 전략을 중지시키기 어려워서 그냥 그것을 묵인한 경우였다. 그의 사인이 명확히 밝혀지지는 않았지만 케네디는 결국 그 극우파들 가운데 누군가의 손에 희생되었을 것이다.

미국 공화당, 국무부, 국방부, 그리고 우파들이 얼마나 호전적으로 민주당 집권세력을 흔들어댔는지는 베트남전쟁 당시 국방장관이었던 맥나마라의 증언에 잘 나타나 있다. 그는 베트남전 반대여론이 안팎에서 강하게 제기될 때, 좌파지식인들이나 반전(反戰)을 주장하는 학생들의 비판보다는 사실 공화당 보수우파의 공격이 더 두려웠다고 실토했다. 당시 우파들은 승리를 위해서는 핵사용도 불사해야 하며 단계적 공습 같은 미적지근한 방식이 아니라 강력하고 무자비한 초기 공격으로 북베트남 지역을 무차별 폭격해 항복을 받아내자고 주장했다. 공산주의세력이 중국 본토를 점령하고, 미국이 그렇게 공을 들인 국민당 정부가 타이완으로 도망가자, 극우파들은 미국정부 내에도 좌파가 들어와서 중국 공산주의에 대해 우유부단하고 타협적인 정책을 실시했다고 공격하였다. 앞서 1964년 무렵 대선을 앞둔 존슨은 공화당의 공세를 의식하여 베트남전쟁에 더 적극적으로 개입하지 않을 수 없었다. 그는 한국전쟁 당시 중국군의 개입을 뻔히 보고서도 트루먼행정부가 핵사용을 주저하자 매카시 상원의원이 대통령까지 싸잡아 빨갱이라고 공격했던 악몽을 떠올렸는지도 모른다.

냉전시절 미국역사를 보면 공화당 온건파나 민주당 정치인들은 호전적인 우파들의 공격에 직면하여 자신이 애국자이며 반공주의자이고, 국가이익을 위해 최선을 다하고 있다는 것을 강조하기 위해 땀을 뺐다는 것을 알 수 있다. 지금과 같은 국가단위의 국제정치질서하에서는 좌파나 자유주의자들이 '애국주의' 우파에게 말싸움에서 밀릴 수밖에 없는 측면이 있다. 그래서 중도·진보파들은 자신의 뜻과 관계없이 보수적인 정책을 편 예가 많다. 민주당의 우유부단한 대외정책, 즉 공산주의자나 반미주의자들을 무력으로 응징하지 않는다는 데 대한 우파의 불안과 공격적인 태도가 집약되어 나타난 것이 바로 1980년 레이건의 압도적인 대선 승리였다.

어쨌든 국제문제 특히 미국의 군사행동과 관련해서는 공화당과 민주당의 이념적·정책적 차이가 거의 없어졌다. 특히 닉슨-레이건-부시로 연결되는 공화당의 제3세계 '작은 전쟁'의 개입은 모두 민주당의 적극적 동의 혹은 묵인하에서 이루어졌다. 2004년 대선의 민주당 대통령후보인 케리는 이라크전쟁에 대한 반대여론이 고조되고, 후보경쟁에 나선 딘(Howard Dean)이 다른 후보들은 2002년 이라크전쟁에 찬성표를 던진 사람들이며 말을 바꾼 사람들이라고 계속 공격하자, 자신은 후세인이 대량살상무기를 갖고 있다는 부시행정부의 공식주장을 믿고서 그렇게 행동했다고 변명했다. 그러나 이것은 손바닥으로 하늘을 가리는 꼴이다. 자신이 진실로 전쟁에 반대하는 소신있는 사람이었다면 2002년 가을에 충분히 반대의사를 개진할 수 있었다. 그는 전쟁에 반대하면 비애국자로 몰릴 것 같은 분위기에 못 이겨 결국 부시의 손을 들어주다가 상황이 바뀌니까 한 입으로 두 소리를 한 것이다. 사실 케리는 전쟁 지지의 이력이 또 한번 있는 사람이다. 그는 민주당 동료인 테드 케네디(Ted Kennedy)와 함께 아버지 부시 시절 파나마침공을 지지했다. 당시 파나마침공은 이번 이라크전쟁만큼이나 미국의 부도덕성을 적나라하게 드러낸 전쟁이었다. 그러므로 그의 변명은 심각하게 검토할 여지가 없다. 그는 이라크전쟁의 모든 책임에서 자유롭지 않다.

물론 미국의 정치인들 모두가 이러한 정책에 동조하는 것은 아니다. 민주당 내에도 유럽식 사회민주주의를 옹호하는 사람들이 있으며, 양당 어디에도 속하지 않으면서 급진적 자유주의 혹은 어느정도 사회주의적인 성향을 지닌 사람도 있다. 지난 민주당 대선 경선후보 가운데 유일하게 노동자 출신인 쿠씨니치(Denis Kucinich)가 대표적이다. 그는 미 의회의 참전 찬반투표 때에도 반대표를 던졌으며 매우 일관된 입장을 견지해왔다. 딘을 제외한 다른 후보들이 유엔의 동의를 얻거나 정권을 빨리 이양하라는 타협적인 입장을 취한 데 반해 그는 이라크에 간 미군들을 당장 불러들여야 한다고 주장했다. 그리고 버몬주의 무당파 쌘더스(Bernie Sanders) 의원 같은 사람은 국내정치에서 대단히 개혁적인 입장을 취해왔고 일관되게 전쟁과 시장근본주의 정책을 비판하고 있다. 그러나 이들 한두명이 미국정치를 바꾸는 것은 불가능한 일이다.

워싱턴의 미국역사박물관 입구에는 "대통령
이 된다는 것은 호랑이 등을 타고 가는 것이
다"라는 트루먼의 말이 새겨져 있다. 그가 말
하는 호랑이는 국민일 수도 있고, 여론일 수도 있을 것이다. 그러나 가
장 무서운 호랑이는 바로 그를 재선시키거나 낙선시킬 수 있는 세력이
다. 즉 호랑이는 모든 국민이 아니라 거액의 정치후원금을 낼 능력이
있는 사람들이다. 2000년과 2004년 선거에서 부시를 대통령으로 만들
어준 사람은 냉정하게 말해 국민 일반이라기보다는 그가 관련되었던
석유에너지·군수·제약·전력·미디어 산업 등 국내에서의 탈규제와
미국의 국제적 패권강화에 절실한 이해관계를 가진 대자본가들, 중동
정책에 이해관계를 갖는 유대인 자본가들, 기독교근본주의 조직들, 가
톨릭 우파집단들이다. 그리고 부시는 자신과 공화당에 돈을 후원해준
댓가로 고객인 그들에게 충실하게 봉사하고 있다. 부시와 다수당인 공
화당 주도의 입법 활동과 정책은 모두 이들의 이해와 요구에 부합하는
것들이다.

1998년 미 상원의원 선거에서 당선된 사람들은 평균 520만달러를
썼고, 떨어진 사람들은 평균 280만달러를 썼다고 한다. 그리고 하원의
원의 경우 당선된 사람들은 65만달러를, 떨어진 사람은 21만달러를 썼
다고 한다.[6] 같은 기간 선거에서 기업이나 기업과 관련된 개인이 선거
에 후원한 돈은 노조와 관련된 개인이나 조직이 후원한 돈의 무려 11
배에 달했다고 한다. 이 정도라면 과연 미국은 돈으로 정치를 사는 나
라라 해도 과언이 아니다. 미국의 민주주의가 1인1표제 원칙에 기초해
있는지 근본적인 의문을 던질 만하다.

"석유회사가 에너지정책을 만들고, 거대 제약회사가 의료보험정책
을 입안한다." 민주당 대선 경선후보였던 딘은 부시행정부의 모든 중

거대 이익집단에 조종된다는 비판을 받는 워싱턴의 미 의회

요한 정책이 거대 이익집단의 힘에 좌우되는 점을 이렇게 꼬집었다. 그러나 그렇게 말하는 그도 큰소리칠 처지가 못된다. 그는 버지니아 주지사 시절 목재회사의 로비를 받아서 환경단체의 반대를 무릅쓰고 임야개발에 동의한 적이 있기 때문이다. 선거자금과 정치활동자금을 기업에 의존하는 미국에서 정치인이 대자본의 입장과 반대되는 정견을 펴는 것은 불가능에 가깝다. 미국에서 정치자금은 '엄마젖'(Mother's milk)이라 불리기도 하는데, 그만큼 정치인에게 후원금은 생명줄과 같다는 의미이다. 지난해 책임정치연구소(Center for Responsive Politics)가 선거자금 통계에 기초해서 선거자금 후원자와 정책결정의 상관관계를 분석한 자료를 보면 특정 이익집단의 후원금을 받는 의원

들이 그들이 원하는 대로 특정 법안을 지지했다는 사실을 재차 확인할 수 있다. 즉 "중요 이슈들에 대해 의원들이 어떻게 투표하는지 알려면 찬반 결과를 알 수 있는 숫자판은 볼 필요가 없고, 후원자들 리스트만 보면 된다"라는 통설이 확인된 것이다.

자본주의사회에서는 기업의 정치자금 후원은 투자라고 말했는데, 이 말이 미국처럼 잘 들어맞는 나라는 없다. 교과서는 이들을 '이익집단'이라고 말하는데, 노조·사회단체 등 힘은 있어도 돈이 없는 이익집단과 달리 각 산업별 기업들을 회원으로 거느린 협회들이 막강한 자금을 뿌리면서 정치권을 매수하기 때문에, 이들을 대체로 '특수 이익집단'이라고 부른다. 현재 미국에서 가장 강력한 이익집단을 들라면 금융·미디어·군수·에너지·의료관련기업·총기제조업체·농업자본 등이다. 노동조합도 이들 중 하나이다. 이들은 전쟁을 일으키거나 군비를 강화하는 최고의 정책에서부터 외국산 철강 수입규제, 감세, 의료개혁, 전력산업 탈규제 등에 이르는 거의 모든 국가정책에 개입하고 있다. 한국에서도 그랬지만 지금까지 이들 대기업들과 각 협회들은 공화당에 7, 민주당에 3 정도로 자금을 배분한다. 공화당이 직접 대자본가들의 이익을 대변하지만 민주당 역시 그 떡고물의 일부를 먹기 때문에 양당 공조에 의한 친기업 법안통과가 가능한 것이다.

이렇게 본다면 미국에서 상·하원 의원, 특히 입법활동에 영향력이 있는 상원의원의 경우 상당수는 사실상 이들 특수 이익집단의 대변자 역할을 한다고 봐도 과언이 아니다. 공화당의 매케인의원이나 민주당의 케네디의원처럼 수십년을 상원의원으로 있으면서 개별 이익집단의 요구와 무관하게 국민의 입장에 서서 선거법 개정이나 의료보험 개혁 등 미국사회가 안고 있는 해묵은 과제를 해결하려고 애쓰는 의원이 없는 것은 아니지만, 실제 상당수 의원들은 지역구의 거대 기업들과 유착해서 각종 이권을 챙겨주고 자신도 백만장자로 호의호식하는 '정상배'들이다. 2003년에 『로스앤젤레스타임스』가 집요하게 추적하여 밝힌 알래스카의 스티븐스(Ted Stevens), 네바다의 레이드(Harry Reid) 의원 같은 사람이 대표적이다. 스티븐스는 30년 이상 알래스카의 상원의원 자리를 지키면서 알래스카의 거의 모든 중요 산업체가 연방예산을 받아 사업을 꾸릴 수 있도록 중개자 역할을 해왔다. 그가 의회내 국방·통신·상공 등 각종 위원회의 중요 자리를 차지하면서 일년에 따내는 연방예산은 무려 8천억달러인데, 이 돈을 자기 부인이 관계하는 통신사업체를 비롯한 각종 사업체에 나누어주고 자신도 백만장자로 부와 명예를 누리고 있다. 그는 가히 알래스카의 맹주라고 할 만하다.[7]

이러한 기업체와 정치인들 사이에 다리를 놓아주는 사람을 로비스트라고 하는데 대체로 워싱턴에 본부를 둔 법률회사(로펌)들이 그 역할을 하고 있다. 어디에서나 그렇듯이 미국에서도 의원들에게 가장 크게 영향을 미칠 수 있는 사람은 바로 가족이나 친인척이다. 그래서 현재 미국에서는 70명 정도의 의원 아들들이 로비스트로 등록해 활동하고 있으며 친인척을 조사하면 그 수는 훨씬 늘어날 것이다. 앞에 예를 든 스티븐스나 레이드의 아들, 사위 등도 워싱턴에서 로비스트로 활동중이다. 전직 의원·장관·각료·장성 등 워싱턴 정가와 연관된 상당수의 사람들 또한 공직에서 물러난 다음에도 고향으로 돌아가지 않고 워싱턴의 각종 법률회사나 연구소 등에 적을 두고 로비스트로 활동한다. 오늘의 미국정치가 얼마나 이들 특수 이익집단에 휘둘리고 있는지는 로비스트의 수를 보면 알 수 있다. 앞의 『로스앤젤레스타임스』 기사를 쓴 뉴바우어(Newbauer)에 따르면 1968년에는 1백명에 불과하던 로비스트가 지금은 약 2만명이라고 한다.[8] 결국 워싱턴 정가는 완전히 이들의 사냥터이며 이들 로비스트, 의원들을 먹여살리는 기업의 천문학적인 로비자금이 실제로는 힘없는 소비자들에게 부과된다고 봐도 과언이 아닐 것이다.

로비가 정책결정에 영향을 미치는 것은 미국의 기준에서 보면 불공정 게임이 아닐 수도 있다. 즉 돈 많은 사람들이 자신의 돈을 사용해 반대급부를 기대하면서 로비하는 것은 합법적이고 정당한 경쟁으로 볼 수 있다는 것이다. 문제는 대기업과 거대 이익집단에 매수된 의원들이 로비하고 싶어도 돈이 없는 대다수 시민들의 이해와 배치되는 방향으로 입법활동을 한다는 데 있다. 그중에서도 할리우드 스타 찰턴 헤스턴(Charlton Heston)이 총수로 있는 미국총기협회의 로비가 가장 악명 높다. 한해에 수천명이 총기사고로 죽어도 미국에서 여전히 총기소지 금지법이 통과되지 못하는 중요한 이유 중의 하나는 이들이 공화당 민주당 할 것 없이 전방위 로비를 펼치고 있기 때문이다. 앞서 언급한 네바다주의 경우는 연방 소유로 되어 있는 토지를 민간에 불하해주면서 결국 공기오염, 환경파괴를 불러오고 있다. 뒤에서 살펴보겠지만 군수사업의 로비에 의해 부추겨지는 전쟁도발이야말로 미국뿐 아니라 온세계의 무고한 사람들을 죽음으로 내모는 최악의 결과를 가져온다.

사실 강한 개혁의지와 아웃싸이더의 이미지로 대통령에 당선된 뒤 결국 워싱턴 정가의 강력한 이익집단의 요구에 굴복한 대표적인 대통령은 클린턴이다. 그가 대통령에 당선된 1992년 무렵 미국사회에서는 의료보험 수가의 인상과 무보험자의 증대가 가장 큰 사회문제로 등장했다. 보편적 의료보험제도를 도입하려던 그의 의욕은 '건산복합체'(medical industrial complex)라고 불리는 병원자본·보험산업·제약회사 등 의료자본과 그들의 후원금으로 먹고사는 공화당과 민주당 상당수 의원의 반대에 부딪혀 꺾이고 말았다. 건강관련 지출은 미국의 총 소비지출의 1/7을 차지하는 엄청난 시장인데, 이들 이익집단이 로비와 광고에 지출한 돈은 1992년 대선에서 모든 대통령후보가 지출한 총액보다 많다.[9] 가히 돈의 융단폭격이었다고 할 수 있다. 김대중정부 시절 의약분업을 반대하는 광고를 온 중앙 일간신문에 도배한 한국의 사협회의 돈쓰기는 미국 의료자본의 조직적인 돈뿌리기에 비하면 차라리 애교로 봐줄 정도이다. 당시 여론조사에서는 대다수의 미국인들이 보편적 의료보험을 선호하는 것으로 나왔지만, 클린턴대통령의 힘은 생각보다 훨씬 미미했다.[10]

집권초기 시도했던 의료보험 개혁의 좌절은 그후의 개혁을 굴절시키는 신호탄이었다. 1964년 케네디 저격이 미국역사를 바꾸었듯이 "미국역사상 최대의 기회상실"로 평가되는 클린턴의 보편적 의료보험 도입 실패는 모든 내부개혁을 실패로 돌아가게 하고 공화당과 보수파가 확실히 정국의 주도권을 쥐게 된 역사적 계기였다.

부시행정부 들어서 공화당 주도로 입안된 여러 법안 중에서 미국인들의 일상생활에 직접 영향을 미친 것도 부시 방식의 의료보험 '개혁'이었다. 미국의 의료보험은 사실상 사적 보험제도의 바다 위에 공공보험이 섬처럼 떠 있는 양상인데, 문제는 65세 이상 적용 대상의 의료보험에서는 보험이 되더라도 약값이 너무 비싸서 보험의 취지 자체가 무력화된다는 데 있었다. 그러자 캐나다 인접지역에 사는 미국노인들은 저렴한 캐나다 약을 사려고 캐나다로 여행하는 것이 유행이었고, 급기야 미국정부에서 캐나다 약 수입을 검토하기도 했다. 그러자 제약회사들은 약 수입을 막기 위해 850만달러의 로비자금을 뿌렸다. 물론 로비자금으로 쓴 비용은 모두 소비자들에게 전가되었다. 그 결과 미국의 약값은 천정부지로 올랐고 다른 선진국가의 거의 두배에 달했다. 문제는 2003년 부시가 이것을 해결한다고 새로운 법안을 입안했는데, 그 내용이 약 써비스를 보험에 추가하는 모양새를 갖되 실제로는 제약회사가 요구하는 약값 인상에 손을 들어준 것이다. 부시는 보험으로 약값을 대신한다는 명분을 세우면서 철저하게 제약회사의 편을 들어주었다.

워싱턴 정가에는 대기업, 그리고 거대 로펌, 행정부와 정치권이 거대한 먹이사슬처럼 얽혀 있다. 그리고 워싱턴에는 세계 각국에서 온 로비집단이나 사절단이 돈을 싸들고 대통령과 의원을 만나려고 줄서 있다. 우리로서는 사기업 등 민간부문에 종사하던 인물이 갑자기 행정부의 요직에 발탁되는 예가 거의 없고, 의원의 아들이나 부인이 의원의 활동과 관련된 사기업체를 꾸리거나 로비스트 역할을 하는 것을 참으로 낯 뜨거운 일로 생각하지만 미국에서는 그런 일들이 버젓이 일어나고 있다. 물론 의회내 윤리위원회가 있고, 의원이 자기 고객인 돈 많은 후원자 편을 드는 것이 파렴치한 일이라는 비판도 만만치 않지만 정치를 공공봉사 이전에 일종의 시장에서의 경쟁으로 보는 미국에서는 한국보다 도덕적 비판이 덜한 것 같다.

일부 비판자들이 미국에는 사실 하나의 당에 두개의 분파가 있을 따름이라고 보는 것도 공화당·민주당 할 것 없이 의원 모두가 '소수의 특수 이익집단'에 봉사할 뿐 대다수 시민들에게 봉사하지 않기 때문이다. 돈이 민주주의를 사고, 민주주의가 시장경제의 원칙에 따른다. 신자유주의시대 미국정치, 아니 세계정치의 진면목이 바로 이러하다.

> 팍스 아메리카나는
　　팍스 이스라엘리카? <

2003년 10월 APEC회담 참석차 말레이시아에 간 부시가 마하티르(Mahathir) 대통령에게 크게 봉변을 당한 일이 있었다. 마하티르가 귀한 손님을 불러놓고, "유대인들이 자신의 대리자를 통해서 세계를 지배한다"라고 퉁명스럽게 한방 날린 것이다. 겉으로 보면 이슬람국가를 대표해서 마하티르가 이스라엘과 유대인들을 욕한 것처럼 보이지만, 사실은 오늘의 미국행정부가 전세계에 흩어져 있는 유대인들의 조직적인 로비와 의중에 따라 움직이고 있다는 대단히 모욕적인 발언이었다. 이 발언을 들은 라이스 보좌관은 "버르장머리 없고 괘씸한 발언"이라고 흥분했고, 부시 역시 "내가 믿는 것과 정면으로 배치되는 생각"이라고 격하게 반응하였다.[11] 부시에게 정면으로 펀치를 날린 마하티르의 용기도 놀랍지만, 실은 그것은 이슬람국가의 미국에 대한 분노 및 미국의 일방적인 이스라엘 편향정책에 대한 좌절감이 얼마나 심한지 단적으로 보여준 사건이다. 한 경제학자의 집계에 따르면 1973년부터 2002년까지 미국은 이스라엘에 무려 1조6천억달러의 각종 지원을 아끼지 않았고, 그것은 이스라엘 사람 1명당 5천7백달러에 해당한다고 한다.[12]

어떻게 보면 미국이 이스라엘을 일방적으로 편드는 것은 다른 중동국가의 반감을 사서 미국의 중동정책에 역풍을 맞을 수 있는 위험한 정책이다. 그래서 부시 이전의 역대 대통령들은 정도의 차이는 있었지만 노골적으로 이스라엘을 편드는 것을 자제했다. 특히 아이젠하워대통령 시기인 1950년대는 미국과 이스라엘의 관계가 대단히 냉랭했다. 그후 미국이 이스라엘을 일방적으로 지원하는 정책을 편 것은 바로 미국내 유대인과 기독교근본주의, 그리고 이스라엘이 긴밀하게 연대하여 범유대인의 이익을 지키기 위해 조직적으로 로비를 했기 때문이다. 왜 이스라엘의 팔레스타인 불법점령을 온 국제사회가 비판하는데도 미국은 이스라엘 편을 드는가? 노벨평화상 수상자인 남아프리카공화국의 투투 주교는 "유대인의 로비가 매우 강력하기 때문이다"라고 잘라 말했다.[13]

"이스라엘을 지지한다"는 구호가 걸려 있는 시카고 유대인 거주지의 유대교 예배당(씨나고그)

미국에 거주하는 유대인은 약 6백만명인데 숫자로만 보면 한국이민자의 두배가 조금 넘는 정도이다. 그러나 유대인의 힘은 그 수에 있는 것이 아니라 돈과 조직력에 있다. 유대인들은 과거 그들의 조상이 유럽의 금융권을 장악했듯이 1980년대 이후 미국의 금융권을 쥐고 흔들어왔다. 현재 미국의 3개 중요 TV네트워크와 4개 영화사의 최고책임자, 『뉴욕타임스』를 비롯한 큰 신문사의 소유주, 고위 언론인과 출판인의 25%, 이익집단 공익단체 간부의 17% 이상이 유대인이다. 학계에서 유대인의 영향은 이보다 훨씬 더 크다. 금융권·할리우드·언론사의 유대인 자본가들은 두 손에 돈을 들고서 공화당은 물론 민주당 의원들이 친이스라엘 노선을 제대로 지지하는지 '사찰'하고 있다. 네오콘의 핵심

인물들과 주변 유대인들은『뉴욕타임스』『워싱턴포스트』등 주류매체와 주요 연구기관, 대학 등 요소요소에 들어가 미국의 여론, 곧 세계의 여론을 주도한다.

한편 이들 유대인들은 미국내 12개의 핵심 선거구에 밀집거주하고 거의 종교적인 열정을 가지고 정치에 참여하기 때문에 그 지역에서 강력한 비토그룹을 형성할 수 있다. 그리고 이들에게 매우 호의적인 기독교 복음주의자(Evangelical)들과 힘을 합쳐서 "신이 팔레스타인 땅을 유대인들에게 주었다"라는 시온주의 이데올로기를 전파하고 있다. 또 그들은 여러 홍보·선전매체를 통해 미국과 이스라엘의 이익은 동일하다는 것을 주입·교육·설득하며 정치권에도 강력하게 자신들의 요구를 전달한다.

1996년 미 대선 무렵에 이미 미국의 신보수파인 펄과 당시 이스라엘 총리이던 극우파 네타냐후 등이 연계해 미국의 친이스라엘 정책안을 만들어 양국 정부가 공동보조를 취하도록 밀어붙인 적이 있다. 이 정책안은 유대인국가안보연구소(Jewish Institute for National Security Affairs)가 만들었지만, 워싱턴중동정책연구소(The Washington Institute for Near East Policy), 중동포럼(Middle East Forum), 미시온주의자회 등 수없이 많은 유대인 조직, 정책연구소, 로비집단이 함께 움직였다. 네오콘과 같은 막강한 힘을 가진 유대인집단 외에도 워싱턴 정가, 각 지역의 여론 주도층, 학계와 언론계 등에 유대인들이 포진하여 이스라엘에 대한 비판의 목소리를 잠재우고 있다. 선거 때는 물론 평소에도 유대인 기업인들이 공화당·민주당 할 것 없이 모든 정치인들을 매수하기 때문에 미국에서는 친아랍정책이 설 자리가 없다. 이라크전쟁이 진행되는 동안 필자는 이스라엘-팔레스타인 분쟁 관련 토론프로그램을 여러 편 보았지만 팔레스타인 출신이거나 아랍계통 지식인이 텔레비전에 출연하거나 코멘트를 하는 것을 들어본 적이 없다. 2003년 이라크전쟁 시작 후 타계한 팔레스타인 출신의 세계적인 학자 싸이드는 미국 주류매체에서는 사실상 왕따였다.

오늘날 미국에서 네오콘의 정책이나 이스라엘의 팔레스타인 불법점령 등을 비판하면 곧바로 반유대주의라는 공격을 받는다. 부시도 2003년 영국 방문시 이스라엘의 팔레스타인점령에 대한 비판이 제기되자 그런 식으로 역공했다. 히틀러의 유대인학살을 공격하는 논리로 사용되던 반유대주의는 이제 아랍인에 대한 인종차별주의로 변질되었다. 실제로 2001년 더반(Durban) 인종차별회의에서 미국과 이스라엘은 시온주의를 인종차별주의로 간주하는 안건에 반대하여 회의를 동반 보이콧하면서 '미국=이스라엘'이라는 등식을 다시 확인시킨 바 있다.[14] 흑인 민주당 의원이 초청자로 출연한 어떤 텔레비전 프로그램에서 한 시청자가 "시온주의라는 것이 일종의 유대인 우월주의인데, 당신(민주당이자 흑인인 사람)이 이러한 인종우월주의를 지지할 수 있는가"라고 격렬하게 비판하는 것을 들은 적이 있다.[15] 오늘의 유대인들은 오랫동안 그들의 선조들이 핍박받으면서 온세계를 떠돌며 꿈꾸었던 '젖과 꿀이 흐르는 가나안 땅'에 돌아가는 일, 즉 애초의 시온주의 정신을 버리고, 이제 하느님이 중동지역에서 타민족을 고통에 빠뜨리고서라도 '위대한 이스라엘'을 건설하라고 한 것처럼 행동하고 있다.[16] 오늘날 이스라엘 극우파의 팔레스타인에 대한 불법점령, '테러와의 전쟁'을 명분으로 한 시리아·요르단 공격, 그리고 그에 대한 부시행정부의 거의 맹목에 가까운 일방적 지지는 문명국가의 기준에서는 용납하기 어려운 일이다.

지난 20세기 모든 지역에서 발생했던 각종 학살사건을 보면 학살의 가해자들은 언제나 '적'이 자기를 죽이려 한다는 피해망상증을 갖고 있으며, 자신은 언제나 피해자이기 때문에 상대방을 죽여도 좋다고 생각하는 공통점이 있다. 브뤼끄네르(P. Bruckner)의 말처럼 이렇게 자기만 특권을 갖고 있다는 식의 '순진함의 유혹'이 키신저, 울포위츠를 비롯한 유명인사는 물론 미국내, 그리고 이스라엘에 거주하는 유대인 일반의 심리이다.[17] 네오콘의 핵심인물들이 오늘날 비이성적일 정도로 이스라엘의 아랍점령을 지지하는 심리의 깊은 곳에는 이러한 정신병적인 요소가 깔려 있는 것 같다.

2. 미국행정부와 자본주의

> 군·산·정 복합체 〈   미 국방부 자문위원이자 레이건정부의 국방부 차관보였던 펄(Richard Perle)은 네오콘을 대표하는 인물이다. 펄은 럼스펠드가 국방장관이 되자 퇴역장성·안보전문가 등으로 구성된 국방정책위원회(Defence Policy Board)의 의장으로 취임했다. 그가 운영하는 투자회사인 트리렘파트너(Trireme Partners)의 자문위원회에는 키신저 및 다른 국방정책위원회 위원들이 포함되어 있다. 그런데 2003년 보잉사는 그가 운영하는 투자회사의 주식 2천만달러어치를 사들임으로써 국방부 유력자들과 깊은 연계를 갖고 있음을 과시하였다. 알려진 바로는 보잉사가 미공군 연료공급기 임대나 다른 국방부 사업에 참여하는 데 펄이 결정적인 역할을 한 것으로 되어 있다. 이 소문이 알려지면서 보잉사의 최고책임자인 콘디트(Phil Condit)가 사임하였고, 국방부는 급기야 계약을 중단했다. 펄은 언론사의 추적을 피해 돌연 사라졌다. 이것은 작은 사건이기는 하나, 미 국방부 주변의 권력층, 군장성 출신,

구정치인이나 국방부 관리 등 로비스트들과 군수산업체가 어떻게 먹이사슬을 형성하고 있는지 잘 보여주는 사례이다.

부시행정부 들어서 한동안 잊혀졌던 군산복합체(military industrial complex)라는 용어가 다시 등장한 것은 이상한 일이 아니다. 9·11사태가 일어나자 원래 삭감하기로 했던 미사일방어계획 예산은 원안대로 통과되었으며 각종 국방사업은 다시 봄을 맞았다. 그런데 국방부가 요청한 예산의 대부분은 테러범을 잡는 일과는 무관한 것들이다. 9·11 직후 일주일 동안 다우존스는 14.3% 폭락했으나 노스롭, 홀딩스, 록히드마틴 등 중요 군수산업의 주가는 폭등하였다.

미국 대통령 퇴임사 중에서 인구에 가장 많이 회자되는 것은 1961년 아이젠하워 퇴임사이다. 그는 "오늘의 미국사회는 미국기업의 총수입보다 더 많은 액수를 군사안보에 지출해야 하는 '영구군비산업' (permanent armament industry) 체제로 움직이게 되었으며, 이 잘못된 권력집단의 영향력과 위협을 막지 않으면 미국시민의 자유와 정부의 운영은 큰 위기에 봉착하게 될 것"이라고 몇번이나 힘주어 강조하였다.[18] 그러나 전쟁과 기업이해, 군사영역과 비즈니스의 유착은 그후에도 완화되지 않았다. 사실 아이젠하워는 널리 알려진 사실을 새삼 강조했을 따름이었다. 전쟁산업 즉 전쟁과 대자본의 유착은 이미 1950년대 후반 사회학자 밀스(C. W. Mills)가 군산복합체라는 말을 사용했을 때부터 공공연한 사실이었다.

군산복합체라는 말이 유행하기 이전에도 미국역사를 보면 기업들이 군대의 투입이나 전면공격을 부추긴 수많은 예를 찾아볼 수 있다. 1890년대 경제위기로 40만명의 실업자가 넘쳐나고 해외 경제팽창을 지지하는 분위기가 조성되자, 미국의 제조업자·농민·상인 모두가 전쟁을 지지하면서 해외시장 개척을 은근히 기대하였다. 당시 스탠더드오일의 로커펠러(John Rockefeller)는 클리블랜드정부에 브라질과의 교역 확장을 위해 1893년 브라질혁명에 단호하게 개입할 것을 요청한 바 있다. 1893년 하와이혁명에 개입하여 미국이 지배하는 하와이공화국 수립을 선포한 것도 이러한 배경에서였다. 당시 자본가들은 "만약 라틴아메리카나 아시아의 식민지를 공고하게 하지 않으면 미국은 정체될 위험이 있다"라고 경고했다. 특히 대자본가 헨리 포드는 기업시장 확대를 위해 친나찌적인 태도를 감추지 않았다. 써턴(Anthony Sutton)은 월스트리트가 독일 나찌당의 등장에 간접적으로 기여했다고 주장했다. 애초부터 월스트리트는 파시즘에 우호적이었으나 그들의 이익이 침해되자, 정부로 하여금 파시즘과 전쟁을 벌이도록 부추겼고, 전쟁이 연합군의 승리로 끝나자 다시 이들과 손을 잡았다.[19]

군수산업과 관련 종사자들은 전쟁 분위기가 기업 이익에 직결된다는 것을 잘 알고 있다. 전면전이 발생하지 않더라도 전쟁 위험이 고조되고 국방력 강화의 필요성이 납득되어야 국방예산의 증액이 가능하고, 국방예산이 증액되어야 관련 산업의 가동과 일자리 창출이 가능하기 때문이다. 미국의 군수산업이 최대의 위기에 처한 시기는 바로 소련이 무너진 1990년대였다. 상대할 맞수가 없어졌기 때문이다. 경기에 출전하기 위해 50년 동안 선수들이 연습해왔는데, 이제 게임이 무산되었다고 말하면 선수는 물론, 코치·감독·구단관리자 모두가 밥벌이를 못하고 스포츠 관련업체, 경기장 건설업자, 스포츠 광고대행사 모두가 굶어죽을 운명에 놓인다. 그래서 그들은 필사적으로 "경기는 계속 벌어질 것"이라고 강조해야 했다. 1996년 미 국방보고서는 "주요시장, 에너지자원, 전략적 자원에 미국이 방해받지 않고 접근하는 것이 미국의 국가이익에 결정적으로 중요하다"라고 지적하였다. 즉 적이 누구인가는 밝히지 않은 채, 단지 군사시설을 근대화하고 군사력의 우위를 확고하게 지키는 것이 중요하다고 말한 것이다.[20] 당시 미 국방부는 미래국방계획 5개년계획을 수립하고, 2005년까지 그 계획을 연장하면서 공화당이 요구하는 것보다 훨씬 많은 국방예산을 요청하였다. 레이건시절 '별들의 전쟁 체제'(star wars system)가 군비강화의 명분이었다면, 군수산업이 최대의 위기를 맞은 클린턴시절에는 동아시아에서 호전적인 북한을 견제하기 위한 미사일방어계획이 또다른 대안이 되었다. 당시 국방장관 코언은 이 계획을 위해 66억달러의 예산이 필요하다고 밝혔다. 그래서 결과적으로 자기나라 국민도 먹여살리지 못하는 세계 최빈국 북한이 미국 군수산업 종사자들을 먹여살리는 희대의 코미디가 연출된 것이다.

탈냉전 이후 역설적으로 전세계 군비지출에서 미국이 차지하는 비중은 점점 늘어났다. 1995년에는 전세계 군사관련 연구개발비의 2/3를 미국이 차지했으며, 1985년에는 전세계 군비지출의 31%를 차지하던 미국이 2000년에는 36%를 차지하였다. 아버지 부시의 걸프전이 미사일 판촉전쟁이었듯이 2002년 부시의 '악의 축' 발언은 미국 군수산업의 이해를 대변하기 위한 일종의 마케팅 전략이라고까지 말할 수 있다. 걸프전, 미사일방어계획, '악의 축' 발언 이후 미 국방부 대표들이 한국을 비롯한 고객국가에 와서 한 일을 살펴보면 그들이 실제 의도한 것이 무엇이었는지 분명하게 확인할 수 있다.

원래 미국은 유능한 인재일수록 정부보다는 민간기업에 들어가 경력을 쌓는 나라이지만, 20세기 들어서 군산복합체 대자본, 정치인, 법률회사가 하나의 기득권 세력으로 연결되어 사실상 국가 차원의 엘리뜨 선발, 중요 정책결정이 모두 이 선에서 이루어지고 있다. 그래서 미국에서는 이른바 기득권층, 혹은 지배집단 외곽에서 국무장관이나 상무장관이 나올 가능성은 거의 없다. 이 지배층의 상징적인 인물인 트루먼시절의 국무장관 애치슨은 예일대학에서 법학을 전공한 로펌 출신이며, 아이젠하워시절의 국무장관이자 한국전 발발 며칠 전 방한하여 휴전선을 시찰한 덜레스(J. Dulles)는 역대 국무장관을 여러 명 배출한 대표적인 외교가문 출신이다. 이들을 통해 외교, 전쟁과 국내외 경제정책은 사실상 일체화되고 미국의 특수 이익집단, 대자본의 요구가 곧바로 국방·외교·전쟁정책에 반영되는 것이다.

미국의 외교·안보의 주요 업무가 곧 비즈니스이므로 국무장관, 국방장관은 백전의 노장인 용맹하고 지략이 뛰어난 군인이 아니라 사업가이다. 애치슨과 덜레스, 그리고 이라크전쟁의 주역 체니와 럼스펠드가 그러하다. 베트남전쟁의 주역으로 무려 7년 동안 미국의 국방장관을 지냈고 이후 IMF 총재로 일한 맥나마라는 원래 사업가였다. 포드사의 사장에 오른 지 3주일 만에 케네디의 눈에 들었고, 당시 혁신적인 아이디어를 가진 기업인 가운데 국방장관감을 찾던 케네디는 그를 전격 발탁하였다. 1961년 당시 미 국방부 관련 업무에는 350만명의 군인과 100만명의 민간인이 일하고 있었다. 군부는 거대한 운송, 통신, 병참지원, 유지·보수, 지상군과 해군과 공군, 그리고 핵시설에 이르는 실로 막대한 장비와 인적 자원을 관리하고 있었고 동시에 많은 민간업체들과 계약을 맺고 있었기 때문에 기획·운영·회계 등을 원활하게 관장하려면 군사전문가가 아닌 경영자나 관료가 필요했던 것이다. 그리고 그 기조는 계속 유지·강화되어왔다. 이들 기술관료 혹은 경영자 마인드를 가진 국방장관은 촘스키가 비판한 것처럼 전쟁의 목적이나 방향을 거시 철학적으로 판단하는 능력보다는 군대의 관리와 효율성 혹은 사업가적 문제해결 능력을 갖춘 사람들이고 그래서 결국 베트남전쟁은 비극으로 마무리된 것이다.

냉전체제에서는 주로 소련을 겨냥한 핵개발이 군비지출의 주요 항목이었는데, 그 상당부분은 미국의 안보를 위해 쓰였다기보다는 군산 정복합체의 이해관계에 따라 책정되고 지출된 것들이었다. 1980년대 중반에 발표된 랜드연구소의 보고에 의하면 미국이 보유한 상당수의 무기는 군사적으로 불필요한 것이었다고 한다.[21] 그런데도 냉전시기에 설치한 미국내 각 지역의 군사시설, 군수산업체를 축소하지 못하는 중요한 이유는 그것이 그 지역 주민과 의원들의 이해에 직결되어 있기 때문이다. 즉 국방예산 축소는 각 지역 군사시설의 축소와 군수산업체의 도산을 가져올 수밖에 없고, 군수산업체가 문을 닫으면 그 지역에 배치된 군수산업 종사자가 일자리를 잃고 결국 지방정부가 재정위기에 빠지게 되기 때문이다. 현재 미국에는 225개의 군사기지가 있는데, 이들 기지는 지역 의원들의 강력한 요청으로 유지되는 경우가 많다. 예를 들면 텍사스에는 31기의 B-1 미사일이 배치되어 있는데 이들 미사일은 소련이 무너지고 나서 쓸모가 없어졌다. 그러나 이 지역 상원 다수당 지도자의 고향인 관계로 손을 대지 못했다. '기지의 1/4은 없어져도 안보에 문제가 없다'는 보고가 나왔고, 2001년에는 2005년까지 상당수를 철거하기로 했으나 9·11테러 발생으로 분위기가 완전히 바뀌어버렸다. 9·11이 국방부와 지역경제를 구해준 셈이다.

이미 2002년 초 부시는 그 전해에 비해 약 14%나 인상된 3,786억달러의 국방예산을 요청하여 지난 20년 이래 최대의 증액률을 기록했다. 나아가 2003년에는 또다시 기록을 갱신하여 무려 4,080억달러라는 미국역사상 최대규모의 국방예산을 통과시켰다. 이는 주요 강대국 국방예산을 모두 합친 것보다 많은 액수이다. 현재 미국의 군사비지출은 세계 2위에서 27위까지의 군사비지출을 모두 합한 것과 같은 규모이며,[22] 이 액수는 전세계 모든 나라에서 해외원조에 지출하는 액수와 맞먹는다.[23]

부시행정부의 군산정복합체 체제에서 핵심인물은 럼스펠드와 체니이다. 두 사람은 1970년대 닉슨행정부 시절에 만난 이후 계속 교분을 쌓아온 냉전시대의 인물이기도 하다.

　　럼스펠드는 해군병사로 복무했고(1954~57), 하원의원, 정부기구의 관리, 포드대통령 시절 최연소 국방장관을 역임했지만(1975~77) 사실 전쟁과는 거리가 먼 사람이며, 1977년 이후에는 거의 사업가로 활동하였다. 민간기업에서 일하면서 1983년 레이건대통령 중동 특사이자 미 대통령 무기감축위원회 회원과 국가경제자문위원 자격으로 이라크에 가서 후세인을 만났다. 그리고 쮜리히에 본사를 둔 발전설비회사인 아쎄아브라운보버리(ABB)의 이사자격으로 2000년 당시 200만달러에 해당하는 북한 경수로 판매에도 관여하였다. ABB의 사업을 비롯한 각종 민간업체의 사업을 따내기 위해 그는 국방부의 지인들에게 로비하는 일을 주로 담당했다.

　　결국 그는 과거 정부·의회·국방부에 몸담았던 자신의 경력과 연줄을 바탕으로 각종 민간기업, 군수 관련 사업체의 이사, 자문위원의 직함을 갖고서 로비스트 역할을 해왔다. 특히 그 로비 중에는 '악의 축'으로 지목된 국가(이라크)의 원수와 우의를 다지는 일, 그리고 다른 '악의 축' 국가(북한)에 핵발전 관련 시설을 판매하는 일도 포함되어 있었다. 사업가 럼스펠드는 이윤을 위해 '악마'와 손 잡는 일도 마다하지 않았던 셈이다.

　　체니는 1970년대 포드행정부 시절 백악관 참모로 일했으며, 1979년에서 89년까지 와이오밍주 하원의원, 아버지 부시 시절에는 국방장관을 역임하였으며, 클린턴이 집권하자 물러나서 핼리버튼의 집행이사로 취임하였다. 그는 현재 부시행정부 내에서도 가장 보수적인 입장을 견지하고 있는데, 그의 이력을 보면 남녀평등 헌법개정안, 무기구매

규제, 친환경법안(Clean Water Act), 1980년대 인종차별정책으로 악명 높았던 남아프리카공화국 아파르트헤이트 정권에 대한 규제, 만델라 석방운동, 노동자 정리해고시 60일 이전 통보 법안 등에 일관되게 반대하는 등, 반환경·반노동·반인권의 수구보수로 일관했다.[24] 그는 이상보다는 냉정한 현실주의에 입각해서 행동하고, 권력을 넘보지 않는 2인자의 역할에 충실한 인물로 알려져 있다. 그는 한편에서는 사려깊고, 자신을 내세우지 않으며, 조심스럽다는 평가를 받기도 하지만, 다른 편에서는 미국우월주의자이며, 음모적이고, 마끼아벨리적인 인물이라는 평가도 받는다.

이라크전쟁이 석유자본의 이해 때문에 발생했다는 비판이 계속 일자 미국내 에너지 관련 경영자문회사인 PFC에너지의 모하메디(Fareed Mohamedi)는 큰 석유회사들을 대신해 "우리는 사실 부시의 이라크전쟁에 그다지 찬성하고 있지 않으며, 오히려 중동의 안정을 원하고 있다"라고 항변했다. 그들은 이라크전쟁은 에너지산업의 이해가 아닌 정치권과 연관된 군수산업의 이해에 더 깊이 연관되어 있다고 지적하면서 그 대표적인 인물로 럼스펠드와 체니를 들었다. 정책연구소(Institutes for Policy Studies)의 베니스(Phyllis Bennis)도 같은 의견인데, 그는 럼스펠드와 체니는 신보수주의라기보다는 오히려 냉전시절의 인물에 가깝고 이들은 대체로 군수산업의 이해를 대변하고 있으며, 미국의 국방예산 확대에 더 관심이 있다고 지적하였다.[25] 즉 걸프전 이후에도 그러한 갈등이 있었지만, 엑손모빌, 셰브론텍사코 같은 석유회사들은 리비아나 이란 등에 대한 경제제재가 해제되어야 석유 공급기지에 접근할 수 있다고 보았기 때문에 미국의 군사개입에 반대하거나 심지어는 후세인과도 협약을 맺기를 원하기도 했다.

2003년 9월 29일 이라크가 큰 혼돈상태에 있을 때 부시와 사적으로 연관된 일군의 기업인들이 이라크 진출기업들을 위한 컨썰팅회사를 차렸다. 뉴브리지스트래티지(New Bridge Strategy)라는 이름의 이 기업 총수는 조 알보우(Joe Allbaugh)이다. 그는 부시가 텍사스 주지사일 때부터 부시의 참모로 일했으며, 2000년 대선 당시에는 선거운동 사무장을 지냈다. 이 회사는 인터넷 싸이트에서 "이라크에서 지금 전개되고 있는 기회는 다른 어떤 기존 기업도 기술이나 경험을 갖지 못하고 있다는 점에서 그 성격과 범위는 전례가 없다"라고 선전하였다. 그리고 이 싸이트는 이 회사의 책임자가 부시대통령과 얼마나 가까운 인물인지를 은근히 과시하고 있다. 어찌됐든 이 회사의 임무는 이라크 재건비로 책정된 예산으로 미국기업들에 입찰을 실시해 이라크 재건사업에 참여하도록 하는 것이었다. 그런데 이미 미국은 수억달러 규모의 공사들을 공개 입찰과정도 없이 일부 미국기업에게 불하했다. 체니와 연관된 핼리버튼, 켈로그브라운앤루트(KBR) 등이 그 혜택을 본 기업들이다. 이 회사에 관계하는 다른 사람으로는 아버지 부시시절에 차관보를 지냈고 바버그리피스앤드로저스(Barbour Griffith & Rogers)의 총수인 로저스(Edwards M. Rogers)가 있다. 그는 워싱턴 정가에서 권력권과 가장 밀접한 공화당 로비스트로 알려져 있다.[26]

이라크전쟁이 시작되면서 핼리버튼은 17억달러의 '이라크 해방작전' 계획의 민간파트너가 되었다. 이것은 단일 규모로는 최대의 정부 수주액이었다. 이라크와 전쟁이 벌어진 기간 미국은 매월 39억달러의 예산을 책정하였는데, 이 돈은 거의 이들 민간업체의 손에 들어간 것이라고 볼 수 있다. 핼리버튼이 하청받은 일은 주로 군사기지를 짓고 관리하는 일이었다. 이들은 주둔군이나 1,200명의 정보요원들에게 식사를 제공하고 편지를 전달해주는 일을 담당하였다. 켈로그브라운앤루트는 유전 복구사업 등을 따냈다. 그외에도 전쟁포로 수용건물 신축, 요르단의 미군기지 건설 등의 일도 담당하였다. 이외에도 벡텔, 다인콥(DynCorp) 등이 건설과 경찰훈련 등의 일감을 받았다. 이후 이라크 재건을 위한 870억달러의 예산통과 문제가 제기되자 민주당 지도자 대슐(Tom Daschle)은 "정치적 커넥션이 있는 기업이 이라크 재건사업에서 막대한 이득을 보고 있다"라고 비판하였다.[27]

이전부터 부시행정부는 이라크 전쟁과정에 참여하는 기업을 선정하면서 핼리버튼이나 벡텔 같은 정치권에 연고가 있는 기업에 공개입찰 없이 특혜를 주었다는 비판을 받았다. 1995년부터 2000년까지 핼리버튼의 총수로 일했던 체니는 자신이 핼리버튼과 아무런 관계가 없으며, 이 회사를 선정하는 데 아무런 영향도 행사하지 않았다고 밝히기도 했다. 한국 정치인들이 기업인들에게 돈을 받고 "댓가성이 없었다"라고 변명하는 것과 다르지 않다. 그러나 그가 부통령이 된 이후에도 이 회사에서 엄청난 옵션을 받고 있는 점에 대해서는 해명하지 않았다. 미국은 전쟁 종료 후 이라크 재건사업에서도 이들 정치적 커넥션이 있는 민간기업과 수많은 수주계약을 맺을 계획이었으며, 다른 나라 기업의 참여 기회를 크게 제한하려고 했다.[28]

흔히 우리나라에서는 재벌이나 족벌체제, 그와 연관된 부정과 부패는 후방국 혹은 한국만의 현상인 것으로 알고 있으나 미국의 대기업이나 자본주의 역시 상당 정도로 가족 및 사회적 커넥션에 의해 움직이고 있다. 1870년대 후반에서 1910년대까지 미국 자본주의의 초기단계에서 대기업가들은 거의 미국태생의 개신교도들이었으며 창업을 하는 사람은 반드시 혈연과 사회적 연결망이 있어야 성공할 수 있었다. 그리고 중요한 가문들이 혈연으로 맺어져 각종 사업과 이권을 독점하였다. 이러한 구조는 그후 상당히 완화되었지만, 완전히 사라진 것은 아니다. 한국과 마찬가지로 미국도 시간이 지남에 따라 혈연보다는 학연이 점점 중요해졌다. 1933년부터 1965년까지 미국의 군사·외교·행정 부문에서 중요한 1,032개 자리의 약 40%가 18개 주요대학 출신자들로 채워졌다. 그중 절반은 하바드·예일·프린스턴 등 3개 대학 출신이다. 그중 가톨릭은 19%에 불과했다.[29] 이것은 미국의 엘리뜨 충원구조가 우리가 생각하는 것보다 훨씬 폐쇄적임을 보여준다. 부시행정부의 최고권력층 역시 예외가 아니었다.

이렇게 혈연·학연으로 강고하게 구축된 기득권의 아성은 반드시 부패하게 되어 있다. 수의계약된 엄청난 규모의 전쟁사업은 투명성과 책임성에서 상당한 문제점을 드러낼 수밖에 없다. 2003년 12월 12일 미 국방부는 핼리버튼이 이라크 연료수송비를 과다 책정했다는 것을 밝혀냈다. 핼리버튼측은 그것이 통상가격이라고 변명했지만, 정치 커넥션을 가진 핼리버튼 같은 기업이 비경쟁 입찰을 통해 사업권을 따냈다는 것을 곱지 않게 보던 미국언론들이 일제히 이 문제를 터뜨리자 급기야는 럼스펠드 국방장관, 그리고 불똥이 자신에게까지 튈 것을 걱정한 부시까지 나서서 과다 책정된 돈을 돌려주라고 말했다. 이 사건은 부시행정부 이후 정치권력과 커넥션을 가진 기업들에 대한 특혜와 부패가 어느 정도로 노골적인지를 부분적으로 보여준 사례이다.

미국에서도 CIA 등 정보기구나 국방예산의 지출은 국회의 감시권에서 벗어나 있으며, 전쟁이 발생하거나 전쟁을 명분으로 한 각종 사업들은 일반인들이 접근할 수 없는 성역이 되어 부패와 비리를 피할 수 없게 된다. 전쟁상황 혹은 군수 관련 입찰과정이야말로 부패가 가장 노골적으로 진행될 수 있는 영역이다. 그래서 미국의 그 엄청난 국방예산 가운데 고작 30%만이 야전군을 위해 사용되고 나머지 70%는 사무실에서 펜을 굴리는 관료들에게 흘러가거나 간접비 혹은 인프라 구축 등에 사용된다는 비판이 나오는 것이다.[30]

시장이 만능이라고 주장하는 사람들은 기업이 세상을 지배하면 부패가 없어질 것처럼 떠들지만 실제로는 도전받지 않는 기업의 지배구조 그 자체가 부패의 원천이다. 엔론 등의 회계장부 조작사건에서 볼수 있듯이, 주식시장의 경쟁 때문에 기업은 실적을 부풀리려는 유혹에 빠지고, 주주와 노동자들을 속이고 내부거래를 통해 부당한 이득을 챙기려 한다. 어떤 점에서 모든 경영정보를 비밀리에 부치는 기업조직은 군대조직보다 더욱 전제적이며, 따라서 더욱 부패할 가능성이 높다. 앞서 말한 것처럼 대통령이 되기 이전 사업가로서 부시는 자신이 경영하는 석유회사를 팔아넘기는 과정에서 기업 내부정보를 부당하게 이용하고 장부를 조작하여 주주들에게 막대한 피해를 입히고 한몫 챙겼다는 의혹을 받고 있다. 그러한 기업인으로서의 부시의 이력은 기업인 대통령으로 부시의 이후 행동에 그대로 연결되었다.[31]

부시행정부에서 족벌자본의 가장 대표적인 예는 대표적인 군수산업체 칼라일그룹(Carlyle Group)이다. 이것은 아버지 부시와 아들 부시로 이어지는 최고 정책결정라인과 연결된 미국의 대표적인 정치적 기업이다. 예를 들면 아버지 부시의 경우 1998년 토오꾜오에서 글로벌크로씽(Global Crossing)이라는 회사를 위해 연설해준 댓가로 8만달러를 받았는데,[32] 그러나 이 수입은 부시가 칼라일그룹에서 받는 돈에 비하면 새발의 피이다. 그는 칼라일그룹의 컨썰턴트 직함을 갖고 엄청난 급료를 받고 있다. 전직 대통령이 최고급 로비스트가 된 것이다.

이 회사의 총수 칼루치(Robert Calucci)는 레이건시절 국방장관을 역임한 인물이며, 럼스펠드의 프린스턴대학 시절 레슬링 파트너이기도 한 오랜 친구이다. 흥미로운 것은 이 기업이 9·11 이전에는 사우디아라비아의 빈 라덴 가문과도 연관되어 있었다는 점이다. 그래서 아버지 부시가 걸프전을 벌인 것은 자신과 개인적인 관계가 있는 사우디아라비아 왕가를 구하려는 목적도 있었다는 주장이 나오는 것이다. 부시의 엄청난 국방비 증액은 아버지가 관련된 칼라일그룹의 이해와 직결되어 있다. 클린턴이 국방부의 자문을 받아 낡은 기종이라고 폐기했던 크루쎄이더(Crusader)는 유나이티드디펜스(United Defence)라는 회사에서 만들었는데, 그 회사가 바로 칼라일그룹 소유이다.[33] 미국은 국방예산 가운데 무려 110억달러를 이 기종의 제작에 지출하였다. 이 기종은 9·11 이후 아프가니스탄전쟁이 시작되면서 본격적으로 제작되었다. 미 국방부는 여기에 2억3천만달러의 예산을 책정했고 이후 예산을 4억7천만달러로 상향 조정했다. 폴 크루그먼은 이 계약을 두고 럼스펠드가 칼루치에게 준 '매우 훌륭한 선물'이라고 비꼬았다.[34]

그런데 칼라일의 아시아 자문회원회 연례회의를 주재했던 아버지 부시는 아들을 압박해서 칼라일그룹이 한국에 진출하는 데 도움을 주려 했다. 2002년 초 부시의 '악의 축' 발언으로 약 20억달러 규모에 달하는 칼라일의 한국 투자가 어려워지자, 아버지 부시가 아들과 직접 통화하였고, 결국 우리가 기억하듯이 부시는 한국을 방문하여 북한문제와 관련해 예상외로 부드러운 태도를 취한 것이다. 9·11테러 직후 사우디아라비아의 빈 라덴 가문이 2백만달러를 칼라일에 투자했는데, 이 사건 때문에 칼라일은 빈 라덴측에 돈을 되돌려주었다.

대통령, 전직 대통령이 사기업의 피고용자나 로비스트가 되어 국가의 군사안보정책을 사기업의 이해에 맞게 조정하고, 그 댓가로 돈을 챙기는 나라가 미국이다. 애국자도 되고 돈도 벌고, 이것이야말로 일석이조가 아닌가?

5

미국 우익의 '계급전쟁'

5

1. 시장근본주의의 폐해

〉 부자들을 위한 돈잔치 〈 　　2000년 대선 당시 부시는 상대인 고어를
　　　　　　　　　　　　　　향해 '계급전쟁'을 선동한다고 공격했다.
　　　　　　　　　　　하지만 『뉴욕타임스』 칼럼니스트 다우드
(Maureen Dowd)는 부시를 '계급대통령'이라고 명명하면서 계급적
출신기반이 부시를 이해하는 데 가장 중요하다고 지적하였다.[1] 그는
부자집 아들로 사립학교만 다니면서 세상에 자기 같은 사람들만 사는
것으로 알고 있는 부시가 어떻게 불평등의 바람직하지 않은 면을 교정
하려고 노력할 수 있겠는가 하고 반문하고는, 부시는 자기가 속한 계
급이 이길 수 있도록 자신의 적을 향해 계급전쟁을 벌이고 있다고 주
장하였다. 즉 부시행정부는 이라크하고만 전쟁을 하는 것이 아니라 미
국의 중산층과 가난한 자들과도 전쟁을 벌이고 있다는 것이다.

　　부시 가족을 포함한 부시행정부의 모든 각료들은 어마어마한 부자
들이다. 이들의 재산은 클린턴시절의 무려 10배에 해당한다고 한다.[2]

부시, 체니, 럼스펠드 모두 CEO 출신이고 상무장관 돈 에반스(Don Evans), 재무장관 폴 오닐(Paul O'Neill) 역시 CEO 출신이다. 안보담당 보좌관 라이스는 석유회사인 셰브론텍사코 이사 출신이자 J.P. 모건 고문을 역임하는 등 각료의 상당수가 기업이사, 고문 등의 경력을 가졌고 막대한 재력을 자랑하고 있다. 이 부자집단은 에너지 · 환경 · 의료 등 모든 산업부문의 기업인들과 친분을 맺고 있으며, 이들이 펴는 정책은 역대 어느 정부보다도 부자들을 유리하게 해주는 정책이다. 이들의 무차별 감세정책은 부시의 이라크전쟁 수행과 직결되어 있다. 즉 전쟁이 미국기업의 해외진출과 에너지자원 확보, 미국 자본주의의 패권 유지를 위한 정책이라고 본다면 기업의 투자 활성화를 위한 감세조치도 그 일환인 셈이다.

2000년 대선 때 첫째 공약으로 감세를 내걸었던 부시는 "만약 돈을 국민들에게 돌려주지 않으면, 워싱턴 정치인들이 써버릴 것이다"라고 선동했다. 부시행정부는 감세정책을 '세금부담을 줄여준다'(tax relief)라고 표현하여 중간층과 노동자들 모두에게 혜택이 돌아가는 대단히 긍정적인 정책인 양 선전했다. 실제로 처음에는 편부모가정이나 아동 양육에 대한 감세조치들이 들어 있었다. 그러나 그 핵심내용을 들여다 보면 감세는 투자자들을 적극 투자에 나서도록 하는, 대기업과 부자들을 위한 정책이며 미국의 미래를 희생해서 현재의 부자들에게 엄청난 선물을 안기는 정책이라는 것을 알 수 있다. 부시행정부는 주식 배당금에 대한 감세조치를 시행하였고, 자본소득세 역시 15% 감면하였다. 그 결과 1년에 1백만달러 이상 버는 약 20만명의 미국인들이 주식배당금 감세로 한해에 총 254억달러의 이익을 보게 되었다. 하지만 서민들의 생활과 직결되는 도소매 세금은 더 올라갔다.

이러한 감세정책과 더불어 환경 · 복지 · 일자리창출 예산은 오히려 삭감되었고, 전쟁 수행을 위한 예산은 더욱 늘어났다. 결국 과도한 국방비 지출과 엄청난 감세는 사상최대의 재정적자를 초래하였다. 2003년도 미국의 재정적자는 국방예산과 거의 맞먹는 약 4천억달러로 사상최대를 기록하였다.

균형재정과 적자재정 논쟁은 한국전쟁 시기인 트루먼 때부터 계속되었다. 과거에는 적자재정에 대해 기본적으로 두려움이 있었으나 뉴딜정책과 마샬플랜, 한국전쟁 이후 미국은 구조적인 적자재정구조로 나아갔다. 통상 '자유주의 합의'(liberal consensus)라고 불리는 양당 공조가 확립되면서 이제 미국의회는 거대정부를 지향하는 흐름이 대세를 이루었다. 오늘날 부시의 조세삭감과 친자본적인 경제, 복지정책은 레이건 때부터 시작된 것이다. 레이건은 대량의 조세삭감과 공공부문 탈규제, 노동운동 탄압, 복지혜택 축소를 단행했다. 레이건은 집권하자마자 최상층 부자들에 대한 세율을 50%나 삭감하였으며, 1986년에는 또 한번의 감세정책으로 부자들에 대한 세금을 28%나 감면했다. 1950년대 아이젠하워시절에는 기업들이 연방 납세액의 약 25%를 차지하였으나, 2000년에는 10%에 불과하였고, 2001년에는 7%로 줄어들었다.[3] 경제잡지 『포브스』의 조사에 따르면 1978년에서 1990년 사이 상위 400대 부자들이 감세로 얻은 이득은 1조달러에 이르는 것으로 집계되었다.[4] 원래 공화당 전략가였으나 1980년대 이후 대자본의 미국 정치 지배를 비판해온 케빈 필립스(Kevin Phillips)는 레이건, 아버지 부시 정권의 최대의 수혜자는 최상층 부자들이었으며, 그들의 등장은 바로 부자들을 위한 거대한 '승리의 축포'였다고 지적했다.[5]

그런데 아들 부시는 아버지 부시보다 한술 더 떴다. 미국의 불평등 수준은 1980년대 이후 계속 확대되어 부시행정부 시기는 아마 미국 역사상 가장 심각한 상태에 있다고 해도 과언이 아닐 것이다. 미국에서는 현재 상위 1% 집단이 부의 47%를 독점하고 있다. 이것은 유럽국가 중에서 가장 불평등한 영국에서 상위 1%가 18%의 부를 소유하고 있는 것과 비교할 수 없을 정도이다.[6] 2003년 한해에만 170만명이 빈곤층으로 전락했다. 2000년에는 11.3%의 미국인이 빈곤선 이하에서 생활했으나 2003년에 와서 그 비율은 12.1%로 높아졌다. 그중 24%가 흑인이고 21.8%가 히스패닉이며 백인은 8%에 지나지 않는다. 미국에서는 성인의 65%와 아동의 13%가 과체중인데, 비만과의 전쟁을 벌이는 한편에서 끼니를 걱정하는 사람이 있는 곳이 미국이다. 코네티컷주에서 결식자를 위한 식사 제공기관인 푸드뱅크를 15년째 운영하는 오썰리번(David O'Sullivan)은 세계에서 제일 부자나라의 제일 부자주에서 이렇게 음식을 필요로 하는 사람이 많았던 적이 없었다고 한탄하고 있다.[7] 미 농무부의 보고에 의하면 2002년에 1천2백만 가족이 돈이 없어서 끼니를 구하지 못할까봐 걱정했으며, 그중 32%가 한두번 이상 배고픔을 겪었다고 한다. 그리고 380만 가족이 가구구성원 중 누군가가 끼니를 걸렀다고 한다.[8] 현재 뉴욕에는 3만8천명의 노숙자들이 있고, 그중 1만7천명은 어린이들이다.[9]

클린턴정부 시절 노동부장관을 지낸 라이시(Robert Reich)는 이라크전쟁이 터지고 나서 부자들이 세금을 더 내서 이라크 전비를 충당하자는 흥미있는 제안을 했다.[10] 하지만 그의 주장은 아무런 반향도 일으키지 못했다. 미국사회는 부자가 되는 것을 개인의 능력으로 받아들이기 때문에 아무리 비상사태라고 하더라도 국가가 사유재산권을 침해하는 것은 있을 수 없는 일이다. 2003년 말부터 민주당 경선이 시작되고 2004년 대선 분위기가 달아올라도 빈곤문제는 어떤 후보의 주장에서도 부각되지 않았다. 미국에서 '빈곤'이 심각하다고 외치는 것은 이라크전쟁에서 미군이 이라크민간인을 죽였다는 말만큼 미국인들이 듣기 싫어하는 소리이다. 그것은 심지어 '반역적' 주장인데, 왜냐하면 그것은 '위대한 미국'과 배치되는 일이기 때문에 있어서도 안되고 있을 수 없는 일이기 때문이다. 남편 없이 두 아들을 키우면서 시간제 노동자로 끼니걱정까지 할 만큼 힘겹게 살아가는 네브래스카의 앨런 스피어먼(Allen Spearman)은 "우리는 세계를 먹여살릴 수 있지만 우리 자신은 못 먹여살린다"라며 한탄하고 있다.[11]

미국 경제학자들은 감세가 예산축소를 수반하지 않는다면, 그것은 감세가 아니라 세금의 전이에 불과하다고 우려한다.[12] 재정적자가 발생하면 그것은 결국 다음 정부에서 메워야 하고, 결국 세금을 더 걷는 것 외에는 방법이 없기 때문이다. 더 우려할 만한 것은 재정적자를 메우기 위해서는 결국 돈을 빌려와야 하는데, 그것은 결국 사기업의 자금 고갈을 가져오고 금리인상을 불가피하게 할 위험이 있다는 것이다. 그래서 부시의 감세정책은 결국 지금 자신의 정치적 기반이 되는 부자들의 비위를 맞추어주는 것이지만, 그것은 미래 납세자들의 희생을 댓가로 한 것이다. 그리고 부시행정부는 복지·환경 등 사회적 지출을 축소함으로써, 작은 정부 건설이라는 그럴듯한 구호 아래 사회를 먹고 먹히는 적자생존의 수렵장으로 전락시킨 셈이 됐다. 부시의 무차별 감세정책과 눈덩이 같은 재정적자를 보다 못한 IMF조차 미국의 심각한 재정적자가 금리를 인상시키고 세계경제를 불안하게 할 수 있다고 경고했다.

경제 살리기를 명분으로 한 부시의 친자본정책이 가장 노골적으로 드러나는 부문이 전력·환경오염 산업 등에 대한 사유화 혹은 탈규제 조치이다. 2003년 8월에 발생했던 미국 캐나다 동부지역의 최악의 정전사태는 기술적인 문제로 발생한 것이 아니라 '정치적인 이유', 즉 에너지 관련산업의 무차별 탈규제에다 전력회사들이 낡은 송전시절에 투자할 동기가 사라지면서 일어난 것이다. 전력산업 사유화로 막대한 부를 획득한 전기회사들은 부시행정부 이후 정치권 로비자금으로 무려 7천만달러를 지출했지만 '책임질 필요 없는' 송전시설에는 투자하지 않았던 셈이다. 한편 부시행정부는 수천개의 오염물 배출 사업장에 오염 방지장치를 설치해야 할 의무를 면제해줌으로써 관련기업들은 막대한 이윤을 챙겼다.[13] 체니부통령은 석유·석탄·전기 관련회사들의 이해가 걸린 미국의 에너지 관련 탈규제정책을 자신이 이끄는 전략회의에서 다루었다. 그리고 거기서는 클린턴행정부 시절 시행했던 기업에 대한 규제·고발조치들을 거의 원점으로 돌려놓았다. 단기이익을 극대화하려는 기업에는 대단히 기쁜 일이지만, 탈규제의 경제적·사회적 비용은 모두 현재의 국민들, 그리고 후대에 전가될 수밖에 없다.

〉사회의 황폐화와 공공성의 실종 〈

미국은 선진자본주의국가 가운데 복지에 관한 한 최후진국이다. 사람이 살아가면서 해결해야 할 모든 것이 개인의 책임으로 간주되는 미국에서는 복지·교육·의료 등의 영역에서 공공의 책임이라는 개념이 대단히 희미하다. 그런데 레이건이 삽을 뜨고, 아버지 부시가 이어받아 아들 부시가 더욱 강하게 추진한 감세·탈규제정책은 그러한 경향을 더욱 심화시켰다.

과거 민주당 집권시절에 발생했던 2차대전·한국전쟁·베트남전쟁은 모두 막대한 예산 증대와 세수 확대 그리고 군수산업과 제조업 활성화 조치를 수반했다. 하지만 이번처럼 시장이 모든 것을 해결한다는 신앙을 가진 극우파가 집권해서 전쟁을 최첨단의 무기로 치르는 경우 일부 군수산업을 제외하고는 경기활성화 효과가 별로 없다. 그래서 과거 2차대전은 루스벨트의 복지국가 확대과정이 수반되었지만, 이번 전쟁은 그 반대로 복지를 희생시키면서 진행되었다.

　대규모 감세, 탈규제정책, 연방과 주정부의 심각한 재정적자는 뉴딜정책 이후 미국사회를 지탱해왔던 복지국가의 틀을 하나씩 무너뜨렸다. 의료·교육분야에서 그 정도가 가장 심각하다. 클린턴행정부가 초창기에 시도했던 야심찬 보편적 의료보험 개혁이 실패한 이후 미국 의료부문은 사보험 의존도가 더욱 커졌고, 그 상황은 부시행정부 들어서 최악의 상태로 빠져들었다. 사보험체제에 기초한 미국에서 해고되거나 임시직으로 고용된 노동자는 보험을 갖지 못한다. 이 때문에 실업자의 증가는 곧바로 무보험자의 증대로 연결된다. 2003년 현재 미국전체 인구 중 무보험자가 약 4천3백만명에 달하며, 2001년에서 2002년까지 7천5백만명이 일정기간 무보험 상태에 있었다. 저소득자를 위한 메디케이드(Medicade)나 고령자를 위한 메디케어(Medicare) 등 의료보장정책의 수혜자 역시 천정부지로 솟는 약값에 신음하게 되었으며, 병원의 보험자 기피로 미국의 보험제도는 사실상 수조달러의 시장규모를 가진 병원산업과 제약회사의 이해에 종속되기에 이르렀다. 2002년 한해 미국 전체 의료비는 1조6천억달러로 1인당 5천4백달러이다. 미국은 1인당 의료비지출이 세계 최고이지만, 미국인의 평균수명은 세계 27위에 불과하고, 의료비지출이 세계에서 가장 낮은 꾸바와 평균수명이 거의 같다.[14] 입만 열면 세계에서 가장 효율적인 나라라고 자랑하는 미국이 얼마나 비효율적인지를 보여주는 통계이다.

　미국사회에서 가진자와 못가진자의 양극화가 가장 심각하게 드러나는 곳이 바로 건강·의료부문이다. 돈이 없는 사람은 사실상 병원에 가기를 포기해야 한다. 캘리포니아주의 조사에 따르면 아이들 5명 중 1명은 보험이 없어 학교는 이 아이들이 다칠까봐 운동경기에도 내보내지 못한다고 한다.[15] 특히 응급실은 보험환자만 들어갈 수 있고, 로스앤젤레스의 경우 심장병이 있는 무보험환자는 12일을 기다려야 심전도검사를 받을 수 있다고 한다. 미시간의 지역신문은 화재사고로 어떤 아이가 화상을 입었는데 부모가 보험이 없어 아이를 병원에 데려가지 않았다고 보도하였다. 가난한 사람들이 사보험체제하에서 고통받고 있는데도, 미국의 복지제도가 점점 더 시장의존적인 정책으로 나아가는 가장 중요한 이유는 바로 부시의 노골적인 친자본 성향 때문이다. 한국의 의약분업사태 때 그러했듯이 미국에서도 공공의료 확대 논의만 나오면 곧바로 막강한 의료자본과 보수파들이 좌익적 혹은 비미국적이라고 공격해대기 때문에 미국의 건강·의료 문제는 갈수록 악화하고 있다. 특히 건강의 계급간 불평등은 극우 시장근본주의가 낳은 필연적인 결과라고 할 수 있다.[16]

의료처럼 공공성이 실종된 곳이 미국의 대학이다. 2003년 들어서 미국 공립대학은 1976년 이후 최대의 등록금 인상조치를 단행했다. 예산적자가 가장 심한 캘리포니아주의 경우 13개 캘리포니아 주립대학 등록금이 최대 35%까지 인상되었다. 1970년대까지만 해도 미국 공립대학의 학생들은 지역거주자에 한해 70%의 등록금을 보조받았으나 지금은 30%에 그친다. 주 예산 삭감의 1순위가 바로 대학지원금이었다. 결국 대학 등록금이 치솟아서 학생들은 도중에 학업을 포기하거나, 아예 휴학을 하고 돈을 벌어 다시 학교를 다닐 수밖에 없게 되었다. 상당수 대학은 강좌수도 축소했다. 일리노이대학의 경우 적게는 수백개 많게는 1천개 정도의 강좌를 없앴다. 규모가 작은 강좌는 통폐합하여 하나의 강좌로 만들었다. 미시간대학의 경우 어떤 강좌는 학생수를 두배로 늘렸고, 직원들에 대한 급료 부담을 줄이기 위해 대학원 도서관 개관시간을 줄였다. 결국 예산삭감은 교육써비스의 저하, 교수들의 강의 부담 증가로 연결되었다. 예산부족으로 인한 공립대학 등록금 인상은 사실상 주립대학의 취지를 무색케 하였으며, 결국 돈 있는 집 자녀들만 대학에 갈 수 있게 되었다. 2003년 146개 대학을 대상으로 한 조사에서 소득이 하층 1/4에 속하는 신입생은 3%에 불과한 것으로 나타났다.[17] 그리고 신입생의 12%가 흑인과 히스패닉(주로 멕시코인)인데, 흑인과 히스패닉이 미국 전체 인구의 1/4 정도라는 것을 감안하면 백인 부자들의 자녀가 4년제 대학에 갈 확률이 훨씬 높다는 것을 알 수 있다.

초중등 공립학교도 예산 부족으로 심각한 상태에 있다. 재정적자가 가장 심한 캘리포니아주 초등학교의 교사 3천명은 2004년 봄에 재계약이 취소될지 모른다는 통고를 받았다. 재정부족으로 신음하는 학교는 학부모들에게 아이들이 참가하는 스포츠, 무용 등 각종 행사에 후원해달라고 귀찮을 정도로 자주 요구하며 학부모들의 주머니에 기대려 하고 있다. 어떤 부모는 이럴 바에야 사립학교를 보내는 것이 낫겠다고 생각하기도 한다.[18] 심지어 학교에서는 학생들을 시켜서 각종 신문과 잡지 구독신청서를 받아오게 하고, 외판원이 교사와 함께 교실에까지 들어와서 아이들에게 구독신청서를 많이 받아오면 돈을 준다며 돈다발을 흔드는 경우도 있다고 한다. 학교장은 재정확보를 위해 거의 쎄일즈맨처럼 돌아다니는 형편이다.

미국에서 가난한 사람들은 재판에서 변호사의 도움을 받을 권리마저 박탈당하고 있다. 가난한 피의자들은 변호사를 살 돈이 없으므로, 미국의 각 주에서는 일종의 공익변호사를 선임해서 이들을 도와주었는데, 주정부 예산이 고갈되면서 변론 써비스가 없어졌다.[19] 미시시피주의 다이애나 브라운(Diana Brown)이라는 여성의 사례를 보면, 한 변호사가 그를 포함한 10명의 피의자를 5분 정도 접견하고 그들의 죄목과 형량을 알려준 뒤 자신의 임무를 마쳤다고 한다. 이를 취재한 기자는 그것을 조립라인식 재판(assembly-line justice)이라고 표현했다. 공익변호사들은 법률회사(로펌)의 변호사들에 비해 형편없이 보수가 적기 때문에 대다수 변호사들은 이러한 공익활동을 기피하고 있으며, 변론의 질도 낮게 마련이다. 그러나 더 심각한 것은 피의자들이다. 변호사를 선임할 수 없는 피의자들은 결국 억울한 옥살이를 할 수밖에 없다. 앞의 다이애나의 경우 총 형량이 무려 60년이나 되었다. 말 그대로 무전유죄(無錢有罪)의 현장이 아닐 수 없다.

부시는 또 미국 역대 최악의 반환경 대통령이라는 비판을 받고 있다. 부시는 석유화학산업의 이윤을 보전해주기 위해 청정세(superfund cleanup tax)를 없애버렸다. 부시행정부의 환경보호청(Environment Protection Agency)은 발전소·탄광 등 각종 환경오염 물질과 광석을 배출하는 업체들에 대한 규제를 완화함으로써 환경오염을 가중시켰다. 알려진 대로 클린턴에 이어 부시는 쿄오또기후협약을 탈퇴해 자국의 이산화탄소 배출기업에 대한 규제를 포기하였다. 부시는 미국과 세계의 환경, 모든 미국인들의 건강과 후대 미국인들의 경제적 부담을 담보로 현재의 에너지 관련산업에 막대한 이윤을 안겨주고 있는 셈이다.

미국은 옛날의 미국이 아니다. 미국은 전통적 자유주의나 보수주의자들이 주장해온 권력 분산, 국가의 시민사회에 대한 불간섭, 시민사회의 보호와 부르주아의 도덕적 기준 회복 등과는 점점 더 거리가 먼 일종의 '경영자국가 안의 대중민주주의'(Mass Democracy in the Managerial State)로 변해왔다.[20] 국가가 사기업이 되고 대통령과 정치인이 경영자가 되면 각종 사회적 보호장치는 없어지거나 축소되고 약육강식과 효율성의 논리가 온사회를 집어삼킨다. 결국 오늘날 미국 서민들의 생계·건강·교육·복지 등 모든 것이 부시행정부가 벌인 두 전쟁 즉 미국 내의 계급전쟁과 미국 밖의 아프가니스탄·이라크 전쟁의 희생물이 되고 있다. 물론 이것은 부시행정부에서 갑자기 나타난 것이 아니라 1980년 레이건 집권 이후 계속된 우파의 공세가 낳은 것이다. 복지·건강·교육·환경을 공공의 문제로 보지 않고 개인이 능력껏 시장에서 구매해야 할 상품으로 간주해온 '미국식 씨스템' 혹은 미국인들의 암묵적 동의의 결과이기도 하다.

2. 신매카시즘

> 극우파의 편집증 〈   9·11 이후 부시의 '테러와의 전쟁'이 국민적 동의를 얻으면서 미국의 정치사회는 완전히 히스테리 상태에 빠졌고, 문화 전반에는 공포와 의심의 그늘이 드리워졌다. 위기의식과 공포 속에서 이제 누가 '저 놈이 테러리스트다'라고 소리만 지르면 모두 돌을 던질 분위기가 되었다. 19세기 이민자와 유대인과 가톨릭 신자들에게, 2차대전중 일본인에게, 1950년대 이후 사회주의 붕괴 이전까지 소련과 사회주의자들에게 향하던 편집증(paranoid)이 부활하였다. 새로운 적은 국내외의 테러세력, 그리고 이슬람이다. 빈 라덴과 후세인을 악마화하는 작업이 시작되었고, 과거 매카시즘하에서 그러했듯이 이제 외부에만 악이 있는 것이 아니라 '우리 내부에도 적이 있다'고 부르짖는 파시스트, 인종주의집단인 KKK의 후예들이 등장했다.[21]

극우파의 목소리가 담긴 책 중에는 이라크전쟁이 일어나고 미국에서 베스트쎌러가 된 코틀러(Ann Coutler)의 『반역』(*Treason*)이 대표적이다. 시종 자유주의(민주당)를 공격하는 이 책은 매일 아침 극우반

극단적 백인우월주의 집단인 KKK의 2000년 야간집회

공주의의 논리를 접하는 한국인들이 읽으면 아주 쉽게 이해할 수 있다. 저자는 미국내 자유주의자들 혹은 민주당 정치인이나 그 지지자들을 사실상 적을 이롭게 하는 반역자라고 본다. 미국의 자유주의자들이 툭하면 애국자들을 파시스트·매카시즘세력이라고 몰아붙인다고 비판하면서 이들은 미국군대를 비판하고, '국기에 대한 맹세'를 혐오하고, 성조기를 싫어하며, 미국인들의 생명과 안전을 위협하는 공산주의·테러세력을 없애는 데 협력하기보다는 애국자들을 비판해 적을 이롭게 한다고 시종 공격하는 것이다. 그리고 인권이니 민주주의니 떠들면서 "과거 매카시시절에는 소련의 스파이가 분명했던 사람들을 옹호해왔으며, 적 앞의 분열을 조장하였고, 닉슨 같은 '애국자'들을 몰아냈으며, 9·11테러를 당했으면서도 여전히 전쟁을 반대한다"라는 것이다. 여기

224

에 한술 더 떠서 자유주의자들은 "하느님보다 인간을 내세우는 무신론자이며, 야만세력을 옹호하면서 문명을 깔아뭉개고, 미국보다는 유엔을 존중하는 사실상의 공산주의자"라고 결론을 내린다.

저자 코틀러가 9·11의 충격과 전쟁위기 속에서 조성된 미국내 애국주의를 틈타 돈을 벌려고 이 책을 썼는지 어떤지는 알 수 없으나, 이 책이 보는 '내부비판자＝적' '미국＝하나님의 나라'라는 사고방식은 미국 주류 우익들의 편집증을 고스란히 드러낸다. 그것은 미국 지배집단의 마음속 깊은 곳에 있는 와스프(WASP, White Anglo-Saxon Protestant)우월주의, 혹은 '백퍼센트 아메리카니즘'을 달리 표현한 것이라고도 볼 수 있다. 이러한 편집증은 전쟁이 터지고 애국심이 강조되면 언제나 번지는 '병균'과 같은 것이다. 사회내의 이견과 차이를 용납하지 않고 내부의 비판세력을 반역자, 즉 소련의 스파이, 공산주의자나 테러세력으로 몰아붙인다는 점에서 이들의 생각은 해방 직후부터 오늘날까지 지속되고 있는 한국 극우세력의 사고방식과 대단히 유사하다. 저자는 미국사회를 온통 공포의 도가니로 몰아넣은 매카시의 추종자이다. 매카시야말로 스파이를 잡아내어 미국사회를 공산주의의 위협으로부터 구하려 했던 진정한 애국자라고 보는데, 이 역시 이승만·박정희 독재정권에 향수를 가진 한국의 우익들과 유사하다.

우리는 흔히 미국내 극우세력의 대명사로 매카시를 떠올리지만, 매카시가 미국 극우의 원조는 아니다. 미국에서 음모론·편집증·공포증·의심·이분법·혁명에 대한 거의 알러지적 혐오증, 애국주의와 인종주의 등 극우세력 특유의 정서는 19세기에 태동되었고, 이러한 사고들은 1917년 러시아혁명을 계기로 정치적으로 처음 모습을 드러냈다. 러시아혁명은 1959년 미국의 코앞에서 벌어진 꾸바혁명과 마찬가지로 미국 부자들에게 정신적 공황을 불러일으켰다. 저명한 사회학자이며 경제학자인 베블런(T. Veblen)이 러시아혁명 이후 미국을 휩쓴 편집증을 분석한 에쎄이에서 지적하였듯이 당시 미국에서는 부자들이 자신의 재산이 위협받는다고 생각하며 '공포감'을 미국사회 전체에 퍼뜨렸다.[22] 지리적으로 봐도 러시아는 미국에서 멀리 떨어진 나라이고, 미국 부자들 중에 러시아제국 펀드를 소지한 사람을 제외하고는 러시아에서 일어난 일로 직접 충격을 받을 만한 사람은 거의 없었다. 그런데도 미국의 백인 기독교인 부자들은 만약 러시아혁명이 내건 이념과 운동이 미국에 상륙한다면 자신의 기득권이 심각하게 위협받는다고 느끼고 러시아혁명에 대해 극도의 공포감과 적대의식을 드러내기 시작했다. 즉 미국인들은 러시아라는 국가의 실제 힘보다는 혁명의 간접적·함축적 가능성에 훨씬 두려움을 느꼈다.[23]

그래서 러시아혁명 이후 미국인들은 세계에서 발생한 모든 갈등과 혁명을 소련의 음모이거나 볼셰비끼혁명의 영향이라고 생각하게 되었다. 그것은 '기존질서에 대한 반역'을 대하며 느끼는 일반적인 공포라고 볼 수 있다. 그래서 그후 미국에서는 반(反)식민주의, 민족주의 성격을 가진 중동혁명, 그리고 중국혁명과 제3세계 여러 나라의 혁명이 모두 러시아혁명의 아류로 간주되었다. 모든 급진적인 개혁을 사회주의혁명으로 해석하고, 세계의 모든 혁명은 소련이 조종하는 것으로 간주해온 미국 주류세력의 시각이 바로 윌리엄스가 강조했듯이 미국외교를 빗나가게 만든 비극의 시작이다. 그리고 9·11 이후 미국은 빈 라덴이 모든 테러를 배후 조종하고 있으며, 모든 이슬람세력이 테러 바이러스를 간직한 것으로 간주함으로써 또다시 그러한 행태를 되풀이하고 있다.

19세기 이래로 미국의 우익들은 언제나 '적'을 찾았고 그들을 자신뿐만 아니라 인류의 적으로 삼았다. 그들에게 특정집단이 일단 적으로 규정되면 위험이 과장되고, 큰 음모를 꾸미는 집단으로 간주된다.[24] 토착민의 일자리를 위협하는 이민자, 보수적 기독교 신앙을 위협하는 가톨릭, 부자들의 기득권을 위협하는 노동운동이 대표적인 적이었다. 20세기 들어서 적은 내부는 물론 외부에도 존재하는 것으로 생각되었다. 적색공포가 본격적으로 등장한 것이 1차대전이기 때문에 냉전은 그때부터 시작되었다는 말도 있다. 현대 한국의 극우반공주의, 좌우이분법, 상호적대의 역사적 원조는 바로 미국이다. 해방 직후 근본주의 기독교인도, 외국인 이민자도 없는 남한에 이 미국의 우익편집증(반공주의)이 드리워진 후 기득권 상실의 위기의식을 갖고 있었던 구 친일세력이 자신의 지위를 위협하는 세력을 모두 빨갱이로 몰아붙이고 결국 4·3사건, 국민보도연맹사건 등 좌익청소를 단행한 일이야말로 미국 주류 백인들의 편집증이 냉전의 최전선국가로 수출되어 어떻게 세계를 비극적인 전쟁터로 몰아갔는지 잘 보여주는 역사적 사례라 할 수 있다.

'전쟁은 국가에 생명력을 부여해준다'라는 격언처럼 공동의 적을 만들어내고, 애국심을 고취하면서 국민을 동원하고 통합하는 데 전쟁만큼 좋은 수단은 없다. 물론 평상시에도 적이 위협하고 있다는 것을 강조하면서 전쟁분위기를 조성할 수 있다면 내부의 위기를 정치적으로 돌파하고 반대세력을 제압하는 좋은 수단이 될 것이다. 그래서 미국 극우세력의 편집증은 사실상 기득권 유지와 전쟁준비를 위한 정치적 자원이다. 냉전체제 성립 이후 미국사회의 모든 현상은 러시아혁명이나 소련 사회주의 건설의 역사와 분리할 수 없을 정도로 깊이 연관되어 있다. 소련 및 미국내 좌익에 대한 공포감과 위기의식을 '공세적 방어'로 변모시킨 것이 냉전체제요 미국 자본주의다. 분단 이후 남한사회가 북한에 대한 공포와 위기의식을 정치적 자원으로 백분 활용하여 극우 지배체제를 구축한 것도 마찬가지다. 이런 미국과 한국의 극우반 공주의를 일종의 부드러운 파시즘이라 불러도 좋을 것이다. 내외부의 적에 대한 공포감을 조장하고 전쟁동원체제를 조성하는 것이 정치적으로 중요한 이유는 이 분위기를 틈타 전쟁에 반대한 사람들을 반역자·스파이·비애국자로 몰아붙일 수 있기 때문이다. 그래서 위기를 명분삼아 극우애국주의는 정치투쟁에서 우위에 설 수 있게 된다.

극우정치질서하에서는 특정 집단이나 개인이 공산주의자·비애국자로 몰리는 것은 치명적이기 때문에 비판세력들도 일단 자신은 공산주의자·비애국자가 아니라는 신앙고백 혹은 충성서약을 해야만 한다. 그래서 수세에 놓인 반대파들도 언제나 '애국'이라는 용어를 사용한다. 이처럼 자신의 애국심과 사상적 순수성을 고백한 이후에야 정치적 대결을 할 수 있는 것은 미국사회에 드리우고 있는 파시즘적 분위기를 다른 방식으로 드러내주는 것이다. 이렇게 본다면 미국은 사상·표현의 자유가 상당히 제한된 나라일지 모른다. 개인주의를 외치면서도 개인의 입지를 인정해주지 않는 나라이다. 점령국 혹은 제3세계 종속국에 대한 정책이나 국내의 정치적 반대파를 누르는 경우에 미국의 극우세력은 결코 자유주의 방식을 사용하지 않았다. 그래서 미국의 자유주의는 사실상 '꺾인 갈대'와 같다는 지적도 있다.[25] 그것은 1950년대 풀브라이트(J. Fulbright) 상원의원이 매카시즘에 정면으로 맞서면서 강조했던 이른바 '다수의 전제'이며, 일종의 전체주의다. 미국인들은 전체주의라는 말을 자신의 상대를 향해서만 사용하고 있지만 말이다.

> '애국심' 혹은 증오범죄 <　　9·11은 목숨을 걸고 쌍둥이빌딩에 뛰
어들어 한사람이라도 더 구출하려다가
희생된 소방관을 미국의 영웅으로 만들
었다. 위기에서는 언제나 영웅이 만들어지고, 신화가 만들어진다. 신
화는 바로 애국심이다. 국가의 위기는 애국심이라는 신앙을 강화시키
는 법이다. 이라크전쟁이 시작되자 미국의 거리와 주택가에는 9·11 이
후처럼 또다시 성조기가 넘쳐나기 시작했다. 가정집은 물론 공공건물
이 아닌 주유소나 식당 앞에서도 커다란 성조기가 펄럭이기 시작했고,
승용차에도 성조기를 달고 다니는 사람이 많아졌다. 그것도 한개로 모
자라 심지어 차 양쪽 모서리에 두개씩 달고 다니는 경우도 있다. 도로
변의 주유소나 고속도로 휴게소에는 성조기를 판다고 써붙여놓은 곳
이 많았다. 슈퍼마켓에 가다 보면 "God Bless America"(미국에 신의
은총을)라고 벽에 페인트로 써놓은 경우도 있었다. 도심을 벗어나 시
골마을로 가면 성조기를 건 집들이 더 많았다.

　확실히 전쟁은 국가에 생기를 불어넣어주었다. 전쟁은 국민을 일체
화시키고, 하나의 구심으로 뭉치게 만들었다. 9·11 이전에는 미국인들
가운데 90%가 세계 어떤 나라보다 미국의 국민이 되는 것을 택하겠다
고 답했는데, 9·11 이후에는 그 비율이 97%로 상승했다.[26]

　2차대전 때 그러하였듯이 전쟁의 위기의식으로 생겨난 애국심은 반
드시 내부의 이단자들에 대한 정신적·물리적 폭력을 수반한다. 진주
만공격을 당한 후 캘리포니아주에서는 1942년에서 1945년까지 시민권
을 가진 일본계 미국 시민권자들이 집단수용소에 구금되었다. 이것은
자유와 개방을 신조처럼 여기는 미국역사의 가장 어두운 단면이다. 당
시 미국인들의 90% 이상이 어제까지 이웃이던 이들을 격리수용하는
것에 찬성하였다. 이와 관련된 가장 유명한 일화는 할리우드영화로도

9·11테러 1주년 기념식에 앞서 월드파이낸셜센터 내 한 빌딩에 걸린 초대형 성조기

만들어진 '토오꾜오의 장미,' 아키노 사건이다. 그녀는 일본계 미국인으로 태평양전쟁중 '라디오 토오꾜오'라는 연합군 대상의 선전방송 진행자로 일했다. 당시 미군들은 그녀의 목소리를 듣고서 '아름다운 유라시안 마타하리'라고 불렀다. 결국 그녀는 1945년 10월 토오꾜오의 매카서 사령부에 체포되어 구금되었다. 그녀는 변호사의 도움도 받을 수 없었고 편지도 쓸 수 없었다. 결국 그녀는 1949년 반역죄를 저질렀다는 이유로 10년형과 벌금 1만달러를 선고받았다. 그녀는 진주만사건이 발생하기 직전에 우연히 고국 일본에 갔다가 자신의 의도와 관계없이 그 일에 종사했는데, 미국은 그녀를 일본의 앞잡이로 취급하여 매우 엄한 처벌을 했다.[27] 미국은 전쟁중에 적국 출신의 시민권자를 잠재적인 적으로 취급한 실례가 있다.

9·11테러 그리고 이라크전쟁이 시작되자 과거 독일인, 유대인, 그리고 일본인들에게 향했던 증오범죄가 재발하였다. 9·11 이후 아랍계 미국인들은 거의 날마다 모욕적인 폭언을 들어야 했다. 미국 전역에 아랍인을 추방하자는 낙서가 나붙었으며, 심지어 아랍사람들이 종교행사를 하고 있는 곳에 백인이 총을 쏘는 사건도 있었다. 2차대전 때처럼 이들을 집단수용할 정도의 분위기는 아니었지만, 미국내 아랍사람들은 사실상 잠재적 테러범으로 간주되어 생명의 위협을 받았다. 미국인들의 과반수는 아랍인들이 미국시민권 외에 별도의 신분증을 갖고 다녀야 한다는 생각에 동조하였다. 재미 한국교포들이 이라크전쟁 전후에 한국내 반미 분위기 고조를 크게 우려한 것도 백인들이 이를 빌미로 한국인들을 차별하고 공격할 것이 두려웠기 때문이다.

9·11 이후 애국주의와 증오범죄가 급증하자 인도적 입장에서 전쟁을 반대했던 상당수의 인권·평화단체도 목소리를 낮추었다. 베트남전 당시 반전운동에 앞장선 지식인들의 목소리도 이제 들리지 않는다. 인

권단체조차 전쟁은 이미 벌어졌으니 그것에 왈가왈부할 수는 없고 군인들을 빨리 돌아오게 하거나 이라크민간인 피해를 최소화하도록 압박하자는 쪽으로 운동의 방향을 선회하였다.

애국심을 조장하고 증오범죄에 면죄부를 주는 것은 미국사회가 조지 오웰이 『1984』에 그렸던 전체주의사회에 가까이 와 있다는 것을 말해준다. 여기서는 무지와 편견이 지식이 되고, 범죄나 부도덕한 행위가 애국이 되고, 지식과 판단력을 가진 사람이 반역자가 되기도 한다. 1970년대 워터게이트 사건, 제3세계에서 미국이 벌인 더러운 전쟁 등 국가권력의 추한 행동이 들추어질 때마다, 혐의자들은 한결같이 "나는 미국을 사랑한다" "나는 애국자다"라고 강조했다. 이렇게 보면 애국심은 모든 잘못과 부도덕을 덮어주는 마법의 지팡이요, 면죄부이다. 사실 히틀러, 밀로셰비치 등 학살·전쟁범죄자는 모두 '애국자'들이었다.

자랑스럽게 성조기를 휘날리며 달리는 차 가운데는 부자들이 타고 다니는 고급차뿐 아니라 노동자들의 다 낡아빠진 자동차도 많다. 『뉴욕타임스』가 취재한 내용을 보면, 미주리주에 사는 실직노동자이며 과거 노조활동도 했던 기보니(Giboney)는 자신과 가족이 현재 상당한 경제적 곤궁에 시달리고 있으며, 부시의 이라크 지원에 대해 상당히 비판적이고 부시의 정책은 부자들을 더욱 부유하게 하는 정책이라고 생각한다. 그러면서도 그는 성조기를 몇개씩이나 자기 집 앞마당에 걸어놓고, 애국자임을 자부하고 있다.[28] 애국심 강조 분위기는 처음에는 권력자들이 조장하는 경우가 많지만 전쟁과 경제위기가 닥치면 가장 먼저 고통을 당하는 노동자들이 앞장서 만들어가는 경향이 있다. 과거의 파시즘 역시 실직의 고통과 경제적 어려움에 신음하는 노동자들에게 안정된 직장과 보수를 약속하면서 지지를 얻은 바 있다.

한국사람들은 대체로 애국심은 좋은 것이라고 생각하지만 사실 애국심은 지독한 무지요 맹목이기도 하다. 원래 자기애가 유별난 미국사람들은 다른 나라에 극도로 무관심하다. 미국 엘리뜨들은 중국의 민족주의를 즐겨 비판하지만, 미국의 애국주의가 중국의 민족주의와 무엇이 다른지는 모르고 있다. 지금까지 한국이나 중국의 민족주의는 외세로부터 자기 민족을 해방시키자는 약자의 방어라는 성격이 강했지만 미국의 애국주의에는 이라크사람 수천명을 죽이고도 그들을 해방시켰다고 생각하는 강대국 패권주의, 백퍼센트 아메리카니즘 등 백인우월주의의 요소가 있다. 한 조사를 보면 45%의 미국인들은 외국에서 일어난 사건이 자신들에게 영향을 주지 않는다고 생각하는데, 이는 세계 최강의 미국이 작은 나라 문제에 신경쓸 필요가 없다는 의미일 것이다.[29]

미국인들 중 외국여행을 한 사람은 약 22% 정도인데, 이웃 캐나다의 66%, 영국의 73%, 독일의 77%에 비해 비교할 수 없을 정도로 적다. 미국인들이 외국에 무관심하고 자신에게 과도한 애정을 갖는 것은 그들이 외국에 나가보지 않은 것과도 관계가 있다. 그들은 세계가 곧 미국이라고 생각하기 때문에 해외여행의 필요를 느끼지 않는다. 그래서 외국, 특히 제3세계에 한번이라도 가본 미국사람들은 조국을 좀더 냉정하게 보는 경향이 있고, 미국의 자기중심주의, 미국인들의 자기애가 얼마나 편견과 무지로 가득 찬 것인지 이해하는 경우가 많다.[30]

〉 '전체주의 방식'의 자유? 〈 　　2003년 부시가 오스트레일리아 국회에서 연설하려 할 때 한 진보적인 국회의원이 부시를 향해 욕을 하자, 부시는 "이러한 비판까지도 허용하는 것이 자유세계의 장점"이라고 받아넘겼다. "럼스펠드를 해고해야 한다"라는 외마디 절규가 럼스펠드의

회견장에서 나오는 것이 텔레비전에 방영되기도 했고, 울포위츠 연설장에서 그에게 다가가서 '악마'라고 소리치는 학생들의 목소리가 들린 적도 있다. 그때마다 이들이 보이는 반응이 거의 동일했다. 약간 기분이 상한 듯한 일그러진 표정으로 "바로 저것이 자유세계의 장점"이라고 내뱉는 것이다.

'자유'라는 말은 미국인들에게는 마치 마법의 주문 같은 용어이다. 미국인들은 자유를 신이 선사해준 발명품, 혹은 자신들의 전매특허로 생각한다. 사실 대다수 외국인들도 미국을 자유의 천국으로 알고 있다. 어느정도는 맞는 이야기다. 지금도 뉴햄프셔 같은 일부 주에는 정부의 조그마한 개입조차도 원천적으로 반대하는 자유의지론자(Libertarian)들이 모여 살고 있다. 이념적·사상적 입장에 따라 '자유'를 보는 관점에도 편차가 많지만 대체로 미국인들이 말하는 자유는 억압과 간섭의 반대이자 선택의 자유다. 그것은 자신의 의사를 표현할 수 있는 자유이며, 자신의 주거와 행동을 선택할 수 있는 자유이며, 자신의 정치적 대표를 선출할 수 있는 자유이다. 그러나 미국정부가 반공독재정권의 하수인, 우익 테러리스트들을 '자유전사'라고 칭송하였듯이 '자유'의 이름으로 매카시즘을 칭송한 적도 있다는 점을 알아야 한다. 이러한 이중성은 과거 자신이 소유한 노예에 대해서는 일언반구도 하지 않은 채, 자유인, 자유로운 토지소유, 자유로운 선택을 찬미한 것과 마찬가지이다.[31]

물론 중세식의 신분차별이 없고, 정치적 반대자를 폭력으로 억압하지 않는 것은 미국체제의 가장 큰 장점이다. 그런데 문제가 그리 단순하지는 않다. 한국에서 1970, 80년대 자주 발생했던 '막걸리 보안법' 사건처럼 시정의 생활인들이 취기나 홧김에 길거리에서 미국을 욕하거나 비판하는 자유는 허용이 되지만, 정책이나 여론에 영향을 미칠 수 있는 사람들이 글이나 행동을 통해 미국적 가치를 정면에서 비판하는 것은 쉽지 않기 때문이다. 즉 보통사람들이 미국적 가치와 미국 자본주의를 비판하더라도 과거의 한국처럼 경찰이 잡아가지는 않지만, 공직자·언론인·교수·노조간부가 그러면 FBI가 그의 이력과 활동을 추적하고, 결국 그는 직장에서 해고될 위험성이 높다. 즉 국가를 비판할 자유는 있지만 그러면 맑스가 말했듯이 굶어죽을 각오를 해야 한다는 말이다. 이처럼 미국정부가 말하는 '자유'의 이면에는 무서운 처벌과 보이지 않는 억압이 있다는 사실을 한국인은 물론 대다수의 세계사람들은 잘 알지 못한다. 적색분자를 색출한다고 무려 2만여명의 무고한 시민을 직장에서 쫓아내고 영원히 복귀하지 못하도록 했던 1950년대의 매카시즘 광풍이나, 그후 많은 체제비판적 인물들이 당한 해고조치, 재임용 탈락, 방송출연 정지, 기고문 게재 거부 등 은밀하게 진행된 사회적 처벌사례는 언론을 통해 보도되지 않기 때문에 미국인들조차 잘 모른다.

9·11 이후, 그리고 이라크전쟁이 개시된 이후 미국에는 매카시적인 '사상탄압'이 부활하였다. 9·11 직후 오리건주 최고의 칼럼니스트 상까지 받은 언론인 구스리(Dan Guthrie)가 부시를 비판했다가 해고됐다. 2002년에는 뉴햄프셔의 『쿠리어』(Courier)지 편집장이자 2001년 '올해의 편집자'로 상까지 받은 언론인 팀 매카시(Tim McCarthy)가 부시의 전쟁정책을 비판했다가 해고되었다. 그리고 캘리포니아의 유명한 영화배우이자 활동가인 대니 글로버(Danny Glober)는 국제사면위원회 모임에서 강연 도중, 사형제 반대의견을 피력하다가 어떤 청중이 "그러면 오사마 빈 라덴도 사형해서는 안되는가"라고 묻자 "그렇다"라고 대답했다가, 결국 '라디오 아메리카 쇼'(Radio America Show) 방송출연을 정지당했으며, 통신회사 MCI의 전속 광고 출연자 자리도

잃어버렸다. 아랍계 미국인인 싸우스플로리다대학의 사미 알아리안 (Sami al-Arian) 교수는 급진적인 이슬람 활동가를 보증 서주고 초청한 적이 있는데, 그후 이 사람이 팔레스타인 테러집단의 지도자가 되었다는 이유로 대학에서 해고되었다. 뉴멕시코의 9학년 영어교사인 로이발(Camelita Roybal)은 '이라크전쟁 반대'(No War Against Iraq) 표지판을 자기 학급 앞에 게시했다가 2일 정직처분을 받았다. 이외에도 반전·반부시의 입장을 표명한 가톨릭 신부가 방위군에게 살인 협박당하거나, 고등학생이 전쟁에 비판적인 에쎄이를 제출했다가 교사에게 꾸지람을 듣거나, 신문에 반전 독자투고를 보냈다가 FBI의 방문을 받는다거나, 집앞에 반전 표지판을 내걸었다가 주변 사람들에게 욕설을 듣는 등의 사례는 비일비재하다. 이것이 모두 9·11 이후 애국심 열풍 속에 미국에서 발생한 일들이다. 물론 이러한 공격·조사·탄압은 주로 미국 시민권자 중 유색인 혹은 백인 반전론자들을 겨냥하고 있다.

욕설과 비판, 위협 등 공포분위기 조성 정도는 파시즘문화의 대중적인 현상이라고 치더라도 직장에서 해고하거나 처벌하는 것은 분명히 국가 혹은 기업 차원에서 조직적으로 내부 반대자들에게 본때를 보이는 것으로 볼 수 있다. 국가의 전쟁정책에 무조건 복종할 것을 요구하는 이러한 전체주의적 통제는 이미 1차대전 때부터 나타났다. 한국에도 많이 알려진 바 있지만 평화주의자이며 환경주의자이자 사회주의 지식인인 스콧 니어링(Scott Nearing)이 미국이 1차대전에 개입한 것을 비판하다가 지역의 유력자와 기업인들로 구성된 대학이사회의 결정으로 교수직 해고통지서를 받은 것이 대표적인 사례이다.

2차대전이 발발할 무렵 미 의회는 비미국인조사위원회(Un-American Activities Committee)를 만들었다. 미국 공직사회에서 '반역자'나 잠재적 반역자에 대한 조사는 2차대전중인 1938년에 시작되었다. 당시 의회내에 비미국인조사위원회가 설치되어 정부내 좌익 혹은 반역자를 심사하였으며, 1940년에는 외국인등록법(Alien Registration Act)을 만들어서 독일, 일본 등 적국 출신 미국인들을 통제하기 시작하였다. 트루먼독트린이 발효된 1947년경에는 250만명의 정부관리들의 충성도를 심사해 수백명을 해고하였다. 당시 노조지도자들은 태프트-하틀리 법(Taft-Hartly Act)에 따라 자신이 공산주의자가 아니라는 것을 서약해야 했으며, 1949년에는 공산당 간부들이 미국전복죄로 기소되기도 했다. 매카시 선풍은 이러한 정치적 토양 위에서 나타났다.

냉전체제하에서 탄압은 더욱 거세졌다. 트루먼행정부는 모든 정부관리들의 충성 여부를 심사하였다. 1884년 이후로 미국에서는 정부관리들이 어떤 정치적 성향을 갖고 있는지 묻지 않는 것이 원칙이었지만 1·2차대전을 겪는 동안 정치적 지향이 단순히 정당가입이나 조직가담 문제보다 복잡한 측면이 있다는 사실이 드러나면서 상황이 바뀌었다. 미 정부는 관리의 충성도를 시험할 다양한 방법을 개발해냈으며, 최고 정책결정자에서 교사·사무원·관리자에 이르기까지 시험이나 질문을 통해 충성도를 심사하였다. 진주만공격 이후에는 전쟁복무규제(War Service Regulation)를 발표하여 특정 관리의 충성심이 '상당히 의심'될 경우 해고할 수 있도록 하였다. 그리고 1941년 10월에는 FBI가 '충성스럽지 못한' 관리에 대해 조사할 수 있도록 하였다. 1940년대 후반에 와서는 관리들에 대한 국가충성도 확인업무는 활발하지만 은밀한 정부 기능으로 자리잡았다.

공산당 지도자들을 처벌할 수 있게 한 1949년의 스미스법은 미국 역사상 가장 악명높은 사상규제법이다. 이후 매카시 선풍이 일면서 대표적인 사상탄압인 래티모어(Lattimore) 사건이 발생했다. 래티모어는 미국에서 태어나 중국의 교육기관에서 일하는 부모를 따라 중국으로 건너갔다가, 1937년에 미국에 돌아온 지식인이었다. 그동안 그는 중국·몽골·만주 등지를 여행해 각 지역의 사정에 정통했으며 루스벨트 대통령은 그를 중국 장 제스 정부의 정치고문으로 임명하였다. 1932년에서 41년까지 그는 중국을 여행하면서 많은 책을 발간했다. 그중에서 중국 민족주의의 힘을 인정하고 중국에서 공산주의의 성공 배경을 정리한 『아시아 사정』(*The Situation in Asia*)이라는 책이 문제가 되었다. 쏘비에뜨 민주주의를 공격하지 않고, 일본 제국주의와 일본 기업문화에 비판적이었으며, 매카서의 일본점령정책을 비판했다는 것을 트집잡았다. 그후 오랜 세월간 그는 심각한 고초를 겪어야 했다.

비록 매카시즘은 1953년 급격히 수그러들었지만, 그 유산은 지난 50년 동안 미 정치문화의 밑바닥을 스멀스멀 기어다니다가 9·11테러 이후에 부상한 것이다. 이러한 미국의 정치문화 때문에 관타나모 기지의 외국인 테러혐의자에 대한 인권침해, 불법체류 외국인 구금, 애국법안 통과 같은 일들이 일어날 수 있었다. 물론 어떤 국가라도 전쟁상태에 들어가면 내부의 반대세력을 무조건 용납하기는 어려울 것이다. 그러나 '내부의 적'에 대한 통제와 처벌이 법과 절차를 따르지 않고, 그것이 심각한 인권침해를 수반한다면 그 국가가 명분으로 내건 전쟁의 목적 자체가 의심받게 된다.

자신의 가치와 노선을 반대하는 사람을 모두 테러세력에 포함시키고, 누가 테러세력인지 더 엄밀하게 논의하지 않은 채 그 위협을 정치적으로 이용하고, 테러세력을 잡는다는 명분하에 외국의 수많은 무고한 민간인을 죽이고 국내의 반전론자들을 처벌한다면 이런 나라를 민주국가라 부를 수 있을지 의심스럽다. 니체가 말했듯이 악마와 싸우다보면 자신도 악마가 된다. 미국이 바로 그런 꼴이다.

> 관타나모 기지의 '적군 전사들' 〈 　　　이라크공격이 개시된 지 며칠
지나 첫 미군포로가 발생하자
부시는 포로를 제네바협약에 따
라 인도적으로 대우해줄 것을 이라크에 요구했다. 그러나 영국 『인디
펜던트』의 한 칼럼니스트는 기다렸다는 듯이 "그렇다면 미국은 관타나
모 기지에 기약없이 억류되어 있는 6백명의 '적군 전사들'(enemy
combatants)을 왜 풀어주지 않나"라고 질문하면서 "미국이 다른 문명
국가가 지키고 있는 규칙을 잘 지키고 있다면 부시의 이러한 말은 더
설득력이 있을 것이다"라고 신랄하게 공격했다.[32]

과연 미국사람들 중 몇퍼센트가 관타나모 기지에 6백명의 '전사'들
이 불법 구금되어 있다는 것을 알고 있을까? 미국 영토도 아닌 꾸바의
작은 섬인 관타나모 기지에는 아프간전쟁 당시 전세계 각지에서 체포
된 아랍인들이 언제 재판을 받을지 언제 풀려날지 모르는 채 억류되어
있다. 이들 중 일부는 미국·영국 시민권자들이지만 국제법의 보호를
받는 전쟁포로가 아니라 단지 비정규 전투현장의 '적군'이라는 이유로
어떤 법의 보호도 받지 못하고 있다. 이들 중에는 미국 시카고공항에
서 체포된 사람도 있고, 유럽의 보스니아에서 미군에 붙잡힌 사람도
있다. 미 국방부는 이들의 죄목도 이들의 이름도 밝히지 않고 있다.

사우디계 미국인 함디(Hamdi)의 경우 원래 변호사 접견도 할 수 없
었으나 미국 언론과 인권단체들의 반대여론이 거세어지자 억류 2년여
만인 2003년 12월 처음으로 법정에 설 수 있게 되었다. 영국도 부시에
게 억류자 중 자국민을 풀어달라고 계속 요청하였는데, 결국 2004년 3
월 몇명의 영국 시민권자들과 15살 미만의 소년들이 풀려났다. 역사상
처음으로 미국의 행정권이 사법권과 헌법까지 무시하고 있는 것이다.

관타나모 기지의 현실은 오늘의 미국 인권과 민주주의 수준을 가늠

하는 시험대이다. 이곳에 2년 이상 기약없이 억류되어 있는 이슬람전사들은 군복을 입지 않은 '반미전사'들일 따름이다. 그런데 군복을 입지 않은, 정규군이 아니라는 이유로 이들은 전쟁포로로 대접받지 못하고 있으며, 미국의 실정법을 어긴 사람들이 아니기 때문에 형사재판도 받지 못하고 있다. 이들은 미 사법당국의 관할하에 있는 것이 아니라 미 국방부의 관리하에 있다. 국방장관 럼스펠드는 이들이 테러범이며, 미국은 현재 국가안보 위기상황이고, 테러와의 전쟁을 진행중이기 때문에 정상시기의 법에 따라 이들을 포로나 범죄자로 취급할 수 없다고 주장한다.[33] 그리고 이들을 풀어주면 또다시 테러범이 되기 때문에 억류해놓을 수밖에 없다고 말하고 있다. 그렇다면 이들은 언제까지일지도 모르는 '테러와의 전쟁'이 끝날 때까지 억류되어 있어야 한다는 말이 된다. 더구나 이라크 아부 그라이브 포로학대 문제가 불거진 이후 아프가니스탄 수용소 및 관타나모 기지에서도 고문과 학대가 광범위하게 자행되었다는 지적이 잇따라 나오자 미국의 인권 무감각증이 비판의 도마에 올랐다. 결국 국가안보를 위해 '체포된 적'을 고문하는 것은 미국 국내법이나 국제법에 저촉되지 않는다는 부시행정부의 입장이 이 모든 것을 가능케 한 것이다.[34]

한국전쟁 초기에도 미처 포로수용소를 짓지 못해서 한국군은 체포한 인민군 포로들을 전쟁터에 데리고 다닌 경우가 있다. 북의 인민군이나 남의 국군은 적군 포로를 데리고 다니기 힘들고 언제 저항하거나 도망갈지 몰라 이들을 심하게 학대하거나 심지어 그냥 죽이기도 했다. 물론 그것은 제네바협정 위반이고 전쟁범죄다. 그런데 이들을 데리고 다니는 기간은 며칠, 길어야 한두달이었다. 포로들은 일단 수용되어야 하고 전쟁이 끝나면 본인의 의사를 물어서 원하는 나라로 보내주어야 한다. 그래서 '테러와의 전쟁'은 황당하기 짝이 없는 개념이다. 이들을

꾸바의 미군 관타나모 기지로 호송되는 포로들(위), 관타나모 수용소(아래)

억류할 수밖에 없다고 말하기 위해서는 그 전쟁이 언제 시작해 언제 어떤 조건에서 마무리될 것인지에 대한 규정이 있어야 한다. 그런데 테러와의 전쟁이라는 것은 시작도 끝도 없는 전쟁이다. 그래서 관타나모 기지의 테러범 구금은 '마약과의 전쟁'을 선포한 정부가 마약사범을 잡은 다음 "마약과의 전쟁이 끝난 다음에 풀어주겠다. 너를 지금 풀어주면 또 마약을 하지 않는다는 보장이 없다"라고 말하는 것과 같다.

한편 미국은 9·11 이후 미국에 입국했거나 그전부터 미국에 거주했던 762명의 비미국인들을 테러세력과 연계가 있다고 구금하였다. 미국법에 따르면 72시간 내에 이들에게 구금의 죄목을 통고해야 하나 실제로는 수주일 혹은 수개월 동안 아무런 통고도 하지 않고 구금하였다. 심지어 어떤 이라크인 사업가는 테러범으로 의심받아 공항에서 영장 없이 구금된 뒤 노트북까지 빼앗기고 추방됐다. 그래도 군사정권 시절의 한국이나 다른 제3세계 독재국가와 달리 미국은 반정부세력을 마구잡이로 잡아 전향공작을 벌이거나 고문·살해하지 않았으니 우리는 미국이 이들 나라와는 비교할 수 없는 인권국가요 선진국이라고 칭찬해주어야 할 것인가?

〉 21세기적 감시사회 〈　　　　만약 회사 사무실 책상 뒤에 감시카메라가 설치되어 하루종일 일거수일투족을 감시하고, 편지나 이메일, 전화내용을 모두 누군가가 체크한다면 그러한 나라를 자유로운 나라라고 말할 수 있을까? 조지 오웰의 『1984』에는 채플린의 영화 「모던타임스」에 나오는 '화면 속의 사장'처럼 소름끼치는 무시무시한 대형(Big Brother)이 사회 구석구석에 감시카메라를 설치하여 모든 사람들의 사생활을 감시하는 것으로 되어 있다. 하지만 오늘의 미국사회에 그러한 대형은 없다. 아니 그러한 대형이 사람들의 눈에 실제로 보일 필요가 없다. 누군가가 나의 모든 행동을 언제나 추적하고 감시할지도 모른다는 사실을 사람들이 의식하고 있는 것만으로도 정치적 목적은 충분히 달성될 수 있기 때문이다. 2002년 미국에 950개의 새로운 공립학교가 문을 열었는데, 그중 3/4이 교실에 카메라를 설치했다고 한다. 학교의 관리자들은 이

카메라 덕분에 학교가 더 안전해졌다고 자랑한다. 아이들의 거짓말을 적발할 수 있어서 교사들이 편해졌다고 한다. 그들은 감시카메라가 사생활 '침해'보다는 '보호' 기능을 한다고 말한다.[35] 인권단체들이 반대하자 학교당국은 "당치 않다. 학부모들 가운데 아무도 반대하는 사람이 없었다"라고 대답하였다. 학교폭력 방지를 위해 필요하다는 논리였다. 이것이 오늘날 미국사회의 한 단면이다.

의심나는 모든 사람을 감시할 수 있도록 한 법이 바로 이름도 이상한 '애국법'(US Patriot Act)이다. 이 법은 9·11 이후 미국 국내의 안전을 더욱 체계적으로 관리하자는 취지로 국토안전부(Department of Homeland Security)를 두면서 함께 만들어졌다. 세계 문명국 중 어느 나라에 이런 우스꽝스러운 이름의 법이 있는지 알 수 없지만, '애국법'은 9·11 이후 미국인들의 공포와 위기의식에 편승하여 국내의 잠재적 반전·반미세력을 통제하기 위하여 국민적인 토론 없이 즉각 만든 법이다. 이 법의 내용을 보면 정보당국은 당사자에게 알리지 않고 비밀리에 집을 수색할 수 있으며, 테러세력을 옹호하거나 지원하는 사람들까지 조사·기소할 수 있다. 최근 미국은 이 법을 더욱 강화하여 테러세력 소탕을 명분으로 개인의 금전기록 등을 법원의 영장 없이 조사할 수 있도록 하였으며, 개인은 요청시에 이들 자료를 제출하도록 하고 있다. 심지어 정보당국은 개인의 서점의 책 구매목록, 도서관의 대출목록까지 확인할 수 있다. 문제는 정부가 법원을 거치지 않고 개인의 사적인 기록을 모두 확인할 수 있게 됨으로써 사생활은 심각하게 침해당하게 생겼을뿐더러, 이런 조사대상에는 테러세력과 무관한 단순한 반정부세력까지 모두 포함될 형편이다.

흥미롭게도 이 법을 옹호하는 사람들은 한국의 국가보안법 옹호자들과 마찬가지로 이 법이 소수의 위험한 사람들에게만 적용되는 것이기 때문에 '법을 잘 지키는 시민들은 걱정할 필요가 없다'고 말한다.36 '법을 잘 지키는 시민', 그들은 국가의 시책이라면 무엇에든지 복종할 준비가 되어 있는 사람들이다. 사실 이 법이 존재하는 것 자체가 이미 사람들에게 국가나 정부에 반대하면 큰 화가 미친다는 것을 알게 하는 성공적인 정치교육이다. 시한을 두었다고는 하나, 이 법은 시민권을 항구적으로 제약할 위험이 있다. 사상적으로 불순하고 '행동이 의심스러운 국민'들만 감시하는 것이 아니라 모든 미국인들의 의사표현을 위축시키고 국가에 순종하도록 만들 수 있기 때문이다. 그래서 알래스카의 공화당원인 돈 영(Don Young)은 이 법을 두고 "지금까지 미국에서 통과된 법 가운데 최악의 것이다"라고 혹평하였고 『이코노미스트』 지나 『뉴욕타임스』 같은 주류매체도 애국법은 사실상 '비애국법' (unpatriotic act)이라고 지적하기도 했다. 어떤 점에서 이 법은 한국의 국가보안법보다 더 위험하다. '애국'이라는 개념이 너무나 막연하고 마음만 먹으면 많은 사람을 비애국자로 몰 수 있기 때문이다.

놀라운 것은 미국인들은 자신의 사생활까지 침해할 수 있는 이 법에 대해 별로 비판적이지 않다는 점이다. 그들은 테러세력을 막을 수만 있다면 개인의 자유는 양보할 수 있다고 생각한다. 미시간대학이 2001년과 2002년 두해에 걸쳐 실시한 조사에 따르면 응답자의 54%가 언제나 신분증을 가지고 다녀야 한다고 생각하고 있으며, 2001년에는 62.3%(2002년에는 51.6%)가 교사는 교실에서 미국정책을 비판해서는 안되며, 35.2%(2002년에는 39.4%)가 전화나 메일을 도청할 수 있다고 대답했다. 공항에서 긴 시간을 줄서서 기다리며, 거의 굴욕감을 느낄 정도로 철저하게 가방과 몸을 수색당해도 미국인들은 놀라울 정도로 잘 참고 순응한다. 미국인들의 이런 순응성은 사실 어제오늘의 일은 아니다. 1954년 갤럽조사를 보면 당시 미국인 과반수가 매카시 상원의원에게 우호적이었다.[37] 미국인들은 냉전체제 이후 전쟁 등 안보위기가 오면 자신의 자유와 권리를 포기할 수 있다고 생각해왔다.

누군가 나를 감시하고 있고, 누군가 나를 밀고할 수 있다고 생각하면 사람들의 마음은 위축될 수밖에 없다. 매카시즘은 일종의 '공포의 정치'(politics of fear)라는 유산을 오늘의 미국에 남겨놓았다. 한국인들이 공권력에 대해 본능적인 공포감을 갖는 것은 식민지시기 이후 폭압적인 권력기관의 체포·구금·고문·학살 등을 직간접으로 경험했기 때문이라면, 미국인들은 2차대전 이후 반정부활동 혐의를 받은 공직자 조사작업, 해고, 사회적 처벌 등을 듣고 본 결과라고 할 수 있다. 지난 반세기 동안 반공주의·테러와의 전쟁은 미국인들, 특히 교육받은 식자층들의 심리를 크게 위축시켜왔다. 한국에서는 물론 미국에서도 이 매카시즘의 광기, 만성 전쟁체제와 대민 감시체제가 얼마나 사회의 건강한 의사소통을 막았으며, 또 수많은 시민들을 정신적으로 병들게 했는지에 대해 아직 본격적으로 논의되지 않고 있다.

3. 정치선전과 상업미디어

〉 정치선전 매체로서의 미디어 〈

전쟁이 벌어지면 집단살인이 영웅적인 행동이 되고, 침략자가 해방군이 되고, 식민지가 자유의 천국이 되고, 전쟁의 참화가 평화를 위한 진통이 된다. 이라크사람들은 미국의 점령에 맞서서 '독립투쟁'을 하고 있다고 주장하지만, 미국은 그들을 테러리스트라고 부른다. 이라크를 공격한 군인 가운데 93%가 미국인인데도 미국정부와 주류언론은 언제나 이를 '연합군'이라고 부른다. 그래서 전쟁은 사회를 타락시키고, 언어를 오염시키고, 이성이 설 자리를 없애버린다. 전쟁은 거짓말을 용납할 뿐만 아니라 바로 전쟁당사자인 국가를 최고의 거짓말쟁이로 만들기 때문에 시민들은 뭐가 진짜인지 뭐가 가짜인지 구별할 수 없게 된다.

전쟁중의 국가는 군인과 국민의 사기진작을 위해 적은 열세이고 아군은 영웅적으로 승리하고 있다고 계속 선전한다. 그리고 그러한 거짓말에 부끄러움을 느끼지 않는다. 부시행정부는 후세인이 대량살상무기를 갖고 있으며, 심지어는 나이지리아에서 핵원료를 가져온 의혹이 있다면서 전쟁에 돌입했고, 전쟁중에는 이라크사람들이 미국을 반기고 있다고 거짓말했다.

지금 미국에서는 진실은 탄압받고 사실은 공개되지 않으며 유언비어와 음모론이 판을 친다. 참지식인은 사라지고 선동꾼들이 지식을 독점한다. 베트남전쟁 당시 미국의 일부 관변지식인들은 "우리는 반란군으로부터 베트남의 독립을 지켜주기 위해 개입했다"라고 선전한 바 있다. 한국전쟁 당시 미국이 소련 제국주의 지배로부터 한국의 독립을 지켜주기 위해 왔다고 말한 것과 같은 논리다. 2백만명 이상의 남북한 사람들이 죽어간 비극의 땅을 두고 이승만정권의 어용시인들이 "학두루미가 펄펄 나는 자유의 땅"이라고 노래한 것과 같은 맥락이다.

그래서 늘 전쟁을 준비하는 국가는 오웰식의 전체주의사회가 되기 쉽다. 그렇게 몰아가는 나팔수가 바로 언론이다. 시청자들에게 이라크에서 미군이 몇명 죽었다는 이야기는 오직 텔레비전 속에서만 나오는 이야기이므로 별로 현실감이 없다. 가끔 전투장면을 비추기는 하나, 전투는 저 먼 곳의 이야기다. 뭔가 잘못되어간다는 이야기들이 간혹 흘러나오지만, 무엇이 어디서부터 잘못되었는지 알 도리가 없다. 유엔 안전보장이사회에서 부시가 여러 나라 대표들을 향해 연설했는데 반응이 썰렁했다는 이야기나, 마하티르 총리가 부시를 한방 먹였다는 이야기나, 오스트레일리아의 국회에서 부시가 창피를 당했다는 이야기는 신문 한귀퉁이에 보일락 말락 할 정도로 언급될 뿐이고, 텔레비전 화면에는 길어야 20초 짧으면 10초쯤 보도되거나 아예 나오지도 않는다. 그러니 신문을 보지 않는 대다수의 미국인들이 세상이 모두 미국을 중심으로 돌아가고, 다른 나라 사람들은 미국을 찬양하고 부러워하며, 몇몇 국가에서 반미분위기가 고조되고 있는 것은 전쟁에 대한 반대라기보다 미국의 힘과 부를 시샘하기 때문이라고 생각하는 것도 이상한 일이 아니다.

오락프로그램의 홍수 속에 이따금 만나는 토론프로그램이나 시사프로그램에서 럼스펠드, 체니, 울포위츠 같은 이라크전쟁의 기획자들은 진행자가 "대량살상무기는 존재하는 것입니까?"라고 물으면 "저는 반드시 찾을 수 있다고 확신합니다"라며 사실관계에 관한 질문을 가치판단의 문제로 슬며시 돌려버린다. 또 "이라크전쟁은 잘못된 정보를 가지고 시작한 것이라고 봐야 하지 않나요?"라고 물으면, "그러나 후세인이 없어져서 우리는 훨씬 안전한 세계에 살고 있습니다"라고 원인규명의 문제를 결과론으로 바꾸어버린다. 초·중등학교에서 모든 학생들에게 비판적 사고를 길러주고, 분석과 논리훈련을 잘 시키기로 유명한 미국에서 사실판단과 가치판단을 혼동하고 인과관계를 규명하지 않는 이러한 대화가 비판없이 통용된다는 것이 이상할 정도다.

언어가 현실을 반영하지 않고 놀잇감으로 전락한 사회, 국가가 일방적으로 설정한 개념과 정의가 미디어를 통해 전달되면서 일부 생각있는 사람들이 품은 다른 개념이나 접근법을 완전히 눌러버리는 사회, 의견이나 담론이 시민사회 차원에서 제기되지 않고 오직 정부나 거대 미디어에서 주어지는 사회, 사람들이 진정으로 궁금해하는 쟁점들이 논의되지 않는 사회, 온갖 유언비어는 난무하는데 무엇이 진실인지는 한번도 진지하게 토론하지 않는 사회, 반대의견을 가진 사람들이 분위기 때문에 의견 내놓기를 꺼리는 사회가 바로 전쟁중의 미국이다.

과거 우리는 북한 유치원 어린이들을 찍은 영상물에서 "우리는 지상낙원에서 행복하게 살고 있습니다"라고 말하는 모습을 보며 답답하고 슬프게 느꼈던 적이 있다. 그것은 외부의 모든 정보를 차단한 채, 매일 똑같은 정치선전을 수없이 반복주입한 전체주의의 모습이라 할 수 있다. 하지만 이처럼 강압적 권력이 전체주의를 조성한 예는 많이 보았어도, 미디어의 반복학습에 의해 똑같은 사회현상이 나타나는 것에는 익숙하지 않다. 1950년대 밀스가 미국인들을 '백치'(idiot)라고 공격한 것이나, 「화씨 9/11」의 감독 마이클 무어가 '강요된 무지'(forced ignorance)라고 한 것이 실감난다.

2003년 9월 12일자 영국 『인디펜던트』지 인터넷판 독자토론 마당에는 9·11 2주기를 맞아 실시한 여론조사에서 미국사람들 중 2/3가 아직도 9·11과 후세인이 연관이 있다고 믿는다는 결과가 나온 것과 관련해 "이렇게 어리석고, 무지하고 착각에 빠진 미국사람들이 어떻게 현재의 미국을 만들었는지 의심스럽다"라는 주제가 올라온 바 있다. 이 토론방에는 무려 2천명 이상의 방문객이 들어왔는데, 미국이 똑똑한 바보들의 나라, 거대한 백인 게토로 변하고 있다는 지적이 대부분이었다. 시청자가 참여하는 미국의 시사프로그램들을 보면 적어도 하루에 한번은 "위대한 나라" "자유로운 나라"를 찬양하는 시민의 목소리를 들을 수 있다. 미국인들이 원래 좀 과장이 심한데다 전쟁을 하는 상황에서 아군이 이기기를 바라는 마음으로 한 말이겠지만 그들의 무지와 단순함, 착각과 판단의 오류 등을 보면 이 나라가 또끄빌이 찬양했던 그 미국이 맞나 하는 생각이 들 정도다.

이 모든 현상은 막강한 미디어기업의 역할을 빼고는 설명할 길이 없다.

FOX, CNN, NBC, CBS 등 미국의 주요방송들은 '애국'이라는 구호 아래 한목소리를 내는 데서 한국의 군사독재 시절 방송사 못지않다. 크루그먼이 비판했듯이 미국 미디어는 사적으로 소유되어 있는데 행동은 마치 국영미디어처럼 한다.[38] 미국이 이라크를 공격하였을 때, 이 매체들은 하루종일 미군의 전투상황을 거의 똑같이 보도하였다. 미군을 맞이하는 이라크사람들이 실제로 어떻게 생각하는지, 이라크내에서 수니파와 시아파의 생각은 어떻게 다른지, 후세인체제에 대한 이라크인들의 기억은 어떠한지에 대해서 이 방송들이 현지인들의 육성을 전하는 것을 본 적이 거의 없다. 모두가 미국의 전투부대 이야기들, 미군의 어려움에 관한 내용들이었다. 촘스키는 이러한 전쟁기의 미국언론을 '치어리더'라고 비꼬았다. 물론 『뉴욕타임스』나 『워싱턴포스트』 『로스앤젤레스타임스』 같은 신문의 논설이나 칼럼에는 미국의 전쟁수행의 문제점이나, 부시정부내 매파들의 작전개념, 이라크 점령과 복구과정의 문제점을 비판하는 글이 실리지만, 미국 언론의 보도는 전반적으로 편향되어 있다.

자유기고가 앨리슨 와이어(Alison Weir)는 『쌘프란시스코크로니클』(*San Francisco Chronicle*)에서 이스라엘 어린이 사망 기사는 100%가 머릿기사가 되는 데 반해 팔레스타인 아이들의 죽음은 오직 5%만 보도된다고 지적했다. 그는 또 『쌘프란시스코머큐리』(*San Francisco Mercury*)의 경우 이스라엘 사망자는 70%가 보도되지만 팔레스타인 사망자는 3.6%만 보도된다고 주장했다. 팔레스타인은 언제나 위험한 반미주의자 혹은 광적인 무슬림으로 그려지며, 또 그것이 별다른 의문 없이 받아들여진다는 것이다.[39] '테러와의 전쟁'이 시작된 이후 미국 언론들의 중동 관련 보도는 이보다 더 지독할 정도로 편중되어 있다.

많은 학자들은 미국에서 1960년대 초반 이후 신문보다 텔레비전이 여론 형성에서 결정적인 역할을 하게 되었다고 지적한다. 이때부터 텔레비전이 만들어낸 여론이 전쟁의 향방을 좌우하기 시작했다. 그래서 종군기자들은 한국식으로 말하면 국가홍보처 직원, 혹은 군대의 정훈장교 같은 역할을 한다. 2003년 봄 미 국방부는 되도록 이라크전의 미군을 호의적으로 그려내도록 6백여명의 취재기자와 사진기자를 전투부대에 배속시켜 직접 전쟁을 취재하도록 했다. 이라크전쟁이 한창이던 2003년 4월 8일, 통신사 UPI의 국제담당 책임자로 이 종군기자단에 배속된 마틴 워커(Martin Walker) 기자가 현지에서 보낸 흥미있는 기사가 보도되었다.

우리는 연합군의 개별 부대에 배속되어 해방된 이라크를 따라 움직였다. (…) 우리는 점점 군대를 사랑하게 되었다. 그들은 우리의 목숨을 구해주었다. 그들이 머리를 숙이라고 하면 우리는 머리를 숙였다. 그들은 음식을 나누어주었고, 휴대전화를 사용하게 해주었다. 우리는 그들이 민간인에게 피해를 입히지 않기 위해서 얼마나 노력하는지 보았다. 그리고 그들이 처한 위험과 그들의 자제력을 보게되었다. (…) 베트남전쟁이나 영국 식민지에서의 전쟁은 언론과 군대 간의 상호무지와 불신의 벽을 높여놓았다. (…) 전선의 언론인들은 작전상의 보안에 대해 매우 다른 시각을 갖는다. (…) 언론인의 객관성을 잊어버리자. 무장한 사람들이 나를 죽이려고 길을 건너고 있다. 그리고 나의 안전은 영국 군대에 달려 있다. 내가 어느 편에 서야 하는지는 너무나 분명하다.[40] (강조는 인용자)

그는 전투의 최전선에서 취재하면서 군인의 고충을 이해하고, 그들에게 생명을 의탁할 수밖에 없는 종군기자가 왜 정부 혹은 군대의 입장에 설 수밖에 없는지를 너무나 솔직하게 털어놓고 있다. 확실히 그는 군대 덕분에 생명을 구하고, 군을 좀더 잘 이해하는 좋은 경험을 했다. 그러나 그는 생명을 보장받는 댓가로 언론인의 사명을 포기하고 말았다.

사실 이러한 이야기는 별로 새로운 것이 아니다. 미국에서는 전시 언론인과 언론보도의 문제점을 지적한 『배속된 미디어』(*Embedded Media*)라는 책까지 출간되었고, 이번 전쟁에서 언론이 보여준 태도는 사실상 언론의 '사망'이라고 혹평하는 기사가 넘쳐나고 있다. 걸프전에서 CNN이 '치어리더' 역할을 잘해서 돈을 많이 벌었다면, 이번에는 가장 보수적인 매체인 폭스가 가장 돈을 많이 벌었다는 소문이 있다. 언론재벌 머독(Rupert Murdoch)이 소유한 폭스뉴스는 기사를 쇼처럼, 심각한 내용을 가십처럼 취급하고, 자유주의나 진보적 의견에 대해 비아냥거리면서 현정부의 비위를 맞추었다. 이들은 전쟁반대자들을 '반역자'(traitor)라고 몰아붙이면서 은연중 자신들은 애국자로 자처하고 있다. 그러나 전쟁을 무비판적으로 부추기다가 세계여론이 악화되고, 그것이 결국 '미국의 장기적 이익'을 해친다면 그들은 무엇이라고 말할 것인가? 이라크 포로학대 문제가 불거지고 이에 대한 비판이 거세어진 2004년 봄 무렵 『뉴욕타임스』 등 주류매체가 전쟁보도와 관련해 잘못한 부분을 반성한 것도 이러한 이유 때문이다.

좀더 근본적인 문제로 들어가볼 필요가 있다. 미국의 언론은 거의 상업언론인데 시장의 논리에 좌우되는 이런 매체가 전쟁상황에서 사실상 정부의 나팔수 역할을 하는 것을 어떻게 이해해야 할까? 요즘도 CIA, FBI 등이 보이지 않게 언론을 사찰하고 있는가? 앞에서 말한 것처럼 미 국방부가 언론의 논조와 보도내용을 의도적으로 통제하고 사찰한 흔적이 있다. 그러나 미국언론의 무비판적인 애국주의는 일차적으로는 언론기업의 집중·재벌화·시장독점·상업주의의 결과라는 것이 언론학자나 비평가들의 한결 같은 지적이다. 전쟁이 한창일 때 어떤 영국매체는 "왜 공영방송인 영국의 BBC가 상대적으로 객관적인 보도를 하는데, 기업방송인 미국매체들은 그토록 편향된 보도를 하는가"라고 질문하면서 그것은 바로 기자들의 독립성이 완전히 상실된 미국언론의 상업성 탓이라고 지적하였다. 1960년대 이후 미국 방송·신문·잡지는 줄곧 상업화·독점화되어왔고, 독자와 시청자의 실질적 선택권은 계속 제한되어왔다.

1990년 중반 기업의 언론소유 장벽이 무너지면서 대규모 인수합병이 진행된 결과 1983년에는 50개에 달하던 주요 신문·방송·잡지·출판기업이 2000년에 와서는 놀랍게도 6개로 축소되었다. 그리하여 인터넷·잡지사·방송회사·영화사를 한꺼번에 소유한 타임워너(AOL Time-Warner)가 최대의 미디어기업으로 떠올랐고, GE, AT&T, TCI 등 굴지의 기업들이 케이블 채널의 75%를 장악하기에 이르렀다. 그리고 상업성과 오락성이 가장 심한 폭스뉴스를 소유한 머독이 세계적인 언론황제로 떠올랐다. 한국처럼 미국 언론기업의 지배구조도 전근대적이다.[41] 그렇게 보면 1990년대 말 이후 미국의 모든 시청자나 독자, 각종 매체 소비자들은 몇개 기업의 소유자의 생각과 의견에 완전히 좌우될 수 있는 상황에 놓였다고 볼 수 있다.

이러한 언론기업들은 왜 대중을 완전히 무지상태에 빠뜨릴 정도로 국가·정부 편향적인 보도로 일관할까? 미디어는 대중들의 의사를 반영하는 거울의 기능과 사회의 어두운 구석을 비추는 등불의 기능이 있다는 것을 우리는 알고 있다. 어떤 언론도 소비자들인 시청자들의 생각이나 정치적 환경에서 자유롭지 않다. 따라서 미국언론이 전쟁터에서 실제 일어나는 일들을 보도하기보다 '미국사람들이 듣기 좋아하는' 내용만 보도하는 이유는 어느정도 미국인들의 애국심, 혹은 '전쟁에 이겨야 한다'는 정서를 반영하는 것일 수도 있다. 그러나 오늘의 상업언론은 국민의 의견보다 수입의 80%를 차지하는 '광고주' 즉 거대기업의 요구에 더 영향을 받는다는 점이 중요하다. 미국 주요채널의 텔레비전 광고는 전체 방송시간의 30~40%를 차지한다. 어느 시간대에나 70개 정도의 케이블 채널을 돌려보면 거의 절반이 광고다. 그러므로 방송은 고객인 독점 대기업의 요구에 종속될 수밖에 없다. 공익성을 가진 매체는 사회 구석구석의 목소리를 반영하는 거울의 역할을 할 수 있지만, 상업매체는 돈벌이가 되는 내용을 보도한다. 그래서 주요고객인 대기업 권력층, 중간층 이상의 부자들이 듣기 좋아하는 내용만 전달하게 되는 것이다.

광고주들, 즉 전쟁으로 새로운 사업기회를 찾는 대자본가들은 '공정한 보도'를 원하지 않는다. 사주들은 국방부·국무부와 보수정치권을 의식하거나 그들에게서 무언의 언질을 받아서 그들이 듣기 좋아하는 내용만 나가도록 통제한다. 상업미디어가 정부의 전쟁정책을 일관되게 지지하는 것은 우선 정부에 협조하고 광고주인 기업주에게 협조하는 것이 돈벌이에 도움이 되기 때문이며, 공정보도를 해봐야 이윤을 얻기 어렵다고 보기 때문이다. 따라서 전쟁이 발생하면 가장 상업적인 매체가 가장 '애국적인' 매체가 되는 것이다. 물론 사주가 아닌 데스크의 책임자들과 일선의 기자들 역시 자기가 어떻게 해야 해고당하지 않고 살아남을 수 있는지 알기 때문에 모두 척척 알아서 한다. 오웰이 "써커스의 개는 조련사가 채찍을 휘둘러야 펄쩍 뛴다. 그러나 진짜 잘 훈련된 개는 채찍이 없어도 공중재주를 넘는 개다"라고 지적한 것은 이를 두고 한 말이다.

이번 전쟁중에도 NBC 종군기자인 피터 아넷(Peter Arnett)이 미국의 이라크공격에 대해 약간 쓴소리를 했다가 해고되었다. 이것은 기자와 논평자들이 얼마나 사주나 데스크의 이해나 권위에 종속되어 있는지 잘 보여주는 사례이다. 사람들은 점잖게 이것을 '편향'(bias)이라고 표현하는데, 사실 편향이라기보다는 '충견' 역할이라고 보는 것이 더 적절하다. 원래 미국 라디오 토크쇼는 보수 일색으로 소문나 있지만, 라디오·텔레비전 모두 합쳐서 NPR(National Public Radio) 외에는 이라크전쟁 초기 부시에 대해 쓴소리를 하고 미국의 정책을 정면으로 비판하는 논평자나 학자들을 출연시킨 매체가 거의 없었다. 이 때문에 미국의 언론기업과 부시행정부의 연방통신위원회(FCC, Federal Communications Commission)는 지금도 의원들에게 집요하게 로비해 현재 지역 언론시장 장악 한도인 35%를 45%로 높이고, 지역 방송·신문 등의 소유 규제를 풀려고 하고 있다.

영국 BBC 책임자인 존 윌스(John Wills)가 말한 대로 이번 전쟁에서 미국언론을 보면 뉴스가 시장논리에 맡겨질 경우 그것은 힘있는 쪽의 입맛에 맞는 내용으로 도배된다는 사실을 확인할 수 있다. 1917년 1차대전 당시 미국 상원의원 존슨(Hiram Johnson)이 말했듯이 어떤 전쟁이든 최초의 희생자는 바로 '진실'이다. 그리고 진실을 희생시킨 최대의 책임자는 총과 폭탄이 아니라 언론이다. 언론은 정치인이나 군대이상으로 전쟁의 수행과 결과에 책임을 지고 있는 집단이다. 만약 미국의 언론이 전쟁 초기 이렇게 일방적으로 부시의 치어리더 역할을 하지 않았다면 이라크전의 모든 상황, 그리고 미국의 국제적 입지 자체가 달라졌을 것이다. 그런데 이라크전 악화로 부시가 궁지에 몰리자, 일부 언론은 자기반성의 제스처를 취하고 또다른 언론은 자신이 이윤을 목표로 하는 '기업'일 뿐이라고 발뺌하고 있다. 그래서 간혹 부시행정부내 강경보수파들은 이라크 상황이 실제로는 좋아지고 있는데, 언론이 너무 부정적인 측면만 보여준다고 볼멘소리를 하기도 했다. 무책임과 기회주의, 그것은 언론의 타고난 속성일까, 아니면 상업언론의 속성일까?

〉 언론자유 혹은 야만 〈　　　아직도 대부분의 한국사람들은 미국을 언론의 자유가 완전히 보장된 나라로 알고 있기 때문에 자꾸 '미국언론은 대단히 심각한 문제를 안고 있다'라고 말하면 의아해할 수도 있을 것이다. 한국인들은 언론탄압 하면 3공화국이나 5공화국 등장 무렵 신문보도 내용을 중앙정보부가 통제해, 신문기사 중에 흰 공간이 뻥뻥 뚫려 있거나 글 중간을 죽죽 그은 표시가 있던 시절을 연상한다. 그리고 언론탄압은 언제나 공안기구나 정부가 주도하는 것으로 알고 있다. 그러나 그것은 호랑이 담배 피우던 시절의 이야기다. 지금은 어떤 권력자도 그렇게 언론을 탄압하지 않는다. 지난 김대중정권 시절 한국의 부자신문들이 '언론자유'를 내세워서 세무조사를 격렬하게 반대한 것은 군사정권 시절을 겪은 한국 50, 60대 기억의 연상작용에 호소한 것이었다. 미국에서나 한국에서나 오늘날 권력은 언론을 탄압하지 않는다. 대부분 언론이 알아서 기는 것이다. 어떻게 하는 것이 자신에게 이익이 되는지 미리 알고 자체검열을 하기 때문에 탄압할 필요가 없다. 좀더 정확

하게 말하면 이미 사회에서 '편안한 지위를 가진 사람들을 더 편안하게 해주기 위해'[42] 상업언론이 소수자들의 '위험한' 목소리를 조직적으로 배제하거나 왜곡한다고 보는 것이 정확하다.

오늘의 미국사회는 언론의 상업화와 독점이 얼마나 시민들을 무지몽매에 빠뜨리는지, 나아가 언론이 얼마나 국가와 국민을 망치고 사회를 파괴시킬 수 있는지, 그리고 오웰식의 전체주의가 군사독재, 파시즘 때문이 아니라 어떻게 미디어독재로 실현될 수 있는지를 보여주는 산 실험실이다. 실제로 언론황제 머독은 BBC를 비롯한 전세계의 공영방송을 집어삼키려 하고 있으며, 최근에는 거대한 중국 미디어시장에 군침을 흘리고 있다. 다국적 미디어기업은 각국의 정치인들에게 로비하여 모든 미디어를 상업화하려 하고 있다. 한국의 공영방송도 결국 그 표적에서 벗어나지 못할 것이다.

현재 미국에서는 콜린 파월의 아들인 마이클 파월(Michael Powell)이 연방통신위원회(FCC) 의장을 맡고 있는데, 그는 미디어산업의 로비를 받아서 약간 남은 규제마저 풀기 위해 동분서주하고 있다. 미디어산업의 탈규제는 한국의 부자신문이나 언론기업인들이 주장하는 것이나, 2003년 한나라당이 KBS의 공영방송적 성격을 무력화하려고 시청료 분리징수를 시도한 것과 같은 맥락이라 할 수 있다. 이들은 모두 독자·시청자의 선택권 보장이라는 명분을 들이대면서 실질적으로는 미디어를 완전히 상업화해서, 모든 보도를 독점자본의 입맛에 맞겨버리려는 것이다.

밀·벤섬·루쏘·로크 등 19세기 자유주의 사상가들이 살아난다면 아마 한목소리로 독점자본이 움직이는 상업미디어가 오늘의 미국 민주주의를 가로막고 있다고 한탄할 것이다. 전쟁시기 미디어는 사실 총보다 무서운 무기이자 대중세뇌수단이다. 총은 사람을 그 자리에서 죽이기 때문에 죽음의 원흉으로 지목되기라도 하지만, 언론이 무엇을 보도하고 무엇을 보도하지 않는지, 그리고 무엇을 어떤 입장에서 보도하고 논평하는지 일반인들은 거의 알아채기 어렵다. 공개되지 않는 이면의 진실을 끈질기게 추적하는 소수의 지식인이나 용기있는 언론인이 지적하지 않는다면 이러한 노골적 편향들을 알 도리가 없는 것이다. 언론이 총보다 무섭고 그 폐해가 어쩌면 잘못된 권력행사보다 더 큰 것도 바로 그 때문이다.

그래서 "'언론자유'는 전쟁이라는 문 앞에서 멈춘다"라고 말할 수 있다. 형식상으로야 누가 어떤 내용이라도 말할 자유가 있지만, 많은 사람들이 모인 장소에서는 결코 말할 기회가 주어지지 않고, 신문·잡지도 의견을 실어주지 않고, 책을 내주겠다고 선뜻 나서는 출판사도 없고, 설사 책을 내더라도 모든 매체가 그 책을 알리기를 거부한다면 그런 언론자유가 무슨 의미가 있는가? 그리고 반대의 목소리를 낼 수는 있지만 망망대해의 쪽배처럼 아무런 파장도 일으키지 못한 채 떠돈다면, 그러한 나라에 언론의 자유가 있다고 말할 수 있겠는가? 우리가 어느 한 시각과 의견만 매일 낮과 밤으로 들어야 한다면 그것은 자유의 이름을 빌린 사실상의 노예상태가 아닐까?

언론의 최면효과는 무섭다. 이 최면상태에서는 진실을 볼 수 없고, 또 보려 하지 않는다. 과거 나찌는 총과 칼로 사람들을 위협했지만, 미국사회는 이제 상업미디어의 돈의 힘이 소통을 차단하고 약자와 빈자를 포함한 대중들의 의사표현을 가로막고 있다. 베트남전이 끝난 후 거의 30년 동안 이러한 일방적인 소리만 들어온 미국의 대중들은 자신이 텔레비전에서 듣고 본 것이 세상의 전부인 줄 알고 있다. 1996년 미디어기업의 인수합병·집중·재벌화를 가속화한 '미디어법'이 통과된 이후 이 경향은 가속화되었다. 따라서 꼼꼼하게 신문들과 외국 매체를 챙기는 극소수의 지식인들을 제외한 압도적 다수의 미국인들이 무지 상태에 빠져버린 것은 놀랄 만한 일이 아니다. 엘리뜨들은 이 상업미디어의 바다를 두고 언제나 '언론자유' '시청자 선택권'이 보장되었다고 찬양한다. 한식뷔페에 가면 수십가지의 한식요리를 선택할 자유가 있지만 양식요리를 맛볼 수는 없는 것과 같다.

제국 시민의 생활방식

1. 선별된 전쟁 기억

〉남의 땅에서의 전쟁〈　　　　　미국이 이라크를 공격하던 2003년 3월 20
　　　　　　　　　　　　　　일, 불바다가 된 바그다드시의 모습이 숨
　　　　　　　　　　　　　　소리조차 들리지 않을 정도로 조용하고 깔
끔한 미시간대학 도서관의 인터넷 동영상 화면에 나타났다. 전쟁은 마
치 전자오락게임 같았다. 강의실을 들어가도, 거리의 상가를 보아도
이 나라가 전쟁을 하는 나라인지 아닌지 알 수 없을 만큼 모든 것이 질
서정연하고 정상이었다. 지난 유신시절과 5공화국 초중반에 시도 때도
없이 들려오던 싸이렌소리, 중세의 기사처럼 중무장한 채 곤봉과 최루
탄 분사기를 들고 뛰어가는 전투경찰들, 5·17계엄령 선포 이후 총을
들고 무섭게 다가오던 군인들의 핏발 선 눈동자, 끌려가는 학생들과
청년들의 외마디 절규, 공포에 질려 허겁지겁 달아나던 시위대의 모
습, 어디선가 들리는 아우성과 폭발음, 시민들의 겁에 질린 모습들을
너무나 생생하게 기억하고 있는 나로서는 이처럼 평화스러운 미국 도

시의 모습에 상당한 충격을 받았다. 우리는 그들이 만들어서 한반도에 강요한 전쟁, 즉 냉전의 최전선인 군사파시즘하의 계엄·긴급조치·비상사태하에서 생과 사의 경계를 넘나들며 살아왔는데, 정작 큰 전쟁을 벌인 당사자인 미국의 본토는 이렇게 평화로웠다.

1950년의 뜨거운 7, 8월 한국 피란민들이 전투기의 무차별 폭격을 피하려고 놀란 병아리떼처럼 흩어지고, 더러는 총에 맞아 시궁창에 빠져 피 흘리며 죽어갈 때도 미국 본토는 아마 이렇게 조용하고 평화로웠을 것이다. 전쟁의 현장 이라크에서는 미군병사보다 훨씬 많은 수의 이라크민간인이 죽고 다치고, 거의 반은 미친 어머니들이 죽은 아이들의 피묻은 시신을 붙들고 울부짖고 있었다. 그 생각을 하면 미국 본토의 이러한 질서와 평화는 아무래도 용납하기 어렵다. 물론 19세기 말 남북전쟁, 파업노동자들에게 총구를 겨누었던 헤이마켓 사건, 대공황기, 그리고 흑인폭동이 휩쓸던 1960년대의 미국은 전쟁터와 같았을지 모른다. 그러나 분명한 것은 그들은 자신들의 삶의 터전에서 그리고 익숙한 거리에서 외국군의 공격을 받아 삶과 죽음의 경계를 넘나들어 본 적이 없다는 사실이다. 그들은 폭탄세례를 받아 집안이나 길가에서 사랑하는 가족과 형제, 친척들이 다치거나 비명을 지르며 죽어 나자빠지는 일을 꿈도 꿔본 적이 없다.

베트남전쟁을 '텔레비전전쟁'이라고 불렀듯이 대다수 미국인들은 전쟁을 텔레비전에 나오는 드라마이거나 영화의 한 장면에 불과한 것으로 여긴다. 전쟁에 참전한 '어린 군인'들은 자기가 보고 들은 존 웨인의 서부영화, 언제나 미군이 승리하기만 하는 수많은 할리우드 전쟁영화를 연상하며 전쟁터에 간다. 그런데 그들은 영화와 달리 실제 전투에서는 '악'의 무리만 죽는 것이 아니라 동료가 죽고 자신이 죽을 수도 있다는 사실을 알게 된다. 전장에는 군인만 있는 것이 아니라 무고한 민간인, 즉 여성과 어린아이들도 있다는 것을 알게 되면 더 큰 충격을 받는다. 그리고 학교에서 배운 것과는 달리 자신이 도와주러 간 나라의 주민들 상당수는 미군을 반기지 않을뿐더러 심지어 적대시한다는 것도 알게 된다. 이라크전쟁중 어떤 보도에서 미국의 한 부상병은 "민간인 복장을 한 이라크사람들이 총을 꺼내는 것을 보고 엄청난 정신적 충격을 받았으며, 자유를 가져다주러 왔는데 왜 반기지 않는지 이해할 수 없다"라고 말했다. 그러나 19, 20세의 '소년'인 그는 50년 전 한국전쟁, 40년 전 베트남전에서도 선배들이 비슷한 상황을 겪었으며, 그중 일부는 그 충격을 평생 마음에 품고 고통 속에서 살아간다는 사실을 모르고 있다.

미군들이 이라크사람들에게 배척받자 미국 내에서는 군인들에게 이라크 언어와 역사 교육을 제대로 시키지 않았다는 비판이 일었다. 초·중등학교에서 이라크가 어디인지 지도에서 찾을 수 있는 학생은 열명 중 한두명뿐이라는 지적도 나왔다. 그런데 중동에 대해서만 그런 것이 아니다. 미국인들은 자국군이 한국에 50년 이상 주둔했다는 것도, 전세계 약 90개국에 미군이 주둔하고 있다는 것도 모르고 있으며, 한국의 여중생 사망사건과 촛불시위, 용산기지 이전 논란 등은 더더욱 모른다. 한국정부나 정치인들이 지난 반세기 이상 미국을 혈맹이니 우방이니 하고 떠들어댔지만 정작 미국에 온 한국인들은 미국인들이 한국을 거의 모를뿐더러 한국에 대해 별다른 의견이나 시각도 없다는 것에 약간 마음이 상한다. 그러나 그렇게 놀랄 일도 아니다. 세계 유일의 패권국가인 미국의 시민들은 자신에게 영향을 미치지 않는 작은 나라에 관심을 가질 여유는 없기 때문이다. 미국인들은 이라크뿐만 아니라 지금 정부군과 반군 간에 전쟁이 계속되는 네팔·인도네시아·꼴롬비아 등에 미국이 깊이 개입해서 그 나라의 운명을 좌지우지하고 있다는 것도 물론 모르고 있다. 맥락은 다르지만 베트남전쟁에 한국군이 참여했다는 것은 알아도 그 전쟁이 왜 어떻게 시작되었으며, 베트남사람들에게나 미국사람들에게 무슨 의미를 갖는지 한국인들이 잘 모르는 것과 비슷한 일이다. 그런데 한국인이 자국과 관련된 외국에 대해 무지한 것은 한국 외교나 정치에만 영향을 주고 말지만, 미국인들이 외국에 대해 무지하면 전세계 각 지역에 대한 미국 정책에 부정적인 영향을 미친다는 점에서 그 파장은 절대 같을 수가 없다.

전쟁터에 갔다가 불구자가 되거나 겨우 살아 돌아온 미군은 가족과 이웃에게서 "총을 쏠 때 기분이 어때?" "베트남사람들이 환영해주었어?"라는 식의 질문을 받는다. 전쟁을 서부활극 정도로 생각하고, 베트남·이라크를 자신과 다른 종류의 인간이 사는 곳처럼 여기며 던지는 질문은 자신이 실제 겪은 고통, 전쟁터의 지긋지긋한 경험과 너무도 동떨어진 것이어서 이들 군인은 거의 미칠 지경이 된다. 미국에서 전쟁을 겪은 사람들이 알코올중독, 정신병, 폭력과 광기에 빠지는 것은 전쟁의 상처 때문이라기보다는 자신의 전쟁체험과 미국에 살고 있는 가족, 친구들의 무관심 간의 격차가 극복할 수 없을 만큼 크기 때문이다. 말로 표현할 수 없는 정신적 고통을 느끼고 돌아왔는데 미국사회는 아무 일 없었다는 듯이 그냥 굴러가는 현실이 그들을 정상인으로 내버려두지 않는다. 그들은 주변사람들에게 자신의 느낌과 충격, 정신적 고통을 정확하게 전달할 수 없다. 의사소통이 불가능해지는 것이다.

물론 미국인 중 생존해 있는 참전자 수는 적지 않다. 한국전쟁 참전자만도 아직 150만명이 생존해 있다. 그러나 돌아온 참전군인들은 넓은 땅덩어리에 흩어진 모래알처럼 되어버린다. 할아버지는 2차대전에, 아버지는 베트남전에, 아들은 걸프전에 참전하는 등 3, 4대가 전쟁에 참전해도, 그 각각의 체험은 가족 내에서조차 제대로 공유되지 않는 경우가 많다. 자신의 가족과 동네사람들은 자신이 겪은 그 세상을 이해하지 못한다고 느낀 나머지 침묵하기 때문이다. 그들 중 일부는 전쟁의 트라우마(trauma)를 혼자 지고 고통을 삼키다가 자살하거나 정신병에 걸린다. 자신이 참전했던 전쟁의 배경과 의미를 잘 알 수 없는 미국군인들의 고통은 1·2차대전, 한국전쟁, 베트남전쟁, 걸프전, 그리고 이라크전쟁에 이르기까지 계속되고 있다. 그러나 참전군인들이 지난 한세기 동안 고장난 레코드판 돌듯이 비슷한 체험을 자신이 처음 겪은 것처럼 반복해서 털어놓고 있다는 것을 미국의 노회한 정치인들이나 학자들은 과연 모르고 있을까? 옛노래가 신곡처럼 돌아가는 것을 외국인인 나도 단번에 알아채는데 미국사회가 모른다는 말인가?

이라크공격을 개시하기 전, 프랑스와 독일의 지지를 열심히 구하다 잘 먹혀들어가지 않자, 럼스펠드는 이들을 향해 독설을 퍼부었다. '낡은 유럽'이라는 공격이 그것이다. 폴란드, 헝가리 등 구공산주의국가 등 '젊은 유럽'은 미국의 이라크전쟁에 협조적인데, 이들 한물간 '낡은 유럽'은 세계질서에 책임감을 느끼지 못하고 있다고 비판한 것이다. 이러한 지적에 프랑스나 독일 사람들은 피식 웃었다. 미국은 아직 세상물정 모르는 청년기에 있다는 것이 그들의 생각이었다. 유럽인들은 17세기부터 수많은 전쟁을 겪고, 특히 1·2차대전의 참화를 본토에서 직접 겪어 전쟁이 얼마나 파괴적이며 비참한 결과를 가져오는지 뼈저리게 체험했지만, 미국은 아직 그러한 경험을 하지 않았기 때문에 전쟁을 벌이지 못해 안달이라고 판단하는 것이다.

미시간대학에서 '20세기 전쟁과 미국'이라는 과목을 강의하는 역사학자 마빌(Marvil) 교수는 미국이 1차대전을 전후한 윌슨대통령 때부터 전쟁에 개입하지 않을 듯하다가 결국 참전하고, 그후에도 못이기는 척하면서 결국 수많은 전쟁에 개입한 이유를 흥미롭게 설명하고 있다.

즉 미국은 그렇게 많은 전쟁을 치렀지만 인명피해는 아주 적었기 때문이라는 것이다. 예를 들면 20세기 내내 전쟁터에서 죽은 미국인은 총 65만명에 불과한데, 그것은 1차대전에서 사망한 이딸리아 병사들 수에도 미치지 못한다. 미군은 한국전쟁 당시 약 4만명, 베트남전쟁에서 약 5만8천명 정도 죽었고, 이번 이라크전에서는 지금까지 1천명 정도의 사망자를 냈다.[1] 그래서 그들은 전쟁으로 군인과 민간인 모두 포함하여 전체 인구의 10% 정도를 잃은 한국이나 베트남 사람들이 느끼는 처절한 고통을 모른다. 그 고통의 상당부분이 미국의 개입과 연관되어 있다는 사실은 더욱 모른다. 그래서 미국에는 20대부터 90대까지 모든 세대가 전쟁세대이지만, 실제 정치나 사회에서 전쟁의 흔적은 희미하다. 전쟁은 언제나 영웅담·사진·다큐멘터리·영화·참전용사·기념물 등으로만 존재한다.

20세기 중후반 냉전시절 세계사의 비극은 전쟁의 참혹함을 남의 일로만 알고 있는 미국 정치인들과 군지휘관들이 수많은 전쟁에 개입해 죄없는 현지 인명을 살상하도록 명령했는데도, 전쟁의 고통을 온몸으로 안아야 하는 바로 그 분쟁과 갈등지역의 정치지도자들이 그것을 막지 못했다는 데 있다. 그뿐 아니라 그 정치지도자들이 내부의 정치적 갈등을 해결하고 자신의 권력입지를 다지기 위해 미국의 개입을 적극 요청하고 또 동족이 희생양이 되는 것을 방치했다는 데 있다. 노근리 사건의 생존자인 정은용은 노근리의 비극은 바로 이승만이 미국을 불러들인 데 있다고 한마디로 잘라 말했다. 베트남을 두고 맥나마라가 실토하였듯이 한국을 비롯하여 20세기 미국의 영향권하에 놓였던 약소국가의 비극은 그 나라의 역사와 문화에 대해 예비지식이 거의 없다시피한 미국의 최고 정책결정자들이 실제로는 그 나라의 운명을 좌지우지했다는 데 있다.

〉전쟁 기억의 정치〈   언제나 어디에서나 '국가이야기'는 곧 전쟁
이야기다. 일단 형성된 전쟁의 기억은 한 사
회의 구성원들이 견지하는 집단 소속의식의
가장 중요한 부분이다. 동시에 그 '기억'은 곧 정치적 힘으로 작용하기
도 한다. 통상 정치권력은 과장·은폐·부인·조작을 통해 전쟁에 관한
집단기억을 만들어내고 이렇게 형성된 대중들의 왜곡된 역사인식은
또 비뚤어진 권력을 만들어낸다. 현대 미국인들의 의식 저변에 흐르는
집단기억 중 가장 중요한 것은 역시 2차대전 승리와 베트남전 패배의
기억이다. 전자는 민주주의의 파시즘에 대한 승리이자 악에 대한 정의
의 승리라는 '좋은 전쟁'으로 기억된다. 미국인들의 애국심과 신뢰의
원천은 대체로 2차대전의 승리에서 유래한다. 정치인들은 이러한 전쟁
의 기억을 집단화시키고 결집시키고 또 정치적 목적을 위해 동원하고
활용한다. 레이건은 자신이 집권하는 동안 2차대전 기념사업을 대대
적으로 벌이기도 했다. 그것은 미국인들에게 우월감과 자신감을 심어
주는 효과도 있지만 동시에 미국사회의 보수화를 촉진시키는 계기도
되었다.

  2003년 중반 이후 이라크전이 교착상태에 빠지자 미국에서 가장 많
이 거론된 것은 베트남전의 악몽이었다. 남아시아의 형편없이 작고 가
난한 나라에서 5만명의 미군이 목숨을 잃고 천문학적인 돈을 집어넣고
도 결국 지고 만 것에 미국인들이 느끼는 굴욕감과 불쾌감은 대단한
것이며, 그 기억은 국제관계나 전쟁에서 일이 잘 풀리지 않을 때면 단
골메뉴로 등장한다. 걸프전 당시 이라크를 이기고 워싱턴에서 대규모
퍼레이드가 벌어졌을 때, 가장 먼저 등장한 축하메시지는 "베트남 악
몽을 완전히 벗었다"였다. 이번 이라크전쟁에서도 개전 3주 만에 바그
다드를 함락시키자 어떤 퇴역군인은 "이렇게 했더라면 베트남에서도

사이공의 대통령궁을 점령한 북베트남의 군대와 시민들

이길 수 있었을 것이다"라고 탄성을 질렀다. 결국 미국의 모든 외교나 전쟁정책은 2차대전의 기억을 되살리고 베트남전의 기억을 없애는 데 초점을 두고 있다고 해도 과언이 아니다.

워싱턴 스미스쏘니언(Smithsonian) 역사박물관은 최근 B-29를 새롭게 단장해서 진열하였다. 소개문구에는 이 비행기가 프로펠러로 움직이는 가장 성능좋은 폭격기이며, 2차대전 당시 혁혁한 공로를 세웠다는 내용이 있다. 미국인들은 자기나라의 힘에 대해 우월감을 느끼면서 그 비행기를 관람할 것이다. 이 박물관은 언제나 한국인 관광객들로 북적대는데, 과연 그들은 이것을 보고 무슨 생각을 할까? 그리고 일본인들은 무슨 생각을 할까? 이 전시장 어느 곳에도 이 폭격기가 일본에 핵폭탄을 떨어뜨려 수십만의 목숨을 앗아갔다는 이야기는 없다. 한국전쟁 때 수많은 피난민들이 이 폭격기의 폭탄세례로 죽었고, 북한이 거의 석기시대로 돌아갈 정도로 초토화되었다는 이야기도 없다. 일본의 히로시마·나가사끼의 평화박물관에 오직 일본이 미국의 핵공격으로 초토화되었다는 이야기만 있지 그들이 조선과 중국을 침략하여 수없이 많은 목숨을 앗아갔으며, 여성들을 징집해 성노예로 삼았고, 양국 백성들에게 총칼을 들이대며 군림한 것을 보여주는 전시물이 하나도 없는 것과 다를 바 없다. 서울 심장부 용산의 전쟁박물관이라는 곳에 한국전쟁 당시 억울하게 죽은 민간인들에 대한 기록과 전시물이 하나도 없는 것과도 다를 바 없다.

모든 국가는 각종 국민교육을 통해 국가에게 불리한 기록물과 기억을 축소하고 은폐하는 등 역사를 조작한다. 그래서 국가주도의 역사교육과 역사박물관이야말로 가장 적극적인 정치행위이다. 물론 과거를 왜곡하는 데는 정부의 조작이나 정치인들의 변명, 그리고 언론의 선전이 큰 몫을 하지만 지속적으로 영향을 미치는 것은 역사교육이다. 미시간대학의 어떤 학생은 대학에 들어온 다음 초중고등학교에 다닐 때 배운 미국의 역사교육이 매우 편향된 것이었다는 점을 알게 됐다고 토로하였다. 그가 배운 역사는 미국의 성조기에 포장된 눈먼 애국주의로 가득 차 있고, 백인남성/서구문화에 초점을 두고 있으며 정부를 믿고 미국예외주의를 믿으면서 다른 사회의 긍정적인 측면을 무시하는 내용으로 채워져 있다는 것이다.[2] 그는 역사교육의 목적은 애국자를 기르는 것이 아니라 과거의 역사를 제대로 알리고 잘못된 점을 살피도록 하며, 다른 문화를 바라볼 수 있는 능력을 길러 현명한 선택을 하도록 돕는 데 있지만 불행하게도 오늘 미국의 실정은 그렇지 못하다고 비판한다.

한국인들은 일본의 역사왜곡에 대해 자주 흥분하지만 미국도 일본 못지않다는 것을 잘 모른다. 아니 인디언학살과 오랜 흑인차별의 역사를 은폐하고 있는 미국은 일본 이상으로 교묘하고 조직적으로 자신의 역사를 조작하는지도 모른다. 앞의 스미스쏘니언 역사박물관은 입구 근처에 '9·11테러를 기억하자'는 특별전시관을 마련해, 9·11 당시의 잔재들과 사진들을 엄청난 크기로 전시해놓아 사람들의 이목을 끌고 있다. 그들은 관람자들에게 메모지를 나누어주며 "9·11이 당신의 삶을 어떻게 바꾸었는가"를 적으라고 한다. 9·11의 충격을 가장 중요한 집단기억으로 부각시키는 미국의 '기억의 정치화 작업' '역사의 정치화 작업'은 국가적인 측면에서는 과연 본받을 만하다. 그러나 그것은 사실 거대한 왜곡덩어리이다. 지난세기 미국이 중동에서 무슨 일을 했는지, 미국이 후세인을 어떻게 지지했고, 빈 라덴에게 어떤 무기를 제공해주었으며, CIA가 지금까지 중동에서 어떤 공작을 했는지에 대해서는 한건의 기록물도, 한줄의 설명도 없기 때문이다. 그것은 무시무시한 역사조작이며 결국 미국인 전체를 바보로 만드는 작업이다.

국가가 자신의 과거를 일관되게 부인하고 사실을 감추면서 대중들의 기억을 조작할 때, 여론은 심각하게 왜곡되고, 정책은 오도되며, 결과적으로 불행한 사태는 반복되고, 시민들은 불행해진다. 일본의 지도자들이 히로시마와 나가사끼의 상처를 일본의 아시아에 대한 침략의 역사와 연결시키지 않은 결과 일본의 전후세대는 아시아에서 진정한 공동체건설의 전망을 상실한 채 우익세력에 표를 던져주고 있다. 한국정부가 한국전쟁기 학살에 대한 사실규명을 묵살하고, 미국의 개입과

정에 대한 국제정치적 사실에 대한 교육을 배제한 결과 아직도 많은 한국인들이 미국을 은인으로 생각하면서 남북화해와 한미동맹 약화를 이북을 도와주는 위험한 시도로 여기는 등 한반도문제의 성격을 편향되게 이해하는 것과 다르지 않다. 미국의 한 역사교육 전문가는 역사교육은 국가안보에 직결되어 있다고 지적했다. 물론 그는 애국주의의 관점에서 그렇게 말한 것이지만, 다른 면으로도 그것은 진실이다. 즉 오늘의 미국처럼 역사교육이 잘못되면, 자신의 국가가 위기에 빠진 것을 알아채지 못하게 되고 결국 국가는 더 심각한 위기에 빠지게 된다.

그러나 기억상실보다 더 심각한 문제는 선별적 기억, 의도적 망각이라 할 수 있다. 사람은 원래 자신에게 유리한 것은 잘 기억하고, 불리한 것은 의도적으로 잊어버리려는 속성이 있다. 특히 전쟁의 상처를 가진 사람은 그러한 태도가 더 강하다. 『뉴욕타임스』나 일부 신문들은 미국의 CIA가 제3세계에서 얼마나 더러운 짓을 했는지, 베트남 밀라이학살, 한국전쟁 당시의 노근리학살 등이 얼마나 처참했는지에 대해 어느정도 보도했다. 그러나 그러한 사실이 미국인들에게 거의 반향을 일으키지 못했던 이유는 프로이트가 말한 '부인'(denial)이라는 심리적 방어기제가 작동하기 때문이다.[3] 물론 미국언론이 전쟁영웅담만을 들려주고 보여주려 하는 것도, 애국심을 불러일으키는 내용만 선택적으로 듣고 보려 하는 대중들의 속성을 알기 때문이다. 미국인들은 자신이 '위대한 나라' 미국에 대해 갖고 있는 신화와 정면으로 배치되는 사실을 대면하기 싫어한다. 따라서 정치인이나 상업언론이 반드시 조직적으로 미군의 부도덕한 제3세계 개입과 학살을 부인하거나 축소하지 않더라도, 대중들이 이러한 태도를 갖고 있기 때문에 역사적 진실은 제대로 전달되지 않고, 전쟁의 역사는 오직 그들에게 유리한 것들만 선별적으로 기억된다.

어쩌면 대중들의 마음 깊은 곳에는 이러한 진실이 드러날 경우 자기가 소중히 간직한 아메리칸 드림의 신화가 거짓으로 판명날 것에 대한 두려움이 있는지 모른다. 대통령이 나쁜 사람이라는 것을 인정하는 것은 그러한 대통령을 찍은 자신이 못난 존재라는 것을 인정하는 것이고, 자기나라가 과거에 엄청난 잘못을 저질렀다는 것을 인정하는 것은 자신이 지키고자 하는 현재의 안락한 생활과 신념을 모두 부정하는 것일 수 있기 때문이다. '부인'은 피해자의 자기방어이기도 하지만 부도덕한 권력과 대중 간의 일종의 공모이기도 하다.

〉 '남의 자식들'을 동원한 전쟁 〈

미국의 전쟁영웅담과 애국주의 선전 이면에는 수많은 참전군인들의 희생이 있었다. 이번 이라크 전쟁에서 죽은 미국인의 수는 과거 전쟁에 비해서 매우 적다고 할 수 있지만, 실제 부상자는 수만명을 넘는 것으로 알려져 있다. 2003년 10월 『워싱턴타임스』의 보도에 따르면 당시에 전투와 무관한 질병으로 4천명이 후송되었으며, 다섯명 중 하나는 정신쇠약, 신경증으로 고통을 받았다고 한다.[4] 영국 『옵서버』지는 국방부가 이러한 내용을 밝히기 두달 전인 2003년 8월경에 이미 부상자가 6천명을 넘어섰다고 보도한 바 있다. 2004년 말 현재까지 육체적·정신적 부상자는 분명히 수만명에 달할 것이지만 그러한 통계는 공개되지 않는다.

전사자의 시신이 고국에 돌아올 때는 성조기로 관을 감싸고 국가를 연주하지만 부상자가 고향에 돌아올 때는 국기를 흔드는 사람도, 퍼레이드도 없다. 그들은 일단 독일에 있는 미군 관할하의 란트슈툴 메디컬쎈터(Landstuhl Medical Center)에서 치료를 받은 후 미국으로 돌아오며, 중상자는 워싱턴 근교의 앤드루 공군기지로 온다. 그런데 이들 부상자를 실어오는 비행기는 모두 밤에 들어오기 때문에 기자들도 확인할 수 없고, 또 당국은 기자들이 이 부상자들을 사진 찍거나 인터뷰하지 못하게 하고 있다. 2003년 한해 동안 부상자를 특집으로 다룬 텔레비전 프로그램이 방영된 것은 모든 미국인들이 교회를 가거나 축제에 나간 시간인 12월 24일 크리스마스 이브, 단 한번이었다.

흥미있는 것은 참전 경험이 있는 군인들과 전장에 가보지 않은 군장교들 및 국방부 관료들 간의 텔레비전 토론을 보면 우리가 생각하는 것과는 반대로 전자에서 전쟁반대론이 압도적으로 많다는 점이다. 참전군인 단체는 대체로 부시와 전쟁을 지지하는 성명을 내지만 실제로 상당수 참전자들은 전쟁에 대해 부정적이다. 백전노장이자 최고지휘관인 매카서조차 "군인처럼 평화를 갈망하는 사람은 없다. 그들은 전쟁의 가장 깊은 상처와 충격을 지니고 있으며 그것으로 고통받는다"[5]라고 말했는데, 거기에는 일면의 진실이 담겨 있다. 사실 펜타곤의 컴퓨터 앞에 앉아 있는 전략가들은 대부분 실전경험이 없는 사람들이다. 부시행정부 내에서도 백전노장 파월이 전쟁에 대해 언제나 온건파인 것은 잘 알려져 있다. 전쟁이 얼마나 많은 죄없는 희생자를 낳고, 군대라는 조직이 얼마나 인간성을 파괴하는지는 오직 체험한 자만이 뼈저리게 느낀다. 전쟁은 결코 할리우드영화에 나오는 영웅담이 아니다. 그것은 비참하고 잔인하고, 때로는 더러운 것이다.

오웰은 "전쟁선전문, 모든 구호, 거짓말, 증오는 언제나 전투를 하지 않는 사람들이 만든 것이다. 군인들은 전투를 하고, 기자들은 외친다. 애국자를 자처하는 사람들은 결코 전선에 가지 않는다"라고 섬뜩할 정도로 정확하게 지적한 바 있다.[6] 이번 이라크전쟁을 가장 강경하게 밀어붙인 럼스펠드, 울포위츠 등은 모두 전투에 참여한 경험이 없는 사람들이거나 아예 군대 근처에도 가보지 않은 사람들이다. 부시 역시 공식적으로는 1972년에서 73년 사이 텍사스 주방위군(National Guard)으로 근무한 것으로 되어 있으나 실제로는 소집에 응하지 않았다고 한다.[7] 한국도 그렇듯이 미국 역시 이라크전쟁을 지지했던 국회의원, 관료, 정책분석가들 중 자신의 아들을 군대에 보낸 사람은 별로 없다. 그러므로 이들은 미국이 전쟁에 패하거나 아군이 많이 죽거나 다쳐도 실제로 잃을 것이 거의 없다.

이라크전쟁이 한창이던 2003년 5월 30일 『뉴욕타임스』에는 참전군인들이 어떤 사람들인지를 보여주는 심층 취재기사가 실렸다. 이 기사에 따르면 이라크에서 죽은 28명의 군인 중 20명이 백인, 5명이 흑인, 3명이 히스패닉이었는데, 이 비율은 미국 전체 인구비율과 별 차이가 없다. 문제는 이들 중 잘사는 집 자식은 단 1명뿐이며, 이른바 아이비리그(Ivy league) 명문대학 졸업자도 1명뿐이었다. 징병제가 실시되던 2차대전이나 베트남전 때는 아버지 부시나 민주당의 케리처럼 부잣집 출신이나 명문대학 재학생도 제법 있었으나 이제는 그런 부류를 군대에서 찾아볼 수 없게 되었다. 이라크전에서 극적인 구출작전으로 유명해진 린치(Lynch) 일병도 버지니아 팔레스타인의 가난한 집 딸로 슈퍼마켓 점원 자리도 구하지 못해서 군에 입대했다고 말했다. 대체로 남부의 시골출신, 스스로 학비를 벌어야 하는 가난한 집안의 자식들, 일자리를 구하지 못한 히스패닉계 등 소수인종 출신이 군에 입대하고 이들이 결국 희생자가 되는 것이다.[8]

전쟁터에서 목숨을 걸어야 하는 사람들은 바로 졸병 야전군인들이다. 한국에서도 6·25때 죽은 남한의 20만 군인과 북한의 50만 군인 중 압도적 다수는 농민의 자식들이었고, 베트남전에 파병된 30만 군인들 가운데 대다수 역시 돈없고 '빽없는' 농민·노동자의 자식들이었다. 이들은 죽거나 다치고, 고엽제의 피해자가 되었고, 그 가족들은 평생을 고통 속에 살고 있다. 미국의 '평화를 위한 참전군인회'에는 이렇게 희생된 군인들이 모여 전쟁에 반대하고 있는데 한국전쟁 참전자 일부도 이 모임에 참여하고 있다. 미국정부는 이들의 비판에 싸늘한 시선을 보내고 있다. "너희들이 돈 받고 자원입대한 것 아니냐"라는 것이다. 한국에서도 노동자들이 사용자의 부당노동행위에 항의하면, 너희들이 자발적으로 회사에 들어간 것 아니냐고 부자신문들이 비판하는 것과 유사하다. 물론 이들은 자의로 군에 들어갔고, 공장에 들어갔다. 그러나 그들이 그러한 삶을 택한 것은 바로 가난 때문이었다. 하지만 그것이 곧 목숨을 명분 없이 무조건 바치겠다는 의미는 아니다. 돈으로 정치인을 사고, 건강을 사고, 여론을 사는 미국식 민주주의의 원칙이 전쟁현장보다 더 잘 드러나는 곳은 없다. 돈으로 생명을 사고파는 곳이 전쟁터다. 전쟁터는 가장 적나라한 장사판이다.

군대에서 장교들의 처지는 사병과 근본적으로 다르다. 장교 중에서도 소위·중위 등 하급장교는 전사하는 경우가 많지만 영관급 장교나 장성이 사망하는 일은 거의 없다. 이들은 전쟁에서 패해도 잃을 것이 별로 없고, 승리하면 엄청난 지위와 명예가 따른다. 이승만은 한국전 당시 국민방위군을 징집하여 수만명의 무고한 농촌 청년들을 병사·동사·아사(餓死)시켰지만, 그에 대해 책임을 지거나 사과한 적이 없다. 당시 지휘관이었던 군인들의 대다수는 이후 군사정권하에서 승승장구하여 외교관, 장관, 학교 이사장, 기업체 사장 등으로 평생을 호의호식했고, 자손에게 부를 물려주었다. 미국도 사정은 다르지 않다. 전쟁에 승리한 최고지휘관이나 장교들은 영웅으로 대접받고 퇴역 후 로비스트가 되거나 군수업체에 이사 등으로 들어가 막대한 돈을 거머쥐지만, 살아남은 병사들에게는 위로와 훈장, 그리고 평생 짊어질 병과 정신적

미국 대도시 외곽의 베트남전 참전기념관에 전시된 탱크

상처밖에 없다. 대부분이 사회의 하층민인 이들에게 정작 필요한 것은 칭찬이나 명예보다는 물질적 보상이다.

　미국에 가보면 도시마다 베트남전쟁, 한국전쟁 등 각 전쟁의 이름을 딴 거리가 있고, 퇴역군인들의 회관이 있고, 기념공원과 기념물들이 있다. 적어도 이 점만 본다면 미국은 한국과는 비할 수 없을 정도로 국가를 위해 희생한 사람들을 잘 예우하고 있다. 그러나 자세히 들여다보면 반드시 그렇지도 않다. 참전군인들 가운데 죽거나 다친 사람들이 미국정부로부터 물질적으로나 정신적으로 제대로 대접받는가에 대해 부정적인 견해가 많다. 남은 가족에 대한 보상이나 대우도 다분히 말의 성찬으로 그치고 있다. 현재 미국 노숙자의 1/3이 참전군인이라고 냉소적으로 말하는 사람도 있다.[9]

276

최근의 예로 걸프전 참전자들은 본국에 돌아와서 신경이상·만성피로·기억장애·피부병 등의 고통을 호소했다. 이유없는 질병으로 상당수의 참전자들이 고통을 받기 시작했으며, 시름시름 앓다 죽어가기도 했다. 미 당국은 이 문제에 대해 철저하게 오리발을 내밀었다. 그러다가 피해자가 워낙 많아지자 당국은 열화우라늄탄을 사용했다는 것을 인정했으며, 급기야는 당시 약 10만명이 사린가스에 노출되었다고 밝혔다. 전쟁 당시 미국은 군인들에게 이러한 위험한 무기의 사용을 충분히 알리지 않았다. 결국 열사의 땅에서 고통당한 군인들만 희생자가 된 셈이다. 그래서 미 공영텔레비전의 참전자 문제를 다루는 토론프로그램에서 어떤 참전군인은 국방부를 격렬하게 비난하면서 이번 이라크전 참전자들에게 작전에 투입되면 언제, 어느 장소에서 몇시에 작전을 했는지 꼼꼼하게 기록하라고 충고했다. 나중에 원인 모를 병이 발생하면 국방부에 이 문제를 제기해야 하는데, 자신의 경우 국방부에서 아무런 자료도 갖고 있지 않다고 발뺌을 하더라는 것이다. 그나마 베트남전 참전 미군은 보상이라도 받았지만, 미국이 벌인 전쟁터에 갔다가 고엽제 피해자가 된 '가난한 한국인'들은 그들을 책임질 수 없는 대한민국 국가에게 완전히 '버린 자식' 취급을 당하고 있다.

1990년대 들어서서 비로소 공론화되기 시작했지만, 1950년대 한국전쟁 참전자들은 미국으로 돌아간 다음 직장도 구할 수 없었고, 전쟁을 할리우드 서부영화의 한 장면처럼 여기는 가족·친지·친구들과 대화불능상태에 빠졌다고 한다. 일부는 전쟁의 공포와 후유증으로 정신병에 걸리거나 자살하기도 했고, 인민군과 중공군의 포로가 되었던 사람들은 공산주의자로 의심받아 지금까지 목소리를 낮추고 살고 있다. 이들 가운데 일부는 정치인들이 자기들을 '일회용품'으로 사용했다는 것을 깨닫기도 하지만 그때는 이미 너무 늦었다.[10] 사실 미군병사들이야말로 여러 제3세계 나라에 '자유전사'로 투입되어 '적'이 반드시 악은 아니고, 미국이 반드시 해방자는 아니라는 사실을 알아채기 때문에 워싱턴 정가의 거짓말을 가장 빨리, 가장 날카롭게 느끼는 사람들이기도 하다. 앞에서 말한 '평화를 위한 참전군인회'가 조직되어 이라크 파병군인들의 조기귀환을 촉구하고 부시의 이라크전쟁에 강하게 반대하는 것도 그 때문이다.

2. 전쟁과 미국식 생활방식

〉 '하느님 나라'의 선택된 백성들 〈　　　　미국이 이라크공격을 선포하기 직전인 2003년 2월 미국언론에는 경건하게 기도하고 있는 부시와 파월 국무장관, 럼스펠드 국방장관 등 각료들의 사진이 크게 실렸다.[11] 부시가 개신교도 중에서도 가장 보수적인 교파 복음주의 프로테스탄트(Evangelical Protestants)라는 것은 널리 알려진 사실이지만, 국가 각료회의라는 정부의 공식적인 모임에서 이러한 종교의식을 치르는 것은 주목받을 만했다. 이 자리에서 부시와 각료들은 뭐라고 기도를 했을까? 아마 전쟁에 나가기 전에 하느님께 가호를 빌고 악마들을 물리쳐달라고 말했을지도 모른다. 어쩌면 하느님은 언제나 자신의 편이므로 마귀들이 들끓는 아랍땅에 가서 하느님의 뜻을 실현하고 아랍을 문명국으로 만들겠다고 기도했는지도 모른다.

전세계에서 미국만큼 신앙이 자신의 삶에 중요한 위치를 차지하고 있는 나라는 찾아보기 어려울 것이다. 미국은 신앙을 지키기 위해 죽음을 무릅쓰고 유럽에서 건너온 청교도들이 세운 나라이다. 아메리카

이라크를 공격하기 직전 각료회의에서 기도하고 있는 부시와 럼스펠드, 파월

대륙은 '청교도 선조'들 때부터 신이 선택한 '거룩한 땅'(holy land)으로 인식되어왔다. 종교의 자유를 찾아온 초기 이민자들은 이 광활하고 기름진 땅을 바로 성경에 나오는 '젖과 꿀이 흐르는 가나안 땅'으로 생각했다. 이 신천지를 새로운 예루살렘으로 생각한 것이다. 그들은 신이 자신들에게 이 땅에 살 권리를 주었다고 생각했다. 사회학자 벨라(Robert Bellah)는 "1860년대 이후 미국인 가운데 자신을 선택된 백성이라고 생각하지 않은 세대는 하나도 없었다"라고 지적했고,[12] 트루먼 대통령도 "나는 신이 우리 미국인들을 만들었으며, 어떤 위대한 목적을 달성하기 위해 우리에게 이처럼 힘을 주었다는 느낌이 든다"라고 말했다. 미국인들 중 80%는 하느님을 믿는다고 대답하고 있으며, 그중

39%는 다시 태어나도 기독교인이 되겠다고 말한다. 미국인들 중 종교가 자기의 삶에 중요한 역할을 한다고 생각하는 사람은 60% 정도이며, 그것은 프랑스인·독일인 중 20%만이 "그렇다"라고 대답한 것에 비하면 엄청나게 높은 수치이다.[13] 부시행정부 들어서는 백악관 관리들이 성경공부 모임까지 만들어 운영하고 있다고 한다.

특히 미국의 기독교인 중에는 개신교에서도 가장 보수적인 복음주의 신앙을 가진 사람이 1/3 이상을 차지하고 있다. 이 복음주의자들 중에서 '악한 세상과 싸울 준비가 되어 있는' 분파가 근본주의그룹을 형성하고 있다. 이들은 '성경의 무오류성, 예수의 신성, 처녀 탄생, 대속적 구원, 예수의 육체적 부활과 재림'이라는 다섯가지 '근본적인 교리'를 신봉한다. 원래 개신교 근본주의는 반가톨릭·반유대주의 입장을 견지했으나 1960년대 이후 가톨릭 우익, 유대교 우익과 연합하여 적극적으로 정치적 발언을 하기 시작하였다. 이들을 합하면 미국 유권자의 40%에 육박한다. 이들은 정치는 곧 하느님의 뜻을 이 땅에 실현하는 것이라고 생각하기 때문에 사실상 정치와 종교의 분리를 인정하지 않으려 한다. 1970년대 이후 이들은 '도덕적 다수'(Moral Majority) '기독교 연합'(Christian Coalition) 등의 조직을 만들어 정치자금을 모으고 보수정치인 당선운동을 적극 펼쳤다.

이라크전쟁 중 미국 내에서 가장 큰 논쟁거리의 하나도 바로 정치와 종교의 분리문제였다. 근본주의자들이 이라크전쟁을 일종의 종교전쟁으로 생각하자, 교계내 반대파들은 아예 중세식의 정교일치로 나아간다고 비판하기도 했다. 이런 분위기 속에서 앨라배마주의 수석법관 무어(Roy Moore)는 주 법원 출입구에 십계명 비석을 설치하였다가, 연방정부가 철거를 요구하자 신도들과 합세하여 십계명은 미국의 권리장전과 같은 비중으로 취급해야 한다면서 항의시위를 벌였고, 헌법소

원도 냈다.[14] 미국 남부의 상당수 복음주의 기독교인들이 그를 지지했는데 이를 두고 어떤 학자들은 카터대통령 이후 종교가 정치를 다시 장악하고 있다고 혹평하였다.

2001년 부시의 '악의 축' 발언은 정치적으로 선택된 것이지만 그의 이분법적인 기독교적 세계관을 천박하게 드러내주는 것이기도 하다.[15] 미국인들이 입만 열면 이야기하는 히틀러, 스딸린, 후세인, 김정일로 연결되는 '악마' 리스트는 바로 미국 근본주의 개신교도들의 정서를 반영하고 있다. 근본주의자들은 악마가 없으면 자기 존재의 불안을 느끼기 때문에 자신이 선하고 하느님의 선택을 받았다는 것을 입증하기 위해서 언제나 악마를 만들어내는 경향이 있다. 그리고 악마에 대한 처벌은 어떤 방법이든지 용납될 수 있다고 본다. 이 근본주의자들은 무고한 이라크민간인들이 살해된 현장을 보고도 하느님의 뜻이라고 해석했다. 물론 구약성경에는 정당한 목적을 이루기 위해 하느님을 대신하여 사탄을 부수는 신성한 전쟁을 칭찬하는 구절이 있다.[16] 하지만 십자군전쟁을 비롯해 하느님의 이름으로 저지른 수많은 야만의 기록을 우리는 알고 있으며, 유일신이 없는 동아시아 문명권보다는 유일신을 믿는 서양사람들이 훨씬 더 많은 침략과 대량학살을 저질러온 것도 알고 있다.

이라크전쟁 발발 직전 『타임』지에서 기독교 도덕의 관점에서 이라크전쟁을 지지할 수 있는가를 둘러싸고 각 진영의 대표적인 논객들이 논쟁을 벌인 적이 있다.[17] 사실 기독교정신에 입각해서 이라크전쟁은 도저히 용납할 수 없다고 말할 수도 있고, 반대로 정당화할 수도 있다. 부시를 무조건 지지하는 35% 정도의 미국인들은 후자일 것이다. 후세인과 알카에다의 연계가 분명치 않다는 사실, 후세인이 생화학무기 등 대량살상무기를 갖고 있지 않다는 사실이 밝혀진 이후에도 이들의 생각은 요지부동이다. 부시에 대한 변함없는 지지가 그것을 말해준다. 미국의 모든 개신교인들이 전쟁을 지지한 것은 아니지만 적어도 개신교의 다수가 공화당원이고, 이들 다수가 전쟁을 지지한 것은 사실이다. 즉 일부 복음주의 기독교인들은 실제로 이라크침공을 과거의 한국전쟁, 냉전시기에 그러하였듯이 '정의의 십자군' 전쟁으로 인식하고 있으며, 야만의 땅에 문명과 복음을 심어야 한다고 생각하고 있다.

근본주의는 사실 '제국주의적인 복음주의'(imperial evangelism)와도 통한다. 그것은 공산주의를 부수고 테러세력을 없애 그 안에서 고통받는 백성들을 해방시키려면 각종 공작이나 군대투입 등의 방법이라도 써야 한다는 주장으로 연결될 수 있다. 칠레 아옌데정권을 붕괴시키기 위해 사용했던 '더러운 전쟁'이나 부시의 이라크침략은 사실 세속적 복음주의라는 비슷한 정신적 배경을 갖고 있다. 선민의식, 이분법적 사고로 무장한 근본주의, 사유재산 절대주의와 시장근본주의가 미국사회는 물론 오늘의 세계를 움직이는 미국 극우세력의 정신적 기반이다. 일각에서 오늘의 미국사회를 기독교파시즘(christian fascism)이라고 부르는 것도 이런 현상을 두고 하는 말이다. 전쟁 때마다 나타나는 '미국 불패'의 신화는 이 기독교 선민주의와 무관하지 않다. 미국이 하는 일이 옳은 이유는 "그것이 곧 미국의 것이기 때문이다"라는 럼스펠드의 발언은 미국 기독교 근본주의의 정서를 십분 반영하고 있다. 앞에서 언급한 코틀러의 책에서도 우파 백인 미국인들이 말하는 비미국적(un-American), 반역적, 공산주의적이라는 용어에는 비기독교적, 이교도적, 혹은 악마와 내통하는 세력이라는 의미가 포함되어 있다. 그래서 매카시 선풍 탓에 미국에서 사실상 추방당한 채플린(C. Chaplin)은 "나는 예수가 대통령인 한 미국에 다시 돌아오지 않겠다"라는 의미심장한 말을 남겼다.

미국인들의 선민의식, 자기중심주의는 인종주의와 겹치거나 내용상 그것을 포함하는 경우가 많다. 보수적 미국인들은 프런티어 개척사업, 즉 하느님의 뜻을 이 땅에서 실현하는 사업에 방해가 되는 세력을 인정하지 않는다. 바로 이 점에서 기독교적 선민의식과 백인우월주의는 같다는 것을 알 수 있다. 미국인들은 우선 자기들보다 먼저 북아메리카대륙에 살고 있던 아메리카인디언의 생존권을 인정하지 않았으며, 가톨릭세력을 억압했고, 흑인노예들의 인권을 부인하였으며, 자신들의 신앙과 재산권을 위협하는 미국 내외부의 공산주의세력을 완전히 없애려 하였다. 인디언학살에서 베트남전쟁, 한국전쟁, 오늘의 이라크전쟁까지 미국은 자신이 하는 것은 하느님의 뜻에 합당한 것이며, 옳은 것이고, 그것을 반대하는 세력은 사탄이자 악마로 간주하였다. 그리고 그러한 논리로 '하느님의 뜻'을 실현하는 과정에서 불가피하게 발생한 제3세계 민간인의 희생을 정당화했다. 한국전쟁이나 베트남전쟁 당시 종군기자들이나 군인들은 "아시아사람들은 가족이 죽어도 무덤덤하다. 불교문화 전통을 가진 이들은 죽음을 대수롭지 않게 여기는 것 같다"라며 자신들이 개입한 전쟁의 상처를 합리화한 적도 있다.[18] 이러한 기만적인 논리의 밑바탕에는 역겨운 인종주의가 깔려 있다.

미국인들의 종교적 선민주의와 그것에 기초한 인종주의는 외국인들이 미국인을 싫어하는 가장 중요한 이유이다. 미국 남부지역의 보수적 기독교인들은 '인종의 위계'에 대한 생각을 갖고 있으며, 아시아인과 아랍인들을 자신과 같은 부류의 인간으로 보지 않는 경향이 있다. 이라크전쟁 후 미국의 유명한 인권단체인 휴먼라이트워치(Human Right Watch)가 미 국방부에 이라크민간인 사망자수를 알려달라고 요청하였는데, 국방부는 "집계하고 있지 않다"라고 대답했다. 1993년 클린턴시절 미국이 소말리아를 침공했을 때도 미국정부는 같은 답변을 했다.

미국인들의 관심거리가 아니라는 이야기이다. 미국의 요청을 받고 미국군인을 대신해 이라크에 간 이딸리아군인 17명이 테러로 사망한 날 CNN은 그 사건을 톱으로 보도하기는커녕 다른 기사 중간에 10초 정도 간단하게 언급하고 지나갔다. 폴란드인, 일본인, 한국인 노무자가 죽던 날에도 CNN은 미국의 여대생 실종사건이나 미식축구 소식을 10분 이상 길게 보도한 다음 그 사건을 잠깐 언급하는 데 그쳤다. 이러한 보도 태도는 시청자의 흥미에만 편승한 언론의 상업주의 탓도 있지만 미국인들의 의식 저변에 자리잡은 미국중심주의도 크게 작용했기 때문일 것이다.

보수적인 주류 미국인들이 과연 모든 인간의 생명이 동등한 가치를 갖는다고 여기는지 의심스러운 경우가 많다. 이라크인 1천명 죽은 것을 미국인 10명 죽은 것보다 더 가볍게 생각한다면 그것은 단순한 무관심만은 아니다. 이라크전쟁 중 CNN뉴스의 한 진행자는 팔레스타인 테러범들의 행동이 미국사람들에게는 상당히 혼란스럽게 비친다고 말했다. 그런데 반대편인 아랍의 알자지라방송은 '영웅'을 폭탄테러범으로 몰아가는 미국의 자국중심주의적 시각을 비판했다. 만약 미국의 청년이 외국의 침략에 맞서 싸우다가 정규전투에서 도저히 승산이 없자 마차에 폭탄을 싣고 적에게 돌진하면 미국에서는 그를 영웅으로 대접하지 않겠느냐는 것이었다. 팔레스타인 자살폭탄테러에 대해『뉴욕타임스』의 칼럼니스트 프리드먼은 수차례 반복해서 "자신의 생명을 아끼기보다는 우리를 더 증오하는 사람들"이라고 냉소적으로 말했다. 기독교가 소중한 만큼 이슬람도 중요하고, 미국인들의 목숨이 소중한 만큼 팔레스타인 사람들의 목숨도 소중하다. 그런데 미국인들은 왜 그들이 그렇게 초개같이 목숨을 버리는지에 대해 그들의 처지에서 생각하지 못할까? 미국인들은 선민의식과 인종주의 때문에 남도 나와 같은 종류의 '인간'이라는 생각을 잊는 것은 아닐까? 그것은 마치 자신이 소유한 흑인노예들을 죽여도 무죄가 되거나 약간의 벌금형 정도로만 처벌받던 과거 미국을 연상케 하는 태도들이다.

> 아메리칸 드림은 지구의 악몽? <

미국을 상징하는 단어를 떠올리라고 하면 대부분의 사람은 '자유' '풍요'를 먼저 꼽을 것이다. 초기 이민자들에게 자유는 신분제와 봉건제의 족쇄에서의 해방, 무한대의 인간능력 발휘, 끊임없는 자기확장 등 대단히 긍정적이고 진보적인 의미가 있었다. 그러나 오늘날 미국인들이 말하는 자유는 종종 부의 축적의 자유를 의미한다. 미국인들이 이라크전쟁을 선전하는 '이라크 해방작전'은 이라크도 미국식 생활방식, 즉 '돈을 벌 자유가 확보되는 나라로 만들어주기 위한 작전'이라고 해석할 수도 있다. 미국인들이 말하는 '도덕적·종교적 의무'는 물질적 이해 추구, 그것을 통한 풍요에 대한 기대와 배치되지 않는다. 깔뱅주의에서는 이기심이 곧 도덕이다. 미국사람들이 시도 때도 없이 강조하는 미국적 생활방식(American way of life), 혹은 미국적 가치라는 것은 바로 누구나 열려 있는 경쟁 기회를 활용하고, 그 기회를 이용하여 물질적인 풍요를 누리는 것은 물론, 자유기업주의를 옹호하고 공산주의와 노동조합을 반대한다는 의미를 모두 포함한다.

미국인들은 행운과 기회, 새로운 영토와 시장에 대해 지칠 줄 모르는 열망을 드러내왔다. 19세기 또끄빌, 디킨스, 채플린, 홉스봄부터 지금까지 미국을 여행한 유럽사람들은 한편으로는 미국을 부러워하면서 다른 편으로는 졸부를 대하듯 미국의 물질주의를 꼬집었다. 또끄빌은

"미국 국민성 깊은 곳에 들어가 보면 그들은 '그게 돈이 되나'라는 한 가지 관심으로 세상의 모든 가치를 평가한다"면서 "이 국민들을 하나로 만들어주는 것은 바로 '이해관계'이며 모든 순간을 관통하는 사적 이해는 때로는 공공연하게 선포되기도 하고 심지어는 사회이론으로까지 승격되어 모습을 드러내기도 한다"라고 말했다.[19] 존 스튜어트 밀은 더 비하해 "미국에는 두 가지 성(sex)이 있는데 하나는 오직 달러사냥하는 데 모든 시간을 보내고, 다른 하나는 달러사냥꾼 밥해먹이는 데 모든 시간을 보낸다"라고 비꼬았다. 물론 오늘날은 미국뿐 아니라 전세계의 남녀 두 성 모두 달러사냥꾼이 되었지만, 당시 이들은 미국 사회가 얼마나 물질을 최고의 가치로 여기는 사회인가를 비판한 것이다. 전통의 굴레가 없다는 것, 봉건적 차별과 제약이 없다는 것은 한편으로는 모든 사람들에게 동등한 기회를 주는 축복이지만, 다른 한편으로 보면 모든 사람들이 경쟁적으로 금전 추구의 길로 달려가도록 내모는 가치부재의 상황이기도 하다.

이런 이유 때문에 미국에서는 못사는 것이 죄악이다. 사업을 하거나 명성을 얻어 부를 축적하는 것이 성공의 유일한 지표이다. 「터미네이터」의 주인공 아놀드 슈워제네거가 캘리포니아 주지사에 당선되었을 때 인도의 한 신문에서는 "미국적 가치가 세계를 지배한 또다른 신호"라고 평가했다. 오스트리아의 이민자인 한 무명청년이 보디빌더로 성공하고, 할리우드스타로 명성과 돈을 한꺼번에 거머쥐고, 케네디가의 여성과 결혼하고, 드디어 이라크보다 더 큰 땅의 주지사에 당선되었다는 것은 미국식 성공을 전형적으로 보여준다는 것이다. 실제로 선거에서 민주당·공화당 지지자 할 것 없이 그를 밀어준 것은 그가 모든 미국사람들이 선망하는 그 무엇, 즉 유명해지고 돈을 버는 것도 성취했기 때문이다.

미국에서 노동운동의 정치적 영향력이 미약한 가장 중요한 이유도 바로 노동운동의 기본인 연대정신이 이러한 미국식 가치, 미국식 생활방식과 배치되기 때문이다. 노동자로 사는 것이 부끄러운 나라에서 노동자가 자긍심과 연대의식을 갖는 것은 어려운 일이다. 사실 미국땅에서 노동자가 계급의식을 갖는다는 것은 단지 미국식 생활방식과 배치되는 것만이 아니라 잠재적으로는 사회주의자 즉 반역자가 되는 것이다. 19세기 이래 현재까지 미국의 노동현장에서 그토록 폭력이 만연했고, 노동자의 죽음이 망각되거나 완전히 무시되는 것도 이러한 이유 때문이다.

미국이 오늘과 같은 '풍요로운 사회'로 변한 것은 미국 불패의 신화가 확고하게 정착된 2차대전 이후이다. 미국인들이 제2차대전을 '좋은 전쟁'이라고 기억하는 것은 단지 미국이 나찌체제를 붕괴시켰기 때문만은 아니다. 전쟁으로 만성적인 실업문제가 해결되었고, 노동자들은 고임금과 풍요로운 삶을 얻었기 때문이다. 이제 미국인들은 '미국이 하면 안되는 일이 없고, 미국은 남들보다 더 풍요롭게 살 권리와 능력이 있다'는 확신을 갖게 되었다. 당시 연방 모기지(mortgage)정책에 따라 저리로 장기 주택대출이 가능해지자 중산층은 너도나도 대도시 주변의 한적한 교외에 집 앞뒤로 녹색 잔디가 카펫처럼 깔리고 전자주방기기가 설치된 그림 같은 집들을 구하기 시작했다. 건축붐이 대대적으로 일었으며, 가정용품 생산이 비약적으로 늘어났다. 이들 교외의 주택가 주변에는 대형 쇼핑몰이 들어섰다. 물질적으로 여유로워지면서 평균수명이 늘어났으며 대학 진학자 수도 크게 증가했다. 1960년 당시 미국에는 6백만 이상의 인구가 대학에 등록했는데 그 수는 1940년의 무려 4배에 해당한다.[20]

뭐니뭐니해도 미국은 소비의 천국이다. 미국을 상징하는 가장 전형

미국 도시 주변에 즐비한 각종 유명메이커 할인매장

적인 풍경은 도시 외곽에 군집해 있는 수십개의 거대한 유명메이커 할
인매장과 대형 슈퍼마켓이다. 미국인의 일상에서 가장 중요한 위치를
차지하고 있는 것도 바로 소비다. 미국인들은 일주일에 아이들과 보내
는 시간은 40분이지만 쇼핑에는 6시간을 할애한다고 한다. 소비심리
를 부추기는 것은 광고다. 미국인들은 하루에 1천5백개에서 3천개 정
도의 상업광고를 접한다. 신문의 2/3가 광고인데, 실제 주말에는 광고
지가 전체 지면의 80% 이상을 차지한다. 대표적인 쎄일기간은 국가행
사일이다. 노동절, 추수감사절, 그리고 크리스마스 다음날 등 대규모
할인행사가 있는 날은 새벽부터 빅쎄일장에 몰려가는 사람들의 물결
을 볼 수 있다. 2003년 당시 케리 등 민주당 대통령후보들은 추수감사
절날 새벽에 이런 할인매장 앞에서 청중들에게 연설하기도 했다. 소비

288

와 관련된 재미있는 비유도 많다. 클린턴대통령은 1992년 대통령후보 연설중에 자신을 찍어달라며 "Buy one, get one"(하나를 사면 하나는 공짜)이라는 할인쎄일 구호를 외치기도 했다. 부인 힐러리가 자기보다 더 똑똑하기 때문에 자신을 찍는 것은 대통령 하나를 거저 더 얻는 것이라는 우스꽝스러운 쎄일 구호로 지지를 호소한 것이다.

외국인의 눈으로 유럽과 미국을 비교해보면 가장 먼저 눈에 들어오는 것이 자동차의 크기이다. 유럽에서는 대다수가 한국의 마티즈, 티코만한 소형차를 몰고 다니는데, 미국에서는 거의 대다수 사람들이 큰 차, 특히 산처럼 큰 픽업을 타고 다닌다. 물정 모르는 사람들은 이것이 부의 상징이거니 생각할 수도 있을 것이다. 그러나 반드시 그렇지는 않다. 변변찮은 급료에 파산 직전에 있는 미국인들도 좋은 차를 굴린다. 그것도 한대가 아니라 적어도 식구 수만큼은 차가 있다. 교외 주택가에는 사람 다니는 길이 없는 곳도 있다. 미국은 모든 것을 차로 해결하는 자동차 천국이다. 광활한 땅을 기동성있게 움직이는 데는 자동차만한 교통수단도 없다. 그런데 문제는 대중교통을 충분히 활용할 수 있는 인구밀집 대도시 지역에도 대중교통시설인 전철이나 버스가 없어서 모두가 자가용을 이용할 수밖에 없다는 데 있다. 그리하여 애들 학교 태워다줄 때도, 동네 슈퍼마켓에 가서 담배 한갑이나 우유 한통 사오는 데도, 도대체 자동차 없이는 한발짝도 움직일 수 없게 되어 있다. 이것은 엄청난 에너지 소비로 이어지게 마련이다. 현재 미국인들은 전세계 가솔린의 40%를 소비하고 있다.

적어도 미국인에게는 '소비한다 고로 나는 존재한다'는 말이 맞다. 미국사람들은 더 많이 소비하기 위해 더 많이 일한다고 해도 과언이 아닐 정도로 소비를 목적으로 삼는다. 소비는 자신의 존재증명이고 지위다. 무엇을 소비하는가는 그가 어떤 계급에 속하는가를 보여주는 지표이다. 그리고 미국인이 된다는 것, 아메리칸 드림을 추구하는 것, 그것은 곧 물질적으로 풍요롭고 마음껏 소비를 즐긴다는 말과 같다. 적어도 소비에 관해서는 1950,60년대 미국사회는 정말로 '계급 없는 사회'로 변했다. 소비의 평등화는 의사나 노동자, 주류 백인이나 소수자 모두가 미국시민임을 느끼는 중요한 계기가 된 것이 사실이다. 이민자들이 미국 땅에 애착을 갖는 것도 자신이 살던 '구대륙'보다 미국에 와서 더 잘살게 되었기 때문이다. 대부분의 이민자들은 종교나 정치적 탄압, 또는 가난에서 벗어나기 위해 미국으로 건너온 사람들인데, 그들은 물질적으로 어느정도 성공하자 자기가 태어난 곳보다 미국에 더욱 애착을 갖게 되었다. 특히 1950년대의 풍요로 미국사회의 이방인이던 흑인과 남북전쟁 후 사실상의 식민지백성 취급당하던 남부지역이 이 잔치에 낄 수 있었다. 특히 냉전체제가 구축되고 양당간의 합의가 이루어지고 흑인이 사회에 통합되기 시작한 뒤에는 아메리칸 드림, 미국식 가치는 이제 누구도 의심할 수 없는 부동의 명제가 되었다.

미국인들이 1950년대 매카시즘의 광기에 암묵적으로 동의한 것도 단순한 두려움 때문만은 아니었으며, 한국전쟁 후의 유례없는 물질적 풍요가 뒷받침되었기 때문이다. 전후 민주·공화 양당의 '합의' 역시 이러한 물질적 기초 때문에 가능했다고 볼 수 있다. 미국사회가 물질적 성공을 추구하는 전쟁터라면, 바로 그런 미국인들이 벌이는 전쟁 역시 돈을 위한 전쟁이 될 수밖에 없다는 것은 자명하다. 부시의 이라크전쟁을 지지한 70%의 미국인들 중 일부는 이러한 관심(interest), 즉 이해를 갖고 있을 것이다. 수많은 토론프로그램들에서 "이라크를 침략해서 석유자원을 확보하자는 것 아니냐"라는 비판이 일부 제기돼도 진행자가 별로 토를 달지 않고 넘어가는 경우가 많다. '군인과 민간인 희생자가 발생한 것은 안타깝지만 결국 우리에게 이득이 오지 않겠는가'

라는 생각을 하고 있는 듯이 보인다. 2003년 민주당 대선후보 중에서 가장 진보적인 입장을 취한 쿠씨니치가 씨스팬(C-Span)방송의 초대 손님으로 나와 "미군을 당장 이라크에서 불러들여야 한다"라고 주장하자, 어떤 시청자가 전화를 해서 "그러면 앞으로 우리는 석유자원을 어떻게 확보하느냐" 하고 질문하는 것을 본 적이 있다. 즉 부시를 지지하는 일부 미국인들은 설사 후세인이 9·11과 관계없고, 대량살상무기가 없더라도, 미군의 희생이 크지 않다면(물론 이것을 수치로 정확히 말할 수는 없을 것이다) 이라크를 통제할 필요가 있다고 생각하고 있다.

이라크전쟁에 관한 수많은 여론조사 결과들을 종합해보면 미국인들 중 '우리가 잘살자고 우리의 군인들이나 이라크의 무고한 사람들을 죽일 수는 없다'고 생각하는 25% 정도의 일관된 전쟁반대파와 어쨌든 독재자 후세인을 추방한 것은 좋은 일이라는 확신을 갖고 있는 30% 내외의 부시지지파를 제외한 나머지는 전쟁에서 이기고 중동을 안정시키면 미국사람들이 더 안전하고 또 부유하게 될 것이라는 생각을 은연중 갖고 있다. 그런데 총을 든 전쟁과 마찬가지로 '잘살기 위한 전쟁'에도 심각한 후유증이 있다. 그것을 미국인들은 어플루엔자(Affluenza)라고 한다.[21] 그것은 더 많은 물질을 갖고, 더 많은 소비를 추구하다가 생겨난 불안·부담감·빚·낭비 등 사회적 병리를 지칭한다. 그 증세는 만성 스트레스, 과도한 상업주의, 가정파괴, 쓰레기 배출과 지구오염, 지구적 전염성 등의 증후군을 갖고 있다. 즉 어플루엔자는 미국인들의 정신건강, 미국사회 자체만 병들게 하는 것이 아니라 이제는 전세계를 병들게 하는 치유하기 어려운 무서운 질병이라는 이야기다.

미국에서는 학교든 공공기관이든 어디를 가도 물건을 아끼는 것을 볼 수 없다. 에너지소비도 마찬가지이다. 이들은 석유가 마치 물처럼 무한대로 생산될 것처럼 쓰고 있다. 어디에 가든지 미국인들은 마음대로 먹고 마시고 소비한다. 현재 미국인들 중 31%가 과체중이며, 이는 미국의 사회적 질병이 되고 있다. 그래서 지금 어린이들부터는 미국역사상 처음으로 앞세대보다 뒷세대가 수명이 짧아질 것이라는 전망도 있다. 초등학교에서 배식하는 것을 보면 어떤 아이들은 음식이 마음에 들지 않으면 모두 버리고 새로 타서 먹는다. 패스트푸드점에는 음식찌꺼기를 담는 여러개의 쓰레기통이 있고, 그 쓰레기통에는 건드리지도 않은 음식들이 가득하다. 두꺼운 잡지 여러권 분량의 신문이 매일 집으로 배달되며, 그것들은 대부분 그대로 버려진다. 현재 미국인들이 소유하고 있는 물건의 총량은 1958년 당시의 두배라고 한다. 그리고 평균적으로 미국인들은 현재 다른 나라 사람의 평균 두배 이상의 쓰레기를 배출하고 있어서 만약 전세계 사람들이 미국인들처럼 소비한다면 지구가 여섯개 정도 필요하다고 한다. 풍요와 소비가 미국에서는 아메리칸 드림의 상징인지 몰라도 미국 밖의 사람들에게는 쓰레기더미에 묻히는 것을 의미할 수도 있다. 지금 수억명이 굶주리고 있는 지구촌에서 미국인들이 보여주는 이러한 행태는 인류에 대한 일종의 범죄라고 해도 지나친 말은 아닐 것이다.

　미국인들의 소비수준과 풍요를 유지하기 위해서, 미국의 다국적기업은 라틴아메리카의 열대우림을 황무지로 만들어야 하고, 나이키는 인도네시아 저임노동자들을 착취해야 하며, 미군은 이라크사람들을 희생해서라도 이라크를 통제해야 한다. 이러한 소비수준을 지탱해주기 위해 미국의 정치인들이 이라크전쟁이라는 '악역'을 맡아야 하는지도 모른다. 노조 지도자들은 미국의 군사비지출과 정부예산 삭감이 실업과 빈곤을 가져올까봐 두려워한다.[22] 그래서 지금까지 미국의 노조는 언제나 암묵적으로 전쟁과 군비강화를 지지해왔다. 미국인들은 20

미국인들의 꿈, 잔디밭과 수영장이 딸린 교외의 호화저택

세기 이후 지금까지 언제나 자국이 벌이는 전쟁을 묵인 혹은 지지해왔
다. 앞서 말한 것처럼 상당수는 전쟁의 비극을 잘 몰라서 그런 태도를
보이지만 전쟁이 무엇인지 아는 사람조차도 그것이 자신에게 일자리
와 물질적 풍요를 가져다줄 것이라고 기대하고 있기 때문에 미군이 외
국에 가서 어떤 행동을 하는지에 대해 애써 모른 체하는 경향이 있다.
한국과 세계의 일부 지식인들은 미국의 베트남전 반대운동을 기억하
면서 존슨대통령 당시에는 상당수의 미국인들이 그 전쟁을 반대했던
것으로 알고 있다. 하지만 전쟁이 교착상태에 빠진 이후 미국에서 반
전시위가 심하게 일어날 때도 일반인은 물론 학생들 대다수는 여전히
전쟁을 지지하고 있었다. 아버지 부시가 걸프전 개입 결정을 내리고
정밀폭격이 마치 신나는 전자오락게임처럼 미국전역에 방영될 때 미

국인들의 90%가 그 전쟁을 환호하였다.

일찍이 영국의 식민지였던 버마(미얀마)에서 생활한 적이 있는 조지 오웰은 제국주의와 식민지지배 문제에 대해 영국의 어떤 지식인들보다 솔직한 태도를 갖고 있었다. 그는 영국 중간층이 자신이 누리고자 하는 생활을 유지하는 한, 그것은 국가의 식민지 정복과 착취를 불가피하게 만든다고 지적했다. 지난세기 초부터 미국 내에서 미국식 생활방식의 문제점을 미국의 팽창, 식민지경영과 직결시켰던 사람이 바로 스콧 니어링과 수정주의 역사학자 윌리엄스이다. '제국'을 미국인의 '생활방식'이라고까지 지적한 윌리엄스는 미국인들은 자신의 복리를 위해 경제적 팽창주의를 유지해야 한다는 신념을 갖고 있는데, 이러한 미국식 생활방식 즉 물질적 풍요를 유지하기 위해서는 필연적으로 제3세계 국가의 희생이 뒤따를 수밖에 없다고 보았다. 그러나 지금 미국에서 이들의 이름을 기억하고 있는 사람은 거의 없다. 그들은 미국사회의 이방인들이다. 이들은 "아메리칸 드림은 지구의 악몽"이라는 것을 안 극소수의 '비미국적' 미국인이었다.[23]

3. 전쟁중인 시민사회

> 폭력과 범죄 〈   전쟁이 국가간에 일어나는 폭력이라면, 폭행과 살인은 사회 내부의 전쟁이다. 지난세기 후반 이후 미국 내부에서는 한시도 전쟁이 멈춘 적이 없다. 과거 미국에서는 "우체국에 간다"(going postal)는 말이 유행했다고 한다. 1980년대 중반부터 우체국에서 종업원간의 폭력살인사건이 빈번해지면서 우체국에 취직하는 것, 나중에는 확대해석되어 우체국

에 가는 것은 미친 짓이라는 우스갯소리이다. 특히 미시시피, 콜로라도 등 남부지역 도시에서 총기살인사건이 자주 일어난다. 미국의 살인 수도라고 불리는 시카고에서는 2003년 한해 동안 599명이 살해당했는데, 이 수는 2003년 한해 이라크에서 죽은 미군 수보다도 많다. 현재 미국에서는 매일 65명이 살해당하고 있으며, 6천명이 폭력의 피해를 당하고 있다. 미국의 살인사건은 1991년을 정점으로 점차 줄어드는 추세에 있으나, 전쟁과 빈곤으로 거의 무법천지가 된 바그다드보다 그와 규모가 비슷한 미국 도시에서 살인사건이 더 많이 일어난다. 미국은 선진자본주의국가 중에서 가장 폭력이 심각한 나라이다. 폭력은 미국인의 삶 속에 깊이 뿌리박혀 있다.

미국은 감옥공화국이다. 부시행정부 들어서 수형자가 급격히 늘어났다. 2003년 조사에 의하면 미국역사상 처음으로 2백만명이 넘는 사람이 감옥이나 구치소에 있는 것으로 나타났다. 특기할 만한 것은 20세에서 34세까지의 흑인 중 12%가 감옥이나 구치소에 있다는 것이다. 이것은 1970년대 중반의 약 4배에 해당하는 수치이다. 이 결과를 발표한 미 사법통계국(Bureau of Justice Statistics)에 따르면 흑인들의 경우 28%가 생애 한번은 감옥이나 구치소에 가고, 약 560만명의 미국인이 구치소나 감옥에 간 경험이 있다.[24] 주마다 수형자로 감옥이 넘쳐나 비명을 지르고 있는 실정이다.

폭력과 살인의 동기도 단순한 광기, 종교적 열광, 사회적 소외 때문에 생긴 반감 등 다양하다. 정치적인 동기가 낳은 폭력도 많았다. 20세기 동안 정치적인 문제와 연관된 폭력으로 사망한 사람은 모두 4,381명인데, 인종갈등이 으뜸이고 그 다음이 노사분규이다. 1990년대 이후 대표적인 사건으로는 17년 동안 급진적 환경주의, 반문명주의 기치 아래 테러를 해온 유너바머(Unabomber) 사건, 우익 급진주의자들의 오클라호마 연방청사 폭파, 그리고 1996년 올림픽경기 당시 애틀랜타에서 폭탄테러를 시도한 에릭 루돌프(Eric Rudlof) 사건 등이다. 루돌프는 특히 동성애자를 싫어하고 낙태에 반대했는데, 자신의 행동을 통해 세상을 더 좋은 곳으로 만들 수 있다는 확신을 갖고 있었다.[25]

사회학자 대니얼 벨(Daniel Bell)은 조직범죄를 '미국적 생활방식'이라고 말했다. 물질적 성공을 갈구하는 것이 미국식 생활방식이라면 폭력과 범죄는 바로 그러한 생활방식을 추구하기 때문에 발생한다. 9·11테러를 소설로 예언해 유명한 척 팔라닉(Chuck Palahnuik)은 왜 미국사회에 그렇게 폭력이 만연한지 밝히는 소설을 줄곧 써오고 있다. 그는 학급동료를 죽인 컬럼바인고등학교의 에릭(Eric)과 딜런(Dylan)이라는 부유한 가정 출신 소년들의 예를 들며, 그들은 풍요가 행복을 가져다주지 않는다는 사실을 알게 되면서 아메리칸 드림의 허구를 느꼈다고 지적했다. 그는 자신이 20대일 때 사회적 행복의 모델은 오직 돈과 재산을 얻는 것밖에 없었으며, 그것 외에는 아무것도 알 수 없었고, 아무도 다른 것을 이야기해주지 않았다고 고백한다. 그런데 이것이 행복이 아니라는 것을 알았을 때, 그들은 총을 드는 것 외에 자신의 생각을 표현할 수 있는 아무런 방법이 없었다는 것이다.[26] 그는 미국은 유럽보다도 계급적으로 더욱 경직된 사회이며, 가난한 자는 점점 더 가난하게 될 수밖에 없는 사회라고 보고 있다. 그래서 아메리칸 드림의 환상에서 벗어난 노동자들이나 흑인들, 차별당하는 사람들은 그가 예를 든 고등학생들과 다른 이유에서 결국 폭력과 살인을 행사하게 된다는 것이다. 바로 이 점에서 그는 빈 라덴 같은 테러리스트와 미국 내 테러리스트가 공통점이 있다고 지적하고 있다.

일찍이 사회학자 머튼(Robert Merton)은 모든 범죄는 사회가 설정하는 목표와 수단의 괴리에서 나온다고 말했다. 부와 권력 획득을 부추기는 사회에서 정당한 방법으로 부와 권력을 얻을 수 없을 때 범죄가 창궐한다는 것이다. 전쟁과 학살, 정치적 반대세력에 대한 암살과 테러, 고문은 일종의 국가범죄이다. 전쟁과 학살이라는 것도 따지고 보면 국가나 정치집단이 법적인 통로 혹은 허용된 방법으로 자신의 목표를 성취할 수 없을 때, 즉 외교적 방법으로 소기의 목적을 거둘 수 없을 때 발생한다. 냉전체제 이후 CIA가 벌여온 공작들, 저강도전쟁, 이라크전쟁은 모두 미국이 자신의 모습대로 세상을 바꾸려는 욕망, 좋게 해석해 세계를 완벽하게 자유롭고 시장경제가 정착된 곳으로 만들려는 이상과 그러한 목표를 세계의 규범과 도덕이 허용하는 방법으로 성취할 수 없는 현실의 괴리에서 나온 것이다. 국가가 밖에서 이러한 범죄를 저지르면 국가내 시민들도 자연스럽게 그것을 닮게 된다. 거꾸로 말하면 국민들을 도덕적으로 설득할 수 없는 국가가 대외적으로는 전쟁 등의 불법적 방법을 동원한다.

못사는 것이 죄악이고, 약자들이 오직 막연한 좌절감을 갖는 것말고는 달리 문제를 해결할 길이 없는 사회에서는 사회운동이나 조직적인 저항은 없고, '이해할 수 없는' 개인적인 폭력만이 창궐할 뿐이다. 미국의 주류사회가 국외의 테러세력을 이해하지 못하는 것은 바로 자기 내부의 약자와 소외층의 폭력을 이해하지 못하는 것과 같다.

〉 정치적 무관심 〈　　　미국만큼 대중의 정치적 무관심이 자주 화제에 오르는 나라도 없을 것이다. 미국인들은 기존의 정당이나 정치인들을 무척 불신한다. 이들은 민주당·공화당 할 것 없이 모두 거대 로비집단의 힘에 따라 움직이고 있으며, 부자들의 집사노릇을 하는 '도둑들'이라고 보고 있다. 정치권에

대한 불신이 극대화된 것은 워터게이트 사건이었지만 그후에도 레이건의 이란-꼰뜨라사건, 클린턴의 성추문사건 등 대통령의 부도덕이 폭로된 수많은 사건들이 있다. 흔히 사람들은 일본정치를 보면서 일부 정치인들에게 의원직은 사실상 종신직이며, 심지어는 대물림까지 한다고 비판하지만 미국에서도 한 지역에서 5선, 6선을 하며 수십년을 상원의원으로 활동하는 사람을 많이 볼 수 있다. 탁월한 능력과 자질이 있어서 그렇다고 평가할 수도 있겠지만, 한번 당선되면 그 아성을 부수기가 그만큼 어렵다는 말도 된다. 그리고 근본적인 것은 일본이 그러했듯이 미국정치의 담당세력이 지난 50년 동안 변하지 않았다는 점이다. "민주당과 공화당의 교체가 있지 않았는가"라는 반론이 있겠지만, 앞에서 말한 것처럼 민주당과 공화당은 같은 당의 두 분파로 여겨질 정도로 정책이나 철학, 특히 외교·군사 영역에서 별 차이가 없다. 2000년 대선에서 부시가 2억2천만달러의 정치자금을 모금했다면, 고어가 1억7천만달러를 모금한 차이라고나 할까?

　미국사람들은 대부분 기존의 양당 구조, 그리고 정치권 일반에 염증을 느끼고 있다. 그래서 미국에서는 공공연하게 자신을 '무당파'(independent)라고 강조하는 사람들을 많이 만날 수 있다. 물론 이념적으로 보자면 우익무당파와 좌익무당파도 있고, 국가의 개입을 극도로 싫어하는 자유의지론자(libertarian), 그리고 보호무역주의, 외국에 대한 불간섭주의를 주장하는 전통적인 보수주의자들도 존재한다. 구보수는 대체로 반공주의 이념을 갖고 있지만 반드시 친자본노선은 아니다. 양자는 모두가 오늘의 공화당과 민주당이 19세기 미국이 견지했던 가치들을 포기하고 있다고 비판한다. '냉전'(cold war)이라는 개념을 만들어냈으며, 바로 그 냉전정책을 비판한 월터 리프먼(Walter Lippmann), 매카시즘에 맞선 풀브라이트 상원의원, 사회학자 니스벳

(Richard Nisbett) 같은 사람들이 19세기적 보수주의자에 속한다고 볼 수 있는데, 1992년 대선에 출마한 부캐넌 정도를 제외한다면 이런 성향의 전통적 보수파는 현실정치권에서는 거의 사라졌다. 좌익 성향의 무당파는 소수인데 랠프 네이더 같은 환경주의 소비자운동가, 버몬의 쌘더스(Sanders) 의원 같은 사회민주주의 지향의 정치가, 그리고 평화주의 운동가이자 뉴욕시장에 출마했던 사회학자 아로노비츠(Stanly Aronowitz) 같은 좌파들이 여기에 속한다.

1995년 실시한 여론조사를 보면 미국인들 가운데 57%가 제3당의 등장을 원하고 있는 것으로 나타났다. 1992년 대선에서 갑부인 페로(R. Perot)가 약진한 적이 있고, 2000년 대선에서는 네이더가 녹색당 후보로 출마하기도 했다. 그러나 한국과 마찬가지로 미국인들도 투표장에 가서는 양당 가운데 어느 한쪽에 표를 몰아줄 수밖에 없다는 사실을 깨닫는다. 승자독식의 선거제도하에서 기존 정당을 옹호하든 반대하든 어느 한편으로 표가 몰릴 수밖에 없고, 무관심한 층은 아예 선거에 참가하지 않게 된다. 이들의 선거불참은 '도둑들의 소굴' 워싱턴 정가에 대한 환멸감의 표현이라고 해석해도 좋을 것이다. 1992년 페로, 부캐넌, 네이더 등이 제3당 후보로 출마해 상당한 표를 얻은 것은 사실이지만, 그들을 실제 대안세력이라고 생각하는 적극적인 지지자는 소수에 불과했다. 이 점에서 미국정치는 2004년 4·15 총선 이전의 한국과 유사한 점이 많다. 즉 정치권에 대한 불신과 비판은 수십년 계속되었지만 그들이 칼자루를 쥐고서 자신들에게 유리한 선거제도·정치제도를 만들어놓았기 때문에 진보든 보수든 새로운 정당이 진입할 수 있는 문턱은 대단히 높고, 따라서 부패하고 무책임한 정치권에 대한 비판은 새로운 정당의 건설로 나아가는 것이 아니라 기성정치인 중에서 좀 새로운 인물, 새로운 세대를 등장시키는 쪽으로 향하게 된다.

정치권 일반에 불신을 가진 미국의 유권자들은 워싱턴 정가에 거리를 둔 이방인을 대통령으로 선출함으로써 변화의 열망을 표현하는 경향이 있다. 1976년의 남부의 땅콩농장 아들 카터, 영화배우 출신의 레이건, 결손가정 출신이자 워싱턴 정가와 별로 인연이 없던 클린턴 등이 그런 인물이다. 민주당 대통령후보로 갑자기 부상했던 하워드 딘 역시 워싱턴 정가에서는 생소한 인물이고 전쟁을 일관되게 반대했다는 점이 신선하게 비춰져서 그동안 정치와 담을 쌓고 지내던 많은 사람들이 성금을 보내주고 선거운동을 해주는 바람에 두각을 나타낸 것이다. 2003년 캘리포니아 주지사 소환·재선거 건은 미국정치의 단면을 보여준 사건인데, 이 선거에서 슈워제네거가 주지사인 데이비스(G. Davis)를 제치고 당선된 것도 그러한 현상의 일종이다. 당시 노조가 압도적으로 데이비스를 지지하고, 상당수의 지식인들이 캘리포니아 예산적자는 데이비스의 잘못이 아니라 캘리포니아의 자금줄인 씰리콘밸리의 산업공동화와 할리우드의 영화산업 후퇴, 그리고 부시의 감세정책 등과 관련된 것이라고 부르짖었지만, 우익 민중주의(populism) 구호를 내건 슈워제네거의 인기를 잠재우지 못했다. 이 사건은 워싱턴 정가 혹은 기성 정당정치에 깊이 연루된 정치인들에 대한 근본적인 불신이 표출된 중요한 사례라고 볼 수 있다.

결국 미국에서 기성 정치권에 대한 불신은 양당 야합구조를 깰 수 있는 새 정당이나 새 정치의 실험으로 이어지지 못한다. 대다수는 분노하면서 기성후보를 거부하다가, 선거가 끝나고 개혁이 좌절되는 것을 보고는 배반감을 느끼고 또다시 정치적 무관심에 빠진다. 속고 또 속고, 수없이 속고 난 다음 아무리 해도 이 강고한 독점구조를 깰 수 없다고 느낄 때 유일한 출구는 무관심밖에 없다. 미국의 민초들이 법·제도·정치 모든 것이 부자들에게 유리하게 짜여진 체제 속에 살고 있

캘리포니아 주지사에 당선된 뒤 환호하는 슈워제네거

다는 것을 느낄 때, 막강한 이익집단의 고용인에 불과하면서도 공익을
위한다고 거짓말하는 대통령과 정치인들을 보면서도 그들을 견제하거
나 갈아치울 수 없는 취약한 시민사회를 몸으로 확인할 때, 그리고 기
득권의 집단이익을 옹호하기만 하고 자신들의 목소리는 거의 대변하
지 않는 막강한 상업언론들을 매일 접할 때, 주변 어디를 둘러봐도 상
황을 돌파할 수 있는 길을 찾을 수 없다고 느낄 때, 그들이 할 수 있는
일이 무엇일까? 잔칫상을 뒤엎을 수 없다면 이제 다른 곳에서 개인과
가족 단위의 '소비 잔치'를 벌이는 길 말고 다른 길이 있을까?

정치적 무관심은 한편에서는 스타 정치화, 즉 미국식 미디어정치,
소비문화와 맞물린 정치의 대중오락화 현상을 낳는다. 캘리포니아 주
지사에 슈워제네거가 당선된 것은 한편으로는 이방인의 승리로 볼 수
있지만 다른 한편으로는 정책논의가 후보 개인의 인기에 완전히 묻혀
버린 현대 미국정치의 모습을 가장 잘 보여주는 것이다. 즉 그의 당선
은 아무리 좋은 정책을 갖고 있는 좋은 후보가 있다고 하더라도, 대중

적 인기 없이는 미디어의 관심을 받지 못하고, 정치적으로 성공할 수 없다는 교훈을 준 것이다.

미국 정당정치는 보수 일색이면서도 한국보다는 안정적이다. 그것은 양대 정당이 비슷하기는 하나 분명히 정책상의 차이가 있기 때문이다. 문제는 지난 20년간 정치지형이 우경화하면서 그 정책의 차이가 무의미해지고 있으며, 정당 귀속감을 느끼는 사람이 점점 줄어들고 있다는 점이다. 이러한 경향은 젊은층에서 잘 나타난다. 미국 젊은이들은 이제 개혁과 진보의 대명사가 아니라 무관심과 보수의 대명사이다. 이들은 기성세대와 마찬가지로 전반적으로 정치에 무관심하고 냉소적이다. 사실 한국도 그렇지만 적어도 미국사회에서 젊은이들이 변화를 상징하던 시대는 지난 것 같다. 베트남전쟁 당시에는 젊은층이 반전운동의 주역이었지만, 이번 이라크전쟁에서는 19세에서 29세까지의 젊은이들이 장년층에 비해 오히려 전쟁지지율이 높았다. 2003년 10월 3일에서 12일까지 하바드정치연구소(Harvard's Institute of Politics)에서 실시한 조사에 따르면 전체적으로는 부시의 정책을 지지하는 사람이 53%였지만, 대학생의 경우 61%였다. 물론 그중 87%는 부시가 이라크에 대해 부정직하며, 공화당의 정책을 반드시 지지하지는 않는다고 답했다. 그러나 이들이 성조기를 흔들며 미국의 승리를 외치고, 결국 부시에게 지지를 보내는 이유는 무엇일까? 연구소는 이 젊은이들이 9·11의 충격을 여과 없이 받아들였고, 9·11이 미국에 새로운 보수세대를 등장시켰기 때문이라고 분석한다. 물론 대학에는 열심히 목소리를 높이는 소수의 반전론자들이 있지만, 이들 '침묵하는 다수'는 그들과 다른 생각을 갖고 있다는 것이다.

한국과 마찬가지로 미국의 젊은이들은 엄청나게 인상된 대학등록금, 취업난, 불투명한 장래에 신음하고 있지만, 전반적으로 정치나 사회문제에 관심이 없고, 별 생각 없이 부시의 애국주의 선동에 동조하고 있다. 대학에서 시위가 없어진 지 오래되었고, 젊은이들이 관심을 가질 만한 반인권적인 애국법 등에도 반대하는 목소리는 듣기 어렵다. 오히려 군인을 성원하자는 우익 데모대가 대학가에 출현하는 형편이다. 거리의 반전시위대에 젊은이들보다는 1960년대 반전운동 경험이 있는 중·장년층, 심지어 노인들이 더 많은 것도 이색적이다. 라디오, 텔레비전 등의 시청자 참여프로그램을 보면 한국과 달리 노인들이 젊은 사람들보다 훨씬 더 이성적이고 균형잡힌 의견을 내는 경우가 많다.

〉 **미국의 지식인들** 〈 베트남전쟁, 걸프전 때만 하더라도 미국 내에 전쟁에 반대하는 지식인들이 상당수 있었다. 그러나 9·11 이후 그러한 지식인은 거의 사라졌다. 아니 과거에 전쟁반대를 외치거나 양심적인 지식인으로 인정받던 사람들까지 침묵하거나 전쟁지지 쪽으로 돌아섰다. 그래서 이라크전쟁은 미국 역사상 지식인들이 가장 철저하게 입을 다문 상태에서 진행되었다. 그동안 중도적인 지식인으로 분류돼온 하버드대학의 이그나티프(Michael Ignatieff)는 "고문과 죽음을 가져온 후세인의 전제에서 이라크를 해방시키는 그 자체가 전쟁을 정당화한다"라고 말했다. 중도좌파의 입장을 대변해온 『디쎈트』(*Dissent*)라는 잡지의 편집인이기도 한 프린스턴대학의 왈처(Michael Walzer)는 9·11 이후 부시를 공격하지는 않고 오히려 전쟁을 비판하는 좌파를 주로 공격했으며,[27] 걸프전 개입을 반대했던 칼럼니스트 히첸스(Christopher Hichens)는 이라크침략을 일종의 혁명적인 힘이라고까지 찬양했다.[28]

2002년 2월 이른바 중도적인 입장에 있던 60명의 미국 지식인들이

"왜 우리는 싸우는가"(What We're Fighting For: A Letter from America)라는 성명을 전세계 지식인들에게 보낸 일이 있었다. 여기에는 앞의 왈처 같은 자칭 민주사회주의자를 비롯하여 하바드대학의 사회학자 스카치폴(Theda Skocpol), 헌팅턴, 『역사의 종말』로 유명한 후쿠야마 같은 사람도 포함되어 있었다. 그들은 인권과 자유의 가치가 소중하고 보편적이라는 점을 강조하면서 테러세력의 부도덕성을 비판하고 미국방어의 정당성을 옹호하였다. 미국의 대외정책에 대한 성찰이나 자기비판 없이 미국적 가치가 보편적 가치라면서 다른 나라 지식인들을 설득하는 이 내용을 읽어보면 참으로 어이가 없다. 헌팅턴 같은 냉전지식인들이야 그렇다고 치더라도, 중도·자유주의 심지어는 좌파라고 자처하는 지식인들도 얼마나 미국이라는 울타리 속에 깊이 갇혀 있는가를 보여준 에피쏘드다.[29]

냉전시기를 거치고 미국이 풍요로운 사회로 변해가는 동안 좌파는 물론 비판적 자유주의 지식인도 거의 사라졌다. 시장자본주의의 종주국인 미국에서 좌파 지식인이 생존하기 어려운 것은 어쩌면 당연한 일이겠지만, 민주주의와 자유의 가치를 옹호해야 하는 자유주의자조차 변질되거나 공론의 장에서 사라진 것은 주목할 만하다. 기독교근본주의, 사유재산 신성불가침의 문화적 전통과 맞물려 극우반공주의가 1차대전 때부터 미국사회에 출현하였고, 그후 90년 동안 '좌익사냥'(red hunt)이 진행되면서 좌파는 뿌리가 뽑혔다. 특히 1950년대의 매카시즘은 좌파 지식인의 대량 전향을 불러왔으며, 살아남기 위해서든 아니면 네오콘처럼 정말 애국자가 되어서든 지식인들은 체제에 흡수되었다. 1960년대 인권운동이나 반전운동의 물결은 이러한 확고한 우익 헤게모니의 바다 위에 돌출한 작은 물결에 불과했다. 1970년대 이후 시장경제의 생존논리가 언론·출판·대학을 지배하기 시작하고, 『보보스』(*Bobos*)의 저자 브룩스(David Brooks)가 지적한 것처럼 지식인들은 이제 소자본가적 관점에서 자신의 경력을 추구하였다. 대학에 몸담은 사람 중에서 하워드 진(Howard Zinn) 같은 소수의 비판적인 지식인들을 제외하고는 대다수의 자유주의 지식인들은 이제 탈정치적 아카데미즘의 틀로 흡수되거나 성취지향적인 자본주의 문화의 첨병이 되었다.[30] 『네이션』 같은 전통있는 비판적 잡지가 겨우 명맥을 유지하기는 하지만, 진보적인 사고를 가진 지식인이 언론계·학계·출판계에서 살아남을 가능성은 거의 없어졌다. 그래서 일부 사회운동경력이 있는 교수들의 경우 강단 맑스주의자, 강단 자유주의자로는 존재하지만 정치적 영향력은 거의 상실했다. 아니 정확히 말하면 실용주의·자본주의·상업문명의 천국 미국에서 현실참여적·초월적·비판적 성향을 갖는 유럽적인 전통의 비판적 지식인들은 원래부터 설 자리가 없었다고 보는 것이 맞는지도 모른다.

물론 현재 대학의 중견인 50대 교수들의 대다수, 그리고 잡지사 편집자, 언론사에서 중책을 맡고 있는 베트남전 세대가 한국의 386세대처럼 그 전후세대에 비해 좀더 진보적인 생각을 갖고 있는 것은 사실이나, 이제 완전히 개인화되어버렸다. 물론 지적인 엄밀함과 깊이, 전문성과 직업의식 등 모든 면에서 미국학자들의 역량은 여전히 세계 최고의 수준이라고 말할 수 있다. 그리고 나이 80, 90이 되도록 묵묵히 연구활동과 집필활동에 전념하는 존경할 만한 학자나 전직 언론인 상당수가 미국사회 곳곳에 건재한다. 우파는 물론 좌파 지식인의 학문적 역량이나 일관성 역시 한국이나 일본과 비교해봐도 놀랄 만하다. 그러나 정치적 관심을 갖는 학자들의 경우 계속 좌절을 겪거나 생존과 성공의 압박 속에서 거짓과 우상이 지배하는 오늘날 미국의 정치경제나 지식사회를 고발하고 진실을 말하는 작업을 포기한 채, 창백한 아카데미즘과 전문가주의에 안주하고 있다. 작고한 싸이드가 비판하였듯이 그들은 이제 자신의 명성과 몸값을 높이는 데만 주로 신경을 쓰고 있다.

이라크전쟁 이후 미국에서 지식인들이 목소리를 내지 못하는 것은 앞서 말한 것처럼 한편으로는 '두려움의 정치' 즉 비애국자, 좌파로 몰릴 위험 때문이기도 하지만, 다른 한편으로는 상업언론이 이들을 완전히 배제하고 있기 때문이다. 지식인들의 보수화와 동시에 영상매체의 영향력 확대, 대중적 소비문화의 확산은 대중들의 반지성주의를 조장하였으며, 책을 통해서 독자와 만날 가능성은 갈수록 제한되었다. 텔레비전의 영향이 이처럼 크지 않았을 때는, 그리고 시민사회가 어느정도 살아 있던 1960년대 이전의 미국에서는 일부 지식인들이 신문기고, 저술활동, 강연 등을 통해 대중들에게 영향을 미칠 수 있었다. 베트남전 세대의 학자인 자코비(R. Jacoby)가 말한 것처럼 1960년대 미국의 반전운동과 인권운동은 이 비판적인 지식인들이 대중들과 직접 대면할 수 있었던 마지막 시기였다.[31] 그후부터 대학 혹은 지식인과 현실정치의 간극은 커지기 시작했고, 이제 전쟁에 반대하고 미국식 자본주의를 비판하는 지식인들이 대중들과 만날 기회는 극도로 축소되었다. 이런 풍토에서 『뉴욕타임스』의 프리드먼처럼 아랍권을 편향적으로 이해하고 있는 '애국주의 선동꾼'이 대표적인 지식인으로 부각되었다. 촘스키는 수년전 NBC와 인터뷰한 적이 있으나, 이라크전쟁 이후에는 방송에 나온 적이 없으며, 그보다 훨씬 온건한 학자나 지식인들도 공영방송인 씨스팬이나 NPR(National Public Radio) 토론프로그램 정도를 제외하고는 거의 등장하는 법이 없다. 아마 대졸 이상의 학력을 가진 미국인들 중에서도 마이클 무어는 알아도 하워드 진을 아는 사람은 일부에 불과할 것이다. 얼마 전 타계한 전설적 좌파 이론가인 스위지(Paul Sweezy)를 아는 사람은 아마 미국보다 한국에 더 많을 것이다.

〉흑인은 영원한 이방인? 〈　2003년 10월 후세인이 9·11과 무관하
다는 사실이 확인된 이후 『USA투데이』
에서 미국인을 대상으로 여론조사를 실
시하였는데, "이라크에 갈 필요가 있었나"라는 질문에 전쟁 초기에는
71%가 "그렇다"고 대답했으나 그때는 52%로 낮아졌다. 그런데 이 조
사에서 흥미로운 것은 성·연령·나이·학력 등 모든 변수에서 대체로
전쟁지지율이 크게 떨어졌지만 공화당 지지자들의 경우 지지율 변동
이 별로 없었다는 점이다. 즉 전쟁초기에는 93%가 전쟁을 지지하다가
이 조사에서는 83%로 약간 떨어진 정도였다. 이들은 누가 무슨 말을
하든 무조건 전쟁을 지지한다는 것을 보여준 것이다. 그런데 전쟁 지
지/반대 의견에서 일관되게 가장 뚜렷한 차이를 보이는 변수는 연
령·학력·재산이 아니라 인종이었다. 흑인들의 경우 한창 전쟁이 진행
중일 때에도 오직 42%만 전쟁을 지지했으며(이 시기 백인들은 80%가
지지하였다), 조사가 실시될 무렵에는 23%만이 지지하였다.

다른 조사에서도 결과는 같았다. 흑인들은 백인에 비해 평균 3배 이
상 전쟁반대의 비율이 높은 것으로 나타났다.[32] 실제 군인들 중 22%
가 흑인이며, 그 비율은 전체인구 중 흑인 비율의 두배에 해당한다는
점을 감안하면 흑인의 전쟁반대 비율이 높은 것은 의미심장하다. 이를
두고 일부 백인들은 흑인들의 애국심 부족을 탓한다. 2차대전이나 한
국전쟁 때처럼 흑인부대를 따로 편성하여 백인과 분리시키거나 흑인
들을 특별히 총알받이로 이용한 것도 아닌데, 흑인들이 이렇게 전쟁에
반대한 이유는 무엇일까? 흑인들은 미국사회의 인종차별구조에 본능
적인 거부감으로 이 전쟁이 미국의 전쟁이 아니라 부시의 전쟁, 백인
의 타인종에 대한 전쟁임을 알아차렸기 때문이 아닐까? 부시행정부를
비롯한 역대 미국정부는 언제나 대다수가 빈곤층인 이들 흑인을 향해

예산이 없어서 주택, 교육과 의료써비스를 제공할 수 없다고 변명해왔는데, 이라크전쟁과 막대한 전비지출이 그러한 논리의 허구성을 잘 드러냈기 때문은 아닐까?

우리는 흑인 미국인들의 의식을 통해서 이번 이라크전쟁은 미국과 이라크 간의 전쟁이지만 동시에 문명간 전쟁, 인종간 전쟁의 측면이 있다는 점을 확인할 수 있다. 입만 열면 한국인을 '국'(gook)이라고 비하해 불렀던 한국전쟁 당시의 미군이 과연 남북한 '코리안'들을 인간으로 보았을까? 그리고 베트남·소말리아·코소보에 투입된 미군이 그 나라 사람들을 어느 정도나 자신과 동등한 인간으로 보았을까? 물론 흑인은 자랑스러운 미국의 군인으로 참전했다. 그러나 생각있는 흑인 군인이라면 일본인에게 원자탄을 투하하고, 한국인·베트남인·이라크인들에게 무차별 폭탄세례를 명령하는 백인 미군지휘관의 마음속에 인종주의적인 멸시가 깔려 있다는 것을 본능적으로 알아차리지 않았을까? 그리고 전쟁 때 나타난 그러한 멸시가 국내에서 흑인에게 가하던 인종차별주의의 확대판이라는 것을 알지 않았을까?

1960년대 이후 미국에서는 흑인의 권리가 크게 신장되었다. 적어도 미국은 서유럽국가에 비해 유색인종에 대해 여전히 관용적이다. 이것이 미국을 세계의 지배자로 등장하게 만든 힘이기도 하다. 그러나 미국사회에 스며들어 있는 흑백차별은 여전히 심각한 사회문제이다. 흑인들은 여전히 미국사회의 이방인이다. 비록 부시행정부가 파월이나 라이스 등 흑인들을 기용하여, 겉으로는 흑인을 포용하는 인상을 주고 있지만, 2003년에도 오하이오주에서 백인 경찰이 흑인 범죄혐의자를 곤봉으로 마구 때려 죽이는 사건이 일어날 정도로 인종차별은 여전하다. 흑인인구는 12%이지만 1977년 이후 사형당한 인구 중에서 흑인이 전체의 40%에 달한다는 국제앰네스티의 경고는 무엇을 말해주는

가?[33] 흑인이 범죄자가 되는 것은 흑인들에게 원래 범죄바이러스가 있어서라기보다는 미국사회의 구조적 차별과 배제로 이들이 사회 부적응자가 되었기 때문이라고 봐야 하지 않을까? 남부 조지아주의 일부 고등학교에서는 아직도 흑인과 백인이 각각 반장을 선출하고 있으며, 2003년 조지아 라이츠빌(Wrightsville)의 존슨고등학교에서는 졸업생 축제에서 '백인만 출입'(White Only)이라는 과거 인종차별시대의 흑백차별 문구를 걸어놓았다고 한다.[34]

앞서 말한 것처럼 주류 미국인들의 제3세계 일반, 아랍국가 등에 대한 무지와 무관심은 곧 국내 흑인 혹은 소수자에 대한 무지와 같은 차원에 있다고 볼 수 있다. 1995년 하바드대학의 조사에서 백인의 38%만이 인종주의가 미국에서 심각한 문제라고 답했지만 흑인의 경우 68%가 심각하다고 답해 양자간에 심각한 인식의 괴리가 있음을 알 수 있다.[35] 지금까지 미국이 개입했던 전쟁에서 미군의 현지 민간인 살상이나 미국이 지원했던 제3세계 독재국가가 자행한 고문과 학살 등이 미국사회에서 공론화된 적이 없는 것처럼 미국의 흑인노예 차별의 역사, 미국사회에서 이방인 취급을 받는 흑인과 노동자, 소수자의 아픔은 거의 사회적으로 공론화되지 않고 있다.

〉 뿌리깊은 남부문제 〈　　　2003년 민주당 대선후보 경선에서 선두를 달리고 있던 하워드 딘이 말 한마디 잘못해서 나머지 8명의 후보에게 집중 공격을 당한 일이 있었다. 그는 "나는 픽업트럭에 컨페더레이션 깃발(미국 남북전쟁 당시 남부를 상징했던 남부연합 깃발)을 달고 다니는 녀석들을 위한 후보가 되고 싶다"라는 것이었는데, 이는 (인종차별주의적 사고

를 갖는 공화당 지지 성향의) 남부지역 백인을 민주당 편으로 끌어들이고 싶다는 말이었다. 즉 부시의 경제정책은 가장 노골적인 부자 위주의 정책이고, 그 피해가 남부의 여러 주를 황폐화시키고 있는데도 남부의 상당수 가난한 청년들이 여전히 부시를 지지하면서 남부기를 흔든다는 의미의 발언이었다.[36] 이에 대해 흑인 후보자였던 앨 샤프턴 (Al Sharpton)은 "그 깃발은 유대인에게 나찌깃발" 같은 것이라면서 펄쩍 뛰었고, 그의 '인종주의적 무감각'을 공격하였다. 한편 남부출신 후보인 존 에드워드(John Edward)는 그가 남부문제에 대해 잘 모르면서 그런 말을 했다고 공격하였다. 이들은 딘에게 사과를 요구하였으나, 딘은 사과를 거부하다가 결국 사흘 후에 "노예제도와 인종주의 탄압의 역사를 강하게 기억하고 있는 사람들에게 남부연합 깃발은 고통스러운 상징"이라는 점을 인정하면서 사과하였다. 그러나 그는 결국 경선에서 탈락하고 동부 출신의 케리가 후보가 되었다. 케리는 후보로 확정되자 제일 먼저 남부 플로리다로 달려갔다. 미국에서 남부의 지지 없이 대통령이 되는 것이 불가능하다는 것을 알고 있었기 때문이다.

이 작은 에피쏘드는 미국에서 풀기 까다로운 남부문제, 그리고 현대 미국정치의 깊은 딜레마를 잘 보여준다. 남부는 원래 미국에서 가장 낙후된 지역으로 알려져 있지만, 지난 30여년 동안 애리조나, 콜로라도, 캘리포니아로 연결되는 이른바 척박한 썬벨트(Sunbelt)지역에 저렴한 노동력과 토지를 찾아 대규모 군사기지와 군수산업이 이주하면서 인구가 크게 늘고 소득도 향상되었다. 그 결과 남부연합 11개주와 켄터키, 오클라호마주를 포함한 지역의 전체 의원 수는 1960년 이후 무려 22석이나 증가하였고, 여기에다 중남부 신흥개발지역인 썬벨트 지역을 합하면 남부 출신 의원이 미 하원에서 차지하는 의석 수는 총 435석의 절반인 213석이나 된다. 케네디 암살 이후 미 대통령 7명 중 5

명이 구남부 출신이며, 2명도 썬벨트에 속하는 캘리포니아 출신이다. 2000년 대선에서 맞대결했던 고어는 테네씨 출신이고 부시는 텍사스 출신이다. 그래서 오늘날 미국에서는 "대통령이 되려거든 남부에서 태어나든지 남부를 새 고향으로 선택하든지 해야 한다"라는 말이 있을 정도로 구남부와 썬벨트는 미국정치에서 가장 비중있는 지역이다.[37] 이번 대선에서 민주당의 케리가 에드워드를 러닝메이트로 택한 가장 중요한 이유도 그가 남부에 속하는 노스캐롤라이나 출신이기 때문이다.

남부와 동서 간의 차별적인 정치성향과 사회적 균열, 특히 남부의 보수성은 미국사회의 저변에 흐르고 있는 가장 중요하고 풀기 어려운 문제다. 이는 어느 면에서는 한국의 지역주의와 유사하다. 한국에서 지역주의의 포로가 되어온 경상도나 전라도의 농민·노동자들처럼, 과거 이 지역민들은 매우 가난하고 사회적으로 소외되어왔으면서도 주류 백인들이 조장하는 인종주의의 포로가 되어 공화당을 지지해왔다. 상대적으로 흑인이 많이 거주하는 미시시피·앨라배마·아칸쏘·싸우스캐롤라이나 등의 백인 하층민들은 산업화되고 도시화된 동부 대도시 혹은 중앙정치에 대한 소외의식, 그리고 남북전쟁에서 패한 쓰라린 역사를 잊기 위해 알량한 남부기를 달고 다니거나 흑인을 멸시함으로써 정신적 위안을 삼는다. 경상도의 민초들이 사실상 지역주의의 피해자이면서도 여전히 알량한 우월감과 자부심 그리고 약간의 피해의식을 갖고서 선거때만 되면 지역주의의 포로가 되는 것처럼, 이들 역시 실제로는 피해자이면서도 그 피해의식을 풀 수 있는 다른 정치적 대안이 없는 상태에서 의식적이든 무의식적이든 인종주의의 포로가 된 것이다.

미국의 남북전쟁에서 북이 승리함으로써 남은 사실상 북의 식민지가 되었고, 그것은 남부사람들에게 깊은 상처를 남겼다. 북의 도시문명, 산업자본과 금융자본이 남부의 귀족주의 농업자본을 누르고 미국 자본주의가 발전했지만, 사실 냉정하게 보면 북의 근대 산업문명과 물질주의가 승리한 것이 아니라 남의 백인들이 견지하는 인종주의·권위주의·보수주의가 살아남아 북과 미국 전체에 스며들어갔다고도 볼 수 있다. 그래서 어떤 사람은 북이 남북전쟁에서 승리한 것이 아니라 "미국 전역이 남부가 되었다"고 말하기도 한다.

우익개신교 극단주의의 온상도 바로 남부다. KKK단을 비롯해 케네디 암살, 마틴 루터 킹 암살사건이 모두 이곳에서 발생했고, 1995년의 저 유명한 오클라호마 연방청사 테러사건도 남부의 우익 극단주의자들의 작품이다. 이들은 미국사회에 분노하고 있다. 그러나 그 분노는 1930년대 나찌에 가담했던 독일 빈곤층 청년들과 마찬가지로 자신들의 진정한 이해와는 반대되는 방향으로 향하고 있다. 즉 크루그먼이 꼬집었듯이 남부의 청년들은 인종주의 선동의 포로가 되어 사실은 자신들을 가장 비참하게 만들고 있는 정당과 그 정부에 지지를 보내고 있는 셈이다. 이러한 전통적 기독교근본주의, 인종주의에 더해 1980년대 이후 남부는 군수산업의 기지가 되고 신흥부자들까지 생겨나 문화적으로뿐만 아니라 경제적으로도 미국의 극우보수주의를 지지할 수 있는 토대를 갖추게 되었다. 부시에 대한 변함없는 지지도 주로 여기서 나온 것이다. 남부는 미국을 이해하는 핵심 코드이다.

7

미국의 현재와 미래

1. 미국식 씨스템의 명암

〉 시장과 전장 〈　　　2차대전 말기 애치슨은 "외국시장 없이는 우리는
　　　　　　　　　　　완전고용과 번영을 기약할 수 없다"고 설파하였
　　　　　　　　　　　다. 그 정신에 따라 그는 냉전의 교과서로 불리는
NSC-68을 작성하였다. 여기서 "자유라는 관념은 역사상 가장 전염력
이 큰 사상이다"라며 확신과 자신감에 가득 차 온세계를 자유롭게 만
들겠다는 꿈을 폈다.[1] 모든 사람들이 경쟁하면서 이익을 추구할 수 있
는 곳, 그게 바로 시장이다. 그래서 온세계를 이 '이익을 추구할 자유'
로 충만한 시장으로 변화시키려는 NSC-68의 정신에 따라 미국은 새
롭게 무장하였다. 한국전쟁은 그 첫 시험대였다. 과연 한국전쟁이 터
지자 군대만 가동한 것이 아니라 군수산업도 돌아가기 시작했다. 한국
전쟁이 시장을 만들어주었기 때문이다.

　사실 시장과 전장은 무척 많이 닮았다. 시장터와 전쟁터에서 만나는
사람들은 서로 과거에 양반이었는지 남의 집 종이었는지 물을 필요가

없다. 그리고 다른 제약이나 조건 없이 자신의 능력만 갖고서 동등하게 겨루기 때문에 결과를 예측하기 어렵다. 그래서 시장과 전쟁은 사실 '태생보다는 능력이 좌우하는' 미국의 정신과 가장 잘 부합한다. 그래서 시장과 전쟁은 전통의 굴레를 무너뜨리는 수단이며 인간을 해방시키는 기회이기도 하다. 또끄빌이 지적했듯이 미국은 유럽과 달리 자유의 땅이었으며, 자유의 땅이란 곧 모든 이가 경쟁자가 되는 전쟁터이기도 했다. 여기서는 예의·도덕·체면이 중시되지 않는다. 냉정한 계산과 힘의 타산만이 승리를 보장할 수 있다. 시장과 전장에서는 가장 힘이 센 측이 최후의 승자가 되기 때문에 약육강식의 법칙이 적용된다. 무엇보다도 시장의 매력은 이익을 얻는 데 있고 전쟁의 매력은 이기는 데 있다. 그래서 돈벌이가 중독성이 있듯이 전쟁도 중독성이 있다. 마약처럼 한번 맛을 들이면 벗어나기 어렵다.

과거의 로마·영국 등 제국을 건설한 나라가 그러하였듯이 냉전시기 이후의 미국도 '야만'상태에 있는 나라, 즉 시장경제의 세례를 받지 않은 나라를 보면 '해방의 열정에 가득 찬 나머지' 그냥 참고 보지를 못했다. 만약 이들 국가의 지배세력이 미국의 시장개방 요구를 순순히 받아들이고 내부의 반대세력이나 좌익을 잘 통제했을 경우, 미국은 그들을 '자유진영'의 선봉장이라고 칭찬하면서 그 나라에 무혈입성했다. 그러나 지배세력이 너무 부패하여 내부의 저항을 이겨낼 수 없을 경우 미국은 여러 은밀한 방법으로 그들을 지원했다. 과거 제3세계 거의 모든 나라, 1990년대 이후 필리핀, 베네수엘라, 아이띠, 그리고 오늘의 네팔, 인도네시아 등지에서 벌어지는 내전의 배후에는 언제나 미국이 있다. 이들 나라의 부패한 지배자들은 미국의 지원을 얻어내기 위해 군대와 경찰을 동원해서 자국 저항세력의 목숨을 빼앗기도 했다. 그런데 내전과 폭력이 발생할 경우 미국은 언제나 '독재'를 우려하는 '정의

2004년 3월 위스콘씬주 폭스씨티즈 퍼포밍아트쎈터에서
경제문제에 관해 연설하는 부시

의 사자'였으며, 국제사회의 비난은 현지통치자들이 다 뒤집어썼다. 과거 남베트남처럼 미국의 대리자들이 혼자 힘으로 도저히 반대세력을 제압할 수 없을 경우 미국은 '우방'의 자유를 지켜주기 위해 군사력을 투입하기도 했다. 그리고 파나마나 이라크의 경우처럼 과거의 친구가 변심해서 반기를 들 경우 그들을 체포하거나 공격했다. 그러나 직접 군대를 투입하는 것은 '주권의 원칙을 존중하는' 미국의 정신과 배치되기 때문에 언제나 최후의 선택으로만 고려하였다. 사실 폴라니(K. Polanyi)가 말했듯이 시장은 결코 강제력의 집약체인 국가 특히 군사력이 없이는 작동하지 않으며, 독점과 강제력이 없는 '자유시장'이라는 것은 그 자체가 허구에 불과하다. 미국이 말하는 시장경제란 곧 미국의 군사력이 세계의 모든 저항세력을 완전히 제압한 상태를 의미한다.

그런데 세계를 거대한 시장으로 변화시키기 위해서 전쟁을 불사해야 한다는 미국에게 전쟁수행, 즉 전쟁준비와 전쟁동원은 어느새 벗어버릴 수 없는 습관이 되어버렸다. 지난 60년 동안 전쟁준비는 미국의 모든 국내외 정책에서 최우선 순위에 놓였다. 그래서 미국에게 전쟁은 마치 몸에 병이 있는 환자가 항생제를 복용하는 것과 같다. 세계 각 나라에서 사회주의운동이나 노동운동이 발생한 가장 중요한 이유는 주로 자본주의 경제질서 내에서 빈곤과 불평등, 약자에 대한 억압이 존재하기 때문인데도 미국은 '좌익바이러스'가 문제의 근원이라고 생각해왔다. 몸에 병이 생기면 운동과 음식조절로 치유하되 항생제는 꼭 필요할 때만 투약해야 한다. 그러나 미국은 그 병의 근본원인은 따지지 않고 초강력 항생제를 투여하여 병을 잠재웠다. 그러한 처방은 눈에 보이는 병균은 제거했지만 급기야 항생제 없이는 살 수 없을 정도로 몸을 망가뜨렸다.

자유 혹은 시장은 독재 혹은 강제력의 반대이며 그것이 제대로 작동하기만 하면 풍요로워질 수 있다는 메시아적인 시장근본주의의 사고가 미국을 지배하고 있다. 물질주의와 탐욕이 오늘날 미국사회가 안고 있는 빈곤·불평등·범죄 등 미국병의 근원이라면, 이 내부의 병이 밖으로 드러난 것이 전쟁병이다. 무탐즉우(務貪則憂), 탐욕에서 근심이 나오고, 근심은 곧 전쟁을 낳는 법이다. 미국역사에서 나타난 '편집증' 역시 미국 자본주의의 기조를 이루는 탐욕의 산물이라고 볼 수 있다. 부시의 군사주의노선, 특히 두 이슬람국가 공격은 미국이 이제 자신이 앓고 있는 병의 원인을 제대로 진단도 하지 못하고, 또한 치유할 능력도 갖지 못하게 되었다는 것을 보여준다. 그래서 급기야 미국 내부의 병이 깊어지고, 미국의 무차별 폭격과 군사력 사용에 무고한 아랍인들이 수없이 죽어가는데도 부시는 "세계는 9·11 당시보다 더 안전해지고 있다"는 도착적인 논리를 폈다.

어떤 점에서 시장은 전쟁만큼이나 무섭다. 사실상 미국이 지배하는 IMF가 여러 채무국가에 강요했던 구조조정의 요구는 '테러와의 전쟁'과 방법은 다르지만 바탕에 깔린 철학은 같다. 시장경제의 압박은 수많은 노동자를 길거리로 내몰고, 전쟁은 노동자·농민과 그의 자식들을 전쟁터로 내몬다. 정실과 부패의 관행을 없앤다는 취지 아래, WTO와 IMF는 못사는 나라의 공기업을 모두 사기업에 팔아넘기라고 요구하였다. 레이건이 미국 내에서 그랬듯이 기업활동에 대한 규제는 죄다 사회주의적인 것이라며 공격하였다. 그러나 미국의 이 시장만능주의는 지난 2002년 주식시장의 가치를 부풀리기 위한 엔론사 회계장부 조작사건에서 볼 수 있듯이 시장이라는 전쟁터에서 이윤을 남기기 위해서는 수단과 방법을 가리지 않는 반사회적인 행동까지 자행했다.

전쟁의 논리, 전쟁의 문화는 '적'으로 지목된 집단의 생존권 자체를 부인한다. 미국은 언제나 자신이 도덕적으로 옳다고 전제한 채 전쟁을

미국경제의 심장부 뉴욕증권거래소(NYSE)의 분주한 모습

치렀다. 따라서 적 가운데 자신이 전파하는 가치를 받아들이는 사람들은 살려줄 용의가 있지만, 저항하는 자는 '문명화'를 거부하는 자이므로 없어져도 좋다고 생각했다. 전쟁은 '합법'의 이름으로 자행되는 사실상의 학살이다. 그래서 민족주의나 인종주의는 언제나 전쟁과 학살의 가장 중요한 정신적 바탕이었다. 민족주의는 자기중심주의로 인도되기 쉽고, 인종주의는 자신과 다른 인간이 존재할 수 있는 권리를 인정하지 않는다. 미국이 벌인 반공 십자군전쟁, '테러와의 전쟁'의 바탕에는 인종주의가 스멀스멀 기어들어와 있다. 한국전쟁과 베트남전쟁 당시 미군 지휘관들의 머리는 반공주의가 지배했으나 마음 깊은 곳에서는 인종적 편견이 자리잡고 있었다.[2] 이렇게 정치인, 군지휘관, 그리고 말단 병사들은 '문명'의 이름 뒤에 인종적 편견을 간직하고 있어 적을 자신과 동등한 인간으로 보지 않으며 따라서 상대에게 어떤 피해를 주더라도 그것에 대해 죄책감을 느끼지 않고, 또 자신이 잘못을 저질렀다는 것이 밝혀지더라도 결코 사과하지 않는다. 설사 사과를 하더라

도 법적인 책임은 피한다. "우리의 사전에 사과란 없다." 언제나 '정당한 전쟁'만 치러온 미국 지도자들의 변함없는 철학이다.

물론 전쟁터에 나간 미국인들 중에는 진심으로 악마를 물리치고 어려움에 처한 백성들을 깨우치고 도와주어야 한다는 선교사적 사명감에 불탄 사람들도 많았으며, 그들은 하느님이 자신들에게 준 특별한 임무를 피해서는 안된다고 확신했다. 그들에게 전쟁은 '선교사 군인'들이 하느님의 뜻을 실현하려는 도정에서 발생한 필요악이었다. 그들은 '야만적이고 열등한 인종'이 환호하는 공산주의는 시장과 사유재산원칙을 거부하기 때문에 '악마'일 뿐만 아니라 소비와 풍요를 구가할 수 있는 신의 선물 즉 미국식 생활방식을 거부하고 '자유'를 부인한다는 점에서 용서 못할 죄악이라고 보았다. 그런데 상대가 싫다고 하는데도 복음을 강제로 주입하는 것, 그것은 사실 자유와 민주주의원칙과는 양립할 수 없는 것이다. 시장과 전장이야말로 민주주의원칙이 가장 작동하기 어려운 두 영역이다.

> 민주주의에서 파시즘으로 〈　　　일찍이 미국의 사회학자 밀스는 냉전체제하의 미국사회를 개탄하면서 미국에 과연 "공중(public)이 있는가, 미디어가 있는가, 책임있는 정당이 있는가, 존경받는 공직자나 지식인이 있는가, 자발적 결사체가 존재하는가"라고 격하게 질문했다. 그가 그러한 질문을 한 지 수십년이 지난 지금까지도 미국의 표준 '교과서'로 공부한 제3세계의 정치학자나 사회학자들의 다수는 여전히 미국의 민주주의, 미국의 자발적 결사체, 미국 시민사회의 미덕을 열심히 자기나라의 학생들에게 강조하고 있다. 밀스가 이같이 말했던 1950년대

말은 미국이 세계자본주의 패권국가로서의 지위를 확고하게 하고, 엄청난 경제성장을 이루던 시기였다. 바로 그 싯점에 그는 미국 시민사회의 붕괴를 경고한 것이다. 그런데 밀스와 아이젠하워가 군산복합체와 이익집단의 위험을 경고하던 그 시대보다 현재의 미국사회는 훨씬 더 심각한 상태에 있다. 이들의 영향력은 훨씬 더 커졌고, 미디어의 독점과 상업성은 더 심화되었고, 공중은 이익집단의 요구와 미디어정치에 흡수되어버렸으며, 자발적 결사체는 활동은 하고 있지만 정치적 역할은 지극히 미미하고, 지식인은 약체화되었다.

과거나 현재나 미국은 언제나 자신의 자유와 민주주의를 자랑한다. 자유와 민주주의라는 용어는 그들에게는 마법사의 주문과 같은 것이다. 이들이 말하는 민주주의는 무엇인가? 그것은 우선 제도와 형식이다. 삼권이 분리되어 서로 견제와 균형이 가능하고, 법이 지켜지고, 정당을 통해서 의사를 표현할 수 있고, 반대세력이 경쟁을 통해 집권할 수 있다는 것이다. 이러한 개념에서 보면 전세계는 미국이 정의한 민주주의의 방향으로 가고 있으며, 미국의 이상을 따르고 있다고 말할 수 있다. 그런데 문제는 전쟁이 만성화되면서 대통령이 종종 '제왕'이 되고, 행정권이 입법권을 압도하고, FBI와 CIA의 예산과 활동이 의회가 건드릴 수 없는 성역으로 존재하고, 사법부가 정치적으로 편향되고, 여론의 평계를 대며 정부가 대중들의 의사를 일방적으로 유도하거나 조작하여 특수 이익집단이 원하는 방향으로 끌고 갈 수 있다는 것이다. 이것은 민주주의라는 이름하에 사실상 소수가 정치를 농단하는 것이며, 대중의 지지라는 형식절차를 거쳐서 사실상의 억압체제, 준파시즘적인 체제가 등장한 것이라 해도 지나치지 않다. 이런 민주주의하에서 대중들은 선거에 참여하는 것 외에, 그리고 여론조사에서 의견을 드러내는 것 외에는 민주주의적 과정에 참여할 방법이 없다.

오늘날 많은 정치학자들은 보통선거제도가 도입되어 있고 정부 부처간에 상호견제의 원칙이 작동한다고 해서 민주주의가 실현되었다고 볼 수는 없다고 잘라 말한다. 그들은 대중들이 자신의 이해와 관련된 정치·사회적 의사결정 과정에 실질적으로 참여할 수 있는가의 여부가 민주주의인가 아닌가를 가늠하는 중요한 기준이라고 말한다. 그렇다면 오늘의 미국은 과연 민주주의의 모델인가? 지난 2000년 대선에서도 소수 득표자인 부시가 대통령이 되었듯이, 제도적인 차원에서 미국의 대선은 대중의 의사를 제대로 반영하지 못한다. 상하원 의원을 뽑는 선거참여율은 50% 이하로 떨어지고 있다. 미국에 과연 차별적인 두 정당이 존재하는지도 의심스럽다. 두 정당은 낙태, 동성간 결혼 등 제한된 사회적 쟁점에서는 첨예하게 대립하지만 실제 대중들의 생활에 결정적인 영향을 미치는 경제·복지·전쟁 등의 정책에서는 별로 차이가 없다. 전쟁 수행에 관한 한 미국의 국민들, 특히 의회는 '제왕적 대통령'의 의사에 따를 수밖에 없다. 사실 미국이 군사력과 경제력으로 세계를 지배하며 늘 전쟁중인 국가라는 점을 보면 적어도 20세기 중반 이후 미국이 민주공화국임을 자처하기는 쉽지 않다는 것을 알 수 있다. 민주주의는 법의 지배를 기초로 하지만, '제국'은 돈과 힘에 의존하기 때문이다.[3]

물론 수백만명의 정치적 반대자를 유배시키고 몰래 처형한 스딸린식 사회주의, 수천 수만명의 민주인사를 체포·고문·살해한 라틴아메리카의 군사독재국가에 비해 미국의 민주주의는 최종의 대안은 아니지만 분명히 앞선 제도인 것은 틀림없다. 사실 미국은 피를 거의 흘리지 않고서도 특정집단이 지속적으로 권력을 장악할 수 있는 독특한 장치를 만들어낸 유일한 나라다. 삼권분립과 권리보호 장치들, 연방제, 대단히 복잡한 법과 제도들은 미국의 정치체제를 근본적으로 변혁하는 일을 거의 불가능하게 만들었으며, 사회 내에서 불만을 품은 사람들은 '개인'으로 법적 소송을 통해 자신의 억울함을 해결하도록 되어 있다. 미국의 대중들은 물질적 풍요와 소비주의에 사로잡혀 '자유'라는 환상을 먹고 살고 있다. 미국의 지식인들은 분명히 다른 나라 사람들에 비해 자유롭게 의사를 표현할 수 있고 정부에 저항할 수도 있다. 웃고 즐기고 돈을 지출할 때 그들은 충성스러운 시민이다. 그러나 '풍요'와 '소비', 미국식 가치를 의심하는 순간 그들은 어느새 위험분자로 취급되어 직장에서 해고되거나 사회적으로 매장될 위험에 직면한다.

오늘날 미국에서는 '자유' '시장경제'의 이름하에 사실상 특수 이해집단의 힘이 민주주의를 가로막고 있다. 즉 대기업과 로비스트들이 미국의 정치를 주무르고 있다는 이야기다. 그렇다면 우리는 오늘날 미국 민주주의에 대해 뭔가 잘못 알고 있는 셈이다. 미국사람들이 말하는 민주주의는 정확히 말하면 재산을 가진 사람들의 이익보호, 그들간의 경쟁을 통한 자본주의 질서유지라고 볼 수 있다. 미국의 민주주의는 역사학자 콜코가 지적하였듯이 경쟁적인 자본주의이며 돈 액수만큼의 민주주의다. 심지어 그는 미국 의회를 "기업인들의 대변자들로 구성된 소비에뜨"라고까지 말했다. 그의 이러한 혹독한 비판에 대해 거부감이 있는 사람이라도 그가 말하고자 하는 것이 무엇인지는 음미해볼 필요가 있다.

물론 다양한 이해집단이 자유시장경제의 원칙에 따라 정치권과 대통령후보에게 로비를 하고, 그 결과에 깨끗이 승복하기 때문에 적어도 미국을 민주주의국가가 아니라고 말할 수는 없다. 누구도 이 로비의 전쟁에서 배제될 이유는 없고, 개인 유권자도 한명의 로비스트로서 반대급부를 예상하면서 선거에 참여하여 자신의 의사를 표현한다고 보면 되기 때문이다. 그리고 언론자유가 있으므로 누구든 개인의 능력대로 자신의 목소리가 전달되도록 하면 되는 것이다. 이것이 미국이 그렇게 소중히 여기는 '선택의 자유' 즉 민주주의다.

그러나 냉전 이후 미국 민주주의는 언제나 특정세력을 배제한 채 작동했으며 대내외적인 불법이나 폭력과 공존해왔다. 부시는 "우리는 이라크에 자유와 민주주의를 주러 갔다"고 선전했지만, 미국에 반대하는 이슬람근본주의자들이나 민족주의자들, 그리고 사회주의자들은 미국이 만들어놓은 새 이라크정부에 참여할 기회를 얻지 못했다. 1948년 5월 한반도 남부에서 유엔의 감독하에 사실상 미국이 지휘하여 총선을 치르고 남한 단독정부를 수립할 당시 사회주의자와 민족주의자들이 배제된 것과 마찬가지다. 미국 내를 들여다보면 백인의 북아메리카대륙 점령, 흑인과 소수자 인권운동, 노동운동의 역사는 불법적인 폭력과 억압으로 얼룩져 있다. 이 약자들이 재산 소유자의 자유, 그들의 특권을 인정한다는 서약을 하고 난 이후에야 폭력이 철회되었다. 그래서 이제 이들은 순응적이 되었다. 거꾸로 말하면 흑인이 백인과 사실상 동등한 인간으로서, 노동자가 사용자와 동등한 의사결정 주체로서 설 가능성은 구조적으로 차단되었으며, 자발적이든 강제적이든 강자의 권위에 확실히 복종하게 되었다는 의미이다.

앞서도 말했듯이 워싱턴의 국립문서기록관리청(NARA)에 있는 중요한 기록 중에는 한국과 관련된 것을 포함하여 작성된 지 60년이 지난 것도 상당부분 비공개로 묶여 있다. 이제 사회주의가 무너지고 냉전이 종식되었는데도 미국의 안보를 위해 '일급비밀'로 해야 할 것들이 이렇게 많은데, 어떻게 국민들이 정부의 행동을 제대로 평가하고 비판할 수 있는가? 미국이나 한국이나 '안보논리'는 민주주의의 작동을 근본적으로 제약한다.

결국 미국이 말하는 민주주의는 정확히 번역하면 반공산주의, 자본주의이다. 미국이 제3세계 극우군사정권의 테러·고문·학살을 민주주의라고 찬양하면서 지지했던 이유가 여기에 있다. 그래서 미국이 말하는 민주주의는 극단적으로 파시즘과도 공존가능하다. 매카시즘하의 미국, 그리고 9·11 이후의 미국에서는 파시즘의 징후가 여실히 드러나고 있다. 브릿(Lawrence Britt)은 히틀러, 무쏠리니, 프랑꼬 체제나 라틴아메리카 여러 나라의 사례를 종합해볼 때 파시즘에는 다음 열네 가지 특징이 있다고 보았다.

1. 민족주의 구호, 슬로건 상징, 노래, 깃발이 공공장소에서 언제나 눈에 띄는가?
2. 적의 위협과 안보를 명분삼아 인권이 무시되고 유보되는가?
3. 적/희생양을 지목하고, 그들을 공동체의 적으로 규정하고 통합의 상징으로 활용하는가?
4. 군사우위의 체제가 등장하는가? 국방예산이 확대되는가?
5. 남성성, 남성지배가 강화되는가?
6. 미디어를 국가가 통제하고, 공공연하게 검열하는가?
7. 국가안보에 과도하게 집착하는가?
8. 여론을 조작하기 위해 종교를 이용하고, 정부의 담론이 종교적 내용을 갖는가?
9. 기업권력이 국가권력과 완전히 한몸이 되어 있는가?
10. 노동자들의 조직과 행동이 극도로 제약되는가?
11. 지식인과 예술가들의 활동이 검열을 받는가? 그들의 반정부적 표현이 빌미가 되어 체포되는가?
12. 경찰이 법을 집행하면서 거의 무한대의 권력을 행사하는가?
13. 정부의 요직을 사적인 관계를 맺은 소수가 독점하고 그들이 의

사결정을 좌우하는가, 그리고 부패가 발생하는가?

14. 선거과정에서 협박·암살·선거구조작 등이 공공연하게 일어나는가? 사법당국의 판단이 정치적으로 이루어지는가?

앞의 특징 중에서 5, 12, 14 정도를 빼고는 모두가 부시행정부하의 미국에서 나타나고 있다. 특히 파시즘의 주요특징이라고 할 수 있는 4의 경우는 현재 미국에서 대단히 노골적으로 나타나고 있다. 물론 그 성격이나 강도에서 1930년대의 파시즘이나 1960, 70년대의 라틴아메리카와 현재의 미국을 비교할 수는 없을 것이다. 그러나 군대와 경찰이 길거리를 누비거나 가가호호 방문하여 주민을 통제하지 않는다는 점, 그리고 반정부인사를 공공연하게 체포하거나 구금하지는 않는다는 점, 대중적인 차원에서의 파시스트정당이나 운동이 없다는 점 등을 제외하면 9·11 이후의 미국은 거의 모든 점에서 과거 파시스트국가와 유사한 모습을 보이고 있다. 더 중요한 것은 과반수의 미국시민들이 그것을 별 비판 없이 받아들일 자세가 되어 있다는 점이다.

〉 신매카시즘은 신파시즘? 〈 어느 나라나 지식인들은 원칙론을 고수하지만 현실정치에서는 다소 중도적이고 실용적인 노선이 채택되는 경향이 있다. 한국과 미국처럼 좌파가 제도정치권에 진입하지 못한 경우 온사회의 정치와 이데올로기의 스펙트럼이 전반적으로 오른쪽으로 치우치게 되고, 대체로 그 스펙트럼 내에서도 중간에서 약간 오른쪽과 약간 왼쪽의 입장이 정책결정에 영향을 미친다. 어느 한쪽 극단의 입장이 득세하거나 어느 한쪽이 극도의 위기에 처해서 방어적으로 감행

하는 것이 혁명, 쿠데타 혹은 좌우익 독재다. 그런데 부시행정부는 이제 '역사의 종말'의 논리에 입각해서 냉전시절 미국을 이끌어온 중도우익 노선을 버렸다. 그래서 통상적으로는 극우의 위치에서 정권의 좌경화를 견제하는 역할을 하는 세력이 부시행정부에서는 권력의 중심으로 부상했다. 그리고 그들을 견제해야 할 중도좌파 혹은 중도세력 자체를 제압하였다. 미국을 지배하는 우익극단주의, 즉 새로운 형태의 매카시즘은 여기서 나왔다.

체니와 럼스펠드 등 구냉전세력과 네오콘은 어떤 면에서 대단히 급진적이다. 자신의 신념을 신앙처럼 굳건히 하고 있으며, 타협하거나 관용을 베풀지 않고, 내외부의 비판을 용납하지 않으며 무력으로 문제를 해결하려 한다. 그들이 추구하는 국내외 정책은 반동적이다. 여기서 반동적이라는 것은 일방적인 친자본 반노동, 시장근본주의, 인종주의와 백인우월주의, 반환경주의, 반인권 정책을 편다는 의미이며, 말만 자유와 민주주의이지 실은 전체주의를 옹호한다는 말이다. 국토안전부의 '의심되는' 외국인 입국금지 및 국내 반대세력에 대한 사찰활동,[4] 애국법의 등장, 관타나모 기지의 테러범 구금 등은 아무리 좋게 보아주려 해도 도저히 법치국가에서는 있을 수 없는 일들이다.

파시즘은 기본적으로 우익 독재체제다. 유럽에서 등장했던 파시즘을 분석한 학자들이 이미 충분히 지적한 것처럼 우익독재로서 파시즘은 자본의 위기의식, 잠재적인 적에 대한 공포와 적대감, 그리고 피해의식 등에 기반을 두고 있다. 그리고 그들은 홉스(Hobbes)적 "만인에 대한 만인의 투쟁"이라는 세계관, 다윈식의 약육강식의 논리, 물질만능주의 가치관, 마끼아벨리적 정치행태를 종종 나타낸다. 체니, 럼스펠드, 네오콘, 그리고 그들을 지지하는 미국 근본주의 기독교인들과 남부 인종주의자, 백인우월주의자들의 정서가 그러하다.

미국의 저명한 언론인인 월터 리프먼은 1950년대 당시 매카시즘과 정면으로 맞섰던 풀브라이트 상원의원을 칭찬하는 글에서 매카시즘을 '반동적 급진주의'라고 잘라 말했다. 그가 본 매카시즘의 특징은 다음과 같다. "첫째, 복지국가에 반대하며 기업활동에 대한 어떤 형태의 규제도 반대한다. 즉 거대자본이 아무런 제약 없이 돈벌이를 하도록 해야 한다고 요구한다. 둘째, 유엔을 무시하며 미국의 군사적 힘을 지나치게 믿는다. 즉 국제규범을 무시하고 힘의 논리로 국제문제를 미국의 이익에 맞게 요리하려 한다. 셋째, 공산주의를 '악마'로 보고 무조건 반대한다. 공산주의는 20세기의 산물이며, 자본주의사회가 지닌 결함 때문에 나타난 것인데도 그것을 인정하지 않는다. 넷째, 미국의 힘이 전지전능하지 않다는 것을 알지 못한다." 결국 리프먼은 이들 '가짜 보수주의' 즉 매카시즘과 극우세력이 1950년대의 미국을 암흑천지로 몰아갔으며 그에 맞선 풀브라이트 의원의 용기는 아무리 칭찬해도 지나치지 않다고 강조했다. 그가 말한 반동적 급진주의가 정확하게 40년 후에 다시 부활한 셈이다. '테러와의 전쟁'이 미국사회에 미친 영향은, 다소 부드러워졌다는 점을 제외하면, 내용면에서는 1950년대의 매카시즘과 동일하다. 단지 그들이 지목하는 미국 내외부의 적이 공산주의에서 테러리즘으로 바뀌었을 따름이다.

과거 역사를 보면 파시즘은 나라 안에서는 국가와 대자본이 결합한 군사주의 체제이며, 대외적으로는 전쟁도발 체제였다. 9·11테러를 이용한 부시의 '악의 축' 발언, '예방공격론'은 사실 북한을 제외하고는 모든 이슬람국가에 대한 전쟁선포이다. "우리 편인가, 테러 편인가"라는 이분법은 파시즘이나 폭력세계에서 볼 수 있는 언사이다. 냉전의 진원지가 미국이냐 소련이냐에 대해서는 학자들간 논란이 있지만, 냉전이라는 것은 사실상 미국이 공산주의를 향해 공공연히 전쟁을 선포한 체제였다. 소련이나 미국이나 냉전체제하에서는 흑백논리가 득세할 수밖에 없었고, 사회 내의 다양성은 질식당했다. 미국은 소련을 전체주의라고 공격했지만, 어떤 점에서는 미국도 부드러운 형태의 전체주의였다.

전쟁 분위기를 틈타 활개친 우익의 광기는 내부의 적에 대한 마녀사냥과 탄압을 수반했다. 지난 한세기 동안 미국 엘리뜨는 적에 대한 증오와 악마화, 내부검열과 공무원 충성서약, 비판자들에 대한 투옥과 해고, 사회적 배제작업을 수행해왔다. 지난 세기 전쟁동원 과정에서 미국의 시민사회는 빈사상태에 빠졌고, 지식인의 비판의식은 마비되었으며, 미디어는 공정성을 상실하였다. 1960년대 베트남전쟁 반대와 인권운동의 열기 속에서 변화의 기회를 맞았으나 1970년대 말 이후 극우세력이 재공세를 펴면서 그 기회는 완전히 사라졌다. 이 과정에서 미국의 체제비판세력은 재기가 불가능할 정도로 무력화되고 과거 나찌체제에서 그러했듯이 그 와중에 양심적인 자유주의자까지 한꺼번에 사라졌다.

그런데 과거의 매카시즘이 주로 미국사회 내부에 영향을 미쳤다면, 부시의 신매카시즘은 온세계에 직접 영향을 미친다는 점에서 더욱 위험하다. 그렇게 본다면 전쟁과 폭력은 미국 밖에서 일어나는 것이 아니라 사실상 미국 안팎에서 동시에 진행되고 있다고 봐도 좋을 것이다. 미국이 지출하는 막대한 군사비는 미국 내의 중간층과 빈곤층의 희생에 기초한 것이다. 그리고 군수산업이 벌어들인 이윤은 극소수 기득권층이 독식하고 일자리 창출로 이어지지 않는다. 국외의 상황은 훨씬 더 심각하다. 미국의 공격을 받은 아프가니스탄에서 이미 5천명 이상의 민간인이 사망했으며, 이라크에서는 수만명의 민간인이 죽거나 다쳤다. 오늘날 이라크에서 발생한 유혈참극은 파시즘화된 미국정치가 밖으로 드러난 결과다.

대중소비사회, 전체주의사회, 파시즘사
회의 특징은 대중들이 정서적 안정, 혹
은 물질적 보상을 얻는 대신 인간으로서
자주적인 판단과 비판능력을 포기하여 선동정치의 꼭두각시가 되거나
거대한 관료제의 그물망 속에 들어가 무기력하게 조직의 명령에 복종
한다는 점이다. 파시즘하에서 대중들은 약육강식과 상품화의 논리에
흡수되고, 권위에 복종하는 경향이 있으며, 선정주의적인 언론은 대중
의 정치적 무관심을 조장한다. 그런 사회에서 대중들은 권력자들이 가
장 쉽게 조종할 수 있는 노예적이고 권위주의적인 성향을 갖게 된다.
이 순응주의야말로 타국가나 민족에 폭력을 가하는 무서운 힘으로 돌
변한다. 과거의 파시즘과는 다르다고 하나 부시가 이끄는 오늘의 미국
사회도 이와 비슷한 모습이다. 바깥세상에 대한 미국인들의 놀랄 만한
무지, 만물의 상품화와 물질주의, 소비주의, 기독교근본주의, 맹목적
인 애국주의와 자국우월주의 등이 그 징후들이다.

158개 유엔가맹국 가운데 미국은 글을 읽고 쓰는 지적 능력에서 49
위이다. 성인들 중 1년에 책을 한권이라도 읽는 사람은 고작 6%다. 고
급신문을 보는 사람은 소수이고, 서점에서는 처세술 책만 불티나게 팔
린다. 많은 사람들이 즐거움만 추구한다. 마이클 무어의.「화씨 9/11」은
1953년 브래드베리(R. Bradbury)가 쓴 소설 『화씨 451』에서 따온 것
인데, 여기서는 인간이 아무런 생각 없이 기계처럼 움직이는 인조인간
이 되어버린다.[5] 한국은 어떠한가? 해고의 위협에 노출된 직장인들이
"돈벼락 맞는 것이 신년의 꿈"이라고 말하고, 말초적인 자극을 주는 씨

트콤이 가장 인기있는 텔레비전 프로그램이 되어가고, 학술지나 학술잡지는 팔리지 않아 대부분 폐간되는 오늘의 한국사회, 성형수술할 돈은 있어도 책 사볼 돈은 없는 한국의 젊은이들, 주간지의 가십기사나 에쎄이보다 딱딱하고 어려운 책은 읽기 힘겨워하는 오늘의 한국 대학생들의 모습 역시 황폐화의 길을 걷고 있는 미국의 문화현실과 별로 다르지 않다. 사실 1990년대 이후 한국의 문화현실은 미국보다 더욱 참담한 실정이다. 이 상업문명의 시대에 정신세계는 더욱 왜소해지고, 문화는 천박해지고, 지식은 하향평준화되고 역사는 망각되어버린다.

국가 대신 기업의 지배를 받는 현대판 노예들의 군상은 미국의 모습이자 동시에 미국의 모습대로 창조된 오늘날 지구촌의 모습이다. 어쩌면 미국보다 더 어려운 처지에서 미국을 따라가려는 나라에서 사는 사람들은 미국인보다 더 노예적일지 모른다. 과도한 쾌락을 추구하는 인간, 시장에서 계속 불안한 지위에 놓여 있는 인간은 언제나 억압체제의 공복이 될 준비가 되어 있다. 어느 나라나 예외없이 여러가지 형태의 열등감과 출세욕과 물욕, 자기실현의 야망을 가진 지식인은 독재정권과 파시즘의 가장 손쉬운 먹잇감이었다. 전통사회의 노예들이 종교적 세계관, 그리고 신분차별 질서를 정당화하면서 스스로 노예상황에 만족했다면 오늘날 기업지배의 부드러운 파시즘하에서 노예는 물신의 노예, 선동정치의 노예, 미디어의 노예, 거대 기업이 선전하는 소비문화의 노예다. 이들은 정치인들이 외치는 애국심에 쉽게 동원되기도 하고, 생활에 지칠 대로 지쳐서 그냥 모든 것을 체념하기도 한다.

중산층 이상의 미국인들은 미국 밖에 미국을 부러워하지 않는 사람들이 있다는 것을 알지 못한다. 그들은 미국에 태어난 것을 지나칠 정도로 자랑스러워하고 있으며, 분명히 자부심·근면함·너그러움·엄격함·친절함의 덕목을 간직하고 있다. 그러나 자신이 안전하고 행복하게 살 권리가 있다는 것에만 집착한 나머지 미국의 사소한 정책이 다른 약소국 사람들의 생사를 어떻게 좌우하는지는 신경쓰지 않는다. 물론 상당수의 미국사람들은 공공연하게 전쟁을 지지하지 않는다. 다만 자신이 안전한 나라에서 행복하게 살고 싶다는 소박한 생각을 갖고 있을 뿐이다. 히틀러 치하의 독일 중산층처럼 그들도 가족에 충실하고, 정직하고, 법과 질서를 잘 지키고, 신앙심이 돈독하다. 그런 성실하고 엄격한 독일인들이 히틀러의 유대인학살에 묵시적으로 공모했다고 믿기 어려운 것처럼 어느 모로 봐도 성실한 미국인들이 자신의 안전을 위해 무고한 이라크사람들을 희생시키는 일을 지지하리라고는 생각하기 어렵다. 사실 그들에게 잘못이 있다면 지금 누리고 있는 소비수준과 행복을 포기하거나 줄일 의사가 없으며 자신이 누리는 부와 여유를 세계의 모든 사람들은 물론 자국 내의 가난한 사람과 나눌 의사가 없는 점일지도 모른다.

그들은 미국경제만 좋아질 수 있다면, 또 테러세력을 잡을 수만 있다면 미군이 이라크뿐만 아니라 시리아, 이란을 또다시 공격해도 적극적으로 반대하지 않을 것이다. 자국 내에서 아랍사람들이 증오범죄의 대상이 되는 것에 대해서도 놀라지 않으며 자기 형제, 동생이 이라크사람들을 고문하는 것도 그냥 보아넘길 것이다. 그래서 20세기 후반 이후 미국에서 공공의 사안에 관심을 갖고 참여하는 공적 인간은 거의 찾아보기 어려워졌으며 자기애에 집착한 사인(私人)들만 거대한 소비사회의 물결 속에서 일상을 살아간다.

베트남전 당시 죄없는 사람들을 행해 폭탄세례를 퍼부었던 미군병사들은 지금 장년·노년층이 되어 나름대로 자신의 행동을 정당화하고 있다. 그러나 대다수의 미국인들은 매카시즘하에서 얼마나 많은 사람이 희생되었는지, 전쟁중 베트남사람들이 어떻게 되었는지, 그리고 지금 이라크에서 어떤 일이 일어나는지 잘 모른다. 「지옥의 묵시록」이라는 프랜씨스 코폴라(Francis Coppola) 감독의 영화에 나오는 미친 군인들은 어쩌면 '애국심'의 희생자들일지도 모른다. 이란·베트남·니까라과·이라크에서 저지른 행동에 고통스러워하는 일부 옛 CIA요원이나 참전군인들은 이러한 미국의 대외정책 특히 미국이 수행했던 전쟁의 치부를 들추어내는 것이 얼마나 위험한 것인가를 알고 있다. 그리고 미국의 영광과 위대함을 암송하는 대신, 미국의 행동에 대해 죄의식을 갖는 것 자체가 미국사회에서 대단히 위험한 행위가 될 수 있다는 것을 안다. 이들 중 일부 양심적인 사람들은 더러 피해를 입은 나라의 아이들을 입양하기도 하고, 자선단체에 돈을 기부하기도 하고, 그중 용기있는 이는 자신의 상처를 치유하기 위해 반성을 담은 회고록을 내기도 한다. 그러나 아무도 이 고뇌하는 퇴역군인들의 영혼의 깊은 상처를 알지 못하며, 그들의 이야기를 진지하게 들으려 하지 않는다.

일제 식민지체제 속에서 출세하기 위해 경찰 끄나풀이나 군인이 되려 했던 조선사람들, 그리고 박정희 군사독재하에서 돈 많이 벌어서 가정에서 효자, 자상한 남편, 좋은 아버지가 되려 했던 한국인들도 부드러운 파시즘하의 오늘의 평범한 미국인과 다를 바 없을지 모른다. 20세기 한국인들은 폭압적 권력하에 살아오면서 가족 중의 누구 하나라도 화를 당하지 않고 먹고살기 위해 스스로 자유와 권리를 권력자에게 양도하였다. 입신출세를 위해 적극적으로 일제 파시즘의 하수인이 된 사람들과 그 후예들은 8·15 해방 후에는 자신을 살려준 미국의 반공주의에 매달렸으며 군사독재의 첨병이 되어 시위학생들을 고문하기도 했다. 권력욕은 물질에 대한 탐욕과 언제나 병행하였으며 폭압에 대한 비판을 경제성장이라는 이데올로기로 피해나갔다. 그들은 스스로의 행동에 대해 최면을 걸었다. 과거에는 '동아시아 평화'를 위해,

1948년 이후에는 '빨갱이를 박멸'하기 위해, 1960년대 이후에는 국가경제 발전을 위해 그 길을 갈 수밖에 없었다고 합리화했다. 그중 일부는 '국가안보'를 위태롭게 하는 좌익을 뿌리뽑기 위해 오히려 한술 더 뜨기도 했다.

일제의 악명높은 헌병출신 김창룡이 대전의 국립묘지에 편하게 누워 있는 한국, 개인적 축재를 위해 국가기관을 사사로이 이용했던 역대 관리들이 한번도 국민의 심판을 받은 적이 없는 한국, 미국과 달리 전쟁의 비극을 고발하면서 평화운동에 나서는 퇴역군인이 없는 한국, 어두운 곳에서 학생과 민주화운동가를 고문하고 죽였던 세력들 중 양심선언한 사람이 한명도 없는 이 불모의 한국은 미국보다 파시즘이라는 병균이 더 깊이 침투해 있는 나라일 것이다. 오늘 기업사회의 상품이 되기를 자처하는 한국의 젊은이들은 바로 이들의 자식들이다.

국제경쟁이니 생산성 향상이니 하면서 국가와 사회의 발전을 위해 사회구성원은 어느정도 희생을 감수해야 한다는 생각이 은연중에 자리잡고 있는 사회, 타인의 고통이 혹시 나의 탐욕과 이기적 행동에서 기인하는 것은 아닌지 성찰할 능력이 없는 사회, 거짓과 반인륜을 보고도 고발하거나 항거할 용기를 낼 수 없는 사회, 복잡한 의사결정 구조, 관료제, 상업미디어의 그물망이 소신있는 개인의 의사표현을 철저하게 무력화할 수 있는 사회, 다른 사람과의 차이를 받아들일 준비가 되어 있지 않은 사회에서는 언제든 파시즘이라는 병균이 서식할 수 있다. 계몽의 세기가 끝났다는 탈냉전·후기자본주의·신자유주의·신보수주의의 세상에는 과거식의 군사주의와 성장제일주의의 노예 대신에 비정규직 임금노예, 소비주의와 물질지상주의에 포로가 된 새로운 노예의 군상들이 넘쳐나고 있다. 이 노예들은 모두가 광장으로 나가기를 회피하면서 사적인 세계에 침잠해 자신은 세상에서 제일 자유롭고 제일 행복하다는 주기도문을 매일 암송하거나 정리해고의 공포 속에서 하루하루를 보내고 있다. 한국은 미국이고 미국은 한국이다.

2. '제국'의 위기

> **지도력의 위기 〈**   폴란드 망명자로 카터행정부 당시 안보보좌관을 지낸 브레진스키는 미국이 이라크침공으로 입은 가장 큰 피해는 바로 '신뢰'라고 지적했다. 그동안 미국이 세계에서 지도력을 가질 수 있었던 것은 어떤 희망과 이상을 인류에게 줄 수 있었기 때문인데, 9·11 이후 미국은 그러한 이상을 완전히 포기하고 적나라한 자기 이해만을 내세웠다는 것이다. 미국의 패권유지를 위해 가장 중요한 이론적 무기를 제공했던 그가 이렇게 부시행정부를 비판한 것은 아이러니다. 그러나 그의 주장은 민주당정부 혹은 클린턴 때는 그렇게 노골적으로 힘을 앞세우지 않고 세계약소국에게 적당히 먹을거리도 던져주고 약간의 동의를 얻어가면서 부드러운 방식으로 세계를 지배했는데, 공화당은 그러지 않는다고 비판하는 꼴이다. 그의 생각은 현재 미국의 민주당 등 대다수 체제내 부시 비판자들의 시각을 대변한다. 이들은 9·11 이후 부시행정부가 미국이 직면한 위기를 조작하고, 군사력 위주의 노선을 앞세웠기 때문에 반미감정만 일으켰다고 본다. 따라서 이렇게 가다가는 미국의 패권이 약화될지 모르니 그렇게 하지 말라고 충고하는 것이다.

로마 이래 모든 제국은 언제나 자신은 평화를 사랑하며, 먼저 약자를 공격하지 않고 그들의 이익과 안전을 보호해주며, 피억압자들을 해방시켜준다고 선전했다. 그래서 무력을 사용해 분쟁에 개입할 때도 언

336

제나 경찰행동이라고 자신의 행동을 정당화했다. 융성기의 로마나 미국에게 그것은 어느정도 진실이었다. 그런데 이 제국이 쇠퇴기에 들어서서 자신의 조그마한 이익도 양보하지 않으려 할 때, 보호자의 역할은 오직 말로만 그치고 만다. 사회주의붕괴 이후 미국은 역대 어느 제국보다도 막강한 군사력과 경제력을 가진 감히 범접할 수 없는 초강대국이 되었다. 그런데 '적이 사라진' 세계에서 미국은 경제적으로나 군사적으로 새로운 위기를 맞게 되었다. '경찰행동'의 명분이 사라졌고 미국 내외부의 견제력이 사라졌기 때문이다. 세계유일의 패권국가인 미국이 자신의 물질적 부와 군사력을 가난하고 소외된 인류를 위해 사용하지 않고 오직 자기나라의 안보와 자국민의 복리를 위해서만 사용한다는 사실이 더욱 노골적으로 드러나면서 국제사회에서 미국의 헤게모니가 흔들리게 된 것이다. 그중 가장 심각한 문제는 온세계뿐만 아니라 바로 미국 내부에 만연한 빈곤과 불평등이다.

지금 세계는 빈곤으로 신음하고 있다. 미국은 이들 극심한 불평등과 부패, 실업과 빈곤이 만연한 나라를 제3세계라 불렀지만, 울리히 벡(Ulrich Beck)이 말한 것처럼 이제 미국이 제3세계화되고 있다. 아니 오늘날 제3세계는 과거처럼 국가들을 지칭하는 것이 아니라 한 국가 내의 특정 집단과 지역을 지칭하는 말이 되었다. 특히 1990년대 지구화 바람을 타고 국가의 경계가 약해지면서 이제 전지구적인 차원에서 부자 '국민'과 가난한 '국민'이 나누어졌기 때문이다. 외형적인 지표로 보면 라틴아메리카나 아시아 저개발국들이 지난 반세기 동안 부쩍 성장한 것이 사실이다. 그러나 애초 제국주의국가였던 일본을 제외하고 2차대전 후에 독립한 나라 중 서유럽국가 정도의 부국의 반열에 올라간 나라는 한 나라도 없다. 즉 세계 자본주의국가 내에서 그들의 지위는 바뀌지 않았다.

대다수 아프리카 국가들은 과거 10년, 20년 전보다 더욱 빈곤해졌다. 지난 한 세기 동안 미국의 경제적인 영향을 직접 받는 라틴아메리카 국가 주민의 44%는 현재 빈곤선 이하에서 생활하고 있으며 10년 만에 실업자 수는 두배로 늘었다. 구사회주의 모델이 실패했다는 것은 부인할 수 없는 사실이지만, 미국식 자본주의 모델이 라틴아메리카 여러 나라를 더 번영한 나라로 만들었다는 말은 사실과 다르다. 동아시아 여러 나라는 분명히 성공한 모델로 칭찬받을 수 있다. 그러나 지난 30년간 이 지역의 성장이 반드시 미국의 경제지원 덕분인지는 논란의 여지가 있다. 그리고 1997년 경제위기 이후 저성장의 그늘에서 벗어나지 못하고 있고 빈부격차와 사회적 긴장이 고조되고 있기 때문에 성공모델이라고 칭찬하기에는 아직 이르다.

미국의 지도력, 특히 미국식 시장경제의 모델이 더 설득력이 있으려면 그것이 미국을 비롯한 세계의 모든 사람들에게 부와 행복을 가져다주어야 한다. 그러나 미국은 이라크전쟁을 치를 비용은 있어도 1달러 이하로 생활하는 수억명의 세계의 극빈층을 도와줄 생각은 없다. 부자 미국이 가난한 나라의 신뢰를 얻지 못할뿐더러 테러세력의 표적이 되는 것도 바로 이런 문제에 소극적이기 때문이다. 미국은 패권 유지를 위해 역대 최대 규모의 군사비를 지출하고 있으나 전세계의 노동력을 갉아먹고 있는 에이즈 퇴치, 장차 지구적 차원의 경제질서를 결정적으로 위협할 환경파괴와 온실효과의 방지, 약자와 빈자를 자본주의질서에 통합해낼 수 있는 빈곤타파에는 거의 돈을 쓰지 않고 있다. 미국의 영향권하에 움직이는 WTO는 가난한 제3세계 국가들이 경쟁력있는 산업을 육성하고 자국의 농업을 보호할 기회를 박탈하면서도 의약 등 미국기업의 특허권은 확고하게 보장해주고 있다.

한편 가난보다 더 심각하게 제국으로서 미국의 도덕적 지도력을 무너뜨리고 있는 것이 바로 불평등이다. 『로마제국 쇠망사』를 쓴 에드워드 기번(Edward Gibbon)은 "사회의 평온을 교란시키는 대부분의 범죄는 많은 사람이 탐내는 재산을 소수에게 한정시키는 불평등한 재산법상의 제약이다"라고 지적했다. 서로마가 붕괴한 것은 중산층이 몰락했기 때문이라는 것은 모든 역사학자들의 공통된 의견이다. 오늘날 세계정세의 불안, 특히 아프리카, 아시아 지역에서의 갈등과 분쟁 및 미국 내에서의 폭력과 범죄의 가장 중요한 원인도 바로 불평등이다. 원래 모든 사람이 중산층인 나라, 상층 귀족도 놀고먹지 않는 나라로 '낡은 유럽'에 대해 비교우위를 가졌던 미국이 이제는 상위 1%가 부의 거의 절반을 갖고 있는 가장 불평등한 나라가 되었다. 미국인 가운데 60%가 정치와 행정은 부자들 위주로 되어 있다는 것을 인정하고 있다.[6] 그뿐 아니라 러시아와 동유럽지역, 그리고 한국을 비롯하여 1990년대 이후 미국식 자본주의 모델로 급격히 이행해간 나라의 불평등 수준도 역대 사상 최악의 상황에 있다. 중간층의 몰락과 부자들의 사치와 향락, 부자들의 금고 관리를 위한 각종 금융사업의 번창, 그와 관련된 도덕적 타락은 로마가 붕괴할 무렵에 나타났던 가장 전형적인 경향이다. 세계적 불평등과 그 때문에 일어나는 갈등과 전쟁은 미국이 현재의 군사력을 두배로 증강시킨다고 해도 막을 수 없을 것이다.

제국으로서 미국의 딜레마는 '본토의 시민'들과 국경 밖의 다른 나라 시민들 간에 엄격한 차별을 두고, 지구화 운운하면서도 철저하게 전통적인 국가의 경계를 고집하며, 스스로 국가의 강고한 성벽을 허물 의사가 전혀 없다는 점이다. 사실 지금까지 미국이 세계를 지배할 수 있었던 가장 큰 힘은 구대륙에서 차별받고 소외된 사람들을 시민으로 대접해서 그들이 마음껏 능력을 발휘하도록 해준 데 있다고 해도 과언이 아니다. 즉 과거 로마나 영국처럼 지금까지 미국은 보편주의라는 무기를 통해 점령지의 주민을 모두 넓은 범위의 미국시민으로 포함시키려 노력하였다. 독일이나 일본 등과 달리 미국은 혈통이나 인종적 기준이 아니라 미국에서의 출생 여부, 그리고 미국 자유주의 가치를 인정하고 받아들이느냐 그렇지 않느냐라는 보편적이고 개방적인 기준에 따라 시민권을 부여해왔다. 원래 제국은 차별보다는 포용을 앞세워야 그 지위를 오래 유지할 수 있다. 과거 로마는 변방의 용병들을 전쟁에 동원한 다음 그들을 로마나 정복지의 도시에 영구거주하게 하면서 시민의 자격을 주었다. 그런데 9·11 이후 미국은 시민이 될 수 있는 문턱을 점점 높이고 있으며 자국 시민권자 중에서도 실질적 시민과 비시민을 구별하고 있다.

미국은 지구화를 부르짖던 1990년대 초부터 자본의 국제적 이동을 찬양하면서도 노동의 이동은 엄격하게 통제하였다. 제국의 시민이 되기를 선망하는 전세계 사람들은 아직도 각국의 미 대사관 문앞에서 하염없이 줄을 서서 기다리고 있지만, 지갑에 든 두툼한 돈을 보여주는 사람을 제외하고는 엄격하게 출입을 통제하기 때문에 미국의 문호는 갈수록 좁아지고 있다. 최근 한국 하남시의 중고생 어학연수 신청자들에 대해 "부모의 소득, 납세액이 적다"고 비자 발급을 거절했는가 하면, 2004년 초부터는 테러범을 들어오지 못하게 한다고 한국사람들을 비롯한 상당수 외국인들의 사진을 찍고 지문까지 채취하고 있다. 그리고 2003년 이후에는 "미국인들을 선동할까봐" 세계적 명성을 누리는 작가들의 입국조차 반대하고, 심지어는 구금까지 하였다. 그래서 부시 정권하의 미국은 과거 로마와 달리 세계 여러 나라 특히 자신의 '우방국' 지식인과 주민까지도 등을 돌리게 만들었다. 가난한 나라를 비롯한 많은 외국사람들은 미국의 부를 부러워하고는 있으나 이제 결코 미국을 존경하지 않는다. 좋아하지 않는 것은 말할 것도 없다.

세계 유일의 초강대국인 미국이 필요할 때 자신의 힘을 사용하고픈 유혹을 억제하는 것은 쉬운 일이 아니다. 그러나 또드(E. Todd)가 지적한 것처럼 미국이 군사·경제적으로 아무리 초강대국이어도 그 힘은 전세계의 경찰역할을 하기에는 턱없이 부족하다. 그가 강조한 것처럼 지금까지 미국은 북한·꾸바·베트남·이라크·아이띠·수단·코소보 등 언제나 형편없이 가난하고 작은 나라와 전쟁을 벌여왔으며, 세계에서 가장 가난한 나라 중의 하나인 이라크와 전쟁을 하면서도 저렇게 허덕대고 있다. 냉정히 말해 미국은 세계의 경찰 역할을 해온 것이 아니라 위기를 조장해서 소국을 학대해왔으며, 소국을 희생양으로 삼아 잠재적 경쟁자들에게 겁을 주고 만만한 고객들에게 무기를 팔아먹었다. 그러니 군사적인 측면에서 보더라도 미국이 좀더 힘센 두 나라와 동시에 전쟁을 벌이는 것은 거의 불가능하다. 미국의 군사력은 첨단 과학기술과 공군력에 기초하고 있는데, 이러한 힘은 적의 전투력을 파괴하거나 무력화시킬 수는 있지만, 이라크에서 볼 수 있듯이 지상에서는 소규모 테러공격에도 무기력하다. 바로 이런 이유 때문에 월러스틴(I. Wallerstein)은 미국이 발칸반도 분쟁이나 중동분쟁을 종식시키지 못하는 것은 의지나 노력이 없어서가 아니라 힘이 없기 때문이라고 지적하기도 한다.[7]

그러나 이 모든 것보다 미국의 장래를 더욱 어둡게 하는 것이 있다. 그것은 바로 미국 엘리뜨들이 가진 못 말리는 자기애, 즉 다른 나라와 그 나라의 소외층에 대한 집단적 무지다. 미국인들은 자신의 부가 자신의 능력과 노력에 대한 하나님의 선물인 것으로 잘못 알고 있으며, 라틴아메리카 등 제3세계 착취, 전쟁과 자원확보, 그리고 지구환경을 파괴하고 얻은 과실임을 알지 못한다. 영국으로부터 독립할 당시 '건국의 아버지'들이 가졌던 자유의 정신은 이제 남의 자유에 대한 무관심과 무신경으로 변했다. 즉 미국의 금융자본과 다국적기업, 농민들이 충분한 이윤을 확보하기 위해서는 라틴아메리카·아시아·아프리카 사람들이 피눈물을 흘려야 한다는 것을 모르고, 시장의 합리성은 '비합리적'인 저항을 불러올 수 있다는 것을 알지 못한다. 미국 엘리뜨들이 신봉하는 시장은 결코 국가의 개입 없이 순수한 형태로 작동하지 않으며, 미국기업의 효율성 제고를 위해서는 기업 생산비용의 외부화, 즉 쓰레기 처리비용을 미국 내의 소외층을 포함한 국민과 세계의 모든 사람들이 공동으로 분담하게 해야 한다는 것을 모르고 있다.

한편 미국의 엘리뜨들은 미국 민주주의를 유일하게 성공한 모델이며, 인류가 고안할 수 있는 최종의 대안이며 가장 우월한 제도라고 알고 있다. 그들은 모든 세계사람들이 미국의 제도를 선망하고 있으며, 단지 소수의 비뚤어진 사람들만이 뭔가 잘못 알고 미국을 비판한다고 생각한다. 이것은 큰 착각이다. 미국식의 앵글로색슨형 자본주의는 기업소유자나 경영자의 힘을 지나치게 인정하여 금권정치의 길을 열어놓았으며 소비자·납세자·노동자의 참여를 배제하고 있다. 소련과 동유럽 사회주의붕괴, 유럽 복지국가의 위기 때문에 겉보기에는 미국식 자본주의 모델이 승리한 것처럼 보이지만, 민주주의와 자유 어느 것 하나라도 제대로 이루려면 아직 가야 할 길이 멀다.

세계유일의 초강대국 미국은 언제나 세계 방방곡곡에서 온 아첨꾼들에 둘러싸여 있다. 미국에 대해 비판적인 성향을 보일 것으로 예상되었던 한국의 새 정치지도자들이 미국에 가서 한 발언들을 보면 그것이 잘 드러난다. 독재자는 아랫사람들이 자신의 비위를 맞추기 위해 아첨떤다는 것을 알면서도 그것을 즐기는 경향이 있다. '우방국'에서 선거가 끝나고 새 지도자가 선출되면 언제나 워싱턴에 '알현'하러 간다. 그리고 제3세계 각 나라의 각료·지식인·언론인들은 모두가 미국의 유수 대학 졸업자들이기 때문에, 언제나 미국식 시장경제와 자유민주주의를 찬양한다. 각 나라 지도자들의 숭미(崇美) 발언이나 자기 조상들과 마찬가지로 미국 진입에 성공한 이민자들의 밝은 표정을 보면서 보통의 미국사람들은 역시 미국이 제일이라는 확신을 갖게 된다. 부시의 일방주의 노선이라는 것도 주류사회 미국인들의 이러한 자기중심주의가 좀더 노골적으로 드러난 것에 불과하다.

이처럼 미국의 엘리트와 시민사회가 편협한 자기중심주의로 가득 차 있는 한 권력과 부를 탐하는 각국의 지배층을 포섭할 수는 있으되 그 나라의 바닥층까지 미국을 존경하게 만들 수는 없다. 더 근본적으로 미국의 패권주의 전략, 제국건설 전략은 민주주의와 양립할 수 없으며 말과 실제 행동 간에는 계속 간극이 벌어질 수밖에 없다. 부시행정부 이후 미국의 자기중심주의와 일방주의 행동에 분노한 전세계 사람들의 반미적 태도는 이제 걷잡을 수 없는 단계에 이르렀다. 부시행정부의 미국은 이제 아시아에서 제일 말을 잘 듣던 필리핀의 철군 결정도 번복시킬 수 없을 만큼 심각하게 권위를 잃었다. 아랍권 젊은이들의 각성과 분노, 민주주의 의식의 확산은 미국의 가장 믿을 만한 우방이던 사우디아라비아 독재정권을 뒤흔들 위험이 있다. 지구촌 인류와 더불어 살아야 할 세상에서 미국은 다른 나라 사람들의 '마음'을 얻지 못한 채 오직 '돈과 힘'만으로 과연 얼마나 더 버틸 수 있을까?

〉 군사·경제적 위기 〈 미국사람들은 오늘날 세계에서 가장 높은 생활수준을 누리고 있으며, 미국기업은 세계에서 가장 높은 생산성을 올리고 있다. 미국은 세계에서 가장 경쟁력있는 경제를 유지하고 있으며, 가장 높은

고등교육 진학률을 자랑하고 있다. 세계 노벨상의 40%를 차지하고 있으며, 미국 외의 국가가 지출하는 총 연구개발(R&D) 비용보다 더 많은 연구개발비를 지원하고 있으며, 다른 모든 나라의 국방비를 합친 것보다 더 많은 국방비를 쓰고 있으며, 모든 기술 분야에서 세계를 선도한다. 미국의 대학과 연구소는 세계의 다른 어떤 나라도 모방할 수 없을 정도의 막강한 연구비와 우수한 연구진을 자랑한다. 21세기 세계 경제를 이끌어갈 지식기반 산업에서도 미국을 앞지를 수 있는 잠재력을 가진 나라는 없다. 적어도 향후 수십년 동안 군사력·경제력에서 미국의 상대가 될 나라는 쉽사리 눈에 띄지 않는다.

유럽연합은 확대되고 있고 경제력도 미국을 앞지르고 있으나 대륙 내에 에너지원이 없다는 결정적인 약점이 있다. 중국은 급속한 산업화를 추진하는 과정에서 정치·경제적으로 심각한 내부의 긴장을 안고 있기 때문에 가까운 시일 내에 미국과 패권경쟁을 벌이기는 어려울 것이다. 러시아는 아직 잠자는 용이며 인도 역시 잠재적으로는 강국으로 부상할 수 있으나 아직은 시작단계이다. 그렇다면 제국의 붕괴는 미국을 '시샘'하는 지식인들의 희망사항일지도 모른다.

그러나 미국의 과잉팽창은 미국의 미래에 어두운 그림자를 드리우고 있다. 『강대국의 흥망』을 쓴 폴 케네디(Paul Kennedy)는 미국이 제국의 지위를 유지하기 위해 지출하는 막대한 군사비가 미국의 미래를 위협한다고 지적했다. 즉 미국이 세계자본주의 시장경제를 유지하는 가장 중요한 힘은 군사력인데, 4천억달러가 넘는 막대한 군사비를 계속 지출할 능력이 없다는 것이다. 지구화가 국가의 역할을 축소하고 시장의 지배력을 강화한다는 통설은 미국과 동아시아에 한해서는 사실이 아니다. 적어도 패권국가인 미국에게 지구화는 세계의 경찰로서 미국의 군사력 증대를 통해서만 달성할 수 있는 목표다. 지구화를 완벽하게 달성하기 위해서 미국은 더 많은 군비를 지출해야 하고, 핵확산금지조약을 사수해야 하고, 은밀한 전쟁을 벌이거나 전면전쟁을 감행해야 한다. 그런데 미국은 북한이나 이라크의 무장에 대해서는 큰소리를 칠 수 있어도 러시아·인도·파키스탄의 핵무장을 견제할 힘은 없다. 그래서 패권을 확실히 유지하기 위해서 미국은 군비를 더 강화해야 한다. 더구나 그러면서도 이스라엘에 핵실험을 지원하는 등의 자기모순적 태도는 미국의 대외적인 위신을 추락시키고 있으며 더 많은 군사비지출은 미국의 재정을 파탄상태로 몰아넣고 있다.

사실 미국의 힘은 전세계의 우수한 인력과 자본의 계속적인 유입 때문에 유지된다고 볼 수 있다. 흔히 미국의 대학이 세계 최고이기 때문에 전세계의 우수한 인재가 미국으로 가는 것처럼 보이지만, 사실 전세계의 우수한 인재가 미국으로 가기 때문에 세계 최고 대학의 명성을 유지하는 측면도 있다. 마찬가지로 미국이 가장 부자이기 때문에 전세계 부자들이 편하게 살려고 몰려드는 측면도 있지만, 전세계의 부자들이 모두 월스트리트에 돈을 투자하기 때문에 부자인 측면도 있다. 만약 미국으로 인력과 자본이 유입되지 않는다면 미국은 재정파탄 상태에 빠지고 국가경제를 지탱할 수 없게 된다. 인력과 자본이 미국으로 유입되기 위해서는 미국의 군사·경제적 패권이 확실하게 보장되어야 한다. 거꾸로 말하면 미국이라는 시장이 투자자들의 관심을 끌지 못하거나, 세계의 부자나 우수한 인력이 미국에 별로 관심을 갖지 않게 되는 것이 미국으로서는 가장 두려운 일이다. 즉 유럽연합의 위상강화, 유로화의 강세, 반미주의의 확산은 미국의 체제존립을 흔드는 사건들이다. 이러한 위험을 무릅쓰고서도 미국이 이라크공격을 감행한 것은 그만큼 경제의 위기가 깊어졌고, 힘을 통해서 패권을 확실히 하지 않으면 안된다는 것을 느끼고 있음을 보여준다.

결국 미국경제가 계속 성장할 것인가 여부가 미국의 장래를 좌우할 것이다. 2003년 후반 들어 부시행정부는 미국경제가 되살아나고 있다고 좋아했지만, 그것은 한국과 유사한 '고용 없는 성장'이라는 점이 분명해지고 있다. 1990년대를 들뜨게 했던 신경제, 닷컴기업 붐은 상당 부분 거품이라는 것이 드러났다. 이미 부시행정부가 들어서기 직전인 2000년 말에 주가폭락으로 미국경제는 위기의 징후를 보였다. 중국과 인도는 제조업과 정보통신산업의 블랙홀이 되어 미국에 더이상 일자리를 가져다주지 않았다. 지구화의 장밋빛 청사진은 어디 가고 이제 보호무역주의가 고개를 들었다. 2003년 말 미국은 5천억달러라는 사상최대의 재정적자를 기록했는데, 이것은 장기적으로 미국경제를 큰 위기에 빠뜨릴 골칫거리다. 석유 수입량은 천문학적으로 증가하고 있으나, 미국 소비자들은 절약이라는 개념을 알지 못하고, 정부 역시 대체에너지 개발을 서두르지 않고 있다. 저금리 상태가 유지되면서 부동산거품이 일었고, 개인가계는 파산 직전에 놓였다. 천정부지로 솟아오른 의료비는 이제 감당할 수 없는 상태에까지 왔다.

월러스틴은 미국이 주도하는 세계경제가 농촌부문의 붕괴, 임금상승, 폐기물 처리의 제한, 과세의 강화 등으로 축적의 위기에 도달했다고 진단한다. 그가 예언자처럼 말하는 자본축적의 한계 혹은 자본주의 붕괴 씨나리오가 실제로 현실화될지 혹은 어떤 방식으로 나타날지는 모르지만, 그가 강조하듯이 미국불패의 신화가 미국으로 하여금 이러한 위기에 체계적으로 대처할 수 없도록 만든다는 점이 어쩌면 더 큰 문제인지도 모른다. 그러나 우리의 짧은 지식으로는 미국경제, 나아가 세계자본주의가 슘페터가 예언했던 것처럼 그 성공 속에 바로 실패의 가능성을 안고 있는지 단언할 수가 없다. 단지 부시의 이라크공격이라는 무리수는 위기의 한 징후이며, 위기를 가속화하는 계기가 되리라는 예상 정도가 가능하다고 할까.

물론 미국의 갑작스러운 지위 약화 혹은 붕괴는 미국보다 전세계인들에게 더 큰 재앙을 가져다줄 위험이 있다. 우리가 1997~98년 경제위기 당시 겪었듯이 재벌이 망하면 모기업 직원보다 하청기업 직원이나 비정규직 노동자가 먼저 실직하고 더 심각하게 고통받는 것과 같은 이치이다. 미국은 현재 세계의 가장 큰 소비시장으로 세계경제를 지탱해주고 있다. 미국이 경제위기를 맞아 미국 소비자들이 지갑을 열지 않으면 유럽을 비롯하여 중국도 심각한 불황을 맞을 수밖에 없다. 세계는 가면 갈수록 미국사람들의 지갑을 겨냥하면서 생산한다.[8] 그래서 미국사람들이 소비를 줄이면 중국을 비롯하여 전세계 경제가 휘청거릴 것이다. 사실 온세계는 미국경제의 인질이라고 봐도 좋다. 인정하고 싶지 않지만 현실적으로는 그런 점이 있다.

그러나 세계질서는 바야흐로 급격하게 요동치고 있으며, 미국의 패권은 흔들리고 있다. 키신저도 지적하듯이 지금은 미국 단일패권하의 세계 정치경제 지형도가 바뀌는 전환의 국면이다. 이라크전쟁이 어떻게 종결될지 알 수 없지만, 이 전쟁은 중동의 정치를 변화시키고, 유럽과 미국을 분열시켜 베트남전쟁 이상으로 미국의 패권적 역할과 세계 정치의 구도를 바꾸는 계기가 될 것 같다.[9] 향후에도 아시아는 가장 역동적인 지역이 될 가능성이 높다. 한반도는 미국의 헤게모니가 약화된 상황에서 어떻게 살아야 할지를 고민해야 할 것이다. 이 전환의 시대에 살고 있는 한국의 지도층이 러시아, 중국, 인도, 남아시아, 깨어나는 중동에 관심을 기울이지 않은 채 오직 미국의 미래에만 목을 맬 경우, 사라진 명나라 흠모하다가 청나라에게 무릎을 꿇고, 소중화(小中華)의 헛된 자존심을 품고 살다가 나라를 일본에게 갖다바치고 백성들을 어육으로 만들었던 조선지배층의 과오를 되풀이할 위험이 있다.

3. 출구를 찾아서

미국의 국제정치적 위상이 변한다는 말은 지난 60년, 짧게는 소련 사회주의붕괴 이후 유일한 대안으로 자리잡아온 미국식 자본주의 모델에 대한 근본적인 재검토가 있을 것이라는 의미이다. 부시행정부하의 미국, 거슬러올라가면 "정부가 해결사가 아니라 정부가 문제다"라는 철학을 견지했던 레이건시기 이후 오늘까지 미국은 기업에 무한대의 자유를 허용하는 것이 국익과 세계의 번영에 기여한다는 신념하에 움직여왔다. 사회주의의 붕괴는 이러한 신념을 더욱 확고하게 만들었고, 급기야 미국은 그것을 신앙처럼 받들었다. 그 결과 부시행정부에 와서는 국가의 모든 정책을 대자본이 요구하는 대로 움직이는 기업가 국가, 기업가 대통령, 기업가 행정부가 들어섰다.

이렇게 본다면 이라크전쟁은 전쟁을 대자본의 축적요구에 종속시키고, 사기업이 이윤확보를 위해서는 공익을 희생시킬 수 있다고 여겨온 레이건식 미국자본주의, 더 거슬러올라가면 사유화는 건드릴 수 없는 원칙이며 물질적인 부는 단순한 수단이 아니라 그 자체가 목적이라고 보아온 미국식 자본주의의 한 표출이라고 볼 수 있다. 자유를 '선택의 자유' 혹은 물질적 부의 추구와 동일하게 보고, 빈곤은 개인의 무능력 탓으로 돌리는 미국사회에서 의료, 교육, 교통수단, 토지, 지적재산의 사유화는 당연한 것이다. 따라서 무보험자와 빈곤의 증가, 공교육의 황폐화, 대학교육 혜택의 제한, 환경파괴 등은 피할 수 없는 결과다.

이 자본주의의 특징을 한마디로 요약하면 시장이라는 영역이 '사회'로 분류되는 그 모든 것을 집어삼켜 고삐 풀린 마왕으로 등장한 체제라고 할 수 있다. 문화적 정체성, 인간의 자기존중, 공동체에 대한 관

심, 이웃에 대한 예의, 도덕적 의무감 등 모든 가치는 오직 시장에서 살
아남아야 한다는 정언적 명령의 하위가치로 돌변해버렸다. 그래서 고
립되고 경쟁적이며 사회적 유대의식을 전혀 느끼지 않는 외로운 인간
들만이 도시에 우글거리고 있다. 젊은이들은 스스로 주체로 서기보다
는 스스로 더 좋은 상품이 되어 팔리기 위해 자발적인 노예화의 길을
선택하고 있다. 직장을 잃지나 않을까 하는 불안이 온사회에 유령처럼
떠돌고 있다. 미국의 정신을 상징하는 철학자 존 듀이(John Dewey)
조차 오래전에 개탄하였듯이 미국과 미국화된 세계에는 기업마인드
(business mind)라는 공식이 온사회에 퍼져 있고, 사람의 성공은 오직
금전적인 잣대로만 평가된다.[10]

　이라크전쟁을 통해 가장 크게 부각된 것은 유럽과 미국의 차이였다.
유럽은 단지 정치·군사적인 동기에서 미국의 전쟁을 반대한 것이 아
니라 경제·사회체제를 지향하는 데서도 미국과 큰 차이가 있다는 것
을 강조하기 시작했다. 실제 유럽의 평균 시민들은 미국사람들보다 소
득 수준이 30% 정도 낮다. 그러나 유럽사람들은 세계에서 가장 짧은
노동시간과 가장 긴 휴가를 즐기고 있다. 유럽연합의 경제금융위원회
위원인 알루미나(Joaquin Alumina)는 "우리는 미국과 경쟁하고 있지
않다"라고 하면서 "경제성장은 수단이지 목적이 아니다"라고 강조했
다.[11] 유럽과 미국의 이러한 차이는 경제에 대한 근본적인 정의의 차이
에서 생겨난 것이다. 미국은 철저하게 목적합리성, 즉 산출의 극대화
를 추구하는 사회이지만 서유럽 여러 나라들은 균형과 가치를 중시한
다. 전자는 시장이 사회제도임을 인정하지 않지만 후자는 시장은 여러
사회제도 중의 하나라고 본다. 전자는 무한대로 생산하고 소비함으로
써 만족을 얻으려 하지만 후자의 경우는 적절한 조정이 필요하다는 것
을 인정한다. 실제로 물질적으로 풍요로운 미국사람들의 행복지수는

유럽사람들에 비해 낮은 것으로 나타나고 있다.

　물론 유럽도 국가별로 편차가 심하고 서유럽 여러 나라의 사회체제가 반드시 이상적이라고는 볼 수 없다. 하지만 우리는 시장을 보는 관점에서 대서양을 사이에 둔 양 대륙간에 의미있는 차이가 있다는 사실을 발견하게 된다. 우리는 시장에 족쇄를 채우고 그것을 더 높은 가치의 종으로 만드는 일에 착수해야 한다. 그리고 건드릴 수 없는 성역으로 간주되어온 국가의 권위를 의심하면서 국가에서부터 사회를 해방시키는 작업에 나서야 한다. 국가나 시장은 19세기에는 인간을 해방으로 이끄는 두 수레바퀴였지만 지금은 인간을 예속시키는 굴레로 변했다. 인간이 시장의 법칙에 종속되면 자기 운명의 주인이 될 수 없고, 국가의 권위와 요구에 복종하는 한 다른 국민과 인종에 대한 파괴와 전쟁, 그리고 우리 국민만 살자는 이기주의를 버릴 수 없으며, 내적으로 진정한 주민자치와 민주주의의 이상을 실현할 수 없다.

　"민주주의란 관심을 기울이는 것"이라는 말이 있다. 시장과 국가는 인간에게 따를 것을 요구할지언정, 공동체와 이웃에게 관심을 기울이기를 가르치지 않는다. 미국식 자본주의하에서 살고 있는 우리는 이 복잡한 세상에서 수많은 일들을 겪고, 수많은 사람들을 만나고 있지만, 직장에서 살아남고, 돈을 많이 벌어서 더 많이 소비하는 것 외에는 아무것에도 진정으로 관심을 기울이지 못하고 있다. 전쟁이란 바로 주변인간에 대한 차가운 무관심의 결과다. 미국인들이 이라크사람들, 특히 테러범으로 지목된 사람들에 대해 조금이라도 진지한 관심을 기울였다면 오늘과 같은 이라크전쟁의 비극은 없었을 것이다. 자기애는 바로 미국인들만의 특징이 아니라 미국식 자본주의 시대에 인류의 종교가 되어버렸다.

　남과 북을 가르고, 좌우익이 서로를 죽이고, 수많은 민간인을 무차별 살상하고, 정치적 반대파를 고문하고, 베트남전에 갔다가 고엽제 피해자가 되고, 산업재해로 다치거나 죽고, 노동자들이 분신자살을 하고, 중소기업주가 한강에 투신하고, 한 비뚤어진 젊은이가 수십명의 무고한 여성과 노인을 살해하는 등 지금까지 한국에서 발생한 참극은 바로 미국발 시장주의와 국가주의가 약소국인 한국에 준 반갑지 않은 선물들이다. 수많은 한국인의 희생과 고통을 계산에 넣지 않는 경제성장 찬양론은 엉터리 과학일 뿐이다. 우리는 이 잘못된 사회과학을 배격하고 인간해방의 길을 열어주는 학문을 세워야 하며 '좋은 사회'의 기준을 새로 만들어야 한다. 물론 우리가 지난날 다른 길을 선택할 가능성이 있었겠는가 하는 반론이 있을 수 있다. 그러나 지금부터라도 미국이 만들어놓은 표준에서 우리의 영혼을 해방시켜야 한다. 지난 백년 동안 잊고 있던 우리의 문화적 자존심을 회복하고, 분단과 적대의 벽을 허물고 세계 다른 지역 사람들과 이웃이 되는 길을 찾아야 한다.

지금이 바로 그 싯점이다.

제1장 이라크전쟁으로 본 미국

1 Ramsey Clark, "The Tragedy of Wars as an End in Itself: Casualties of the 1991 War," *Peace Research*, 35:1, 2003, 81~84면.

2 CNN news, www.cnn.com, April 1, 2003.

3 Patrick Cockburn, "Iraq: Military Victory Now a Political Disaster," *The Independent*, Arab News (www.aljazeerah.info), October 2003.

4 Tariq Ali, "Resistance is the first step towards Iraq independence," *The Guardian*, November 3, 2003.

5 Carlotta Gall, "Afghan survivors ask: Why us?" *The New York Times*, July 9, 2002.

6 John Burns, "US Optimism is tested Again After Ambush Kills 4 in Iraq," *The New York Times*, April 1, 2004.

7 Mona Elta hawy, "Why the Arab world can thank Bush," *International Herald Tribune*, April 21, 2004.

8 Ian Fisher, "18 Days of Abuse: an Iraqi's 'torture room' story," *International Herald Tribune*, May 15~16, 2004.

9 James Dao, "At Center of Scandal, a stubborn tomboy," *International Herald Tribune*, May 8~9, 2004.

10 *The New York Times*, October 28, 2003.

11 www.alternet.org.

12 *Life*, July 2, 1950.

13 Jo Collins Wathis, "Reservist Home-For Now: Everyday We Say Ourselves What We're Doing There," *Ann Arbor News*, October 13, 2003.

14 "More Iraqis see US as Enemy, not Ally," *Detroit Free Press*, August 6, 2003.

15 Rahul Mahajan, "War on Terrorism makes Us All Less Safe," http://www.empirenotes.org/spain.html.

16 Amy Chua and Jed Rubenfield, "Ethnic Division in Iraq," *The Washington post*, January 4, 2004.

17 *The Guardian*, September 18, 2003.

18 *The New York Times*, January 29, 2004.

19 Warren Hoge, "A warning by UN on vote in Iraq," *The New York Times*, May 5, 2004.

20 *The Wall Street Journal*, May 27, 2003.

21 *The Guardian*, November 3, 2003.

22 *The Michigan Daily*, March 31, 2003.

23 *The Guardian*, March 20, 2003.

24 Howard Zinn, *A People's History of the United States: 1492~Present*, New York: Harper Collins Publishers 1999, 596면.

25 Jay Moore, "Oil background to the Iraq War," August 6, 1999.

26 Sean Gonsalves, "Corporate interest in Iraqi oil," August 20, 2002, http://seattlepi.nwsource.com.

27 Douglas Little, *American Orientalism: US and Middle East since 1945*, Charpel Hill: University of North Carolaina Press 2002, 23면.

28 *The Guardian*, November 3, 2003.

29 Richard Hugus, "My Country, the US, Is at War with Palestine," *Al-Jazeerah*, October 13, 2003.

30 Tomas Friedman, "America's Insane Policy on Israel," *The New York Times*, January 21, 2004.

31 Stan Crock, "Bush, the Bible, and Iraq," *Business Week*, March 7, 2003.

제2장 미국에 관한 신화와 현실

1 Arthur Schlesinger Jr., "Eyeless in Iraq," *The New York Review of Books*, Vol. 50, No. 16, 2003.

2 Noam Chomsky, "Preventive war, the Supreme crime," August 11, 2003, Z-net (www.zmag.org/ZNET.htm).

3 Joseph Gerson and Robert A. Pape, "Geopolitics & Consequences of Bush's War," March 27, 2003, Z-net (www.zmag.org/ZNET.htm).

4 Robert McNamara, *In Retrospect: The Tragedy and Lessons of Vietnam*, New York: Vintage Books 1996, 128면.

5 Godfrey Hodgson, *America in Our Time*, New York: Vintage Books 1976, 41면.

6 Arthur Schlesinger Jr., 앞의 글.

7 William Blum, *Rogue State: A Guide to the World's Only Superpower*, Monroe: Common Courage Press 1999, 184~99면.

8 *Hearings before the Committee on Armed Services Committee on Foreign Relations United States Senate* (Part 1), US Government Printing Office 1951, 10면.

9 "The Blame for Sept. 11," *International Herald Tribune*, March 26, 2004.

10 John K. Cooley, "The US Ignored Foreign Warnings, too," *International Herald Tribune*, May 21, 2002.

11 G. J. A. O'Toole, *Honorable Treachery: A History of US Intelligence, Espionage,*

and Covert Action from the American Revolution to the CIA, New York: Atlantic Monthly Press 1993, 442면.

12 Chris Hedges, *War is a force that gives us meaning*, New York: Public Affairs 2003, 5면.

13 *The Guardian*, January 1, 1999.

14 Richard Hofstadter, "The Paranoid Style of American Politics," *Harper's Magazine*, November 1964, 77~86면.

15 Tomis Kapitan and Erich Schulte, "The Rhetoric on Terrorism and its Consequences," *Journal of Political and Military Sociology*, Vol. 30, Issue 1, Summer 2002.

16 Gabriel Kolko, "Another Century of War," *Counter Punch*, November 26, 2002.

17 Jonathan Steele, "A war that can never be won," *The Guardian*, November 25, 2003.

18 Kenneth Roth, "US Hypocracy in Indonesia," *International Herald Tribune*, August 14, 2002.

19 서재정 「구멍난 미국의 절대안보: 첨단과학무기와 원시무기의 비대칭적 충돌」, 당대비평 평화네트워크 『전쟁과 평화: 21세기를 어떻게 시작할 것인가』, 삼인 2001.

20 *The New York Times*, November 7, 2003.

21 Nicholas Kristof, "Cheney didn't Mind Saddam," *The New York Times*, October 12~13. 2002.

22 Noam Chomsky, "Selective Memory and a Dishonest Doctrine," December 21, 2003 (www.zetmag.org).

23 에드워드 싸이드(성일권 옮김) 『도전받는 오리엔탈리즘』, 김영사 2001, 106면.

24 "Saudi Downplays Reform Protest, Says Orchestrated," *Reuters*, October 15, 2003.

25 *The Independent*, December 17, 2003.

26 *Time*, July 10, 1950.

27 Willliam Appleman Williams, *Empire as a Way of Life*, New York: Oxford University Press 1980, 115면.

28 Martin J. Sherwin, "Hiroshima and the Politics of History," *A World Destroyed: Hiroshima and it's Legacies*, Stanford University Press, 2003, 5면.

29 Michael R. Gordon, "US Wants Afghans, Not Americans, to Search Caves," *International Herald Tribune*, December 28, 2001.

30 *The New York Review of Books*, November 15, 2003.

31 William Appleman Williams, *The Tragedy of American Diplomacy*, W. W. Norton & Company 1972, 60면.

32 Williams, 같은 책 63면.

33 Williams, 같은 책 69면.

34 님 웨일즈 『아리랑』, 언어문화사 1980, 55면.

35 Antony C. Sutton, *Wall Street and the Rise of Hitler*, New Rochelle, New York: Arlington House, 1974; Michael Dobbs, "Ford and GM Scrutinized for Alleged Nazi Collaboration," *The Washington Post*, November 30, 1998.

36 Elizabeth Olson, "U.S. papers show links with Nazis," *The New York Times*, May 15~16, 2004.

37 Gabriel Kolko, *The Politics of War: The World and United States Foreign Policy, 1943~1945*, New York: Vintage Books 1968.

38 Dean Acheson, *The Present at Creation: My Years in the State Department*, New York: W.W. Norton & Company 1969, 356면.

39 Samuel G. Freedman, "Graduates: Face up to War-torn World You're Entering," *USA Today*, May 29, 2003.

40 Williams, 앞의 책 69면.

41 C. W. Mills, *The Cause of World War Three*, New York: Ballantine Books 1960, 62면.

42 Ethan Brommer, "Why Today's Europeans Object to America's Worldview," *Los Angeles Times*, January 31, 2003.

43 Charles J. Henry, Sang-Hun Choe and Martha Mendosa, *The Bridge at No Gun Ri: A Hidden Nightmare from the Korean War*, New York: Henry Holt and Company 2001, 226면.

44 "The Great Catfish War," *The New York Times*, July 22, 2003.

45 *The New York Times*, November 19, 2003.

46 *USA Today*, August 10, 2003.

47 조지프 스티글리츠(송철복 옮김)『세계화와 그 불만』, 세종연구원 2002, 144면.

제3장 제국으로서의 미국

1 Robert Macnamara, 앞의 책 23면.

2 Michael Mandelbaum, *The Ideas That Conquered the World: Peace, Democracy and Free Markets in the Twenty-First Century*, New York: Public Affairs 2002, 196면.

3 Louis Klarevas, "How Many War Deaths Can Americans Take," *The Washington Post*, November 12, 2003.

4 Harold G. Vatter, *The US Economy in the 1950's: An Economic History*, New York: W.W. Norton & Company 1963, 66~67면.

5 Bruce Cumings, *The Origins of the Korean War*, Vol. 2, *The Roaring of the Cataract: 1947~1950*, Princeton: Princeton University Press 1990, 761면 (Harry Truman Library, Acheson Seminars, box 82).

6 Max Boot, *The Savage Wars of Peace: Small Wars and the Rise of American Power*, New York: Basic Books 2002, 139면.

7 William Appleman Williams, *The Root of Modern American Empire*, New York: Random House 1969, 2면.

8 Howard Zinn, 앞의 책 568면.

9 조지프 스티글리츠, 앞의 책 50면.

10 Robert Weissman, "The Era of Market Fundamentalism," *International Herald Tribune*, September 26, 2002.

11 Walden Bello, "Crisis of the Globalist Project," July 15, 2003 (www.zmag.org).

12 "US mulled Seizing Oil Fields in 1973," *The Washington Post*, January 1, 2004.

13 "The US is Running out Energy," *Time*, July 21, 2003.

14 *Business Week*, February 24, 2003.

15 Scott Nearing, *Oil and the Germs of War*, Ridgewood: Nellie Seeds Nearing Publisher 1923, 9면.

16 Mark Curtis, "Partners of Imperialism," May 10, 2003 (www.zmag.org).

17 "US remains Leader in Global Arms Sales," *The New York Times*, September 25, 2003.

18 『한겨레』 2001. 3. 5.

19 『프레시안』 2004. 5. 31 (www.pressian.com).

20 조병옥 『나의 회고록』, 민교사 1959, 154면.

21 Chalmers Johnson, *The Blowback: The Costs and Consequences of American Empire*, New York: Henry Holt and Company 1999, 30면.

22 찰머스 존슨(안병진 옮김) 『제국의 슬픔』, 삼우반 2004.

23 The Department of State, "NSC-68," *Foreign Relations of United States*, Vol. 1, 1950, 239면.

24 *The New York Times*, November 29, 2003.

25 A. Toynbee, *America and World Revolution and Other Lectures*, New York: Oxford University Press 1962, 92~93면.

26 *The Washington Post*, November 25, 2003.

27 Howard Zinn, 앞의 책 569면.

28 George Monbiot, "Backyard Terrorism," *The Guardian*, October 30, 2001.

29 William Blum, 앞의 책 43~48면.

30 Aqbal Ahmad, *Confronting Empire: Interview with David Barsamian*, Cambridge, Massachusetts: South End Press 2000, 21면.

31 James Kurth, "Migration and the Dynamics of Empire," *National Interest*, Fall, 2003.

32 Charles Krauthammer, "The Sleepy Superpower Awakes," *Time*, August 4, 2003.

33 *US World Report*, October 6, 2003.

34 Max Boot, 앞의 책 338면.

35 Joseph A. Schumpeter, *Imperialism and Social Classes*, New York: Augustus M. Kelley Inc. 1951(1919), 66면.

36 *USA Today*, May 5, 2003.

37 Sean McMeekin, "The unimperial empire," *The Weekly Standard*, June 23, 2003.

38 Max Boot, "American Imperialism? No need to run away from label," *USA Today*, May 5, 2003.

39 George Monbiot, *The Guardian*, November 25, 2003.

40 Godfrey Hodgson, 앞의 책 29면.

제4장 제국의 기획자들

1 CNN news, October 16, 2003.

2 "Question for Bush," *The Washington Post*, July 13~14, 2002.

3 C-Span, "Washington Journal," January 6, 2004.

4 *The New York Times*, October 6, 2003.

5 Godfrey Hodgson, *America in our time*, New York: Vintage Books 1986, 111~32면.

6 Ellen S. Miller and Micah L. Sifry, "Democracy That Works: Clean Money Campaign Reform," February 28, 2001 (www.eurolegal.org/useur/usneocon.2.htm).

7 Chuck Neubauer and Richard T. Cooper, "Senetor's Way to Wealth Was Paved with Favors," *Los Angeles Times*, December 17, 2003.

8 C-Span, "Washington Journal," January 2, 2004.

9 Haynes Johnson and Davids S. Broder, *The System: The American Way of Politics at the Breaking Point*, Boston: Little Brown & Co. 1996, 212면.

10 Haynes Johnson and Davids S. Broder, 같은 책 117면.

11 *The New York Times*, October 21, 2003.

12 David R. Francis, "Economists tallies swelling cost of Israel to US about $1.6 trillian since 1973," *The Christian Science Monitor*, December 9, 2002.

13 Mark Weber, "A Look at the Powerful Jewish Lobby in America" (www.rense.com/general27/ilobby.htm).

14 에드워드 싸이드, 앞의 책 23면.

15 C-Span, "Washington Journal," September 18, 2003.

16 Michael Lind, "Is Zionism Racism?" *United Press International*, August 31, 2001.

17 파스칼 브뤼크네르(김웅권 옮김)『순진함의 유혹』, 동문선 1999, 303면.

18 Dwight D. Eisenhower, "Military Industrial Complex Speech," http://coursesa.matrix.msu.edu/~hst306/documents/indust.html.

19 Anthony C. Sutton, *Wall Street and the Rise of Hitler*, New York: New Rochelle, 1974.

20 Gabriel Kolko, *Another Century of War*, New York: The New Press, 110면.

21 Howard Zinn, 앞의 책 583면.

22 "American Icarus," March 27, 2003 (www.zmag.org).

23 *The Guardian*, March 20, 2003.

24 *U.S News & World Report*, October 13, 2003.

25 Phyllis Bennis, "New Iraq Proposals," March 13, 2001 (www.zmag.org).

26 *The New York Times*, September 30, 2003.

27 *The New York Times*, October 15, 2003.

28 *Los Angeles Times*, March 18, 2003.

29 Gabriel Kolko, *Main Current in Modern American History*, New York: Pantheon Books 1984, 257면.

30 William Owens and Stanley Weiss, "Bush's Huge Increase in Military Spending in Indefensible," *International Herald Tribune*, February 9, 2002.

31 Paul Krugman, "A Businessman Named George Bush," *The New York Times*, July 8, 2002; "Businessman Bush," *The New York Times*, July 11, 2002.

32 Robert Scheer, "Making Money, the Bush Way," *The Nation*, February 19, 2002.

33 Robert Scheer, 같은 글.

34 Tim Shorrock, "Crony capitalism go global," *The Nation*, March 14, 2002.

제5장 미국 우익의 '계급전쟁'

1 *The New York Times*, January 22, 2003.

2 Polly Toynbee, "A destiny linked to Iraq is the only thing they can share," *The Guardian*, November 19, 2003.

3 Gar Alperovitz, "Tax the Plutocrats," *The Nation*, January 27, 2003.

4 Howard Zinn, 앞의 책 580면.

5 Kevin Phillips, *Arrogant Capital*, Boston: Little Brown & Co. 1994.

6 Julian Borger, "Why America's Plutocrats Gobble up $1,500 Hot Dogs," *The Guardian*, November 5, 2003.

7 David S. Broder, "Putting a Human Face on Hunger in America," *The Washington*

Post, March 6, 2003.

8 "More US Families Hungry or Too poor to Eat, Study says," *AP*, November 2, 2003.

9 Jack Newfield, "How the Other Half still Lives," *The Nation*, March 17, 2003.

10 "Tax Wealthy to pay for Iraq War," *USA today*, September 15, 2003.

11 Trudy Liberman, "Hungry in America," *The Nation*, August 18/25, 2003.

12 Alexander Tabarrok, "What Tax Cut," May 22, 2003 (www.independent.org).

13 Katharine Q. Seelye, "Draft of Air Rule Is Said to Exempt Many Old Plants," *The New York Times*, August 22, 2003.

14 "Health Care Spending," http://ucatlas.ucsc.edu/health/accessprint.

15 *Los Angeles Times*, April 13, 2003.

16 Haynes Johnson and David S. Broder, 앞의 책 39면.

17 *Ann Arbor News*, March 7, 2003.

18 Erika Hayasaki et al, "Unwelcome Lessons in Budget Anxiety," *Los Angeles Times*, May 7, 2003.

19 *The New York Times*, April 15, 2003.

20 Paul Edward Gottfried, *After Liberalism*, New Jersey: Princeton University Press 2001.

21 John Moffatt Mecklin, *The Ku Klux Klan: A Study of American Mind*, New York: Russell and Russell 1924.

22 Thorstein Veblen, "Bolshevism is a Menace, To Whom," *Essays in Our Changing order: Collected Works of Thorstein Veblen*, London: Routledge/ Thoemmeus Press 1994.

23 Williams, 앞의 책 105면.

24 김형곤『미국의 적색공포: 1919~1920』, 역민사 1996, 53면.

25 Scott Nearing, *The Making of a Radical: A Political Autobiography*, New York: Haper Colophon Books 1972, 135면.

26 Minxin Pei, "Nationalism and Democracy: an American Paradox," *Foreign Policy*, May/June, 2003.

27 Stanly I. Kutler, *The American Inquisition: Justice and Injustice in the Cold War*, New York: Hill and Wang 1982, 28면.

28 *The New York Times*, September 27, 2003.

29 Minxin Pei, 앞의 책.

30 *The Independent*의 "What has Happened to the US" 토론방에 올라온 미국인들의 글을 참조하였다. 특히 MARINAID라는 ID의 미국인의 글(*The Independent*, March 24, 2003).

31 권용립 『미국의 정치문명』, 삼인 2003, 87면.

32 *The Independent*, March 25, 2003.

33 "American Prison Camp," *The New York Times*, October 16, 2003.

34 William Pfaff, "When laws get in the way of torture," *International Herald Tribune*, June 12~13, 2004.

35 *The New York Times*, September 24, 2003.

36 *Ann Arbor News*, May 19, 2003.

37 Karl E. Meyer ed., *Fulbright of Arkansas: The Public Positions of A Private Thinker*, Washington DC: Robert B. Luce Inc. 1963, 68면.

38 *The New York Times*, May 13, 2003.

39 *The Michigan Daily*, September 30, 2003.

40 Martin Walker, "Commentary: How the Media Changed," April 8, 2003, VPI.

41 Godfrey Hodgson, 앞의 책 141면.

42 Norman Solomon, "War, Social Justice, Media and Democracy," November 10, 2003 (www.zmag.org/Alternet media).

제6장 제국 시민의 생활방식

1 www.cwc.lsu.edu.ewc/other/state/warcost.htm.

2 *The Michigan Daily*, September 30, 2003.

3 Michael A. Milburn and Sheree D. Conrad, *The Politics of Denial*, Cambridge: The MIT Press 1996.

4 Mark Benjamin, "4,000 troops get medevac," *The Washington Times*, October 5, 2003.

5 Douglas MacArthur, *Reminiscences: General of the Army*, New York: McGrew Hill Book Co. 1964, 426면.

6 George Orwell, "Extracts From the War-Time Diary (1942)," Peter Davison, ed., *Orwell and Politics*, Penguin Books 2001, 152면.

7 Kirk Sample, "Democratic Party Chief Attack Bush on Military Record," *The New York Times*, February 1, 2004.

8 David M. Halbfinger, Steven A. Holmes, "A Nation at War: The Troops," *The New York Times*, May 30, 2003.

9 William Blum, 앞의 책 3면.

10 Stan Goff, "Open Letter to GIs," *Counterpunch*, November 17, 2003.

11 Joe Klein, "The Binding Glare of His Certainty," *Time*, February 24, 2003.

12 www.iamik.ru.

13 "A Nation Apart," *The Economist*, November 8, 2003.

14 David Morgan, "Christian Conservatives Defend Ten Commandments," *Reuters*, August 22, 2003.

15 Julian Borger, "How I Created the Axis of Evil," *The Guardian*, January 28, 2003.

16 "Is there Such a Thing as a 'Just War'?" *Moody Magazine*, January 23, 2004.

17 *The Times*, March 3, 2003.

18 William Blum, 앞의 책 8면.

19 Oliver Zunz and Alan S. Kahan eds., *The Tocqueville Reader: A Life in Letters and Politics*, Blackwell Publishing 2002, 41면.

20 Godfrey Hodgson, 앞의 책.

21 John D. Graaf et al., *Affluenza: All Consuming Epidemic*, Berrett-Koehler Publishers 2002.

22 Cynthia Peters, www.zmag.org.

23 Timothy C. Weiskel, "American Deram & Global Nithtmare."

24 *The New York Times*, March 7, 2003.

25 www.iamik.ru.

26 *The Independent*, September 30, 2003.

27 Michael Walzer, "Can There be a Decent Left," *Dissent*, Spring 2002.

28 "What it Takes to be a Neo-conservatives," *The New York Times*, October 19, 2003.

29 Jean Bethke Elshtain, "Intellectual Dissent and the War On terror," *Public Interest*, Spring 2003.

30 데이비드 브룩스(형선호 옮김) 『보보스: 디지털시대의 엘리트』, 동방미디어 2001, 165면.

31 Russel Jacoby, *The Last Intellectuals: American Culture in the Age of Academy*, New York: Basic Books 2000.

32 Salim Muwakkil, "Not Our Fight: Why blacks are skeptical of war," *In These Times*, May 5, 2003.

33 Nat Hentoff, "Justice is often Color Coded," *Ann Arbor News*, June 2, 2003.

34 "Segregated Proms are a Shamful Dismay of Going Racism," *Ann Arbor News*, May 19, 2003.

35 Michael A. Milburn and Sheree D. Conrad, 앞의 책 159면.

36 *The New York Times*, November 7, 2003.

37 박진빈 「미국의 보수화와 군산복합체: 신남부의 힘」, 『역사비평』 2003년 가을호.

제7장 미국의 현재와 미래

1 *Foreign Relations of United States*, 1950, Vol. 1, 239면.

2 Nikhil Pal Singh, "Cold War Redux: On the New Totalitarianism," *Radical History Review*, Issue 85 (Winter 2003), 181면.

3 Jonathan Schell, "The Case against the War," *The Nation*, March 3, 2003.

4 Elena Lappin, "Your Country is Safe From Me," *The New York Times*, July 4, 2004.

5 모리스 버만(심현식 옮김)『미국 문화의 몰락』, 황금가지 2000, 61~66면.

6 Kevin Phillips, *Wealth and Democracy: A Political History of The American Rich*, New York: Broadway Books, 2002.

7 이매뉴얼 월러스틴(한기욱 · 정범진 옮김)『미국 패권의 몰락』, 창비 2004, 34면.

8 엠마뉘엘 토드(주경철 옮김)『제국의 몰락』, 까치 2003, 90면.

9 Henry A. Kissenger, "A Global Order in Flux," *The Washington Post*, July 9, 2004.

10 John Dewey, "Individualism-Old and New," Robert Bellah et al. eds., *Individualism & Commitment in American Life*, New York: Haper and Row Publishers 1987, 389면.

11 Katrin Bennhold, "Continent Guards its Right to Leisure," *International Herald Tribune*, July 16, 2004.

미국의 엔진, 전쟁과 시장

초판 1쇄 발행 • 2004년 11월 25일
초판 8쇄 발행 • 2010년 4월 20일

지은이 • 김동춘
펴낸이 • 고세현
편집 • 염종선 김경태 권나명 김미영
미술·조판 • 정효진 신혜원
펴낸곳 • (주)창비
등록 • 1986년 8월 5일 제85호
주소 • 413-756 경기도 파주시 교하읍 문발리 513-11
전화 • 031-955-3333
팩시밀리 • 영업 031-955-3399 편집 031-955-3400
홈페이지 • www.changbi.com
전자우편 • human@changbi.com

ⓒ 김동춘 2004
ISBN 978-89-364-8528-3 03300

＊이 책 내용의 전부 또는 일부를 재사용하려면
　반드시 저작권자와 창비 양측의 동의를 받아야 합니다.
＊책값은 뒤표지에 표시되어 있습니다.